战略脑

两位青年军官的防务观察

Brain of Strategies

Defense Observation by Two Young Military Officers

石海明　金　宁◎著

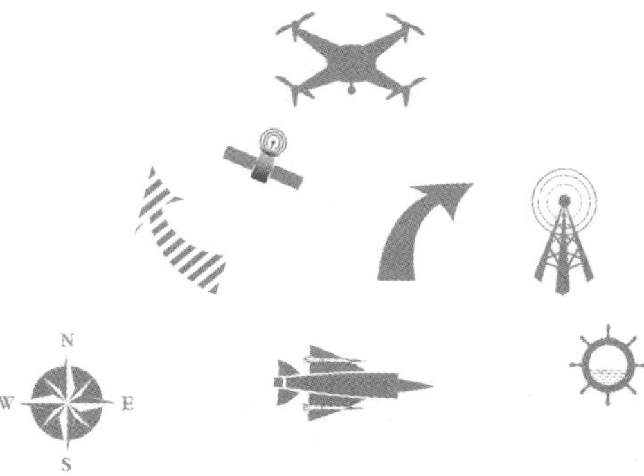

金城出版社
GOLD WALL PRESS
北京·2019

图书在版编目（CIP）数据

战略脑 / 石海明，金宁著 . — 北京：金城出版社有限公司，2019.6
ISBN 978-7-5155-1865-7

Ⅰ. ①战… Ⅱ. ①石… ②金… Ⅲ. ①国家安全—中国—学习参考资料 Ⅳ. ① D631

中国版本图书馆 CIP 数据核字（2019）第 098303 号

战略脑

作　　者	石海明　金　宁
责任编辑	李　涛
开　　本	710 毫米 × 1000 毫米　1/16
印　　张	23
字　　数	380 千字
版　　次	2019 年 6 月第 1 版
印　　次	2019 年 6 月第 1 次
印　　刷	三河市百盛印装有限公司
书　　号	ISBN 978-7-5155-1865-7
定　　价	59.80 元

出版发行	**金城出版社**　北京市朝阳区利泽东二路 3 号　邮编：100102
发 行 部	（010）84254364
编 辑 部	（010）84250838
投稿邮箱	balimist0213@163.com
总 编 室	（010）64228516
网　　址	http://www.jccb.com.cn
电子邮箱	jinchengchuban@163.com
法律顾问	北京市安理律师事务所　18911105819

功夫要死，思维要活，潇洒要有
（代序）

国防科技大学教授 朱亚宗

古今中外成功的治学之道，无论科技与人文，还是经济、军事与其他，必经两个基本环节：立远大的目标与走正确的路径。笔者大学时代物理课堂上，严济慈先生的说法是“敢于好高骛远，善于实事求是”。历来立志者多、立大志者少，因为立大志需有巨大的勇气。情况正为马克思所言：“在科学的入口处，正像在地狱的入口处一样，必须提出这样的要求：‘这里必须根绝一切犹豫，这里任何怯懦都无济于事。’”（《马克思恩格斯全集》，第 13 卷，第 11 页）；莫泊桑则指出了学术事业与世俗日常生活之间难以调和的冲突：“一个人以学术许身，再没有权利同普通人一样的生活法。”（转引自严济慈：《法兰西情书》，解放军出版社，2002 年，第 326 页）。年轻的学人若无学术理想与足够的勇气，自然进不了真正的学术之门。但是当今，突破第一关而进入了学术之门的高学历青年才俊，虽然社会需求和学术平台为成才创造了优越的条件，而治学之路能如石海明博士一般攻坚克难、成果丰硕且意气凛然的只是凤毛麟角。原因是石海明博士不仅学术理想远大，而且能沿正确的治学路径不断前进。

人类治学的实践源远流长，而无数学人的深刻反思和精辟见解为后学者的求索之路树起了各种路标。在这些路标之中，王国维治学三境界以外，我最喜欢的是中国文学大师冯沅君先生创造的路标：“功夫要死，心眼要活。”我不知道有多少人注意到这块无意张扬的路标，更不知道有多少人能与这块路标产生强烈的共鸣并踏实践行。但是我知道，石海明博士一直以超常的努力和非凡的业绩诠释着这块隐约而切实的路标。

冯沅君先生（1900—1974），是哲学大师冯友兰先生的妹妹。这位昔日的一级教授今天似已淡出人们的眼界。她是中国现代文学史上一颗璀璨的明星，1922年考入北京大学国学研究所时，是中国第一位女研究生，1935年又获法国文学博士学位，一生“评论创作两峥嵘”。早年曾与丁玲、冰心、凌叔华、苏雪林等女作家齐名，小说集《卷葹》受到鲁迅的高度评价。后期从事高等教育与文学史研究，1931年与陆侃如合作出版了诗歌史著作《中国诗史》。其另一部呕心沥血之作《古剧说汇》，被誉为“继日本青木正儿《中国近世戏曲史》、王国维《宋元戏曲史》之后，戏曲史上又一辉煌巨著”（许志杰：《陆侃如和冯沅君》，山东画报出版社，2006年，第218页）。冯沅君、陆侃如教授家有藏书逾3万册，居山东大学之首。冯沅君不仅博览群书，潜心治学，而且指出了独到的治学门径：“功夫要死，心眼要活。”这一前途无量的治学门径，曾引导许多学生成功进入学术殿堂，在笔者看来，就简明、切实、辩证而言，古今治学名言鲜有其匹。这并非偶得之功，而是冯沅君先生学养深厚、品性敦厚和求索不懈的治学风格的流露和升华，冯沅君先生用一生践行着这一治学箴言。冯先生的一位研究生，后来担任山东大学文史哲研究所所长和中国杜甫研究会副会长的张忠纲教授回忆：“先生治学严谨，实事求是，从不发无据之论。她做学问，第一步就是详细地占有材料。为了研究一个问题，她博览群书，把一切有用的材料都一一记录下来，然后抉幽显微，辨伪存真，排比推论，做出自己的判断，提出个人的见解。先生做了大量的读书笔记，如遗留下来……装订成册的笔记，多达几百万字。先生写《古优解》和《古优解补正》，引用古今中外的文献资料多达一百多种，其中有先秦古籍、历代史书、甲骨文及有关论著、稗史杂著，还有西方的有关论著和文学作品……所据材料是如此浩繁，但《古优解》等三篇著作，连同注文也不过10万字左右，真可谓是‘博观而约取’了……她的力作《古剧说汇》，是我国古剧研究的重要参考资料。它收录了先生1935年至1945年间所著有关戏曲的论文10余篇。在书中，先生引用了大量的文献资料，仅《古剧四考》及《跋》就引用了300多种。”（许志杰：《陆侃如和冯沅君》，山东画报出版社，2006年，第216—217页）。令人遗憾的是，大师冯沅君为学为人的非凡业绩及独到见解，学术界未能予以相应的重视与深入的阐发，以致迄今仍鲜有人知。而石海明博士的战略新著及治学之路，与冯沅君先生治学之道的不谋而合，使我感到深入揭示冯沅君先生治学方法的精神内涵，将对有学术理想的青年才俊有重要启示。

一、功夫要死

苦功要从基本功训练抓起。古今中外，各门学业概莫能外，天才与常人皆无捷径。钱学森先生曾说：我在与我的导师冯·卡门一起进行科学研究时，他总是对我深厚的理论功底赞不绝口。其实，不只是早期与冯·卡门合作时异常优秀，直至晚年，钱学森先生对于国际学术界的新潮流，如系统论、信息论、控制论、耗散结构论、突变论、超循环论、协同论等理论，不仅能从哲理层面深刻领会，而且能从数理层面上真切掌握，是中国学术界难得的通才。这得益于早年扎实的数理基本功训练。钱先生有优异的天赋，在数理方面聪慧无比，令人难以想象的是他学过三次高等数学：北师大附中学微积分，交通大学再学微积分、相关高数，加州理工学院学复变函数、数理方程、统计物理等。正是通过刻苦的早期数理训练，钱学森先生的数理修养，从工科机械专业大学生的水平提升至理科理论物理专业一流数理水平，为日后八次成功转行打下了坚实的数理基础。另一位我国著名航天专家、中国工程院院士周建平，是国防科技大学改革开放后应用力学系首届学生，读书期间在高等数学基本功训练上倾注了常人难以想象的热情和苦功："有一天正好有人在还《吉米多维奇数学分析习题集》，被我一眼看到。这是苏联学者编写的著名习题集，有四千多道题。我后来用了一年时间，几乎把所有业余时间都用上，把题都解了出来，解题稿子摞起来近半米高。其中一些颇具难度的题目，去找老师也是给他们出难题，有的要好多天才能够得到答案，所以后来我也不好意思再找老师了。我日思夜想找思路，体会到了时任副校长孙本旺教授讲的，在梦境中获得解题灵感的美妙经历。……这段痴迷数学的经历帮助我培养了比较强大的建模和数据分析能力，至今还受益匪浅。"（周建平：《读书让我有力量攀登高峰》，《中国科学报》，2018 年 10 月 26 日）

基本功苦练不仅要懂得"是什么"，而且要懂得"为什么"，而后者的最高境界是从一个领域最基础的、极少的基本原理和假设出发，独自导出具体的公式或结论。超一流物理学家、诺贝尔奖得主费米和费曼不仅有这样的基本功，而且有这样的治学癖好。费米还要求"学生必须能够证明或推导所用的一切公式"（季承：《李政道传》，国际文化出版公司，2010 年，第 61 页）。李政道曾师从费米攻读博士学位，受过从基本原理与假定出发研究问题的严格训练。“有一天费米问李政道，太阳中间的温度是什么？李政道回答说大概是绝对温度 1000 万度。费米问你是怎么知道的，李政道说是看文献的。费米问你自己有没有计算过，李政道说没有，这个计算比较复杂，文献上都是这个数字，我也觉得很合理。费米说这不行，你一定要自己思考和计算过，如果没有通过自己的思考和估算，你不能接受别人的东西。估算太阳温度需要专门的工具，于是费米就帮李政道做了一把特制的很大的计算尺，他们花了两天时间制作了这把计算尺。有了这把尺，一拉就能很方便地计算出太阳中心的温度差不多是 1000 万度。”（蒋东旺：《李政道传》，长春出版社，2003 年，第 53 页）随着科学工具的进化，今天的基本功训练已不用计算尺，但从基本原理和假设出发的推导计算训练仍是高水平训练不可或缺的功夫。两弹元勋朱光亚院士对李政道在费米指导下训练出来的高超能力赞赏不已：“对于自己的每项研究，他都从基本原理和假定出发，推出所有必要公式；对别人的工作，他则着重了解其中的未知与未能之处，并常以别人尚不知或不能的难题作为自己新的研究方向。所以，一旦进入一个领域，他便能不受已有方法的束缚，常常很快得到别人没有的结果，彻底地改变这个领域的面貌。对政道，科学研究的路总是自己重新开拓的，结果又是别人过去没有得到的。”（朱光亚：《李政道物理生涯五十年》，载《李政道文录》，浙江文艺出版社，1999 年，第 228 页）

人文社科领域的治学，同样需要“苦功”，只是方式不同而已。钱穆在抗战时写出《国史大纲》、钱锺书在“文革”中完成《管锥编》，两部经典能在艰难困苦中产生，长期的苦功积累是重要的基础。钱穆南下昆明前在北平生活八年，常去琉璃厂、隆福寺等地书肆，老板无不与之相识，“在此购书逾 5 万册，约 20 万卷左右。历年薪水所得，节衣缩食，尽耗于此。……1937 年 10 月离开北平前，临时特制二十余大箱，将所藏之书装入箱中，托人保管。”（陈勇：《钱穆传》，人民出版社，2001 年，第 95 页）钱穆不仅购书巨量，而且勤于阅读和笔记，在北平燕京大学、清华大学讲授中国史课程时，“先一日必作准备，写录所需史料，逐月逐年逐项加以添写，积五六厚本，及离北平藏衣箱底层夹缝中携出，至南岳蒙自又续有添写。此乃余日后拟写《史纲》所凭之唯一祖本”（钱穆：《八十忆双亲、师友杂忆合刊》，九州出版社，2011 年，第 209 页）。钱穆《国史大纲》

立一家之言，是中外备受欢迎的史学名著，至今已印行数十版之多。其所以能在抗战时期昆明郊外宜良县的一座山中寺庙里，写出从上古三代至抗战时期数千年资料翔实而见解独到的中国通史，是20余年苦功升华之结晶。钱锺书的《管锥编》则基本写定于艰难的“文革”期间，但是重要的参考资料——“整整五麻袋读书笔记”，在厚厚的灰尘中清理出来，是钱锺书数十年博览群书的摘录和心得。据研究，《管锥编》“以文艺为主，囊括文、史、哲各个方面；既有从古到今、从中到外的重要典籍的大量引用，又征引别人不经意或不屑援引的笔记、小说、戏曲。……简直可以说将之带进了书的海洋，全书共征引四千位作家的上万种著作，其中征引的西方学者和作家达千人以上，征引一千七百八十种包括数种语言的著作。内容之广博，实为空前”（孔庆茂：《钱锺书传》，江苏文艺出版社，1992 年，第 198 页）。钱锺书《管锥编》及其另一本中国诗话《读艺录》都非聪明才子一时兴起的著作，它们的产生表明，即使天赋优异、才华盖世如钱锺书，要出高水平成果，必须下苦功夫治学，而传世的经典之作，更必经呕心沥血的求索过程。

二、思维要活

冯沅君治学方法的第二句“心眼要活”，是形象性的文学表述，本文将其转化为哲理性的“思维要活”。治学中灵活反应、随机应变的情形和方式，因传统、学科、背景、人才而异，难以简单论之，但是仍可循基本的线索略窥一二。

首先，宏观战略思维要活，即对治学的背景趋势及条件有灵活清醒的认识。投身的领域是如日之升，是成熟保守，还是强弩之末，将对最终结果产生巨大影响。海森伯青少年时代有音乐和数理两方面的天赋与兴趣，一位音乐的行家曾对海森伯说：“从你所作的演奏以及谈论音乐的情况中，我得到一种印象：你在艺术上要比科学技术更内行；然而你却喜欢对科学上的仪器、公式和机械深思冥想。假如我说得对，可你为什么又偏偏选择自然科学呢？”然而，年轻的海森伯有自己对人类文化事业发展趋势的清醒估计：“现在我有这样一种印象：近年来，音乐已经失去了早期的活力。十七世纪它深深渗透到宗教的生活方式之中；十八世纪进入了个人情感世界的领地；十九世纪浪漫主义的音乐则冲击着人们灵魂的深处。但是这些年，音乐似乎完全有意地进入到一个陌生动乱的和特别虚弱的实验阶段。……在科学里，特别是在物理学中，……沿着确定的领域，即与二十年前指引我们去理解电磁现象相同的路线探求明确的目标，已很自然地提出了向科学的全部哲学基础、时空结构，甚至因果规律的正确性挑战的问题。这里，我们正处在这样的'未知领域'，它将可能吸引几代的物理学家去寻找正确的答案。我直率地承认，我确实想在整个问题的某一方面试一试。”（海森伯：《原子物理学的发展和社会》，中国社会科学出版社，1985 年，第 21—22 页）年方弱冠的青少年海森伯，因有人类文化发展的恢宏见识，坚定地选择了物理学方向，经多位名师指导和几年苦干，不到 24 岁就树立起量子力学这块人类科学史上的伟大丰碑。

另一位数理天才冯·诺依曼，比海森伯小两岁，数理才华胜过海森伯，但对学术领域前景的宏观战略思维却不逮海森伯。早年依靠其超常的纯数学才华，游移于纯粹数学、理论物理、应用物理、决策论、气象学、生物学、经济学和战争威慑论等众多领域，所向披靡，均创一流业绩。但是，以盖世才华辗转 20 余年的冯·诺依曼，直至 40 多岁仍不及海森伯、狄拉克 20 多岁的光辉业绩。直至二战中参与曼哈顿工程受到海量计算需求与简陋计算工具尖锐矛盾的启示后，方才洞察到一个巨大的科学机遇：“形势的需求，科学实践中积累起来的对新事物前途的洞察力及应用数学方法与科学问题的强烈愿望和能力，使他迅速决定走上成败未卜的新征程。”（陈厚云、王行刚等编著：《计算机发展简史》，科学出版社，1985 年，第 34 页）冯·诺依曼很快就提出了包含五个构成部分的通用电子计算机新方案——EDVAC 方案，开启了计算机的新时代。盖世的天才一旦与敏锐的宏观战略思维相结合，便能成就伟大的业绩。绝世奇才人到中年方与海森伯、狄拉克等年少得志者平起平坐，谁还能忽视宏观战略思维的训练呢？

海森伯和冯·诺依曼都靠自身领悟或快或慢地找到科学突破的重大方向，科学史上也有受大师指点而幸运转向待挖的学术富矿。1930 年，24 岁的德布吕克师从玻恩获得了哥廷根大学物理学博士学位，踌躇满志地来到哥本哈根欲师从玻尔进一步深造，不料玻尔说道：你生得太晚了，量子力学的问题已经被我们解决得差不多了！你要想有所作为，恐怕得到生命世界去找新的规律。德布吕克于是来到美国加入摩尔根基因学派，后因遗传学的重大成果而荣获 1969 年诺贝尔生理学与医学奖。

其次，思维要活也包含对自身治学特点的认识与选择。金无足赤，人无完人。治学者必须扬长避短，用当己才。但认识自己的优长和不足，判别其原因是天赋还是训练，既需治学实践的历练，也需要“工夫在诗外”的见识和灵活，有时还不得借助他人的眼光。在杨振宁求学的时代，中国物理学界最钦佩理论和实践两方面都有超一流贡献的费米，不少青年学子包括杨振宁在内均以全才费米为榜样。杨振宁回忆：“我到芝加哥大学本来是想做实验物理方面的论文，因为我在中国的时候，没有做过什么实验。……我自己认为我必须弥补这个缺陷，因为我深深地了解，物理的基础是实验。我一到芝加哥就去找费米，说我很想跟他做实验。……他说：你先跟泰勒做一些理论工作好了。”（杨振宁：《基本粒子及其相互作用》，湖南教育出版社，1999 年，第 157 页）后来杨振宁师从泰勒，既做理论，也做实验，从 1946 年底到 1948 年初主要是做实验。在泰勒看来，杨振宁长于理论而拙于实验，杨振宁却未能清醒地认识到自己素质的特点。“1948 年春天的某一天泰勒跟我说；你为什么不用这篇文章（杨振宁当时写的一篇论文——引者）做你的论文？因为你现在的实验并不太成功。……我刚一听见他的建议时有点失望，因为这与我当初的计划是不一样的。不过我想了两天以后，觉得这个建议是对的，所以就接受了。这就是我后来抛弃了实验物理，重新回到理论物理工作的经过。”（潘国驹等：《人间重晚晴》，科学出版社，2007 年，第 135 页）杨振宁如此聪慧过人，在西南联大又受父亲杨武之、吴大猷、王竹溪等三位名师直接指导，却仍需泰勒点拨，到临近博士毕业时方才认清自己的专业素质特征，足见“心眼要活”，确非虚言，也非易事。

再次，在学术大方向确定后，在具体治学实践中，仍有战术层次的许多问题需要灵活应变。两弹功勋科学家王淦昌先生是国内外罕见的兼具实验与理论一流素质的物理学家，抗战期间浙江大学内迁贵州省湄潭县后，王淦昌从穷乡僻壤的实际情况出发，灵活果断地将物理学研究的中心从实验转向物理哲学层次，即他所提出的“搭桥工作”：“不要认为物理学的研究工作只有钻研纯理论和做实验两个方面，还有第三个方面，那就是归纳、分析和判断杂志上所发表的人家的实验方法、数据和结论。这种工作是给理论工作搭桥的，是推动实验工作前进的。现在是抗战期间，中国还很穷，还很糟糕，我们要钻研前沿问题缺乏必要的实验设备条件，只能做这种搭桥工作。这种工作在物理学界也很重要。”（胡济民、汪容、范岱年等编：《王淦昌和他的科学贡献》，科学出版社，1987 年，第 240 页）王淦昌审时度势的灵活转变，使他抗战时期及以后一个时期的物理研究取得了辉煌的成果：从 1942 到 1947 年，在国内外学术刊物上发表 9 篇高水平论文，其中《关于探测中微子的一个建议》发表于美国权威刊物《物理评论》，此后数十年间国际物理学界的中微子测量研究皆以此建议为指针，并有数次测量工作荣获诺贝尔物理学奖。虽然王淦昌令人遗憾地与诺贝尔奖擦肩而过，但 40 年代末美国科学促进会的百年科学大事记中，中国人名列其内者仅彭恒武与王淦昌二人而已（同上，第 244 页）。

具体的治学问题千差万别，因而提出和解决具体问题的灵活思维也无限复杂多样。这里再举一个非常著名的案例：科学史上著名的费马猜想证明过程中的两次灵活思维：创造性转换问题和大跨度集合创新。法国的一位律师费马在 17 世纪时提出了一个猜想：$x^n+y^n=z^n$，x、y、z、n 都是正整数，当 n>z 时，方程无解。此后 350 多年间无数才华横溢的数学家证明这一猜想的努力均告失败，但却为人类数学宝库增添了许多意想不到的瑰宝，费马猜想因而被喻为“会下金蛋的母鸡”。1955 至 1957 年，两位日本数学家谷山丰和志村五郎提出了数论中另一个猜想——谷山—志村猜想。随后其他数学家发现：如果谷山—志村猜想证实为真，则费马猜想也可证实为真。问题的巧妙转换为后来的数学家证明费马猜想架设了重要的桥梁。1993 年，美国普林斯顿研究所的英国数学家怀尔斯公布证明了悬挂 350 年的世界难题——费马猜想，但论文实际上到 1994 年才完成并发表。怀尔斯埋头苦干整 7 年，前后 8 年时间未曾发表论文，一是问题难度太大，二因学术竞争中的保密。怀尔斯的成功既是长期埋头苦干的成绩，也是大跨度活跃思维的胜利：他“把 20 世纪最艰难、最抽象、最强大的三项理论——L 函数、模形式和伽罗华表示——联系到了一起，使它们结合成了一台能够翱翔蓝天的飞机。人们或许可以把他的证明比作阿波罗登月之旅，因为阿波罗计划将至少三项相互独立的技术结合到了一起：火箭技术、计算技术和通信技术。这三项技术中没有任何一项在发展时考虑过登月项目，因为当时人们认为登月是无法想象的。……但它们终究在时机合适的情况下走到了一起，征服了一个‘无法解决的问题’”（达纳·麦肯齐：《无言的宇宙》，北京联合出版公司，2015年，第77—78页）。在怀尔斯综合本不相干的三大数学技能破解人类难题的背后，人们可以想象他超常的基本功训练和盖世才华。

三、潇洒要有

马克思和恩格斯在《德意志意识形态》中深刻论述人类社会分工的必然性和局限性，并指出理想社会中方有超越分工的自由而全面发展的人："当分工一出现之后，任何人都有自己一定的特殊的活动范围，这个范围是强加于他的，他不能超出这个范围：他是一个猎人、渔夫或牧人，或者是一个批判的批判者，……而在共产主义社会里，任何人都没有特殊的活动范围，而是都可以在任何部门内发展，社会调解着整个生产，因而使我有可能随自己的兴趣今天干这个，明天干那个，上午打猎，下午捕鱼，傍晚从事畜牧，晚饭后从事批判，这样就不会使我老是一个猎人、渔夫、牧人或批判者。"（《马克思恩格斯文集》（1），人民出版社，2009年，第537页）

人自由而全面发展的命题，虽然还未成为历史和现实的主题，但是历代以来仍有极少数超越时代而有幸成为接近于全面发展的人，这些幸运儿中有不少是治学的文人或学士。如中国宋代的苏东坡，西方文艺复兴时期的达•芬奇，现代的罗素、爱因斯坦、杨振宁、钱学森、袁隆平、钱锺书等大师，他们都有非凡的人格、高尚的精神和杰出的才华。苏东坡不仅进退豁达自如，而且是文学家、书法家、画家、工程技术专家、美食家、医学家；罗素是20世纪重要的数学家、文学家和哲学家，且以文学、哲学著作而荣获1950年的诺贝尔文学奖；钱锺书不仅是文艺理论家、小说家、翻译家，是有品位的诗人、书法家和美食家，而且是幽默大师，跨文化的学者；钱学森则是力学家、航空航天专家、控制论和系统工程专家，而且在人文社会科学领域有独到的见解，在音乐与中国古建筑领域也有造诣。

有些学者虽不及上述大师全面，但也有广泛的兴趣爱好调解工作和充实生活，是潇洒的治学者。他们常在休闲活动中涌现灵感，启迪出重大创新。威尔逊休闲时受山中云雾启发发明出记录微观粒子径迹的云雾室；格拉塞则在喝啤酒时，受酒瓶中上升气泡的启示而将云雾室发展为气泡室，因此而荣获1960年诺贝尔物理学奖。量子力学奠基人之一玻尔，“在挪威滑雪的时候，他想出了互补性的理论，……这是一种量子论运行的根本原理。在互补性原理中……找到了解决波粒二象性悖论的关键”（罗德里·埃文斯、布莱恩·克莱格：《十大物理学家》，重庆出版社，2017年，第179页）。而20世纪最重大的科技成果之一——哈恩核裂变现象的理论解释，也来源于森林雪地漫步中的灵感：“核裂变的概念最后是由梅特纳和他的外甥弗利胥做出决断的。……1938年圣诞节前，弗利胥应梅特纳之邀，到瑞典南部一个休养地共度假期。……梅特纳和弗利胥在白雪覆盖的丛林中漫步。……弗利胥想到了两年前玻尔提出的‘液滴核模型’。……如果这时铀核被击中，很可能分成两半。……与此同时，原子核释放出巨大的能量。梅特纳受到很大启发，立即作了初步计算。”二人从爱因斯坦质能公式和原子核内静电斥力能量分别计算的数值符合甚好。当弗利胥回到哥本哈根将计算结果和裂变解释告诉玻尔时，玻尔“用手敲打自己的前额，惊呼‘啊！我们好笨！我们以前就应该看到这一点的’”（郭奕玲、林木欣、沈慧君编著：《近代物理发展中的著名实验》，湖南教育出版社，1990年，第234—235页）。爱因斯坦早从理论上预言了物质内部蕴藏巨大的能量，却未能有人进一步预言释放巨大能量的技术途径是轰击重铀元素使其裂变，而要等待核物理实验偶然发现的指引，使科学家将实验现象与爱因斯坦质能方程联系起来而破解核能释放的技术途径。同样发人深省的是，这样惊人的重要科学发现，由实验室正规工作中的哈恩和休闲时雪地漫步中的梅特纳、弗利胥合作而成。治学并非只有埋头苦干、严肃紧张的一面，它也可以有潇洒自在的一面。

王国维治学“三境界”说和冯沅君“两要”治学说，都抓住了治学之大要，无疑有超越时空的强大生命力；莫泊桑关于学术人生不同于普通人生的名言，也是对投身学术的年轻人发出的善意警示。但是随着时代的进步和社会发育水平的提升，他们的治学之道渐显不足，到了较高的社会发展水平，潇洒何尝不是一种境界，何尝不是治学的方式和风格。如果一种学术传统或一个学派长期偏废潇洒这一元素，必使治学严肃苦干有余而活泼潇洒不足，并培养出不少苦行僧或理工男式的学者。但中外古代学者和当代学人之治学百态中，从来不乏潇洒之姿态。本书作者之一的石海明博士，即是很好结合了严肃苦干和潇洒治学两面的青年学者，切实地践行着读万卷书、行万里路和识万般人的治学之道，未入中年即有广阔的视野、明确的方向、勤奋的精神和潇洒的风格。凡熟识石海明的人，都知道他藏书逾万，长沙年轻学人无出其右；他的网上搜索和外文阅读能力也非同一般，并有中外、南北、军地、城乡的丰富考察与旅游经历；他结交的同人、朋友、师生遍及社会各界。中国的伟大复兴和全面现代化，自应包含治学现代化，而治学的现代化，除了学术水平与成果达到世界一流外，文人学士的治学风格与姿态也需赶超发达国家：在苦干方面令人敬佩，在潇洒方面令人羡慕。文风与学风的高水平建设不仅在于严肃，同时也要潇洒。中国文人学士中自由而全面发展的人，应走在全社会前列，中国知识分子的地位和风貌，在某种程度上决定于能有多少自由而全面发展的文人学士，在世界面前展现一流的水平、丰硕的成果与潇洒的风格。

目　录

一、科技军事 / 1

二、安全战略 / 83

一、科技军事

科学与战争一直是极其密切地联系着的，实际上，除了19世纪的某一段时期，我们可以公正地说，大部分重要的技术和科学进展是海陆军的需要所直接促成的。

——贝尔纳

生物逆袭战：军事仿生技术颠覆战争格局

曾几何时，我们自恃为“大自然的主人”，习惯将生物作为一类食物或工具而熟视无睹，似乎从未认真思考过生物对人有何关乎生计之外的特别意义。殊不知，在人类文明走向繁荣的每一个脚印里，都镌刻着生物留给我们的启迪。如今，它们正以军事技术创新的方式“逆袭”而来，或将成为形塑未来战争的关键要素。

一、向生物学习战争的历史

在人类历史的最初阶段，抵御生物袭扰、捕食和饲养生物是原始人生存的基本技能，让人又爱又恨的生物给人类带来了无穷的烦恼。可以说，人类向生物学习的历史就是一部生产力发展的历史，而与生物的“相爱相杀”则是人类掌握战争技巧的启蒙一课。伴随着生物学、物理学及数学等学科的蓬勃发展，军事仿生学获得了在战争中施展拳脚的有力支撑，并跟随着战争实践的演进而不断发展。

（一）军事仿生技术的兴起

作为生物界的一分子，人与其他生物最显著的区别就在于能够创造并使用工具进行劳动，最初的劳动工具很大部分亦源于生物，如贝壳、兽角及兽骨。在此基础上，人们模仿动物的角、爪、牙齿和尾针等制造出了石锥、石刀及石针等更多生产工具，生产效率也得以逐步提高。在原始社会，借助这些工具的帮助，原始人应对猛兽，捕食猎物，在维持生存的基础上逐渐有了更多的食物，人与人之间的争夺就此展开——从前用于生产的工具直接变成了用于杀伤的武器，这是仿生手段用于战争的雏形。

伴随着人类生产能力的提高，从新石器时代晚期开始，武器从生产工具中逐渐脱离出来，成为具有专门用途的一类工具。这些经过实践检验改进而成的工具，在模仿生物方面形成了更加突出的鲜明特色。例如，在我国云南曾出土了大量的青铜兵器，被认为是世界上最早的“仿生兵器”，其中很多文物代表了冷兵器时代武器仿生制造的基本思想，如鸟头形铜啄、蛇头形铜矛及狼牙棒等。这些兵器不仅在杀伤功能部分对动物的身体或器官形状进行了模仿，而且在手持部分还绘有鸟、蛇、蛙等相应纹饰，可谓“形神兼备”的仿生杰作。无独有偶，在同样悠久的古代埃及文明中，也有类似的武器出现。著名的克赫帕什镰形刀设计独特，不仅有强大的劈砍威力，而且弯曲部分还能设计成倒钩形，用来格挡武器和勾回对手的盾牌，十分好用。其名称“Khopesh”在古埃及语中也有“牛腿”之意，意指该刀的形制是照着牛腿的样子而设计的。

虽然古人们模仿动物设计武器的实践已经十分普遍，但由于缺乏科学理论的指导，大多数的改进都始于灵感、借助于经验，且严重受制于材料强度的限制，因而改进的过程也十分缓慢，犹如现代科学起源前夜的中世纪一样漫长。然而，人类并没有放弃这一艰辛的探索，在一些先驱者的带动下，人类做出了让人叹为观止的仿生壮举。

如果我们以时间顺序回顾一种武器装备的发展史，就可以清晰地看出仿生学在军事领域应用的演进及其对战斗力进步的持续贡献。

伴随着战争从陆地蔓延至海洋，战船成了海战必不可少的作战平台。对于这种模仿鱼类外形而建造出的交通工具，优化结构和增强动力一直是困扰造船者的两大难题，而用于作战需要的战船对此要求更高。为了优化战船的结构以满足撞击的需要，公元前 800 年，战船有了青铜铸造的船艏冲角，使战船的冲击进攻更具威胁的同时，也能保护自身结构的完整。在防守措施上，为了增强战船在破损后的生存能力，仿照鱼鳔的原理，中国宋代的战船已经普遍采用了水密舱壁技术，从而使船体的部分创伤不至于造成全船的倾覆，这充分体现了古代劳动人民的非凡智慧和卓越才能。到了 13 世纪，秦世辅建造了自重约 60 吨的“铁壁铧嘴平面海鹘”战船。战船模仿甲壳类昆虫用铁板覆盖在舱壁上，成为装甲船的祖先。为了增强战船的动力，人们先是模仿鱼鳍造出了船桨协助风帆为船提供动力。公元前 700 年，腓尼基和希腊等国造出了两层桨的战船。后又出现三层桨战船在地中海各国海军中大肆流行。增加桨的数量和帆的面积一度成为增强战船动力的主要改进方式。到公元 600 年后，中国唐代的离皋发明了车船——增加了轮桨的桨帆船，成为后来机械明轮船的先驱。而轮子的雏形也来源于植物——四千多年前，我们的祖先“见飞蓬转而知为车”，即见到随风旋转的飞蓬草而发明轮子，做成装有轮子的车。

漫长的中世纪见证了古代军事仿生技术的缓慢发展。在长达几个世纪的时间里，人类先是增加了战斗盔甲的厚度并使用了新的材料增强了人的生存能力；继而驯服了战马，发明了冲击力强大的骑兵群战术；而后又增加了矛的长度使步兵有了抵抗骑兵冲击的有力武器；进而，火药的发明和传播，使人类掌握了在狭小空间内集中释放能量的技术——火器应运而生，开始替代冷兵器，逐渐成为战场的主角。欧洲三十年战争见证了近半德意志人口的牺牲，但这些战争的代价并没有使人类在军事仿生学上有突飞猛进的发展。

反观古老的东方，同时期的我国古代劳动人民展开丰富的想象力，在大量劳动和战争实践的基础上，不断进行着军事仿生领域的探索。在该时期较有代表性的当属利用火药进行的一系列仿生实践，例如生活在约 14 世纪末的陶成道（官位为“万户”）希望利用火箭和风筝实现自己像鸟一样飞翔的梦想。但由于缺乏足够的前期理论研究，火箭推力、飞行器结构等各方面条件都不成熟，陶成道在实验时献出了宝贵的生命，他也因“万户飞天”的壮举而成了“世界航天第一人”。另如，明代劳动人民根据火药喷射时产生反作用力的原理，模仿乌鸦的形状和传说中“龙”的样子分别制造出“神火飞鸦”和“火龙出水”两种火器，在攻城和水战中达到了不俗的效果。

这些主要由工匠主导的军事仿生实践，在古代自然科学中独树一帜，为近代和现代自然科学提供了宝贵的经验，更直接为仿生学在军事领域的理论化发展和深入实践提供了一条独特的发展进路。

（二）军事仿生进入 2.0 时代

亘古以来，推动人类一切技术进步的总动力都离不开社会经济基础，军事仿生技术也是在此基础上发展起来的。经过长期的生产实践和科学积累，军事仿生终于迎来了它的 2.0 时代。

15 世纪中叶之后，在人类拓展市场和发展经济需求的推动下，大规模航海探险活动为人类呈现了一个崭新的地球，其中不乏大量闻所未闻的动物、植物等经验材料可供军事仿生借鉴。更为重要的是，伴随着天文学的发现而唤醒了近代自然科学，以伽利略、哥白尼等为代表的科学巨匠所倡导的注重观察、实验和理性思考的方法使仿生学及其军事应用第一次有了科学的理论指导。值得注意的是，文艺复兴时期所倡导的人文主义思想使人们更加关注自身。生理学、解剖学的初步发展使人类第一次理性地打开了自身世界这扇奇妙的大门，为仿生学实践从人体机能中汲取灵感提供了可能。

众所周知，对于任何一门具有长远意义和研究价值的学问而言，再多单打独斗、零零散散的发明创造都无法提供持续而深入的相关理论及研究成果，仿生学也是如此。

当仿生设计在建筑、机械、艺术甚至心理学等领域积累了大量零散实践案例的同时，军事仿生主要经历了两次世界大战和军事力量建设的考验，已在航空航天、侦查探测、结构力学、伪装防护、军事医学等方面进行了诸多卓有成效的尝试，成为仿生领域极具特色的一个专门方向。到 20 世纪 40 年代，人们开始明确意识到人造工具与生物之间存在着千丝万缕的联系，甚至有一些科学家明确指出生物和工程技术的自动调节系统在原理上是相通的，但学界公认的“仿生学”概念依然没有出现。20 世纪 40 年代后期，香农展开了对信息论的研究，在此基础上人们发现了一切通信与控制系统所共有的特点；1949 年，维纳的《控制论》出版，从此把生物科学和工程技术从理论上联系起来，成为在原理上沟通生物系统与技术系统的桥梁，奠定了生物与机器在控制与通信上进行类比的科学理论基础。万事俱备，只欠东风。至此，仿生学在实践和理论上的准备都已较为成熟，学科化和体系化的蜕变呼之欲出。

1960 年，第一届仿生学研讨会在美国俄亥俄州召开。在这届大会上，“仿生学”正式成为一门独立的学科，其定义首先由斯蒂尔博士给出：“仿生学是模仿生物系统的原理以建造技术系统或者使人造技术系统具有生物系统特征或类似特征的科学。”简而言之，仿生学就是“模仿生物的科学”。

从此开始，仿生学不仅自身的发展有了逐渐明晰的内涵和外延，而且与其他学科的交叉互动也更加顺畅，军事仿生学也因此而有了更加坚实的学科平台，其 2.0 时代就此到来。

军事仿生技术是指模仿生物系统的原理和功能来创新军事技术，以达到提高武器装备性能、优化战略战术水平、增强管理指挥效能等目的的技术。按照具体用途的不同，军事仿生学的研究内容主要包括军事技术仿生、军事战略战术仿生、军事指挥控制仿生、军事后勤保障仿生等。作为仿生学研究的主要分支之一，军事仿生技术在提高战斗力方面具有极强的生命力。历史已经有力地证明，善用仿生技术的军队能够在战场上掌握更多先机，更易走向胜利。

（三）大放异彩的仿生武器装备

两次世界大战是人类有史以来规模最大、参战人数最多、使用武器最多的战争，也是人类战争手段的集中展示。其间，军事仿生技术在战争的各个阶段、战场的各个角落随处可见，在大放异彩的同时也增加了战争的残酷性，值得人们深刻反思。

在第一次世界大战期间，仿生学的初步应用就给战场力量对比带来了极大的改变。

早在16世纪，人类为了探索海底就已提出了“可以潜水的船只”的构想，开始了建造潜艇的探索。为了解决在水底自由浮沉的难题，人们毫不犹豫转向生物学习——水母、乌贼、鱼等生物都生长有鳔，可以通过调整鳔内空气的体积来灵活控制其在水下的沉浮。以此为灵感，美国独立战争时期的大卫·布什奈尔建造了“海龟号”潜艇，可以通过脚踏阀门和压力水泵控制水舱的注水和排水，达到控制沉浮的目的。“海龟号”也是史上最早用于军事目的的潜艇，进行了首次袭击军舰的尝试。

到第一次世界大战前夕，潜艇经过不断的改进已经基本解决了沉浮控制和动力的难题。仿照鱼类的外形也解决了艇体外形和主战武器的问题——流线型的潜艇配备了鱼雷，具备了远距离打击能力。第一次世界大战开始后，利用深水这个天然屏障，潜艇在舰队和港口神出鬼没完成了一次又一次的奇袭。其中，最为重视潜艇运用的德国率先将潜艇投入战斗，取得了一战中最为辉煌的潜艇战绩。据保守估算，在整个一战期间，德国潜艇攻击协约国和中立国船只的战损比高达1:34，德国用损失178艘潜艇的代价击沉了约1800万吨的商船和军舰，给严重依赖海运的英国带来了极大的损失，并牵制了协约国的防御力量。从此以后，潜艇运用和反潜斗争成了海战中不可忽视的重要课题。不得不说，这些战果背后，都有仿生技术的贡献。

到了第二次世界大战时，军事仿生技术吸取一战的经验教训，在更好的工业基础上继续发展，发挥了更加关键的作用。声呐就是其中的典型代表。水中探测一直是困扰军队的一大难题，但已有探测手段却无法胜任水中探测任务：光波和电磁波在水中的作用距离太短，难以实现有效的远程探测。经过反复研究，人们注意到了生物界的几位探测能手：蝙蝠可以在黑夜中快速地捕捉猎物，即使蒙上眼睛也无妨；海豚和鲸鱼可以在海里高速游泳，并发现几百米外的鱼群。经过观察，科学家发现他们都有一个共同的本领——利用超声波反射原理确定物体的位置。很快，英国海军的刘易斯•尼克森就于 1906 年发明了“声呐”，用于侦测潜艇。但此时的声呐仅能被动听取声音，探测能力还比较弱。1915 年，法国电气工程师和俄国电气工程师合作研发出了第一部用于侦测潜艇的主动式声呐，开启了后续声呐设备设计的先河。1923 年，主动式声呐已经装备了英国皇家海军的驱逐舰队，这距离发明最早的声呐仅仅过去了 17 年；到 1935 年，皇家海军舰队中半数以上的驱逐舰都装备了声呐，不得不感叹战争对军事仿生技术的巨大促进作用。

在军事技术的发展中，进攻和防御手段总是交替革新的。在第二次世界大战中，为了躲避舰载和机载雷达对潜艇的探测，纳粹海军研制出了潜艇的“通气管”装置，可以使潜艇的充电过程更为隐蔽，大大降低了被发现的几率。与此同时，刚刚投入实战不久的声呐性能还差强人意，英国几乎一度要重蹈一战时被德国潜艇宰制的覆辙。在战败的巨大恐惧中，声呐的改进脚步从未停歇。1939 年，英国在标准声呐装置上加装了一个距离显示器，它可以指示发射深水炸弹的最佳时机。在相同原理的指导下，声导鱼雷也应运而生，即将声呐听声定位的原件配备在鱼雷上，让鱼雷追寻声音来源发动攻击。同时，机载的浮标式声呐也投入使用，与雷达、磁感探测等手段相互配合，形成了应对潜艇进攻的立体侦查和防御网，最终成功挫败了纳粹德国的“狼群”战术。

二、军事仿生创新的基本方式

回顾漫长的军事仿生史，人类已经从生物身上汲取了太多智慧。历经无数次战争的胜利和失败，军事仿生本身已成为极具复杂性和综合性的一个研究领域，似乎让人眼花缭乱。但遵循技术本身发展的逻辑，我们总能找到技术演进的主要脉络。从模仿生物的不同灵感来源，我们可以看到军事仿生的几种基本方式，掌握其创新的主要途径。

（一）结构上模仿

毫无疑问，生物体的结构是人类认识生物最为直观的属性。结构决定功能，许多生物之所以能够在自然界生生不息，就是取决于其特殊的内外结构，而军事仿生正是认识并利用了这些特殊的结构，达到了特定的军事目的。

在外形结构上模仿生物最为典型的例子当属飞机。飞机机翼的灵感主要来源于鸟类飞行时翅膀的状态。作为气体动力学创始人之一，英国科学家凯利经过细致观察和深入研究，模仿鸟翼设计了一种机翼曲线，奠定了现代机翼设计的基础。法国生理学家马雷所著的《动物的机器》一书，专门研究了鸟类飞行并对鸟类的翅膀负荷和体重的关系进行了专门研究。俄国科学家茹可夫斯基在前人基础上，提出了航空动力学理论，将模仿鸟类的成果进一步理论化。终于在大功率轻便发动机的帮助之下，美国的莱特兄弟在 1903 年驾驶着第一架真正意义上的飞机，实现了人类飞天的千年梦想，而飞机也在日后的战争中成了不可或缺的主角之一。

作为优秀的“暗夜猎手”，猫头鹰的翅膀形状给梦想无声飞行的人类提供了关键的启示。当今唯一的隐身战略轰炸机 B-2 和美国现役的 F-22、F-35 隐形战机等，都模拟猫头鹰的翅膀而采用轻便且宽大的机翼，大量使用了锯齿状边缘结构的消声技术，从而平稳了高速飞行中产生的大量尾部湍流，极大降低了飞机的噪声，为增强音频隐身性能立下汗马功劳。

同样，伴随着生物学和解剖技术的进步，人们对生物内部结构的认识也逐渐深入，获得了更多军事仿生方面的启发。

作为大规模杀伤性武器的代表，化学武器极具威慑力，其灵感就来源于一种昆虫——气步甲，俗称“放屁虫”。化学武器的大规模使用始于第一次世界大战。在使用仿生技术之前，普通的化学毒剂装在炮弹内不仅腐蚀弹体，且预先制备难度大，性质极不稳定，对己方也十分危险。一筹莫展之时，科学家注意到生物界的“化学武器专家”——气步甲。在它的肚子里有两个腺体，一个生产对苯二酚，另一个生产过氧化氢。平时两种物质不接触，一旦遇到危险，气步甲就迅速将两个腺体里的物质混合到一起，在酶的作用下迅速生成100度的毒液喷射而出，吓退捕食者。受此结构启发，科学家研制出了先进的二元系化学武器。这种化学武器的体内不直接装填毒剂，而是将相对无毒和或低毒且稳定的药剂分别装填在弹体内隔墙的两边或两个容器内，在弹丸飞行过程中阻隔装置破裂或炸开，使两种药剂混合迅速发生化学反应产生毒剂，达到杀伤目的。二元化学武器易于生产、储存及运输，安全且不易失效，迅速从“伤敌一千自损八百”的双刃剑变成了“穷人的核武器”而被大规模扩散。虽然《禁止化学武器公约》在一定程度限制了化学武器的生产，但主要针对的还是一元化学武器，一些国家因此大力发展二元化学武器，成为悬在人类头上的一把达摩克利斯之剑。

长颈鹿是世界上最高的动物，其血压高达 160—260 毫米汞柱。在通常的理解中，在如此高的血压之下，当长颈鹿低头饮水时，大脑的位置会低于心脏，突然增高的脑部血压会使血管破裂带来危险。但长颈鹿靠着厚实而紧绷的皮肤将血管箍住平衡了过高的血压，毫不受其影响。依照此原理，科学家设计出了供战斗机驾驶员和航天员穿的“抗荷服”。这种服装可以根据驾驶员承受的局部过高血压而产生相应的反压力，提高了执行任务中的舒适性和安全性。

（二）材料上借鉴

材料科学的进步使人类借鉴生物体材料的功能成为可能。虽然人是赋予自然界全部意义的“万灵之首”，但生物的诸多特殊功能却是人体所不具备的。因此，人类在先进材料制造方面，大有向生物学习的空间。

以杀伤敌人为目的的战争给人们带来了肢体上的伤痛，不少人从战场归来，身陷残疾却终生无法复原。但是不少动物却没有这方面的烦恼，它们的身体残缺之后可以完美复原，如水螅、蚯蚓及蜥蜴等。经过研究发现，这些生物之所以有这种“特异功能”，是因为它们的细胞受到伤害后会释放出一种刺激邻近细胞发生分裂的物质，从而使身体重新长出失去的部分。但成熟的人体却会在同样情况下分泌一种作用相反的“抑素”，抑制了同种组织的幼稚细胞发生分裂。据此原理，科学家通过化学刺激和物理刺激等方法试图使人也具备一定的再生能力并取得了成功。早在 1975 年，美国医生就已成功用这种方法帮助一些儿童恢复了意外切断的手指。如果能够将此技术大规模应用于战场救护，会使很多伤残军人重获失去的肢体，享受健全人的自由。

对于如何处理枪弹造成的贯穿伤等较大创口，仿生技术也有“高招”。沙塔蠕虫是一种生活在浅水中的小型生物，可以分泌一种黏性物质来粘贴沙粒和碎贝壳，为自己建造庇护所。这种黏性物质不仅黏度高、高度防水，而且能迅速凝固，是一种十分高效的黏合剂。受此启发，美国生物工程学家杰弗里·卡普试验了一种手术用液体胶水，在特制 LED 灯的照射下，涂抹在器官创口上的胶水即使在有血液的情况下也可以迅速凝固将创口封闭，甚至在心脏这种不停运动的器官上也同样奏效。这种胶水可用于弥合身体活动器官的孔洞创伤，免去了缝合带来的周围组织损伤，并大大降低了感染风险。该胶水已经成功帮助大鼠和狗黏合了心脏和口腔中的孔洞，并进行了初步的人体血管黏合试验，取得了良好效果。不难想象，一旦这种技术形成便携式的产品配备部队，就可大大节省战场救护时间，并减少战斗人员因中弹后瞬时失血过多带来的伤亡。

（三）运动方式上学习

直立行走的人类在运动能力上与很多动物存在差距，因此，动物的运动能力和运动方式一直是人类学习的对象。在军事领域也是如此。在生物个体运动方式、群体运动方式以及与环境的互动方式等方面，军事仿生都大有可为。

首先，在个体运动方式上，生物给了人类关键性的启发。例如，在莱特兄弟发明飞机之后，人类对飞行速度的要求逐步提高。但受制于螺旋桨飞机飞行高度的限制，飞机的最快速度局限在 650 公里 / 小时以内，飞行高度也从未超出 7600 米。从小受飞行员父亲熏陶的英国人惠特尔对改进飞机有着浓厚兴趣，立志将飞机的性能提升到一个新的高度。一次偶然的机会，他参观海洋博物馆时发现乌贼遇到危险时可以以极快的速度逃生，而推动它逃跑的正是尾部喷出的水。受此启发，惠特尔提出将涡轮发动机作为飞机的动力源，通过喷出气体的反作用力推动飞机前进，必将大大提高飞机的速度和飞行高度。几经失败和挫折，第一架喷气式飞机终于在 1941 年诞生并试飞成功，从此开启了飞机的超音速时代。在二战军事需求的推动下，英国与美国合作迅速生产出第一种喷气式战斗机——“流星”战斗机，并投入战场。虽然此种喷气式战斗机未能与德国的竞争对手在二战中相遇，但同样创造了战斗机截击 V-1 导弹的惊人战果，名垂战史。

其次，生物的群体运动方式也引发人类思考，撬开了新技术大门。随着控制论、管理学等学科研究的深入，科学家对动物的群体运动方式产生了愈发浓厚的兴趣。在军事领域最为直接的应用当属对蜂群运动方式的考察。研究发现，蜜蜂在成群飞行时能够通过与同伴的简单交流而保持一定的队形朝向一个方向移动，并确保同伴之间互相不碰撞。但蜂群在整个复杂的飞行任务过程中却没有一个明确的指挥者。据此原理，军用无人机可以模仿蜂群的运动方式，运用智能控制系统打造出“无人机蜂群”。这种由多个无人机组成的机群不仅具备与蜂群相似的属性，而且具备难以防范、成本低廉、行动隐蔽等突出优势。一旦技术成熟，可以完成电子战、侦查搜索、防空制空、撞击、轰炸等多种任务，是未来战场上不可忽视的无人力量。

另外，生物与环境的互动方式也被人类发现，催生了改变战争的装备革新。第一次世界大战中，德军首次在阵地战中使用了毒气，毫无防备的英法联军损失惨重，5000多名官兵中毒身亡。为了防御后续可能遭遇的毒气袭击，协约国科学家对毒气污染过的战场进行了考察，发现阵地上大量的野生动物也因毒气丧命，但野猪却奇迹般地存活了下来。通过研究野猪的习性，科学家发现野猪喜欢用鼻子拱地，当毒气来袭时，野猪将鼻子放入拱动过的泥土中，松软的泥土起到了过滤毒气的作用，使野猪逃过一劫。据此原理，科学家用能吸附有毒物质且透气好的木炭代替泥土装入猪鼻子形状的过滤盒中迅速制造出了首批防毒面具。防毒面具一经使用立刻打破了毒气带来的巨大恐惧。经过不断改进，防毒面具如今已成为步兵的基本装备之一，为作战人员保驾护航。

三、仿生学3.0时代的未来战争

如今，仿生学已经成为横跨物理学、数学、生物学、化学、管理学、信息科学、系统科学及社会学等诸多学科的交叉学科，在社会生产和人类生活的各个角落发挥着不可替代的作用。借助仿生学蓬勃发展的东风，军事仿生技术也在新的起点上开启了它的3.0时代。精细化、智能化、网络化及集成化的军事仿生技术正在颠覆现有战场格局，加快塑造未来战争的崭新面貌。

（一）深度开发的仿生资源

生物资源的开发深度是随着人类认识能力的提升而不断加深的。过去，人们认识生物的方式比较“直观”——仅能通过肉眼观察，对生物的模仿和借鉴就只能停留在外形、宏观结构层面；光学显微镜发明之后，生物的微观结构开始揭开其神秘面纱，细胞级别的认识与仿生也由此展开；待扫描隧道显微镜发明后，人类对物质的认识能力跃升到了单个原子级别，纳米技术的迅速兴起使仿生实践开启了新时代。模仿人类处理信息模式设计的电子计算机极大提高了人类的工作效率，开启了信息化时代的大幕，使大规模数据仿真和数据分析成为可能。在这个信息爆炸式增长的时代，如果说有什么因素限制了仿生技术向纵深发展，与其说是技术工具，不如说是人类的想象力。仿生技术已经在新起点上，有了众多让人耳目一新的深度发展并具备极大的军用潜力。

生物膜是仿生领域近年来新兴的研究方向。作为生物体的一个基本组织，生物膜经过亿万年的进化，具备了近乎完美的功能：具有自由扩散、物质运输、能量转换等多种特殊能力。在充分研究生物膜的物质组成和结构特征后，科学家开发出了与其相似的仿生膜，已经在多个领域取得不俗成果。而仿生膜一旦广泛用于军事领域，特别是军事医学领域，将对军队的医学保障能力产生巨大变革。

军人在作战时难免会遭遇各种身体创伤，有时甚至一个很小的伤口就能带来极大的损伤，甚至因此而丧命。而在野外不良的卫生条件和紧急的战争环境中，如何高效地处理伤口一直是困扰军事医学专家的难题。仿生技术的出现使这一难题有了完美解决的可能。例如，美国科研人员研制出了一种外用硅基薄膜，它可以在皮肤表面形成一个可穿戴的高分子层，对下方的皮肤进行物理强化，同时提供一个透气的阻挡层。这是仿照很多生物膜所具有的生物活性，即对特定的分子具有识别和阻拦能力，对其他分子则具有高通过性。这种类似“第二层皮肤”的技术可以处理皮肤受损问题，也可以用于药物输送和敷贴伤口。一旦制备成类似“创可贴”的便携胶布就可以帮助军人快速处理皮肤上的小创口，提高生存能力。

生物资源深度开发的另一典型案例就是对生物算法的模拟。仿生算法是基于对生物行为和活动的研究，通过模拟自然界中生物依靠自身调节功能来优化生存状态的行为机制，对特定决策行为进行赋值，按照生物的行为规则进行迭代计算，输出最优化的结果。仿生算法的优势在于不仅提高了算法在异常情况下的可用性，而且大大减少了针对大规模问题的搜索次数和时间，在要求快速精准决策的军事领域具有天然的应用优势。近年来各类新兴的仿生算法层出不穷，如狼群算法、蝙蝠算法、萤火虫算法及猴群算法等。目前，它们已可用于敌我目标识别、战略决策优化、火力分配模拟等决策辅助。相信随着大数据和仿真技术的发展，仿生算法可以为战场决策提供更有价值的参照，助力制胜未来智能化战争。

此外，仿生模式识别也是已投入应用的新兴仿生技术之一。该技术是模仿人类“认识”事物的过程，利用数学方法让机器“认识”不同事物从而加以区分的理论模型，是由我国王守觉院士在 2002 年首先提出的。经过十多年的研究，已经取得了不俗的成果，其中一些成果已经在民用领域进行了应用。在军事领域，仿生模式识别可以帮助军队寻找目标、在人群中辨认打击对象、识别网络攻击行为以及检测电路系统故障等。

（二）升级版的传统仿生技术军事应用

和平时期的军备，一方面限制了大规模杀伤性武器的发展，另一方面也使各国的目光投向更具前景的高技术军备，仿生手段正是高技术军备中最具发展潜力的方向之一。在新材料技术、新工艺手段和大工业基础的支撑下，传统军事仿生技术得到了升级版的改造，有些甚至能够带来颠覆性的变革。

在新材料技术方面，蜘蛛丝可能给防弹衣带来革命。面目可憎的蜘蛛是生物界的建筑能手，蛛丝的强度比同直径的钢丝高出四倍且具备超强的弹性和防水性，是制造防弹衣的理想材料。但由于蜘蛛喜欢独居的习性，批量生产蛛丝就成为几乎不可能完成的任务。2016 年，美国凯瑞格生物工艺公司提出了一项大胆的想法：将蜘蛛的基因片段植入蚕的体内使其能够吐出类似蛛丝的生物材料，从而给批量生产蛛丝防弹衣提供原料。一旦成功，取代现有笨重防弹衣的将是轻薄柔软、强韧舒适的全身防弹衣，这必将大大降低战场的伤亡率，提高战士的战斗力。

在新工艺技术方面，DNA 计算可能会撼动传统计算机在特定领域的统治地位。经过漫长的探索，人类终于发现决定生物体遗传性状的关键因素——DNA，从此对 DNA 的认识和应用也如火如荼地展开，DNA 计算机就是一个热门研究方向。区别于传统计算机以逻辑电路的高低电平状态作为存储信息的基本形式，DNA 计算机将信息以分子代码的形式存储在 DNA 上，用特定的酶对分子排列进行改变作为信息处理的工具。而反应前后分子不同的排列状态就是输入和输出结果。目前，这种看似复杂的运算方式虽然还不如传统计算机方便快捷，但已经在特定领域显现出了传统计算机不可替代的优势。早在1994年，就有美国科学家阿德勒曼利用DNA计算机成功求解了“汉密尔顿路径问题”（即在确定起点和终点的多个点之间寻找单次行走的最短路径）。这一看似简单的问题却没有一个现成公式可以套用，仅能通过穷举法相互比较方可求解。因此，如果交给传统计算机，就需要大量的计算时间。当年，阿德勒曼利用他的DNA计算机，仅花了一星期时间就求解出传统计算机几年才能算出的最短路径。不难预见，在对时效性要求极高的军事行动中，快速寻找最短路径必然能够带来作战行动决策的整体改观。虽然目前DNA计算机无法如传统计算机一般便捷操作，但在军事领域的应用趋势已经显现，或在不久的将来投入战场。

另外，随着生物技术的广泛传播和大工业基础的日臻完善，过去成本高昂的材料和技术越来越“接地气”。更加便捷的仿生技术一方面给低成本军事应用带来了机遇，另一方面也带来了新的非传统安全风险。骇人听闻的生物武器一度是国家和军队的专利，其制备、存储、运输等条件苛刻，需要专门的机构来操作实施，普通人难以涉足。但伴随着生物工程技术的普及，越来越多的人掌握了基因改造技术，廉价的基因编辑工具也变得越来越容易获取，使“生物骇客”这一角色悄然出现。这些掌握基因编译技术的专业人士，倘若被不法之徒胁迫利用合成出带有损害性基因的细菌等生物载体，一旦投入社会将造成无法预期的伤害。因此，对于这种仿生技术滥用的非传统威胁，我们也必须提高警惕。

（三）生物主导的未来战场

在现有战争形态中讨论下一场战争的样式是长久以来人类未雨绸缪的典型表现。站在信息化战争方兴未艾和智能化战争蓬勃发展的今天审视明天，生物技术已成为未来战争中不可忽视的重要角色。生物对未来战场的主导地位，在逻辑上是由战争手段的辩证发展决定的，在实践上是由已有的技术基础决定的。

纵观人类的反战史，充满着人类对毁灭自身武器的恐惧。从《特定常规武器公约》《禁止化学武器公约》，到《全面禁止核试验条约》《全面禁止核武器公约》，以及《反弹道导弹条约》等，人类不断地将耗资巨费研发出来的利剑折断。在人工智能大踏步前进的今天，人类又通过协定将这只伸向战场的手臂束缚住，防止又一种可能导向人类毁灭的武器走向失控。2016年，在第五届《特定常规武器公约》审查大会上，123个成员国一致同意于今年正式讨论可自主选择并攻击目标的人工智能武器系统带来的挑战；在2017年国际人工智能联合会议上，人工智能领域的116名专家正式向联合国发表公开信，呼吁采取相关措施来制止围绕“智能武器”而展开的军备竞赛。这种看似矛盾的行为正是体现了战争自身的辩证法：战是为了不战。

然而，在生物学蓬勃发展的今天，军事仿生技术却几乎未受到任何限制，所有雄心勃勃的军事力量都在改进和开发军事仿生技术上不遗余力。当然，这与军事仿生技术尚未对现代战争直接造成颠覆性影响有关。但历史已经雄辩地证明，生物界是军事技术无穷无尽的灵感来源，在每一次系统性的军事革命中，甚至在每一个微小的军事技术进步中，生物都没有缺席。甚至可以毫不夸张地讲，生物界本身就是一个庞大的武器库，已有的武器装备都直接或间接地带有某些生物的影子。因此，只要战争存在，军事仿生手段就会一直存在并发展下去，它是无法被限制和禁绝的——离开仿生技术，参加作战的就只能是震颤着机翼的战机、丢掉护甲的坦克和非流线型的战舰，这是难以想象的。

前不久，美国医疗部队在俄采集人体RNA和滑膜液样本一事引发轰动，人们似乎已经看到了跃跃欲试的基因武器，对军事仿生技术的担忧一度甚嚣尘上，大有基因战争即将全面打响之意。虽然，真正的基因武器在短期内无法实现，但并不代表未来无法实现，人们的担忧并非偶然。电子计算机的发明使人类进入了信息时代，生物技术是在信息时代之后又一酝酿着颠覆性变革的技术领域。对于生物技术主导未来战场的潜在可能性，人类既满怀期待又心怀恐惧。但技术的发展总会遵循其自身的逻辑不断进化，军事仿生技术在未来的深度应用已经成为必然的趋势。我们只有预先谋划，才能引领新的变革。

同时，已经带上枷锁的武器并未永远消失，而是会以民用技术的率先发展作为技术演进的主要进路。一旦军事上的迫切需求出现，不排除有亡命之徒打开潘多拉盒子的可能性，这是人类永远无法摆脱的“囚徒困境”。在这种情况下，潜力巨大的军事仿生技术作为连续性较好的一种军事技术发展思路，将会承担起发展战争的更多重任。不难预测，未来的战场将是生物技术和仿生技术扮演主角的战场，在诸多方面会引发变革。

首先，“脑控”技术可能带来作战方式革命。该技术通过模拟人脑在产生特定情绪时脑电波的形态，以类似无线电的方式向人体直接发射“有生命的信号”从而达到改变人的情绪和心理状态、影响其行动的目的。据报道，早在2007年美军在伊拉克战场就可能尝试过这种技术，曾使激战中的反美武装人员主动缴械投降。由于该项技术保密级别很高，尚无更多证据验证其真实有效性，但直接作用于人脑的打击方式已经足够引起人的高度重视。一旦大规模应用，部队在战争打响之前就可消解敌方作战人员的战斗意志，实现另一种意义上的“不战而屈人之兵”。

其次，人体增强技术可能引发战斗人员革命。人体增强技术是指将生物技术、信息技术与机械手段等相结合作用于人类的身体，以提升感知能力、记忆力、体能、生存能力等的技术。目前，已经投入试验和部分应用的单兵作战系统就是人体增强技术的集成化运用。美国最新公布的数字化单兵系统“塔罗斯”，可以让士兵在保持高效运动的情况下承受更多载荷，更加快速地获取战场信息支持，并具备更加轻便可靠的防护力。无独有偶，俄罗斯最新一代“战士-3”系统也具备类似功能，其亮点在于信息化的头盔可以集防护、信息显示、信息控制等多种功能于一体，改善操作的便捷性。这些人体增强装备一方面模仿了昆虫的装甲结构，作为所有子系统的外部载体；另一方面用电子信息手段放大了人体原有的功能，如视力、听力、大脑的记忆功能等，可以说是仿生技术的集大成者。该技术给作战人员带来的变革十分直接，将在降低伤亡率的同时极大地提高单兵作战效能，是各国都在大力发展的军事仿生技术。

最后，生物能源可能引发战场的后勤保障革命。古往今来，战争中的后勤补给一直是困扰军队的一大难题，人们都希望获得持续的高效能源供应降低补给成本。生物能源为这一夙愿提供了一种实现的可能。生物能源是指通过生物的生命活动，将生物质、水或其他无机物转化为沼气、氢气等可燃气体或乙醇、油脂类等可燃液体的可再生能源。2016年1月，美军“大绿舰队”的两艘导弹巡洋舰正式服役，他们使用的混合能源有一部分是来自废弃牛肉和牛油所转化成的生物燃料。生物燃料的使用不仅降低了装备使用的成本，而且在消耗巨大的作战行动中也减少了对不可再生的化石能源的依赖，是一种可持续的能源供给模式。虽然目前尚未出现全部使用生物能源的装备，但随着生物能源效能的逐步提高和工艺改进，相信军队的能源革命指日可待。

此外，执行军事任务的动物大军、新一代生物医疗技术等仿生手段的应用，都可能在某些方面给未来战争带来或多或少的变化。而系统性的战场革命，必定是多种军事技术突破性进展的综合成果。因此，我们必须在多个领域同时实现跨越方可在新式战争中塑造未来。

目前，在人类的认知能力所及的范围内，已经命名了约1000万种生物，仍有约上千万种生物处在未被发现或缺乏深入研究的阶段。毫无疑问，如此庞大的生物界可以为我们提供源源不断的灵感和直接的实践参考，为军事技术创新发展带来新的机遇。因此，美国国防部高级研究计划局（DARPA）前任局长阿拉提•普拉哈卡尔也坚定地指出："生物是自然界的终极创新者，任何致力于创新的机构，若是未能从这个极其复杂的网络中汲取灵感与解决方案，都将是十分愚蠢可笑的。"

军事技术威慑：从战争工具到战略符号

威慑，作为一种显示或威胁使用武力以迫使对方屈服的战略行为，古已有之。这就是《孙子兵法·九地篇》所言，“信己之私，威加于敌，故其城可拔，其国可隳。”中国古代兵书《兵家领要·先声篇》也写道，“兵有先声而后实者，谓以先声夺敌之魄，故敌不烦兵而服也。故张我军实，张我先声，惮敌闻之，或恐惧投降，或未战自溃，皆兵之机，所谓用力逸而成功多也。”这里所讲的就是通过先声夺人的威慑行动来达到不战而屈人之兵的目的。美国国防大学哈伦·厄尔曼等人说，他们提出的“震慑”理论就源自孙子“吴宫教战斩美姬”。

威慑，已成为和平时期军事力量常态化运用的重要方式。

一、恐怖的螺旋：军事技术威慑功能的历史演进

军事技术是筹划与实施战争的物质手段，是“武力”的构成要素，具有杀敌和慑敌的双重功能。孙武和马基雅维利所处的冷兵器时代，军事技术通常不是战争胜负的决定因素，也不具备独立的威慑功能，“慑敌”离不开“杀敌”，也离不开具体的将领。“青龙偃月刀”与关羽、“丈八蛇矛”与张飞互为象征，共同发挥威震敌胆的功能；名器易主犹如明珠暗投，失去了灵魂，其威慑功能也就消失殆尽。

火器时代的到来使军事技术开始具备独立的战术威慑功能。“火药使人人平等”，任何人经过训练都能熟练使用火器，这就使武器装备效能的发挥不再取决于天才的个人，火器开始具备独立的威慑功能。不过，由于射程、机动能力等方面的限制，火器的杀敌和慑敌功能主要作用于当面之敌。

机械化战争新形态的出现打破了线式作战的窠臼，也使军事技术的威慑功能迅速拓展到战略层面。飞机在一战中崭露头角后，很快打破了前方与后方的界线，第一次给远离前线的人们带来了恐惧。二战后期的“战略

轰炸”理论与实践，更是对军事技术战略威慑功能的系统探索，从而使人们认识到，军事技术的威慑功能不仅可以影响当面之敌，而且可以影响到后方民众和政治领袖。

核时代的到来宣告了恐怖螺旋的终结，军事技术威慑功能的发挥必须另辟蹊径。导弹核武器的出现标志着人类追求武器威力和射程的努力已濒临军事必要和物理可能的极致，而“相互确保摧毁”的实现则意味着谁也不敢轻易按下核按钮。核武器靠诉诸恐怖而发挥威慑功能，最终却因为核战争过于恐怖的后果而变得不能用，成为“纸老虎”，体现了“物极必反”的古老哲理。

信息时代军事技术威慑功能的发挥更侧重“可信”和“可知”。按照经典的威慑理论，威慑的三要素包括实力、动用实力的决心和威慑信息的有效传达。相应地，军事技术要有效发挥威慑职能，就必须“可怕”、“可信”和“可知”。若论“可怕”，核武器已经达到极点：很难设想比全人类共同灭亡更可怕的结局了。信息时代军事技术威慑功能的发挥应更多地从“可信”和“可知”中找出路。美军不惜重金打造具有“断代优势”的武器装备，传达“科技制胜”“零伤亡”等观念，塑造美军不可战胜的神话，本质上就是利用军事技术优势实施战略威慑。

二、示形与造势：军事技术威慑功能的实现途径

军事技术威慑功能的发挥，总是需要在一定的场合、以一定的方式公开显示其强大的威力。没有这种公开，不使对方深信这种力量的存在和作用，就不可能慑服对方。示形与造势，就是要把威慑力量通过适当的方式明确显示出来，使对方产生恐惧、疑虑、动摇等心理，从而采取某些违心行动，或放弃预定计划，而按他人的意图行事。军事技术威慑功能实现的基本途径就是示形与造势。

在中国传统军事哲学中，示形原本是谋略运用的一种形式，是“诡道”的重要内容。《孙子兵法》中说的“故能而示之不能，用而示之不用，近而示之远，远而示之近”，讲的就是通过示假隐真，给敌人造成的不意和错觉。示形除了原本意义上的军事伪装和欺骗外，还有威慑意义，即威慑性示形。军事技术的威慑性示形常见四种情况：

武器试验。武器试验具有探索和演示的双重职能：通过探索了解事实，通过演示影响信心。公开进行的武器试验往往主要承担演示的职能，对内提高我方官兵敢打必胜的信心，对外传达重要的威慑信息。核武器、洲际导弹等战略武器很少有机会能用于实战，试验就成为传递威慑信息的最主要途径。大气层核试验中，强烈的闪光和冲击波、飞腾的蘑菇云在第一时间就能给人强烈的视觉震撼。随着军事技术的发展进步，一些常规兵器试验带给人的感官和心理冲击已开始比肩核武器，同样能够发挥有效、可信的威慑作用。比如，反卫星武器试验可以明确传递太空相互确保瘫痪的威慑信息，使依赖庞大空间资产的强敌有所顾忌。

隐匿性武器的有意暴露。潜艇、洲际弹道导弹等武器装备或游弋于洋底，或深藏于发射井和洞库，隐匿性是其生存力的可靠保障和威慑力的有效来源。不过，若隐藏得过于彻底，使敌人完全无法察觉到力量的存在，也就无从传递威慑信息，必须把握时机，恰到好处地“示形”。隐匿性武器的“示形”即有意将形体暴露于敌，既昭示存在，又使敌无法准确侦测到方位，形成“在是在，不在也是在，在即威胁”的局面，达到“威胁无处不在”的效果。

阅兵展示。重大阅兵活动的受阅装备中往往不乏“国之重器”，并且通常是其首次公开“亮相”。在万众瞩目中揭开撒手锏的神秘面纱能够极好地发挥武器装备的威慑效能。在2010年俄罗斯纪念卫国战争胜利65周年的红场阅兵中，“白杨-M”机动战略导弹和“铠甲-S1”防空系统首次亮相就吸引了世界的目光，有力维护了俄罗斯的大国形象。2012年4月，朝鲜纪念金日成100周年诞辰阅兵式中，首次展示了一种由士兵携带的印有放射性标志的背包，此后的2013年和2015年阅兵中，“核背包”反复亮相，引起国际社会的广泛猜测。有人说是放射性检测设备，有人说是“脏弹”，也有人说是小型核弹。众说纷纭中传递出来的不确定性，有效震慑了潜在的对手，使美韩不敢对朝鲜轻举妄动。

海空游弋。海空游弋即潜艇、水面舰艇、舰载机、战略轰炸机等远程作战力量在海洋及其内部和上空的巡航游弋。现代军用舰艇和飞机是国家的“浮动领土”，是国家科技和工业整体实力的集中体现，也是威力强大的作战平台。通过海空游弋可以宣示国家利益与意志，向居心叵测者就近投射强大的威慑力，坚决制止其不轨行为。2007年8月18日，俄罗斯高调宣布，恢复战略轰炸机远程巡航，这被认为是应对美国咄咄逼人北约东扩态势的直接回击。此后，图-95 轰炸机多次绕日本岛飞行，引起日本航空自卫队紧急出动战斗机拦截。2008 年 2 月 9 日，2 架图-95 与正在太平洋海域执行任务的美国航母玩起了“猫捉老鼠”的游戏，在美军航母上空数百米处飞越，迫使 4 架美军 F-18 歼击机从甲板上起飞拦截。面对美日等国的外交抗议，俄军方回应简短干脆：我们只是例行巡航，没有越界！俄罗斯战略远程轰炸机以巡航的形式引起国际舆论热议，从而达到己方战略意图。在行动实施过程中，图-95 轰炸机并没有投下一颗炸弹，体现了“不用而用”的威慑原则。

造势原本是指造成有利态势以夺取胜利，在现代汉语中，造势更常见的含义是“制造声势”，它既是舆论战、心理战的重要手段，也是威慑的重要形式。军事技术威慑功能发挥中的造势，主要是通过高调炫武和认知操纵两种方式实现。

高调炫武，顾名思义就是借助传媒大造舆论声势，对外释放强势武力信息，以攻势宣传对敌造成心理威慑，以期达到不战而屈人之兵的意图。直观形象的视听传播、肆意渲染的打击效果、尖端武器的宣扬是高调炫武的惯用手段。海湾战争中，美军使用 F-117 飞机投掷激光制导炸弹，准确命中伊拉克的空军司令部楼顶的正中央，从那里穿入其中，并将大楼炸毁。战场录像还显示，位于巴格达附近的钢筋混凝土建造的伊拉克防空司令部，楼顶上有三个通气烟囱，激光制导炸弹，奇迹般地钻进其中一个，然后发生爆炸。美军开动宣传机器反复播放战场视频，宣扬激光制导炸弹等高技术兵器无所不能的打击能力，使伊拉克军队感到自己实力与美国相差甚远，恐惧情绪蔓延，最终无心恋战，兵败如山倒。在此后的科索沃战争、伊拉克战争等军事行动中，美军也如法炮制，借助传媒平台对高技术武器装备“示形”，甚至有意放大，营造强烈视听刺激，有效震慑敌方。

认知操纵主要通过潜移默化的影响和感化，使包括潜在对手在内的公众心生敬畏，建构不可战胜的强大形象。美军认知操纵的主要渠道包括以好莱坞为代表的大众传媒和形形色色的展览展示。在科技与战争紧密耦合的今天，美军已越来越善于通过大众传媒渲染科技实力来进行战略威慑。其中，最重要的一点就是利用信息时代传媒的影响力，帮助美军塑造形象，操控他国对美军的认知。如在《变形金刚》系列影片中，全球唯一的第四代战斗机 F-22“猛禽”、美军目前重量和功率最大的直升机 MH-53、美国阿利•伯克级驱逐舰启动的电磁炮等“明星武器”悉数闪亮登场。在给观众带来上佳视觉享受的同时，也将美军超强军事科技的形象深深地烙在了人们脑海，“无比强大”的美军似乎只有外星人才是对手。除了通过影视传媒展示其军事科技实力外，美军还通过公开的活动展示其军事科技实力。如在 2015 年 5 月 14 日，美国国防部在总部五角大楼大院内，就举办了第一个“实验室日”活动，向公众展示了来自美军 60 多个实验室的 100 多种新武器、新装备和新技术。

三、工具与符号：军事技术威慑功能的哲学审视

从技术哲学的观点看，技术物的使用价值即技术物的有用性，它往往是工具价值和社会文化价值的统一体。比如，小汽车的工具价值是载人交通工具，但同时也承担着社会文化功能，被用作社会地位、个人品位的象征符号。

武器装备是一种技术物，是军事技术的物化形式与核心成分，它同样也承载着工具与符号的双重职能。随着时代的变迁与环境的变化，一件或一类武器会在失去其实用的工具价值之后，仍可保留其符号象征功能。剑曾经是一种非常重要的冷兵器，但随着欧洲中世纪后期重装甲的出现，欧洲剑逐渐失去实用价值，保留下来的主要是符号象征功能，沿用于册封爵士与骑士、授予荣誉称号等，这个习惯一直流传到今天。中国剑的发展史同样也呈现出从战争工具到符号象征功能转变的趋势。东汉以后，从征军士多用刀而鲜用剑，剑逐渐退出了战争舞台，主要为佩带仪仗或习武强身自卫。唐代开始，剑被文人墨客视为饰物，抒以凌云壮志或表现尚武英姿，后与道教结下不解之缘，成了道士们手中的法器之一。

核武器与洲际导弹的出现是战争与军事技术史上的划时代变革，不仅意味着人类手中第一次掌握了一种“战略”武器，更意味着兵器的战争工具与符号象征两种功能出现倒置：战争工具职能的隐没和战略符号职能的凸显。核武器与核威慑战略的发展历史表明，军事技术战争工具职能的发挥迟早会达到物理可能与政治可行的局限，而符号象征意义却能被政治人物和媒体反复塑造和强化，符号象征职能的发挥有着几乎无限的空间，也

许唯一的极限是人的想象力。

军事技术威慑功能的实现，本质上是符号象征意义的建构。示形和造势的最终目的是建构“可怕”“可信”“可知”的形象，三者缺一不可，共同构成强大而不可战胜的象征符号，对敌人形成巨大的心理压力，最终迫使其放弃抵抗。反制敌人的军事技术威慑，除了技术上掌握同类武器或反制手段外，还需要从认识上解构其符号象征意义，或建构相反的形象。1946 年 8 月 6 日，原子弹首次应用于实战一周年纪念日，毛泽东同志接见了美国记者安娜•路易斯•斯特朗，谈到美国的原子弹威胁时，毛泽东深刻指出：“原子弹是美国反动派用来吓人的一只纸老虎，看样子可怕，实际上并不可怕……决定战争胜败的是人民，而不是一两件新式武器。”“纸老虎”的形象比喻很快驰名中外，增强了世界人民反对霸权主义核威慑、核讹诈的信心和勇气。

（黄嘉　石海明）

颠覆性技术与军事变革

“适者兴，违者衰，主动者赢，被动者败。”每一种战争形态都有其赖以存续的科技底色，军事变革的历史鲜明地烙下了颠覆性技术更迭的印记。颠覆性技术最早由美国哈佛商学院的克莱·克里斯滕森（Clay Christensen）在1995年所著的《创新者的窘境》（Innovator's Dilemma）一书中提出，并与“持续性技术”形成比对。克里斯滕森将创新分为持续创新（Sustaining Innovation）和颠覆性创新（Disruptive Innovation）两类。相较而言，后者更强调对主流技术的破坏与超越。五角大楼将颠覆性技术界定为“以快速打破对手间军力平衡的方式解决问题的技术或技术群”。可见，它所强调的是以一种出人意料的方式取代当前的主流技术，进而达到让对手防不胜防之目的。目前，国内外有关颠覆性技术在军事领域的研究，主要沿用这一概念并进行了相应拓展。2015年，美国国防部高级研究计划局（DARPA）发布了新版《服务于国家安全的突破性技术》（Breakthrough Technologies for National Security）报告，从四大技术领域来分析美国突破性技术的未来走势：复杂军事系统构建（Rethink Complex Military Systems）、应对信息爆炸问题（Master the Information Explosion）、生物技术利用（Harness Biology as Technology）和技术前沿探索（Expand the Technological Frontier）。这为美军确定其潜在对手，进而制定颠覆性技术研发计划奠定基础。

一、何为颠覆性技术？

在漫长的人类战争史上，闪亮登场的颠覆性技术不断刷新着公众的认知，让人不禁遥想未来：颠覆性技术将如何改变未来战争？原点的追寻考验着我们的知识结构，更考验着我们的思维范式。

（一）生成的涌现性

有关科技对人生命本身的介入，美国学者斯加鲁菲（Piero Scaruffi）认为，用“人类 2.0”这一开放性概念来表述最恰当不过了。之所以用“人类 2.0”概念，是因为在过去几千年的人类发展史上，虽然我们已经制造了各种工具来延伸自我，技术也改变了人类生活的方方面面，但人类生命本身却一直没太大变化，人类和科技的未来到底会进化成什么样，取决于人类的自主选择。然而，如今颠覆性技术的“涌现”，却在悄然改变着这一切。我们知道，涌现是非线性复杂系统的典型特征，即系统各要素在组合成体系时发生突变并产生新性质的过程。事物的涌现大都依赖于一定数量群体的聚集。科学研究表明，任何事物随着成员数量的增加，他们之间的相互作用呈现出指数增长趋势，聚集到一定程度就会从量变到质变产生整体“涌现效应”。

颠覆性技术生成的“涌现效应”具体表现在多点突破的群发态势上。即某些领域一旦突破，就会涌现一批新兴交叉前沿方向，产生一批重大理论和技术创新，进而引发新一轮军事变革。在电影《极度恐慌》中，一种来自非洲的“莫他巴山姆病毒”被一个动物走私人员无意中带到美国，引起一片恐慌，甚至总统下令将被封闭的疫区彻底摧毁以防止病毒扩散。如今，随着基因芯片、蛋白质芯片等生物领域颠覆性技术的日臻成熟，酶工程、细胞工程等生物工程层出不穷，BCI 技术、生物智能技术、新一代仿生技术等不断涌现，生物领域逐渐成为大国博弈的战略制高点。可见，面对无所不用其极的战争手段，颠覆性技术生成的“涌现效应”，将对未来战争产生深远影响。

（二）演化的倒 U 型

倒 U 型假说最早由美国经济学家威廉逊（J. G. Williamson）提出。该假说认为，在一个国家经济发展初期，区域之间的经济差异一般不太大；但随着国家经济发展增速，区域间经济差异将不可避免地扩大化；而当国家经济发展达到较高水平时，区域间经济差异扩大趋势就会停止，开始转变为不断缩小的趋势。这一变化过程就好像倒写的 U 字，所以人们把它称之为“倒 U 型假说”，也有人称之为“铃型假说”。若将这一概念应用到技术创新领域，则可用于描述颠覆性技术的演化过程，通常经历三个阶段：潜藏期的缓慢增长、爆发期的急剧增长、极限期的逐渐退化，呈现出“倒 U”

型曲线。

潜藏期的缓慢增长。由于颠覆性技术在其诞生之初并不被人所重视，其革命性很难在短期内得到充分展现；同时，为了给对手达成“出其不意”的制胜效果，颠覆性技术在实战化运用之前往往会高度保密。这就导致颠覆性技术在平时都是“锁在保险箱中”的状态，增长缓慢，往往需要潜藏一段时间，在适当的时机才能进行释放。例如，出现于19世纪末、20世纪初的飞机，由于动力、武器系统、导航等种种技术的限制，在一战初期并未受到军方高度重视。

爆发期的急剧增长。一旦颠覆性技术从“保险箱”中得到释放，并展现出其“无可取代”的技术优势时，它将打破已有认知模式或技术体系，形成新的非对称作战能力。以作战飞机为例，随着“福克式”歼击机的诞生，一战中的交战各国都愈发意识到空中作战的战略意义，开始不遗余力地改进飞机的作战性能。在持续的技术探索中，人类作战空间从二维平面真正拓展到了天空。

极限期的逐渐退化。匈牙利科学哲学家拉卡托斯在论述科学革命的思想时认为：“如果一个研究纲领通过调整辅助性假设后能解释更多的经验内容，那他就是进化的，反之是退化的。”在拉卡托斯看来，某一段时期的科学研究纲领由三部分组成：硬核、保护带和启发法。颠覆性技术的演化过程也如此。当一项颠覆性技术发展到曲线末端时，即接近该项颠覆性技术的极限时，其竞争力趋于减弱，也就相当于科学研究纲领的“保护带”减弱，此时，新的颠覆性技术将取而代之，即颠覆性技术演化进入技术退化阶段。

可见，一项技术一旦根植于社会结构之中，要改弦更张极其困难。如果对于转瞬即逝的机会没有采取行动，那未来将屈从于人类不能掌控的力量。为了能够有效控制颠覆性技术的演化过程，应该关注其发展的“临界点”，这个“临界点”是人类进行技术控制的“绝佳时机”。

（三）应用的抵消性

“抵消”在《辞海》中意指两者作用因相反而互相消除。2014年11月7日，美国国防部部长查克·哈格尔（Chuck Hagel）在“里根国防论坛”上发表主题演讲，提出了一个投资尖端技术与系统的“国防创新计划”，该计划即美军第三次“抵消战略”，它旨在通过科技优势以抵消主要对手的战略优势，从而“改变游戏规则和未来战局”，使美军在未来与主要对手展开的新一轮军事竞争中保持绝对优势。这既是“技术制胜”思维的现实产物，也是前两次“抵消战略”的历史延续。

由于颠覆性技术的实质就是以自身的优势实现对已有技术的替代，因而应用的抵消性本身就是它的内在要求。颠覆性技术应用的抵消性主要体现在以自身优势实现对已有技术的抵消，打破传统的技术体系，同时通过向各个领域的渗透，使构建于传统技术体系之上的军事组织和社会组织逐渐演化。如 2015 年 4 月 22 日，美军一架 X-47B 验证机从帕克图辛河海军航空站起飞，在切萨皮克湾上空与一架 K-707 加油机会合，成功完成了自主空中加油（AAR），开创了无人驾驶飞机自主实现空中加油的新纪元。这表明美国国防部经过十多年的探索、研究和试验，在大幅延长无人机续航时间的关键技术领域取得了较大进展，未来就有可能影响到美国海军的作战理念，改变未来侦察监视与远程打击的作战模式。由此可见，颠覆性技术应用的“抵消性”是大国军事博弈中技术预警思维真正落地的重要保证，同时也构成了战争关键阶段逆转战局的关键一环。

二、颠覆性技术影响军事变革的内在机理

克劳塞维茨曾说：“战争是机会的领域，战争是不确定性的领域。”的确，无论是东方诸葛亮的空城计，还是西方拿破仑的“奥斯特里茨大捷”，历代军事家们，或是凭借其丰富的经验，或是依靠其稍纵即逝的战场直觉，将战争艺术演绎得淋漓尽致。如今，颠覆性技术在军事领域的大力运用，使人们能够借助传感、通信、计算机等先进的信息处理系统，逐步揭开军事技术影响军事变革的内在机理，进而廓清未来战争的迷雾，从而让颠覆性技术真正释放“改变游戏规则”的“颠覆效应”。

（一）激发武器装备创新

战争史不断向人们证明：武器装备创新先行于军事革命。从青铜或铁制的矛造就了步兵方阵，到弓箭和马镫为骑兵提供新的战术，甚至在使用黑火药的枪炮中萌生了整套近代作战模式。如今，在武器装备的创新上，以颠覆性技术为主导的武器装备发展，正逐渐改变着现代战争面貌，并成为各国制胜未来战争的关键。其中，“跨越式发展”和“非对称发展”更

成为许多军队武器装备创新的谋划思路。

跨越式发展。在某种特定环境下，依托颠覆性技术，武器装备发展滞后者能够跳过某些发展环节，实现赶超先行者的“跨越”。20 世纪 60 年代，美国学者波斯纳（M. A. Posner）和哈弗鲍尔（G. C. Hufbauer）提出技术差距理论（Technological Gap Theory）。该理论认为，由于各个国家在研究与开发上存在差异，其技术水平就存在差距。同时，由于发达国家技术创新能力较强，在一定时间内就形成了技术垄断地位。正是这种垄断地位使得发展中国家无法迅速得到先进技术而导致了技术差距的形成。然而，这种技术差距也并非永远无法消除，技术落后国家可以通过资本积累、效率提升和技术创新，实现非均衡、超常规发展，在较短时间内接近甚至赶超先发国家。

非对称发展。颠覆性技术能够在充分考虑战场实际的基础上，“以己之长攻子之短”，从而实现装备创新的“非对称发展”。《孙子兵法》中谈到“正合”与“奇胜”，古往今来的战争也反复向我们证明着“以正合，以奇胜”这个简单的道理，换而言之，“正合”是“奇胜”的基础，“奇胜”则为“正合”之妙用。古人的“奇胜”思想正是非对称发展的制衡之道。在现代战争中，非对称作战已经被各个国家纳入军队的重要战略之中。如在第一次世界大战中，德军率先将潜艇投入战斗，并取得了一战中最为辉煌的潜艇战绩。当然，装备创新无论是跨越式发展，还是非对称发展，都必须着眼未来战争的需要，将那些新领域中的知识与技术不断扩展，进而转化为能够克敌制胜的“撒手锏”武器装备。

（二）催生新的作战理论

一种理论指导一场战争，一场战争淘汰一种理论。美国空军马克·斯蒂芬（Mark Stephen）认为颠覆性技术能够“改变”军事竞争本质并从根本地改变我们对未来战争的认知。这种“改变”反映的是对军事前沿技术的预见，有着“牵一发而动全身”的作用。与此同时，“颠覆”并不是一个自我演化、自我实现的过程，而是一种目的性很强、对技术要求很高的创造性活动。在这种合目的之“颠覆”过程中，也必然伴随着新的作战理论产生。随着一战中空中作战技术的急速发展，一系列空战理论如雨后春笋般涌现出来，杜黑就在其所撰写的《制空权》一书中，颇具历史远见地展望了空中武器的未来发展，并系统地提出了著名的制空权理论，在西方军事界引起强烈反响；曾任美国空军准将的威廉·米切尔（William Mitchell）在其代表作《空中国防论》中强调空中力量在未来战争中的主导性作用，并指出诸如在空军的建设上，应加大规模，使空军与陆军、海军的建设处在平等的地位等观点。

习近平主席强调："坚持自主创新的战略基点，瞄准世界军事科技前沿，加强前瞻谋划设计，加快战略性、前沿性、颠覆性技术发展，不断提高科技创新对人民军队建设和战斗力发展的贡献率。"颠覆性技术所带来的作战理论革新主要体现在概念创新和体系构建两方面。作战概念既是作战理论的精华所在，同时也是探寻军事变革动向的突破口。从火药运用于战争，到飞机、坦克的发明，再到电子技术、信息技术和航天技术等高技术群的崛起，从制陆权、制海权、制空权到制天权、制网权，从两次世界大战到海湾战争、伊拉克战争及阿富汗战争的实践，基于颠覆性作战概念的武器装备都在其中发挥着巨大作用，推动着战争形态的根本改变，从而催生新作战理论的激烈绽放。与此同时，现代作战理论注重对战略的整体谋划和设计，不仅包括作战概念的提出，还覆盖作战方法和作战保障等要素，涉及政治、科技、经济等广阔领域，它们共同构成一个完整的作战理论体系。

（三）影响编制体制调整

从历史上看，每当一项颠覆性技术开始作用于军事领域，并显现出强大的生命力和发展势头之时，便往往酝酿着新的重大变革。在此过程之中，许多曾经的优势编制体制也往往因为因循守旧、故步自封而湮没在滚滚的变革浪潮之中。

首先，颠覆性技术为军队编制提供了重要的物质基础。如在二战前，由于德国处于内陆，其陆军的军事技术发展较为成熟，作为战略单位的步兵师，已经装备了大量弹仓式步枪、轻机枪、重机枪、100mm 加农炮、120mm 或 150mm 重型野战榴弹炮、电报、电话和无线电设备、装甲战斗车辆等，形成了强大的火力。而空军却由于军事技术发展水平不高，尚难以形成强大火力，从而决定了空军在作战中的从属地位。其次，军队编制也在满足技术基本要求的同时得到发展。在近代战争中，如法国元帅斐迪南·福煦所言："在战斗中，兵力部署较之过去，更须尽量利用现代武器的全部威力，这一点在今后将无可争议。"而即便是在今天看来，这种根据技术的发展情况和战争的实际需要，对军队编制所进行的调整，都具有重要借鉴意义。

此外，需要指出的是，尽管颠覆性技术带来了武器装备、作战理论、编制体制的变革，但军事革命不是“武器装备变革—作战理论变革—编制体制变革”的单线推进，而是一个复杂的“科技、军事与社会”问题。如20 世纪 90 年代中期美军参联会副主席比尔·欧文斯上将所说：“诚如技术在人类由农业时代进入工业时代进程中所发挥的作用一样，在这场军事革命中，技术同样只是触发事件发展的扳机。与所有的革命一样，技术所带来的巨大变动将彻底影响军队的所有编制体制，打破所有传统作战形式和军事观念。但事实上，军事领域的非技术要素才是军事革命的真正动力源。”

三、有关颠覆性技术创新发展的对策建议

在世界多极化和经济全球化的发展趋势下，颠覆性技术发展日益成为决定一个国家国际竞争力的关键因素，世界各国尤其是发达国家为保持在军事领域的领先地位，都把颠覆性技术作为国家创新的核心目标。从我国颠覆性技术的发展现状来看，我们在某些领域已经实现了从纯粹的“跟跑并跑”到现在“并跑领跑”历史性跨越，这无疑是一个巨大的成就。然而，随着我国颠覆性技术发展体量的增大，隐藏的问题也就愈发暴露。因此，我们需要有战略定力，及时对我国颠覆性技术发展进行反思和创新。

（一）加强基础研究

按照库恩的理论，如果科学研究没有积累到一定程度，是很难产生颠覆性创新的。以往颠覆性技术的发展更是证实了这一理论。如绝大多数颠覆性技术源于数学、物理、化学、信息、材料、生物等基础研究的原始性创新。美国国防科学委员会（DSB）曾对国防部基础研究项目进行评估，结论显示，其所资助的基础研究项目中约 80%具有纯基础特性，这就说明颠覆性技术的孕育离不开坚实的基础研究沃土。

关于基础研究，其研究目的有以下两个：其一，为了解决当前作战中出现的技术问题，需要基础研究做出解释和提供解决方案；其二，为了给未来的军事斗争提供前沿新技术和作战新概念，需要更加深厚的基础研究长期支撑。如今，我国在颠覆性技术创新能力上仍存在一些亟待解决的问

题，这主要表现在：技术创新能力与发达国家相比存在较大差距，部分关键核心技术及装备依赖进口严重。为此，我们更加需要从基础理论上寻求原理机理突破，提高原始创新能力。当然，由于基础研究仅仅是一个阐述原理的过程，到最终走向社会应用、实现社会价值仍需要经历一个长期而复杂的过程。这一过程中许多关键技术环节，往往不是单一领域的知识所能够解决的，通常需要多个研究领域的交叉合作才能解决。

（二）推进协同创新

美国学者迈克尔·怀特在其著作《战争的果实：军事冲突如何加速科技创新》中指出，“科学的进步并非完全源自军事需求的助推，也并非完全依赖于国防委员会资助的一些实验室。然而，来自军方的需求常常是主因，而且势不可挡。”颠覆性技术创新的奥秘就在于其科技协同创新体系，实质是通过创新资源的有效汇聚，突破创新主体间的壁垒，释放人才、资金、信息、技术等创新要素的活力。如以色列是一个近年来迅速崛起的全球创新“大国”，它所施行的义务兵役制让高素质的新兵不断充实到军队的研发部门，并让年轻人退伍后再回到企业或大学继续从事研发工作，从而将技术成果返还军队，这种协同创新的技术循环体系支撑着以色列的技术创新。

创立“双向溢出”式技术转移机构。为加强创新主体之间的联系，进而促进军事技术和民用技术的双向转移，可以通过政府牵头，创立“双向溢出”式技术转移机构，从互补的技术资源中收到协同效应。如美国政府在军方和政府机构设立了“技术转移办公室”。同时，美国商务部、农业部、能源部、航空航天局等关键部门、重要协会和知名大学也建立了类似的技术转移机构。

设置“旋转门”式人才流动机制。为消除妨碍合作研究和人才流动的制度壁垒，可以适时组织政府—军方—大学—企业之间的科研交流活动。如美国国会授予国防部高级研究计划局（DARPA）“实验人事权”的特殊权力，保证其处于创新前沿。而“军种参谋长计划”和“工作联络员计划”两项倡议则要求陆海空军及海军陆战队和国家地理空间情报局在 DARPA 派驻联络员，DARPA 则派遣代表到一线部队了解需求，三方合力加强科技协同创新。

构建“智库”式军民信息交流平台。为突破在颠覆性技术研发过程中可能遇到的技术瓶颈，可以构建“智库”式军民信息交流平台，从而促使技术转移机构、人才流动机制等行为更加有序且有效。如美国“国防工业协会”一方面帮助企业深入了解国防部等政府部门的最新政策法规，并代表企业向政府提出意见建议，是企业参与装备建设的“首席顾问”；另一方面，又经常与政府相关机构合作开展研究，协助政府制定有关政策规章和行业标准，是政府决策的“智囊高参”。

（三）注重理技融合

美国空军少将布莱斯•戴尔曾直言不讳地说：“现代战争已成为科技战，许多美军潜在对手并不了解美国在高科技作战方面以及卫星制导智能武器的威力。”布莱斯•戴尔的言语折射出一个事实：在战争与科技紧密耦合的今天，指挥官如果没有科技头脑，就很难拿到现代战争的入场券。与此同时，在传统的防务研究中，科技与战争研究之间存在断层线，欠缺基于科技的战争理论研究和理论牵引的科技发展研究，这种局面不利于制胜基于颠覆性技术的未来战争。为此，关注军事人才的“理技融合”发展就显得尤为重要。

“融合”的洞察力。面对当前颠覆性技术交叉融合式发展趋势，任何一支军队若想在“角智”战略中立于不败，就必须保持敏锐的洞察力，将探寻颠覆性技术的触角伸向时代的最前沿，用前瞻的眼光去“看见”未来的战争走向。对颠覆性技术理解和感悟的不同，常常会导致迥异的发展方向和效应。“理技融合”的洞察力则要求军事人才能够懂得和感悟颠覆性技术中所潜藏的军事价值，从而能够真正紧贴战争需求创新武器装备和设计未来战争。

“融合”的运用力。世界正处于新一轮科技革命的前夜，伴随着军事变革的不断深化，未来战场必将涌现一大批崭新武器装备，科技运用力已然成为指挥军官极其重要的科技素质。新型武器装备就是人类智慧的物化，“理技融合”的运用力要求熟悉颠覆性技术的官兵与新型武器装备相组合，共同构成无缝链接的“人—机”作战体系，实现强强联合、优势互补的颠覆性作战效应。

“融合”的反思力。面对颠覆性技术日新月异的发展，人们既要看到它的伟力，也要看到它的局限，这就是科技领域的辩证法。由于“理技融合”的形成周期往往较长，过去战争准备中的简单培训早已无法满足现代战争对军事人才的要求。在此情况下，充分发挥部队、院校及科研机构的综合优势，加强彼此间的交流，如利用理论名家、科技大师等人才资源，有计划分步骤组织科研人员参加学术讲座、论坛及培训等活动，进而形成整体合力，这对于理技融合的能力形成十分重要。

在科幻电影中，掌握颠覆性技术的主人公难免会让人心生羡慕。试想一下，如果电影中那些用最尖端科技打造的武器装备，都能被现实战场上的人们所掌握，那么未来战争又将会是一幅怎样的图景？值得欣慰的是，这个设想并非遥不可及，当前以颠覆性技术为标志的军事变革风暴正在来临，改变未来战争“游戏规则”的武器装备正在从概念走向战场，因此，只有认识颠覆性技术与军事变革的关系，大力推进颠覆性技术发展，才能在军事博弈中抢占先机，未战先胜。

（贾珍珍　杨爱华　石海明）

19 世纪中期：军事技术系统时代的开端

19世纪中期，军事技术在西方的发展突然间呈现出一种爆发式的势态：火枪、火炮不断改进，铁路、电报在军事中的应用更引起了战场上的革命性变化。尤为重要的是，自 19 世纪中期开始，军事技术呈现出一种系统的特征，这不仅表现为各项军事技术在战争中被统一起来，还体现为技术以外的诸多因素逐渐与技术形成一个不可分割的体系。遗憾的是，这一时期远未受到应有的关注。国内外的研究者大多将注意力集中在标志性的具体武器变革上，如 13 世纪（火器在西方的出现）、20 世纪下半叶（核武器的出现）等。从外史研究视角来看，研究一个体现某种趋势的时间段而非某一具体武器出现的时间点，将西方军事技术的发展建立在更为广泛的社会基础上，有助于加深对西方军事技术史乃至世界军事技术史发展全景的理解。

一、19 世纪中期在军事技术史上的重要地位

叙述之前，有必要首先进行以下两点说明：第一，19 世纪中期并非严格地指代 19 世纪 50 年代。毕竟，期待所有的技术变革都出现在十年之中是不现实的，但如果时间向 19 世纪中期两端延伸得太远，这个年代本身也就失去其作为一个时间节点的意义。因此，下文叙述中上下限均不会超出 30 年。第二，19 世纪中期作为军事技术史上系统时代的开端主要是针对西方而言的。尽管 19 世纪中期以后，东方的军事技术发展也被卷入世界的潮流，但这并非系统内部力量调节的结果，而是由于西方的触发。并且，虽经触发，东方军事技术的发展大多并未形成类似于西方的那种系统性。

（一）西方学者文本中的 19 世纪中期

克劳塞维茨的《战争论》写作于 1818 至 1830 年，代表着 19 世纪中期之前人们对战争进行思考的理论高峰。然而，这样一本巨著中竟然没有提

及技术，本身就是一种从反面证明的文本阐述：迟至1830年，在对战争的最为系统而深入的思考中，技术的影响尚未引起足够的关注。书中技术内容的缺失给后人带来了无限的遗憾，也不可避免地引起人们对其原因的追问。正如美国学者罗伯特·L.O.肯奈尔在其书中所指出的："像克劳塞维茨这样的天才，直到19世纪30年代才开始写作，而这正是一个机械装备迅速增长的时代，应该认识到武器即将发生根本改变的可能性。但这种想法似乎从未出现在他的意识中。"其原因何在？肯奈尔认为，这是因为此时欧洲大多数国家还处于贵族统治中，要到19世纪下半期，随着战争的逐渐民主化，中下层阶级改进武器的热情才被大大激发出来，此后武器才不断地更新换代。历史学家肯奈尔认为，19世纪中期以前的两百年是一个技术停滞的时代："最好是将武器发展的过程描述成一种间断的、围绕着基本技术的重大变革的过程。而通常情况下武器的发展是稳定的，由武器对称的逻辑实现这一平衡。1648到1850年就是这样的一个时代：两个世纪中欧洲文明并未发展出更为致命的武器。"

与肯奈尔持类似观点，美国著名战略学家巴瑞·布赞指出，在古代的战争史中，技术变革非常慢，武器系统的发展更多表现为一种连续性而非变革性，但"19世纪中期开始，军事技术开始发生重要变革，长期的技术稳定性消失了，代之以连续的变革。因而，19世纪中期可以作为技术和战略之间的一个历史边界，在边界的两端，技术都是重要因素。但是，在边界的过去一端，主旋律是技术连续性，通常以几个世纪来度量，变革仅仅是一个和声；在边界的更近的一端，变革成了主旋律，武器系统的连续性仅仅以几十年来度量"。

除上述宏观的论述外，一些西方学者在对具体的军事技术发展情况的考察中也指出了19世纪中期的分界意义。杜普伊在《武器和战争的演变》中指出，火炮的变革十分缓慢："迟至1860年，实际服役的舰炮与三个世纪前使用的大炮在主要方面并无区别。……然而，伟大的变革正在酝酿之中，事实上，当时许多改革虽然尚未运用于陆、海军的制式装备，但已经进行了试验并为人们所熟知。"《从十字弓到氢弹》中，伯纳德·布罗迪叙述了火枪、火炮的发展历程："早期的原始火药武器发展缓慢，从火门到火绳、到转轮点火机、再到燧石发火装置、雷管的转变花了几个世纪。炮筒的设计从15世纪晚期最初的铸铜管到19世纪中期没有发生明显的变化。”基尔·A. 利伯在《战争与工程师：政治相对于技术的优势》中指出：“工业化改变了军事技术，并在19世纪后期和20世纪早期引起了火器革命。冶金学、化学、物理学和大规模生产系统的重大进步应用于战争的科学中，导致了小型武器和火炮破坏性力量的指数增长。”

（二）军事技术史上的19世纪中期

考察这一时期的军事技术史，进展主要包括以下三个方面：火器、铁路和电报技术。

19世纪中期前后，火药、装填方式、膛线管等技术上的革新与推广几乎在同时发生，使火器的威力大为提高。19世纪中叶前，黑火药一直是火枪的基本发射药；1860年左右，火药才随着级进式燃烧原理的发现得到了大幅改进。基尔·A. 利伯写道：轻武器方面，19世纪50年代以前欧洲军队的标准配备都是滑膛前装枪。这是因为，后膛装填来复枪的普及一直面临两个技术上的难题。其一是来复线。伯纳德·布罗迪指出：早在17世纪，有助于增加射程和精度的来复线就已经发明，但应用的最大困难就是很难将子弹从前膛装入螺旋线枪管：“装填一直都是一个十分吃力的程序，以至于来复枪直到18世纪晚期一直局限于打靶和打猎。”其二是后膛装填。火枪制造者们很早就认识到，从后膛装填火药将大大提高速度，并且士兵可以跪着甚至俯卧着完成这一动作。但受到材料和生产技术的限制，后膛枪密封性不好，很难应用于军事实践。1811年，美国缅因州的约翰（John Hall）设计了一种后膛枪，经多次测试后为美军采用，但因枪膛和枪管间封闭不好，很容易向外喷火，一直没有得到普及。第一支真正令人满意的后膛装填枪由美国的夏普斯（Christian Sharps）设计，1859年后其完善的样式成为内战中最流行的单发后膛装填枪。普鲁士也独立解决了后膛装填问题。据《十九世纪欧洲的军事扩散》记载，19世纪早期，工匠德莱塞（Nikolaus von Dreyse）发明了撞针枪，1858年威廉王子为所有普鲁士军队配备了德莱塞撞针枪，将装填速度提高了四倍。火炮在19世纪中期的发展速度惊人，几乎所有的技术革新都在1840至1864这短短的25年间宣告完成。伯纳德·布罗迪也指出，1846年意大利的卡维尔（Cavelli）首先成功制成膛线炮，1854年英国的惠特沃斯（Joseph Whitworth）设计了一种六边形炮膛的炮，这种炮“能将炮弹发射到7000码以外，射程超出了以前所有的野战炮，精度尤使目睹者目瞪口呆”。火炮后膛装填也在这一时期得到普及。15世纪中叶以前的火炮其实都是后膛装填的，但因难以解决接合不密的问题，逐渐为前膛装填法代替。19世纪以后，由于弹药筒的发明和膛线炮的发展，后膛装填才得以再次流行于世。新的弹药筒用特制铜或其他软金属制成，既能方便地装入刻有来复线的炮膛，又能在爆炸后受热膨胀，有效封闭向后逃逸的气体，解决气体的泄露问题。1859年法国和奥地利的战争中，配备了后装膛线野战炮的拿破仑三世军队以绝对优势获胜，证明了后装膛线炮比滑膛炮的优势。

火器的大幅变革是引人注目的，但与铁路及电报技术相比就大为逊色了。如果说火器的进步带来了战术的变化，铁路、通信的出现则引起了战略的变革。铁路是一项改变了战争时空关系的发明，其作用首先体现为机动性的提高。一般说来，即使是相对较慢的早期铁路，也能将行军速度增快六倍。更重要的是，军队能迅速到达目的地进行休息与补给，而以往的行军中，士兵常常要连续走上三四天，既不睡觉也不吃东西，明显降低了军队的进攻力。其次，火车还使大规模军队成为可能。根据史学家肯耐尔的研究，在整个18世纪，由于必须沿着行进路线建立大量后勤设施，欧洲军队的规模受到了严格的限制。拿破仑解决这一问题的方法是鼓励其军队通过有组织的掠夺来完成供给，但这导致了民间严重的经济损失，掠夺性行为引起的冲突也带来了一定的军事危险性。铁路引入后，仅一列火车就可以实现上千匹马车的承载量，指挥者可以从几百英里以外的地方大量调度物资，并以前所未有的速度运载到目的地，这使得“军队不再需要忍受长途行军的严苛考验，平民就能够取代士兵在前线的工作。突然之间，每个处于军役年龄的人都成为潜在的士兵，百万大军成为可能”。

电报技术是另一项在19世纪中期获得广泛应用的发明。此前战争中大多采用视觉信号通信，限制了指挥官控制的范围及资源调配的效率。火、烟、旗语等视觉信号不能表达复杂的信息，即使能表达，人的视力在远处也无法区分，因此，要么只能传递内容极为有限的信息，要么将通信点设置得很近。电报通信解决了这一问题，1833年，高斯和韦伯在哥廷根制造出第一部可供实用的电磁指针电报机，并一直使用到1838年；莫尔斯于1837年发明了以他命名的点划线符号系统，并于1844年达到实用阶段。电报首次应用于军事是在克里米亚战争中：1851年海底电报已经用于战争中协约国的瓦诺基地上。此后，电报的发展极为迅速，美国内战期间，联邦政府架设了 2.4 万千米的电报线路；到 1866 年，横渡大西洋的海底电报已经沟通。但电报最成功的应用还是在普鲁士的统一战争（1866 年普奥战争、1860 至 1871 年普法战争）中：“人类历史上第一次，一个集中的总部仅仅通过几根铜线就可以保持与行军部队理论上的即时通信。尽管实际中常常发生中断和延迟，但在一种梦想不到的程度上，毛奇和他的总参谋部实现了实时监控其军队的部署。”密集的电报网提高了军队部署和协调行动的速度，创造了战争中指挥与控制的奇迹。

二、系统时代的两重含义

从上文的叙述可以看出，与 13 世纪火器、20 世纪核武器出现的时间节点不同，19 世纪中期的技术明显地表现出一种系统的特征。其中“系统”一词应当包含两层含义：一是军事技术内部系统，即军事技术本身在发展与应用中体现出的融合与统一；二是军事技术外部系统，这主要表现为科学、工业、政治等因素与军事技术形成了明显的相互影响机制。

（一）军事技术内部系统

军事技术内部的系统性质又体现在应用与发展两个方面。首先，自 19 世纪中期，军事技术在战场上逐渐呈现出协同应用的特征。应当指出，以色列著名军事技术哲学专家克里费德也注意到了这一现象：“直至 1830 年，战争很大程度上还是一件使用单个工具或机械的事情。……技术本身也没有融合。各种单个的武器——一柄剑，一辆战车、一艘船、一支枪——都能完美地独立实现其功能，在很大程度上它们也的确是这样的。”基于这一考虑，他在《技术与战争》一书中将 1830 至 1945 年称为“系统的时代”，但他论证的重点在于铁路和电报技术的发展改变了指挥与控制，并使总体战成为可能。克里费德指出，始于铁路和电报的技术变革很大程度上将战争变成一个如何管理复杂系统的问题。最典型的案例就是普鲁士对奥地利和法国的战争。据《公元前 2000 年至今的技术与战争》记载，（普鲁士）以在此之前难以想象的时钟般的精确性完成了部署和调配。成千上万的人被召集到一起形成团，团又形成师，师最后又形成军团。在这两场战争中，普鲁士在利用铁路和电报上是如此卓越，以至于战争的结果几乎在第一声枪响的时候就已经决定了。这并非由于硬件的优越性——如果是的话，法国拥有更多的铁路和车辆——而更多的是因为在协调和使用上的巨大优势。赫雷拉和曼肯也强调了这一点:“铁路、电话和来复后膛枪有一个共同特征:其有效利用越来越依赖于计划、准备和管理，它们的出现召唤着军队中的管理或政治变革。”因此，19 世纪中期以后的战争中，胜利不仅依赖于各单项技术因素，还依赖于将这些单个因素整合为一个整体的能力。

除应用上表现出协同性以外，军事技术内部的系统性还体现在其发展过程中。19 世纪中期，冶铁、炼钢技术的改进推动了轻武器和火炮的发展。1851 年，普鲁士克虏伯公司在英国大博览会上展出优质钢铁，其强度是铸钢的四倍、锻钢的二倍，几乎与此同时，英国西门子公司发明了一种热再生炼铁法，几年以后又发展出平炉法，导致“1856 到 1870 年之间，钢的价格下降了百分之五十，产量增加了六倍。1863 年英国建造了第一艘钢壳船和第一辆机车。……1877 年法国生产了制造装甲钢板和炮弹的铬钢，并作为商品出售”。金属冶炼技术的进步还最终解决了炮膛气密性问题，使后膛装填来复枪和后膛炮成为可能。另一方面，武器的发展反过来又对冶铁炼钢技术提出了更高的要求。如 1850 年左右出现了完整的子弹壳，全金属弹壳装有爆炸复合装置，以撞针撞击发火，这在理论上问题不大，但还面临着实践问题，如怎样使金属软硬适度，怎样设计一种机器大规模地冲压弹壳？迫切的军事需求导致了冶铁技术的进步。历史学家马丁·范·克里费德的研究表明，铁路与电报技术的协同发展也说明了 19 世纪中期技术的系统性：“几乎在一开始，电报的主要目的就是用于管理铁路。这两项技术不仅几乎在同时得以发展，而且常常由同样的人完成”，为实现铁路网的运输，人们必须精确地计算出哪一辆火车将在何时到达哪个地点，如果没有电报这是不可能无法成功的。因此，“电报的线路沿着每一条铁轨延伸，并以惊人的速度增长。”

（二）军事技术外部系统

如果将军事技术在应用与发展过程中表现出的融合性称为“内部系统”，那么这一时期更为广泛的科学、工业、政治等因素与军事技术的集成则构成了一种“外部系统”。

19 世纪中期开始，军事技术的变革大多与科学密切相关，如电报就建立在电磁学的基础上，同样，火器的改进与内、外弹道学的理论不可分割，高爆炸药的发明也离不开化学知识的进展。18、19 世纪，人们的化学物理知识大为增长，新发明刺激着工业发展，但尚未致力于将新知识用来改进武器。杜普伊指出："直到19世纪中叶，科学大踏步前进时，才开始认真考虑应用科学知识解决战场上的问题。"根据《从十字弓到氢弹》记载，美国内战中，马萨诸塞州参议院的威尔逊（Henry Wilson）提出一项议案，要求创建一个科学家协会，以帮助国家度过"黑暗的、令人不安的夜晚"，林肯于1863年3月批准了这一议案。军事技术的变革越来越依赖于科学的进步，体现了科学与军事技术的互动，但这一时期更重要的一个特征在于，科学应用于军事的速度越来越快。17世纪出现了真正意义上的近代科学，但延迟往往长达数百年。伽利略、惠更斯、莱布尼茨、伯努利、牛顿对弹道理论都极为热忱，"他们的发现和著作将影响到未来的军事技术，但是延迟是惊人的。"化学在波义耳等人的贡献下也开始萌芽，但"距离其影响战争技术还很遥远，火药和炸药没有发生任何变化"。19世纪中期以后，科学上的突破往往能迅速用于战争，以电报为例，1820年奥斯特发表罗盘通电后指针偏转的论文，1851年电报就已经用在克里米亚战场上。

工业的发展是推进这一时期军事技术发展的另一原因。正如赫雷拉和曼肯所说，工业化改变了武器的性质和生产，军队的运输、供给和通信方式，增加了战争的复杂程度、战争范围和毁伤力。大批量生产的来复枪、铁路、钢铁战舰，以及后来的卡车、坦克、飞机开始在各军事强国流行开来。如果说拿破仑革命规定了如何在战争中使用人力的新原则，工业革命则规定了如何在日益增长的机械化和复杂环境下管理人与材料。工业化带来了大批量生产，在美国，由于长期以来缺乏有手艺的工匠，一种新型的资本密集型的体系于1820到1850年间形成。这种体系利用自动和半自动的铣床能生产出十分精确以至于可以互换的零件。其他国家也是如此。史学家肯耐尔曾发现，1859年以后，英国小型军工业迅速实现了机械化与自动化，英国皇家兵工厂设计的机器每天能生产25万发米尼子弹和20万支枪管；法国在1866至1870年制造的夏斯波特枪（chassepot）超过100万支。由于工业化的程度与经济发展密切相关，这一时期经济水平直接决定了军事技术的水平。比如，一条长铁路线需要包括火车头、机车、通信、操作与维护设备等一系列配套设施。《19世纪欧洲的军事扩散》记载，这"是19世纪中期的经济所能承受的最昂贵的投资方案。公私合作是必要的。所有政府（即使是奉行自由主义经济的英国）都必须在某种程度上支持铁路建设，即贷款或直接资助一些战略线路。……”经济越发达，国家铁路网越密集，国家铁路网越密集，军队的能力也就越强。

除科学、工业外，政治也深刻地影响着这一时期军事技术的发展。其中最重要的一点就在于国家开始有意识地建立独立的机构以促进军事技术的发展。刘戟锋教授在《兵器进化之路》中写道，一般认为坦克的出现才代表集体研制军事技术时代的到来，但19世纪30年代以来，欧洲和北美已经开始设立工业、军事等方面的科研和管理机构。普鲁士在这方面做得极为成功，《19世纪的军事扩散》中写道：“其他欧洲国家也有中心计划机构，但普鲁士以对细节的无与伦比的激情和关注引进了科学的原则、实践以及广泛的战前计划。普鲁士是第一个在总参谋部中建立铁路部的，也是第一个对军官进行科学和技术训练的。”正如怀特海所说的：“直到19世纪，人们才完全有意识地认识到知识在其一切部门中专业化的力量，找到了培养专家的方法，认识了知识对技术进步的重要性，发现了抽象知识和技术进步相连系的方法，并且也看到了技术进步的无限前程。这一切事情，直到19世纪（主要是德国人）才彻底地做到了”，正是在这一意义上，怀特海指出，“19世纪最大的发明就是找到了发明的方法。一种新方法进入人类生活中来了。”可见，以国家的形式组织军事技术研究，至少在统一战争（1864—1871年）前的普鲁士就已经萌芽，并在德意志第二帝国时期进一步得到发展。

三、军事技术史上的系统时代何以出现于西方

将19世纪中期置于中西方比较的视野下，很快就引发了下述李约瑟式的问题：这一时间节点的重要意义为何只是针对西方而言的？换言之，系统时代何以只出现在西方？

如前所述，17世纪以后的两个半世纪中，西方军事技术发展的速度并不快。笔者曾对中西方火器技术何时形成实质性差距进行了粗浅的探讨，结论也是19世纪中期。17世纪末期以前，中国火器和西方相比虽有差距，但在明清两朝的重视与引进学习下，不但很快弥补了差距，并常能融合中西火器的长处，创制出性能更好的火器。但19世纪中期开始，建立在科学原理基础上的西方火器技术，以及植根于西方社会中的工业基础、市场

经济和管理理念的整个系统构成了中西方的巨大差距，而这再也不是仅仅依靠购买或仿制设备就能实现的。北洋水师配备了当时世界领先的大炮巨舰而仍难逃覆灭的厄运足以证明这一点：要充分发挥技术优势，还要具备与之相配套的管理方式、军事体制乃至军事文化，中国在这些方面的不足是北洋水师全军覆没的深层次原因。

可以说，中西军事技术的实质性差距虽然发生在19世纪中期，但早在17世纪，两者的分流即已初露端倪。对西方来说，19世纪中期以前火炮、轻武器虽然没有发生质的改进，铁路、电报也尚未应用，但是在这种表面的平静下酝酿着一股股暗流。至19世纪中期，暗流突然如山洪决堤般爆发而来，军事技术与这两个世纪中西方的科学、工业及政治的发展构成了一个相互影响且螺旋上升的体系。反观中国，明清易鼎之后，中国又一次陷入王朝的循环之中，科学、工业及政治均未发生根本改变。然而，上述对中西方科学、工业及政治因素差异的分析仍然只是一种现象性描述，并未解决这一根本问题：何以西方17世纪以后会孕育出这些变革并在19世纪中期达到新的平衡与稳定，而中国却始终以一种循环的方式陷于近乎静态的平衡？

针对这一问题，20世纪80年代金观涛、刘青峰从系统论的角度提出了一种解释，至今仍有重要的启发价值。他们认为，17世纪前中国和西欧虽同属封建社会，但有着不同的社会结构，这种社会结构又包括经济结构、政治结构和意识形态结构三个子系统。当社会要求以革命的形式来调整社会结构时，系统论、控制论的研究指出了两种可能性：一种情况是西欧社会演变过程，即旧结构被破坏瓦解了，新结构取代旧结构。经济、政治、意识形态三个子系统经过调整达到新的互相适应状态，社会演变成新形态。另一种情况是，当旧的社会结构中的三个子系统极不适应，社会无法维持下去时，引起了旧结构的崩溃，但这种崩溃的后果是消除了三个子系统中尚未成熟的新结构的萌芽。这种系统由于存在着不断消除内在不稳定因素的崩溃机制，所以在总体上看旧结构长期延续下来了。基于此，金观涛、刘青峰认为，中国封建社会的停滞正是因为它是一个超稳定系统："从稳定性来看停滞问题，中国封建社会的长期延续，不是说中国封建社会是一个没有发展变化、一切都停滞的社会。而只是说，虽然它的社会结构可以处于不断的瓦解和重建之中，但从整体上看没有发展到新的结构中去。"

同样的，中国军事技术在这两个半世纪内长期停滞，是由于中国社会的超稳定结构扼杀了各子系统中新结构的萌芽。以科学为例，清初西方的天文学知识曾风靡一时，社会各阶层的知识分子皆以能言天文历法为荣。张纯成在《阻碍西方科学技术东渐的若干因素》一书中写道，康熙皇帝就曾多次召见传教士向他们学习西方科学技术知识，封建士大夫中，徐光启邀请了汤若望、邓玉函等多位传教士供职于皇家天文学机构，并和传教士一起试制和试用了多种欧式天文仪器。这一科学的热潮还扩展到了民间知识分子中，如张雍敬为了和清代著名天文算学家梅文鼎切磋西法算学问题，"裹粮走千里"，到梅文鼎处互相辩论。然而，这一不可不谓轰轰烈烈的新风尚，却很快消散于无形。用系统论的观点可以对这一现象做出合理的解释：西方天文知识与中国历法相悖，而后者是皇权合法性的重要依据，动摇了中国历法，无异于动摇了整个政治统治的根基；此外，"夷夏之辨"的思想传统根深蒂固，这两者结合起来，使杨光先等人发表出诸如"宁可使中夏无好历法，不可使中夏有西洋人"这样令人扼腕叹息的言论。实际上，这句话正可以作为一个最好的注解："历法之争"绝不是简单的西方天文学与中国历法之间的角力，而是以其各自代表的西方近代文明系统与中国传统文明系统之间的博弈。结果表明，中国传统文明的惯性太过强大，科学的萌芽在彼时还远不足以颠覆整个体系，因而很快败下阵来。

总之，中国和西方肇始于17世纪、彰显于19世纪中期的军事技术分流，乃至更广泛的经济、政治、意识形态各方面的分流，是由于中国和西方的结构性差异。

（李婷婷　石海明）

隐形技术：从科幻世界走向战争前沿

2006 年，一项颠覆传统隐形技术的关键性进展出现。伦敦帝国理工学院和北卡罗来纳州的杜克大学的研究者成功挑战传统的光学概念，使用超材料让一个物体在微波射线下隐形。通过视觉隐形的技术原理研究，英美两国的科学家得出结论，要制造扭曲光波的超级材料，关键在于材料的晶格结构特性，而不在于其物质构成。有鉴于此，他们从麦克斯韦方程出发，推导出决定材料晶格结构的一套方程式，并借此来制造隐形材料。

科学理论层面的进展无疑是实践的先导。时隔六年之后，真正具有实用价值的隐身衣终于诞生。加拿大超隐形生物科技公司首次宣布了他们这一令人难以置信的发明。该公司的 CEO 盖伊·克莱默声称，“隐形外衣”的正式名称为“量子隐形伪装面料”，是该公司经过多年秘密研究后的高科技成果。这种神奇面料能使周围光线弯曲，从而使被它覆盖的人处于完全隐身状态。从公司官方网站上公布的“模拟效果图”可以看出，这一“隐形面料”带来了类似科幻电影的隐身效果。当一名女子披着“隐形面料”分别站在走廊墙壁、灌木前时，它的表面就变成墙壁和灌木图案，从而和周围融为一体。

量子隐身衣的横空出世，从原理层面颠覆了固有的隐形技术，从而使其具备了传统隐形无可比拟的优势。众所周知，人之所以能够看到物体，正是因为物体能够将照射到表面的光线分散开，并反射到人的双眼中。因为通常情况下光线是直的，所以人们看不到不透明物体后面的东西。量子隐形的基本原理，就是采取特殊的手段使得光线变为弯曲，从而得以绕开被隐形材料包裹的物体，实现真正意义上的视距内隐身。由于量子隐身衣不依赖任何电子设备就能达成隐形效果，所以它也可谓是名副其实的独立隐形。除此之外，这种量子隐形材料还可以逃过红外望远镜和热力学设备的追踪。

长期以来，防御性的发展一直受到各国军方的高度关注。透过量子隐形技术，我们如何看待隐形技术的创新发展呢？

在现代战争中，为了更有效地“保存自己，消灭敌人”，隐形技术得到长足发展——被广泛应用于研制隐形飞机、隐形导弹、隐形坦克、隐形战舰等各类隐形武器中。正是基于军事领域的强大需求牵引，隐形材料技术才得以从作家笔下的科幻王国中走出来，逐步进入现实世界的殿堂，并很可能凭借其潜在的军事应用价值，成为未来战争中各国军方的技术宠儿。

一、科幻作家笔下的隐形技术

隐形技术又被称作隐身技术或“低可探测技术”，从传统的原理方面来看，它是通过降低武器装备或作战人员等战场目标的信号特征，使敌方探测系统难以发现、识别、跟踪和攻击，或使敌方探测系统发现、识别、跟踪和攻击的距离缩短的综合性防御技术。

长久以来，由隐形材料制成的兵器在古代文学作品中频频出现。如在我国著名的神魔小说《封神演义》当中，身怀各式遁形法宝的神仙异士在武王伐纣的战争中就大显身手；而在古希腊神话中出现的哈德斯，则凭借头戴一顶隐形帽，就可以形如鬼魅般的决定战斗的胜负；魔幻小说《哈利·波特》中的“魔法斗篷”，就更是大家耳熟能详的隐形神器了。

科幻永远走在现实之前，正如法国著名科幻作家凡尔纳撰写《从地球到月球》时难以预料到百年后阿姆斯特朗的登月壮举一样，在小说《隐形人》中构想出隐形衣的英国科幻作家威尔斯也一定没有想到，同样是在百年后的今天，来自英国和美国的两个研究小组就提出了使用特殊材料屏蔽可见光、红外线、微波和声波探测仪的视觉隐形技术原理。而加拿大超隐形生物科技公司则宣称，他们已经研制出一种新型的量子隐形材料，从而彻底将科幻作家笔下的“无形物”，转化为现实世界中的“隐形衣”。如今，美国军方也开始重点关注现代量子隐形技术的发展，这或许预示着传统隐形技术发展又走到了一个新的十字路口。

二、五大隐形技术异军突起

现代隐形技术是伪装技术走向高技术化的延伸。通常，我们可以将隐形技术分为雷达隐形技术、红外隐形技术、电子隐形技术、可见光隐形技术和声波隐形技术。

雷达隐形技术，主要是从影响雷达散射面积的目标结构外形出发，采用隐形化外形设计来减小雷达散射面积的技术，或是指通过采用隐形材料和雷达波消除技术等，来减弱回波信号强度的隐形技术。由于在现代战争中雷达是进行军事侦察与探测活动的主要装备，因此，雷达隐形技术也自然就成为世界各国军方重点研究发展的隐形技术。

红外隐形技术是伴随着红外侦察、红外制导技术的发展而兴起的一种防御性军事技术。它是指抑制目标在敌红外探测系统方向上的红外辐射，以降低敌方探测系统对目标的探测概率的一种技术。该技术的原理大致可概括为改变红外辐射的波段、降低红外辐射的强度和调节红外辐射的传输过程三类。

电子隐形技术的关键在于抑制武器装备等目标自身的电磁辐射。与之相比，可见光隐形技术则重点在于通过减少目标与背景之间的亮度、色度和运动对比特征，达到对目标视觉信号的控制，以使目标在可见光探测中得以隐形。而声波隐形技术则是减弱目标的噪声传播，从而实现在敌对方声探测设备面前的“逃遁”。

三、传统隐形技术的软肋

传统隐形技术都是通过改变己方武器装备等目标的可探测信息特征，达到最大程度降低对方探测系统发现概率的综合性技术。作为伪装技术的延伸，传统隐形技术的发展虽然取得了长足进步，但也存在一些固有的缺陷：一是无法依托单项技术达到隐形效果，隐形的实现需要规避雷达、红外、光电、声音等诸多因素，因此需要一个复杂的技术系统支撑；二是无法在可见光下达到隐形，也就是我们通常说的视距内隐形；三是隐形的成本已越来越高。

以隐形战斗机为例，虽然在综合运用了多种隐形技术之后，美军的一些尖端军用飞机实现了全方位、多功能隐形，但进一步发展也越来越面临着一些掣肘。如在美军的 F-117A 隐形战斗机和 B-2 隐形战斗机上广泛使用的吸波材料和吸波涂料都十分昂贵，从而推升了该类隐形战斗机的价格，

F-117A 隐形战斗机的单价达 1.1 亿美元，而 B-2 隐形轰炸机的单价则超过 5 亿美元。这些就严重制约了隐形技术向机场、机库、各类通信系统和侦察系统的推广应用。

量子隐形材料的问世，可以克服传统隐形技术的固有缺陷。它仅依托量子级的光波折射材料技术，利用光波折射原理，通过使材料覆盖区域折射出与周围环境类似甚至相同的可见光，来达到隐形目的。因此，量子隐形技术不但能够不依赖任何电子设备和电能独立达成“隐形”效果，并且能够实现视距内隐形。

四、备受关注的量子隐形材料

由于独特的隐形原理和卓越的隐形效能，量子隐形材料可能对隐形技术领域的发展产生颠覆性影响。正因如此，美国军方一直以积极的态度对量子隐形材料的研发给予支持。加拿大超隐形生物科技公司在研发量子隐身材料后声称：“出于安全方面的考虑，我们将不会向外界透露‘量子隐形’材料的技术细节，而只会把它展示给那些‘应该知道’的人。”这说明其一直是在军方的支持和委托下进行该项技术研发。

该公司 CEO 盖伊·克莱默声称，该项隐形技术在未来战场上用处极为广泛，比如，当一名战斗机驾驶员在敌方领空飞行遇险被迫跳机逃生后，该隐形技术可以帮助其逃避敌军抓捕。而特种部队的士兵则可以借助这一隐形技术，在白天执行战斗任务。此外，该项隐形技术还可用来制造下一代“隐形飞机”，这种名副其实的“隐形飞机”不仅能对雷达隐形，甚至连肉眼也无法看到它。它甚至能让一艘“隐形潜艇”在敌军军舰附近浮出水面时，依然不被人发现。

加拿大和美国军方长期而持续地关注这项技术，也从一个侧面说明了其在军事领域的广阔应用前景。可以设想，由量子隐形材料制成的隐形衣，将会在未来战场上帮助士兵完成高难度的作战任务，特别是作为特种兵敌后突袭作战的一大助益。同时，量子隐形材料使得所有作战单元都具备隐形的可能性，这对部队的战场感知能力是一个极大的挑战，势必带来侦察预警领域的变革，以及相应作战方式的重大调整。

军事技术国际转移：动因、路径及影响

军事技术是直接应用于军事领域的技术，是建设武装力量和进行战争的物质基础与技术手段，包括各种武器装备及其研制、使用和维修保养技术。军事技术诞生、成长于战争实践的土壤之中，并伴随着战争形态的演变而不断更新着内涵与特质。在冷兵器时代，军事技术主要表现为简单的器物工具、手工制造工艺及个人使用技能。与此相应，当时军事技术转移也主要依靠掌握一定技艺的工匠、职业军士流动来进行。在近代机械化战争时代，以武器技术为核心的军事技术中知识含量已明显提高，第一次世界大战及第二次世界大战中服务于战争的科技专家已开始成为掌握军事技术的关键人物。如法国著名的物理学教授布拉格和郎之万就组成了一个委员会，专事反潜侦察技术的研究。另一方面，林德曼、汤姆逊、艾德里安和泰勒在设于法恩巴勒的皇家航空中心里设计和试飞同集团的新的飞机。显然，以武器装备这种技术要素的移动来进行军事技术转移成为当时的主要趋势。而今，在信息化战争时代，信息化武器装备大量涌现，在使军事技术中知识含量增加的同时，知识的知识也开始成为军事技术的新内涵。至此，军事技术转移的要素除了人与武器装备外，又出现了国防科技情报信息要素转移等其他诸多形式。

一、军事技术转移的动因

对抗性、暴力性及组织性是战争的特性。相应地，军事技术也具有对抗性、体系性和保密性。这就决定了军事技术转移的动力与国家利益密切相关，换而言之，军事技术国际转移动因的直接表现就是军事、战争、安全的需求，最终源于政治、经济的需求。

（一）政治动因

军事技术国际转移的政治动因主要体现在政治扩张和政治合作两方

面。就前者而言，超级大国欲图称霸世界的政治动因，是隐藏在军事技术转移过程背后的真正的动力。比如，近代以来的工业化过程就是一个不断扩散的过程，与此同步，也存在一个军事技术扩散的过程。第一次是欧洲近代的全球殖民，使在第一次工业革命、第二次工业革命中兴起的英、法、德等国将其工业化产品推向了殖民地；第二次是冷战后，超级大国以军火贸易、军事援助等方式将自己的武器装备输入工业比较落后的国家。当然，就军事技术在国际体系中的转移而言，殖民时期的技术扩张比较显著。在殖民时代结束之后，尤其是二战结束后，这种形式就逐渐被大国的海外基地和海外驻军所取代。就后者而言，在历史上，两个国家或集团之间的军事技术转移受其政治意识形态影响的例子比比皆是。可以说，除了来自军火制造商的压力以外，工业化国家力推武器出口也有其内在的政治动机。如在冷战期间，美苏为了扩大各自意识形态的影响，就通过军事援助、军火贸易等多种形式扶植自己的盟友，诸多国家都曾因此受益。

（二）军事动因

军事技术国际转移的军事动因主要体现在军事结盟和军备竞赛两个方面，就军事结盟来说，为了达成共同的战略目标，一些国家会结成暂时的军事联盟。结盟的这些国家或在意识形态和文化传统上相似，或在利益追求上相投，或在地域与安全需求上相联。而在这样的军事联盟群体中，因文化和政治因素而导致的军事技术转移就成为十分重要的内容。例如，在二战后，由美国、英国、加拿大、澳大利亚和新西兰组成的“盎格鲁—撒克逊”军事联盟团体（NACA），就由于在文化传统和语言上的相似性，采取了诸多类似的转移模式，并产生了很好的转移效果和革命性进展。而同一时期由欧洲社会主义阵营组成的华沙条约，在苏联的强大势力下，政治力量凌驾于军事之上，军事技术通过政治因素得到了转移，而这种转移很大程度上是“强制”式的。就军备竞赛而言，20 世纪中东地区因军备竞赛而诱使军事技术扩散的例子就是极好的佐证。1948 年，以色列建国后，由于身处敌对阿拉伯国家包围之中，迫切渴望发展己方强大的军事力量，尤其是具有战略威慑效力的大规模杀伤性武器以便自卫。时至 1956 年，英国和法国为重新夺回被埃及收归国有的苏伊士运河控制权，即同以色列达成协议，要求以色列帮助其入侵埃及。作为回报，其承诺将援助以色列实现军事现代化。以色列的第一种弹道导弹——杰里科-1 型导弹在法国的帮助下发展起来，实际上是法国 MD-620 导弹的复制品。从此，中东的战略平衡被打破，激起更多的中东国家把大量的财力、人力投入导弹的研制或从国外购买成品导弹与导弹技术上，形成持久的军备竞赛。无疑，这将进一步激发军事技术在中东地区的扩散转移。

（三）经济动因

军事技术国际转移的经济动因主要体现在由经济势差而牵引的科技合作方面。在经济全球化的今天，两个国家之间的经济势差使得国际军事技术合作成了必需。换而言之，目前世界上有一股巨大的商业压力驱策着军事技术的转移，因为这些技术在世界经济体系中都具有竞争优势。显然，在高新技术装备迅猛发展、研制费用日渐攀升的今天，国际军事技术合作已成为一种不可逆转的趋势。比如，法国与德国就合作研制了“运输联盟”号运输机、“阿尔法”喷气教练机、“米兰”反坦克导弹、“罗兰”防空导弹。法国与英国也合作研制和生产了“美洲虎”战斗机。法国和意大利还联合生产科“奥托马特”反舰导弹等。当然，作为军事技术国际转移的经济动因，军事技术合作交流的形式还包括情报交流、学术会议、博览会等。

二、军事技术国际转移的路径

军事技术转移的途径是多种多样的，有公开的、有秘密的；有双方直接转移的，也有通过第三方转移的；有政府的，也有民间的；有促进转移的，也有限制转移的。概括而言，军事技术国际转移的路径主要有战争实践、国际军备贸易和科技人才流动三条通道。

（一）战争实践

武器装备是战争进行的工具，战争则是检验武器装备效能的重要方式，至少在电子计算机和军事运筹学理论充分发展之前是如此。越南战争中投入使用的武装直升机，第三次中东战争中出现的空载导弹，海湾战中的现身的隐形飞机及“爱国者”导弹等都是佐证。可以说，战争是新型武器装备的试金石。海湾战争期间，美国 M1A1 坦克与伊军的 T2 坦克交锋后，美军通过战场缴获的坦克，就间接了解掌握了苏联的坦克技术。从军事技术转移的角度观察，正是战争实践促成了武器装备在敌对双方间的传播与扩散。再如蒙古军队的西征给所到之处的各国都带来灾难，但也客观上打通了一度阻塞的东西方陆上通道，中国和欧洲双方的使者、商人、学者、工匠和游客沿此通道在13至14世纪期间频频互访，这就为中国和欧洲之间的文化、技术交流创造了条件。13世纪上半叶，欧洲人在本土上亲自体验了来自中国的火药威力，而且配备火药武器的蒙古军队继续驻扎在离他们很近的钦察汗国，必定千方百计地探求制造火药的技术，这就导致中国火药术直接传入欧洲。另一方面，元宪宗蒙哥（1208—1259）即位后，又派其弟旭烈兀率军第三次西征（1253—1259），1258年以火箭、火炮攻陷阿拉伯帝国巴格达，灭阿拔斯王朝，于其地建伊利汗国（1260—1353），定都于波斯境内的大不里士，因而使中国火药术传入阿拉伯地区。已如前述，欧洲还可通过阿拉伯人获得火药信息。因此，伴随着13世纪蒙古军队的西征，在阿拉伯地区和欧洲战场使用各种火器之后，中国火药和火器技术很快西传。14世纪以后，欧洲出现了火铳、火箭、喷火枪、手榴弹、炸弹和烟火等，都是根据中国技术和火器仿制的。在这个基础上，随着欧洲社会经济和技术的发展，欧洲人脱离了仿制阶段，从15至16世纪起进入了自主研发阶段，对已有的火器做了改进。例如：1529至1569年在锡比乌（Sibiu）兵工厂工作的德国火箭技师哈斯（Conrad Haas）在其用老式德文书写的手稿中，提出将几个火箭筒同时绑在一个箭杆上发射，就可以增加射程和推力，这与稍早时的中国人万户想到一起了。

（二）国际军备贸易

军备贸易缓和了强国之间的不平衡，但加剧了武器生产国与非生产国之间的不平衡。这对一个国家而言，是利是弊，就看这个国家的目标与价值观念。从微观上看，军备贸易对低工业化国家的经济、政治、文化与军事造成了严重的后果。二战后，世界各国之间的军备贸易，已进一步演进为发展武器装备不可缺少的条件。近年来，一些国家通过卓有成效的军火贸易，引进国际上先进的武器装备和军事技术，极大地提高了本国军队的作战能力。国际军事技术交流与合作，已经成为当今世界加强武器装备和军队质量建设的重要手段。20世纪60年代，苏联就向受援助国提供了大量武器装备，包括图-18中型喷气轰炸机、米格-21喷气战斗机、安-12运输机、蚊子级导弹摩托艇和各种地对空、空对地和空对空导弹。冷战时期，埃及、叙利亚和伊拉克也都接受了苏联的武器援助。它们用这些武器参加了历次中东战争直至伊拉克的海湾战争。

（三）科技人才流动

作为军事技术最初的和最重要的载体，人的因素可谓至关重要。古代信息手段落后，许多工艺、技术手段都只能通过人实现传播扩散。即便是现代，掌握尖端科技的专家学者，依然是世界各个国家普遍青睐的宝贵资源。元代著名的火药西传，就是通过战争期间被俘的军火工匠实现技术转移的。美国在核武器的研制中能取得巨大的成功，也曾得益于二战中得到的一大批德国犹太裔科学家和西欧一些国家的高级科技人才。相对论之父——爱因斯坦，德国著名物理学家弗兰克·贝蒂，意大利著名物理学家费米以及研制 V-2 火箭专家冯·布劳恩等都是在 20 世纪三四十年代来到美国的。据美国官方统计，在 1949 至 1973 年期间，世界各国迁居美国的科学家、工程师达 16 万人。进入 20 世纪 80 年代之后，每年仍有 6000 名以上的科学家、工程师进入美国。可以说，美国第一颗原子弹能够研制成功，外国科学家功不可没。当时，研究设计和装配第一颗原子弹的洛斯阿拉莫斯科学实验室设有七个研究部，其中高级研究部是由费米领导，理论研究部由贝蒂领导，爆炸研究部由苏联物理、化学家基斯卡柯夫斯基领导，匈牙利核物理学家、被誉为“氢弹之父”的泰勒，丹麦核物理学家玻尔以及英国科学家查德威克等也都参与了研制工作并扮演了重要角色。20 世纪 70 年代，苏联就向非洲、拉丁美洲及中东派遣了大量军事技术人员。1978 年，在发展中国家工作的军事技术人员和顾问有 1.08 万名苏联人，有 1300 名东欧人。空间科技的发展也是如此，如 1969 年，美国靠“土星”V 型火箭实施的“阿波罗”载人登月计划，就是在德国火箭专家冯·布劳恩领导下获得成功的。此外，美国在制订“星球大战”计划之后，五角大楼的招聘者专程到欧洲搜罗人才，五年内计划投入 250 亿美元，以吸引欧洲高级科技专家。对此，西欧各国十分担心。西欧实施“尤里卡”计划，其目的之一就是为了发挥高级科技人才的才智，避免人才再度流入美国。

三、军事技术国际转移的影响

军事技术的发展贯穿于整个人类战争实践之中，军事技术的转移也是技术社会学视野中一个重要的现象。军事技术的国际转移对国家利益、全球安全及国际体系都产生了极为深远的影响。

（一）对国家利益的影响

战争作为人类互相残杀的怪物，从它诞生的那一刻起就是一个充满反常逻辑的领域。“攻其不意，击其不备”，一直是历代军事家们心中念念不忘的“谋略法宝”。与此相呼应，军事技术的保密性就是达到出奇制胜的要诀之一。一战中坦克的问世对此做了恰当的注解。在当时的战场上，机枪、铁丝网和火炮已经使战争陷入了僵局。此时，在海军大臣丘吉尔的支持下，英国开始了“机枪破坏机”的秘密研制，很快在英国海军部就诞生了一个“斜方形铁盒”。为了蒙蔽间谍，英国人把它称作“Tank”（箱，匣）。随后，战场指挥官黑格迫不及待地将之投入战场。英军在很短的时间内就占领了正面 5 公里的一块阵地，战场的僵局开始打破。显然，世界各国在发展军事技术时都十分重视其保密性，最重要的原因就在于其事关国家利益。这一点从古至今，概莫能外。冷战结束后，世界各国的竞争主要转为经济实力的竞争，科学技术特别是军事技术在其中更是具有举足轻重的作用，因此，军事技术的国际转移就越发对国家利益有着重要的影响。

（二）对全球安全的影响

由于“核心国家”之间的军事实力往往有着决定特殊时期历史进程、全球经济和政治形势的作用，而军事技术又是重要的军事实力要素。因此，军事技术的扩散尤其是全球性“流行”，注定将给人类社会带来安全隐患。20 世纪最典型的例子就是核武器与核技术。尽管核武器掌握在以美、苏为代表的少数国家之中，但核技术却有一种冲破“牢笼”的趋势，核扩散的阴影无时无刻不笼罩在全世界人们的心头。显然，核技术革命的一个后果，就是使整个国际社会的安全困境日益显著。对于国际体系中的每一个国家来说，为了保证自己的安全，必须获得先进的军事技术，可是先进军事技术的获得却又使整个世界变得更不安全。的确，军事技术发展水平作为各国军事实力的重要组成部分，对国家安全战略有着非同寻常的意义。在军事战略对抗中，拥有军事技术优势的一方往往会占有绝对的主动权。而全球军事技术转移的过程，很大程度上就受制于世界范围内的“领先国家”——领先的国家需要知道是否、何时以及如何努力控制或推进革新的传播；后继国家则必须决定是否、何时并如何反应。革新和转型的过程与扩散是紧密联系在一起的。所有这三个过程共同作用形成了国际战略环境。于是就不难理解，为何世界各国都制定了严密的军事技术研究安全机制，以防止相对先进的军事技术泄密、得以扩散传播。

（三）对国际体系的影响

技术既是国际体系的产物，又是其内在构成要素与变革的动力。因此，由国际间交流导致的技术或军事技术扩散往往会反过来影响国际体系的结构。以铁路和核武器为例。铁路的出现对国际体系有四层影响：首先，它提高并变革了国家能够动员的军事力量；其次，它使得欧洲内陆国的工业经济不断增长以至合并为一个民族国家，并从那些古老的、与大陆权力不相称的国家取得了政治霸权；再次，在欧洲之外，它促使那些先前在欧洲政治控制下的分散地区统一成一个全球经济体系，此经济体系规则由欧洲制定并主导；最后，它提高了国家参与平时计划和工业活动的能力。换而言之，为了满足铁路带来的复杂性及组织需要，国家不得不加强对社会的参与渗透并扩大资源开采力度。作为19世纪后期世界经济和政治体系中的重要变革性要素，铁路的推广和它在军事领域的应用就引发了国际体系的一系列反应：时间的统一，空间距离的“缩短”，国与国之间交流方式的改变。再说核武器技术，作为美国在20世纪中期获得超级权力地位的基础，核武器的破坏力、射程及相关的效费比使美国得以将自己的经济实力和技术能力转化为巨大的安全罩，这一安全罩甚至延伸到了其在欧洲和亚洲的盟友。由于核武器的破坏力和洲际导弹的射程，传统意义上的地理安全已经很难保证。同时，其破坏性和维护的高费用也使得大国越来越难以承受。因此，未来将逐渐出现一种新的趋势：所有超级大国都尽量避免直接的对峙，而代之以边缘化的、非战争形式的对抗。而这必将对国际体系产生持续的革命性影响。

电磁轨道炮：呼之欲出的未来战争利器

战争之神的脉搏我们无法完全号定，想要对明天乃至后天的战争加以研判，我们别无他法，只能通过今天的点滴曙光，窥视未来战争的广阔图景。

与传统身管火炮相比，电磁轨道炮在炮口初速、打击范围、打击时效等方面显示出诸多优势，使其能够有效遂行海上反舰作战、空天反导防御以及陆军沿海防御等使命任务。电磁轨道炮采用电磁能发射机理，一旦规模列装部队并形成战斗力，必将引发一场军事技术革命，具有不亚于“从帆船到蒸汽舰船”的划时代意义。

一、变革海战攻防模式

高技术条件下的信息化战争，参战兵器将更加多元。未来的海战也将呈现出机动空间更大、对抗烈度更高、攻防转换更快等新特点，使海战模式发生巨大变革。根据美国海军“21 世纪的海上力量”之海洋打击理念，将采用包括电磁轨道炮等装备提高军队的海上打击能力。

目前，美国电磁轨道炮项目的研制目标是在 2020 年前后成功研制出炮口能量为 64MJ 的舰载电磁轨道炮，用于装备美海军最新服役的 DDX-2000 战舰，并且初步实现实战化。根据这样的设想，电磁轨道炮无疑将成为美国海军下一代战舰的主战兵器。在未来海军舰队的建设规划中，美国海军对未来舰载电磁轨道炮提出了具体的战技指标：炮管长度不超过 12m，战斗射速为 6—12rpm，标准射弹重量 20kg（包含推进弹托等附件，实际飞行重量为 5kg）；射弹初速 2500m/s，射程 360km，炮口动能 64MJ；射弹应以 8Ma 以上的超高速进入外大气层，并在 3min 时间内以 17MJ 以上的动能命中目标，命中圆概率误差不超过 3m；全自动弹仓应能储备 2560 枚以上射弹，除作为基本配备的高动能弹外，还应配备高爆破片弹、反辐射弹等遂行多样化任务的弹种。

按照美国海军作战研发中心的电磁轨道炮远景规划，到2030年，美海军电磁轨道炮的火力打击范围将从近期设定的360km进一步拓展至640km，这显然是传统大口径舰炮所无法企及的射程。超远射程电磁轨道炮的战场应用，不仅能有效代替舰载短程导弹，还能有效遂行相当部分海军舰载攻击机的对地攻击任务。未来，在640km以内的打击区域内，考虑到舰载攻击机的起飞、飞行与弹药装载时间、飞机携弹量等因素，舰载攻击机的攻击时效性与火力密度、持续性将明显不如电磁轨道炮。如此一来，装备电磁轨道炮的军舰将能更多地分担过去只能由航空母舰舰载机完成的对地打击任务。

二战的硝烟见证着航母时代的到来，淘汰了横行四大洋百年的“大炮巨舰”主义。自1942年的珊瑚岛海战后，作为“大炮巨舰”的拳头力量，大口径舰炮开始失去其海军主战兵器的地位。二战后，一度有工程专家认为在航空母舰、导弹驱逐舰的时代，舰炮是多余无用的，应该取消军舰的舰炮设计。尽管后经实战证明，舰炮还是有其存在的必要性与合理性，但其在海军作战体系中的地位已经极大地被削弱，除了两栖登陆作战中的中近距离炮火支援外，并无太多建树。但是，随着未来电磁轨道炮在海军舰艇上的列装，尘封已久的“大炮巨舰”时代就有可能再度成就辉煌。

高技术的发展和未来海战模式的变化要求舰炮武器系统对岸具有持续火力支援能力，对海具有精确打击能力，对空具有末端反导能力。未来战场新的挑战和要求，推动着舰炮武器系统向着快速、精确、远程的方向迅速发展。在海上目标打击方面，美海军现役作战舰艇中主要装备的是MK-45型中口径舰炮，该型舰炮不仅射程较短，而且受口径限制，毁伤能力也相当有限。电磁轨道炮目前远达360km的设计射程是传统舰炮射程的10倍，大致与美国、俄罗斯等国海军普遍装备的反舰导弹射程相当。也就是说，电磁轨道炮在海军舰艇上的列装，意味着舰炮将能与舰载反舰导弹一样，成为海上攻击系统的主战兵器。

由于电磁轨道炮的射弹体积与重量比传统舰炮弹药要小，进而能够在同等贮纳空间中装载更多的弹药。目前美海军在役导弹携载量最大的提康德罗加级弹道巡洋舰，其最大的作战导弹携载量不超过500枚，而同等的贮纳条件下，将能装载电磁轨道炮射弹多达万枚，这无疑将大大增强攻击型舰艇的火力打击密度与持续性。此外，由于电磁轨道炮的射弹系统没有装载推进剂或高能炸药，即使在舰艇弹药库被击中的情况下，也不会发生大规模的燃烧与爆炸事故，大大提高了舰艇的安全系数。

二、构建空防立体盾牌

随着飞机、导弹技术的发展，战争中空天制权的争夺已然进入白热化阶段，空天制权成为决定战场胜负、国家博弈成败的关键因素。由于电磁轨道炮不仅具备响应速度快、打击效能优、操作控制性能佳等技术特性，而且还具有150km的超高弹道，使得追求空间制权的军事大国无不将目光投向电磁轨道炮这一未来战场新星。

在空间战略武器研制方面，美国政府早在20世纪80年代即提出了著名的“星球大战”计划，计划的其中一项即是将电磁轨道炮装载至天基平台。电磁轨道炮所发射的高动能射弹在拦截中程、潜射洲际弹道导弹以及毁伤低轨道卫星方面，其可靠性与效率要优于传统空防导弹。当天基电磁轨道炮密集发射质量为10g，炮口初速为10—20km/s的小口径射弹时，其炮口动能只要达到兆焦级，即可使来袭弹道导弹外壳碎裂甚至解体，其单位面积的能量杀伤密度要远远高于普通的反导武器。

再者，由于天基电磁轨道炮能够发射超高速的动能射弹，因而只需体积质量极小的射弹，即能对敌方空间飞行器实现毁灭性打击，使得天基平台能够在有限的贮纳空间里装载更多的弹药，增强战斗自持力。天基电磁轨道炮采用小型的半制导射弹，故而对地基远程控制终端的技术要求低于天基激光武器，大大降低了相关平台设施的日常维护要求与后勤保障负担，进而能够实现长时段、高战备状态的天基武器部署，切实获得天基武器平台的战略威慑势能。因此，在美国《新世纪反导计划》中，就将电磁轨道炮作为其“第三层”防御系统中的主要拦截武器。

尽管目前从美军的电磁轨道炮研发进程表来看，近期研发的炮口动能为64MJ的电磁轨道炮虽不具备战略反导能力，但随着美军对战略反导能力的要求进一步提高，必然会更加强调对弹道导弹上升段与助推段的有效拦截，后续型号的电磁轨道炮必然要求具备更强的反导能力。使用电磁轨道炮射弹拦截战略导弹，其效费比要远远高于传统的反导导弹，因而是未来上升段和助推段反导拦截的可靠选择。

美国一直对获得应付饱和导弹攻击的新手段十分渴望。美国国防部副部长沃克曾提出，美国正在寻求发展能够有效防御100枚制导弹药齐射，每次拦截费用比来袭导弹成本更低的“来袭消除者”装备，电磁轨道炮将成为重要候选方案。早在2014年，美国众议院军事委员会战略部队分委会就要求国防部制定一部关于电磁轨道炮能否成为经济承受范围之内有效弹道导弹防御武器的报告，以作为未来美国弹道导弹防御体系的可选方案之一。

战略部队分委员会要求美国导弹防御计划局与战略能力办公室提交了一份报告，内容包括：进行多个获准的试验项目，以确定电磁轨道炮技术移交至导弹防御局进行后续发展的适宜性；新的财年乃至未来数年开展试验项目所必需的资金预算；使用现有的导弹防御局试验项目和设施来评估导轨炮系统性能的条件；利用其他军种研发与试验设施来确保最合理使用资金的条件。在下一步的研发中，电磁轨道炮借助世界各军事强国大力发展空间战略武器的东风，必将以更为迅猛的势头向前发展。

三、颠覆陆军岸防战略

陆军是最为古老的一个兵种，见证着战争的产生与发展，几乎与人类发展的历史一样漫长。在人类战争时间轴的绝大部分时段里，陆军都是影响战争胜负的决定性军种。相比之下，海军和空军的发展则要晚得多。真正意义上的海军起源于公元前800年前后；而空军则更是只有百余年历史，在二战之前，还只是从属陆军系统的“陆军航空飞行队”。但是，随着国家利益博弈模式的演变以及军事革命的发展，陆军这位“老大哥”却开始在现代战争中出现了靠边站的现象。南联盟空袭、伊拉克战争、阿富汗战争、利比亚战争都是主要依靠海空力量来为战争定调子，而陆军只能拖着缓慢的步伐，在当地充当维持治安的“保安队”。

为什么在战场上曾经舍我其谁的陆军“老大哥”会面临如此窘境？与海空军相比，陆军作战响应速度慢，信息化整合程度相对较低，与现代信息化战争要求存在一定差距。陆军要在未来的军事实践中再次雄起，就必须要有能够优越于海空军的独特作战优势。只有加强新质作战能力建设，才能使陆军部队脱胎换骨，凤凰涅槃。未来武器装备电子化程度的不断加深，为陆军“异军突起”提供了难得机遇。作为未来电磁能武器的重要一员，电磁轨道炮将为古老的陆军注入全新的时代活力。

例如，在海岸防御作战方面，装备电磁轨道炮的陆军部队将能够发挥出新的更大作用，乃至形成新的濒海防御作战理论。在传统的海岸线防御体系中，由于岸基海防炮最多只有30—40km的射程，且笨重的海防炮在陆地上的机动性也远远不如纵横四海的海军舰艇，故而只能选择重要的海口，利用险要的地形实行线式分散部署。但是，在漫长的海岸线实行散点布防，则难以在漫长的海岸线上形成对敌方海上作战舰队的火力优势，有处处皆设防，而处处力有所不逮之虞。

当未来的超远程电磁轨道炮射程能够达到1000km左右，那么只要在特定的海防节点集中部署若干电磁轨道炮火力打击群，即可使海岸防御部队拥有巨大战略主动权。只需在海岸线上设置若干火力中心，即可有效控制漫长的濒海海域，能够以不变应万变，不至于一个战略方向有压力，就四处临急搬救兵，极大地挽回漫长海岸线的被动防御局面。同时，电磁轨道炮在反介入或区域拒止（A2AD）作战中也能发挥重要作用。

（黄毓森　石海明）

技术制胜：美军第三次“抵消战略”评析

纵观美军“抵消战略”发展的历史，可以清楚地看到美军利用前两次“抵消战略”获得的战略红利。在20世纪50年代，作为艾森豪威尔政府“新面貌”战略的重要组成部分，美军实施了第一次“抵消战略”。在这一战略的指导下，美军利用其在核武器技术方面的先发优势，在冷战初期构建了强大的军事威慑体系，成功遏制了苏联与美国争夺世界霸权的意图。然而，美国的穷兵黩武并未给世界带来真正的和平，反而引发了核武库规模在世界范围内的急剧扩张，并导致美国陆军在常规作战能力上的相对退步。

到了20世纪70年代，在五角大楼哈罗德·布朗部长及威廉·佩里副部长的推动下，美军实施了第二次“抵消战略”。根据这一战略部署，美军优先支持相关部门和机构发展微电子技术和信息技术，研制出了精确制导导弹等颠覆性武器系统，从而抵消了以苏联为首的华约集团在常规兵力方面的优势。以此为契机，美军随后主导建立了前沿关键技术领域的军民融合体系，开创性地使科技立国、科技强军的理念深深植根于美国的战略思维当中，其影响一直延续至今。到了21世纪，在亚太“再平衡”战略的总体布局中，美国于2014年提出了新“抵消战略”的战略构想，又称第三次“抵消战略”。

一、“第三次抵消战略”的出台

“抵消战略”是美国战略研究界一个独具特色的专有名词，它指利用技术优势抵消对手数量优势的战略手段，是一种战胜或削弱另一方优势的战略。2014年11月7日，时任美国国防部长的哈格尔在“里根国防论坛”的主题演讲中，提出了一个旨在投资尖端技术与系统的“国防创新计划”新倡议，他将这个计划称为美国的第三个“抵消战略”。这是美军在战略层面上谋求利用技术创新在未来保住美国军事霸主地位的一个大动作。

（一）出台背景

历史上，美军提出的第一次“抵消战略”在苏联形成了可靠的第二次核打击能力之后，由于相互确保摧毁的核均势形成，该“抵消战略”宣告失效。对于20世纪70年代美军推出的第二次“抵消战略”，一方面，美军在以全球定位系统，情报、侦察与监视平台，信息网络为主的信息领域投入巨资，使这些系统与装备成为己方常规部队的“力量倍增器”。另一方面，美国还通过一系列出口、贸易管制来维持技术霸权的地位。其中，《武器出口管制法》《国际武器贸易条例》《导弹及其技术控制制度》等管制措施，都成为美国及其盟友保持技术优势的手段。由此，美国打造了一支重要的常规威慑力量。事实证明，以质量对数量的第二个“抵消战略”在阻止苏联吞并西欧方面取得了巨大的成功。

当前，美军的第三次“抵消战略”构想自提出以来，它一直在被不断完善和论证之中，目前尚无官方的正式报告发布，其核心思想主要反映在美国国防部高官的系列讲话和防务智库的相关研究报告中。从已经发布的战略报告中，我们可以概略地窥见此次“抵消战略”的具体目标：其一，利用美国传统优势，在必要的地点和时候保持持续的前沿存在和力量投送，这包括针对具备强大反介入/区域拒止网络的对手，同时要减少对逐步易遭受攻击的前沿陆上与海上基地的依赖；其二，改变以往基于直接攻击威胁，通过传统的联合作战行动来恢复原状的常规威慑战略，更多地强调“拒止式威慑”和“惩戒式威慑”。

不难看出，此次美军提出的第三次“抵消战略”的核心仍然是保持技术优势，即通过谋求利用科技创新来维持美国未来的军事优势。为此，美国国防部已经起草了技术路线图，希望吸引私营部门和学术界为武器项目和投资计划注入新思想，激励技术创新，以夺回过去几十年推动美国成为全球唯一超级大国的技术魔力。美军此次特别强调，要高度关注支撑反进入/区域拒止能力的所谓颠覆性技术，认为此类颠覆性技术的“成熟与扩散削弱了美国的传统军事优势”。

（二）四大举措

作为新时期美国国家战略的重要一环，第三次“抵消战略”的概念一经提出，立即得到了美国各大智库的积极响应，同时也遭到了一些质疑。如“新美国安全中心”智库有关项目负责人本•菲茨杰拉德就撰文对美国国防部提出了告诫，他提醒美国要注意避免重回冷战思维的泥潭，切忌将中国作为唯一的竞争对手。

尽管面对各方质疑，美国军方有关第三次“抵消战略”的具体措施仍在逐渐成形。在2014年10月发布的《迈向新抵消战略》基础上，国防部又相继发布了《长期研究与发展计划》《更佳购买力3.0白皮书》《转型路径：国防工业协会采办改革建议》等战略文件。纵观目前已经发布的报告，美军第三次“抵消战略”的具体措施可以分为以下四方面：

一是识别重点技术清单。通过对比第二次“抵消战略”中开展的长期研究与发展计划项目，美国国防部罗列了新时期增强“抵消”能力的核心技术，旨在借助这些技术的优势赢得未来的战争。在2014年发布的国防部《长期研究与发展计划》中，为了给美国及其盟友在2030年前提供“关键的军事优势”，5个重点领域被纳入了美军的重点发展清单中，分别是：航天技术、水下技术、制空权和空袭技术、防空与导弹防御技术、其他新兴军用和商用技术。根据计划，美国国防部正在组织力量探索这5大类技术新的架构和概念，其中负责新兴军用和商用技术的小组将“挖掘技术空白并设想各项技术可以提供的未来能力”，这正是美军利用技术突破寻求军事优势的鲜明体现。

二是深化军民融合改革。在这次“抵消战略”中，美军在发展先进技术的同时，也加强了技术发展的保障能力建设，将国防采办效率以持续改革的方式逐步优化，并将重心转移到通过创新和技术进步获得确保美国军队拥有应对未来国家安全需求的主导能力上来。为了更好地适应新“抵消战略”对国防工业的需求，改进国防采办系统，美国国防工业协会针对国防工业转型开展了大规模的调研，并向美国参、众两院武装部队委员提交了题为《转型路径：国防工业协会采办改革建议》的报告。

三是培养未来创新力量。美军着眼于2030-2040年间国防对人才的需要，认为应加大基础研究力度并推进教育体制改革，创新发展人才培养方式，以培养出能够应对未来挑战的新型人才。因此，美军提出要将《21世纪国防教育和创新计划》和国防部《国防教育计划》的实施引向深入。

四是探索全新作战概念。在“技术制胜”观念的统领下，美军期待以新的作战概念迎接未来的安全挑战。尤其是在面对新兴力量对美国的战略能力提出挑战的情况下，美军在这次“抵消战略”构想中，努力通过聚合智库、军方及企业界多方力量与智慧，谋求在作战理念及理论层面的创新，以实现第三次“抵消战略”效能的最大化。

二、技术支撑：前沿技术的全球布局

早在20世纪70年代晚期至80年代期间，美国就以信息技术的巨大优势对华约国家实施了“纵深侦察”和“纵深打击”，取得了第二次“抵消战略”的成功。当前，第三次“抵消战略”也致力于通过已有的技术优势优化美国军事力量在全球的布局，提高军事力量投送的时效性和抗干扰性，在增强美军的威慑效果的同时增加对手与美国长期竞争的成本，从而达到“抵消”的战略目标。根据罗伯特•马丁内奇最近发布的报告，美国借以维持其军事优势的技术包括以下四种：

（一）无人作战

美军的军事优势首先体现在无人作战系统中。由于无人系统具备任务航时长、生命周期成本低以及机组人员零伤亡等优势，自主程度日益提高的无人系统将构成美军全球监视与打击网络的核心。目前已形成优势作战能力的系统包括空军的各型无人机、陆军和海军陆战队的无人地面战车（UGV），海军的无人水面舰船（USV）和无人水下航行器（UUV）等作战系统仍处于研发试验阶段。

（二）远程空中作战

美军在全球空中作战方面具有独一无二的优势。这种优势的形成是两种技术力量共同作用的结果：一是作为全球打击网络节点的飞机本身就具备大半径作战的能力，二是美军在全球部署的空中加油队伍更增加了这些节点的机动范围。在新的“抵消战略”中，美军将使这种优势继续扩大：利用无人作战系统与有人驾驶飞机相结合，使美军具备全时打击和全球监视的能力。

（三）隐形空中作战

美军在隐形空中作战方面的优势十分明显，主要体现为三点：一是美军现役的隐身飞机虽然并非无法侦测，但侦测成本很高；二是美国在设计、制造隐身飞行器上具有巨大的质量优势，尚无法被俄罗斯和中国超越；三是美军的隐身战机飞行员具有三十年以上的实践经验积累，技术的娴熟程度无人能及。美军拟将这些优势与电子攻击与新式武器结合，能够大大提高空军的作战能力。

（四）水下领域作战

美军在水下领域的作战的优势面临着转向。目前，美国海军中服役的洛杉矶级核潜艇的服役期已近，而弗吉尼亚州级核潜艇的替换速度跟不上，这将导致从 20 世纪 20 年代中期开始出现部队结构的大幅缩减，这种趋势到 2028 年将导致潜艇部队减少 600 多个水下垂直发射单元。如果再加上核潜艇部队结构的缩减，届时美军的水下打击能力将比 2014 年下降 60%。此种优势的丧失需要美军对水下作战力量的发展进行转向。

（五）复杂系统与集成

美军在复杂系统与集成技术上优势的扩大需要采取循序渐进的方式。罗伯特·马丁内奇在报告中指出，“美军和国防工业界过去在复杂武器系统和‘系统之系统’架构的设计、制造、操作和维护方面取得了巨大成就，这种竞争力需要广泛深入的技术理解和多年的经验积累，这是对手难以复制的”。基于这一成就，美军已经在全球监视和打击网络建设方面取得了一定的进展，但若想要真正建成可靠的管理系统，美国需要采取循序渐进的方式，其主要制约因素是时间和成本。

三、技术制胜：第三次“抵消战略”的困境

美国的军事优势是其维系超级大国地位的关键支柱之一，这一优势的建立经历了漫长的历史过程。作为一支将技术制胜作为军事战略“标识符”的军队，美军十分重视把先进的科学技术应用到军事领域，使之成为战斗力生成的倍增器。对于这一点，曾任美军参谋长联席会议副主席的杰里·迈亚说：“技术领先是美国武装力量的一个标志。”现任美国防部长卡特也明确表示：“面向未来，我们需要最好的人才、最好的技术和最强的创新力，以维持我们世界领先的战斗力”。如今推出的第三次“抵消战略”依然延续的是技术制胜的逻辑，但却面临着一系列困境。

（一）技术决定论将加速美军霸权的终结

美军对科技创新的迷恋，源于对战争实践的直接感知。科技创新支撑着军事硬实力，早在一战后，美军就特别重视科技创新，陆军从欧洲归来，

思考着机关枪和化学战对于陆军的意义；海军在导航、火炮、新型战船设计、潜水艇和鱼雷以及无线电通信方面取得重大进步；骑兵开始发展装甲战术；飞行员则重视空中武器的威力。第二次世界大战爆发时，美军更为重视发挥科学创新的力量，动员了大量科学家参与战争，如诺伯特·维纳、冯·诺依曼、万尼瓦尔·布什等著名科学家都被不同程度卷入战争。其中，万尼瓦尔·布什在二战期间积极倡导成立的科学研究发展局更是贡献巨大。正是这些科学家的积极参与和推动，美国二战时科学研究取得了丰硕成果，实现了所谓“用雷达赢得了战争，用原子弹结束了战争”。这种观点显然是偏颇、站不住脚的，但这种观点显示出对新技术的推崇。作为一个标志，原子弹使能量杀伤类武器在人类战争史上达到物理杀伤力的顶峰，同时也展示了科学应用于战争的无比威力。从此，美国将世界带入了核武器时代，也确立了自身超级核大国的地位。

从核时代针对苏联的“抵消战略”到如今的第三次“抵消战略”，美军仍然旨在将过多资源集中在技术层面。然而，已有批评者指出，事实上今天美军第三次“抵消战略”主要还不是技术问题，而是为美军提供优势以抵消对手数量的作战和组织结构。因为未来的对手能够迅速缩短与美国的技术差距，在系统和平台层面上达到与美军对等，但他们缺少美国的人才优势。在批评者看来，美军最大的优势是美国国家和国防领域充满活力的技术队伍，如果不改革国防部僵化的采办系统，美国就无法利用技术人才优势。例如，当前美国国防采办系统已运行多年，传统的发布需求、招标和授予商业软件系统合同的过程往往持续数月，难以维持国防部在赛博战方面的优势。现任国防部长卡特已多次拜访硅谷，但硅谷公司习惯于冒险、承担可能的失败、创造市场和制定技术标准，获得这些公司的知识产权并把他们的创新融入国防采办系统中只会把他们都吓跑。因此，按照这种逻辑，美军第三次“抵消战略”针对技术本身的做法，难以为继，最终将结束美国的军事霸权。

（二）“抵消”的结果将是零和博弈

不同于前两次“抵消战略”所处的那样清晰而紧迫的威胁性国际环境，美国的战略家们普遍认为，虽然现在及可见将来美国面临的直接威胁降低了，但却更加复杂和多元。十年反恐战争之后，美军尚处在一个战略调整期和相应的新作战概念思考期。对美国而言目前和将来的战略需求是复杂的、模糊的、不确定的、多样化的。这主要表现在以下几个方面：

一是竞争领域的不确定性。战略的实施总会受制于所在环境中的那些不可预测的各种变化。世界多元化以及复杂的国际环境迫使美国在长期防务或国家安全战略上必须考虑这些复杂的安全环境问题。特别是随着军事技术的不断发展，未来战争的特点也有显著的不确定性。这种不确定性就要求美军不能针对特定对手开展技术遏制，否则将注定是个悲剧。

二是竞争手段的多元化。在军事领域的博弈往往讲究非对称性，一方旨在用出其不意的技术突袭给对方造成战略被动。美军此次“抵消战略”也旨在谋求这种非对称优势，然而，事态的发展与技术的演化或许更为复杂，这种单一化竞争手段的前景如何，估计难如其愿。

三是竞争策略的复杂性。针对苏联军事力量数量优势的挑战而实施的前两次“抵消战略”，虽然在冷战时期不乏成功之处，第三次“抵消战略”的提出也正是借用了前两次的经验，但目前的战略环境与当时已大不一样，为应对当下挑战而实施的新“抵消战略”同样也面临着自身的挑战。首先，前两次“抵消战略”所处的是威胁明确的两极世界，而目前及未来所处的是威胁不再明确的多极世界。其次，抵消战略不是单一的国家安全战略，也不是纯粹的国防战略，更不是计划性强的国家军事战略，而仅仅是国防战略层面的政策性指南，或者说是一个国防战略框架，这本身就不是国防部凭一己之力所能及的，需要国会的支持、各军种的配合、工业界的合作，甚至对外政策的协作。如何进行跨部门协同以及如何把技术置于政治环境之中，对新“抵消战略”本身就是一种严峻的挑战。最后，全球经济一体化已使各国之间在经济上越来越多地相互依存，商品、服务、资本和技术越过边界的流量越来越大，对潜在威胁国家的高新技术壁垒与有效的国际合作，也是实施“抵消战略”最为现实的挑战。

清醒看待美军第三次“抵消战略”的本质，既要认真研究其具体行动，准备好应对措施，也要保持足够的战略定力，避免盲目跟随竞争。总体来看，美军第三次“抵消战略”的出台，映射出的是其“技术制胜”的军事战略思维，从历史的延续来看，美军的这种科技主导军事的思维，能有效提高并整合其科技创新能力，加快高新技术向军事应用转化的步伐，并且有助于在前沿颠覆性技术领域保持科技敏感度。然而，从我国的立场来看，对于美军

的第三次“抵消战略”，我们要充分厘清新抵消战略的本质，保持战略定力，加快实施创新驱动发展战略，

坚持引领未来，抢占科技革命和军事竞争的战略制高点。

（刘一鸣　石海明）

科技创新支撑军事硬实力

美国的军事优势是其维系超级大国地位的关键支柱之一，这一优势的建立经历了漫长的历史过程。作为一支将技术制胜作为军事战略“标识符”的军队，美军十分重视把先进科学技术应用到军事领域，使之成为战斗力生成的倍增器。对此，曾任美军参谋长联席会议副主席的杰里·迈亚说：“技术领先是美国武装力量的一个标志。”曾任美国防部长卡特也明确表示：“面向未来，我们需要最好的人才、最好的技术和最强的创新力，以维持我们世界领先的战斗力”。

美军对科技创新的迷恋，源于对战争实践的直接感知。“科学与战争一直是极其密切地联系着。实际上，除了 19 世纪的某一时期，我们可以公正地说，大部分重要的技术和科学进展都是海陆军的需要所直接促成的。”科学社会学奠基人贝尔纳的这句名言广为流传。

科技创新支撑着军事硬实力，第一次世界大战就是对贝尔纳判断的绝好诠释。按许嘉在《美国战略思维研究》中的剖析，一战后，美军特别重视科技创新，陆军从欧洲归来，思考着机关枪和化学战对于陆军的意义；海军在导航、火炮、新型战船设计、潜水艇和鱼雷以及无线电通信方面取得重大进步；骑兵开始发展装甲战术；飞行员则重视空中武器的威力。第二次世界大战爆发时，美军更为重视发挥科学创新的力量，动员了大量科学家参与战争，如诺伯特·维纳、冯·诺依曼、万尼瓦尔·布什等著名科学家都被不同程度卷入战争。其中，万尼瓦尔·布什在二战期间积极倡导成立的科学研究发展局更是贡献巨大。正是这些科学家的积极参与和推动，美国二战时科学研究取得了丰硕成果，实现了所谓“用雷达赢得了战争，用原子弹结束了战争”。这种观点显然是偏颇、站不住脚的，但这种观点却显示出美军对新技术的推崇。作为一个标志，原子弹使能量杀伤类武器在人类战争史上达到物理杀伤力的顶峰，同时也展示了科学应用于战争的无比威力。从此，美国将世界带入了核武器时代，也确立了自身超级核大国的地位。

研发原子弹的另一个重要影响在于，它使美军更加透彻地认识到了科技创新的价值。万尼瓦尔·布什适时发布的《科学：没有止境的前沿》报告就是明证。万尼瓦尔·布什深深洞察到科技创新对美军优势的支点作用。正因如此，当 1957 年 10 月 4 日苏联发射第一颗人造卫星之后，美国朝野极为震动，掀起了一场声势浩大的科技与教育“抢救运动”。美军也在经历阵痛之后成立了 DARPA 的前身 ARPA，大力开展国防科技创新。60 年来，从 ARPA 到 DARPA，虽然其研发重点随历史境况不同而不断变化，但始终不变的是，它一直站立在技术发展最前沿，成为国防科技新概念的“摇篮”，为美军孵化出诸多尖端武器装备。这些武器装备在近年来美军参与的数场局部战争中频繁亮相，引人关注。

美国前总统克林顿曾说：“武器装备只是美国强大的表象”。一个国家真正的军事优势是“深藏于冰山之下的那些看不见的部分”。这些“看不见的部分”之中就包括持续的科技创新因素。美国前总统奥巴马宣称美国仍要维持世界霸权 100 年，其豪迈话语背后的底气也有科技创新的影子。直到后来美军提出的所谓第三次“抵消战略”，其逻辑依然寄托在科技创新身上。

聚焦美军这样一支“迷恋”创新的军队，如果不从历史的视野观察，则很容易被其表面上复杂而炫目的所谓新战略、新理论、新技术障目。科技创新是美国军事优势建立的最重要支点之一，它不仅是美军促进战斗力生成的一种“方法论”，更是美军筹划部队长期建设的一种“价值观”，从认识到实践层面对科技创新的重视，是美军腾飞的“隐形翅膀”，也是我军现代化建设的难得镜鉴。

美国颠覆性军事技术的预研模式、管理与文化：以美国国防部高级研究计划局为例

颠覆性技术概念最早是由美国哈佛商学院的克莱·克里斯滕森（Clay Christensen）教授在其1995年所著的《创新者的窘境》（Innovator's Dilemma）一书中所提出。这一技术通常强调以一种让人意想不到的方式"替换"当前的主流技术，进而达到让对手防不胜防的目的。如果将颠覆性技术这一概念应用到军事领域，则可以称之为颠覆性军事技术。2013年，美国国防部在其"下一代技术"项目中，将颠覆性军事技术定义为"以快速打破对手间军力平衡的方式解决问题的技术或技术群"。2015年，DARPA发布了新版《服务于国家安全的突破性技术》（Breakthrough Technologies for National Security）的报告，对DARPA的历史使命、研究领域及技术转移等方面进行了相关总结。这为美军确定其潜在对手，进而制定项目研究计划打下了坚实的基础。

一、技术"行为"：颠覆性军事技术的预研模式

克里斯滕森依照创新的类型，将创新分为持续创新（Sustaining Innovation）和颠覆性创新（Disruptive Innovation）两类。相较而言，后者更强调对主流技术的破坏与超越。从传统技术到具有颠覆性潜力的新技术，美国在其颠覆性"大脑"DARPA的预研下，将"当前"与"未来"创造性地联结在了一起。

首先，在颠覆性军事技术的创新模式上，DARPA采取的是一种"创造需求"式的创新模式。"创造需求"式的创新模式是一种基于隐性需求下的创新模式。这种创新模式并不是很快就能被人意识到，它的实现过程需要相关人员通过调查，并不断研究才能慢慢被发掘出来。该模式的具体步骤如下图所示，它们依次为：军事需求开发：经过充分的调研，找出现

在与未来有哪些军事需求；基础科学探索 / 技术原理攻关：在军事需求确定的基础上，对相关的技术开展仿真与实验；武器装备研制：将经过仿真与实验，并得到技术突破后的技术成果运用到武器装备的研制上；推销军事需求：将通过新技术研制出的武器装备推广到具体的军事实战中。从创新的路径上看，它与一般意义上创新的一个显著的区别在于其最开始对于军事需求的开发和最后对于军事需求的“推销”。因此，DARPA 的预研更强调与市场、政府、军种、甚至是敌对方之间的沟通与交流，即它采取的是一种更为主动的创新模式。

其次，在颠覆性军事技术创新的实现上，DARPA 呈现出两个显著的特点，一是着眼于“高风险 - 高回报”的高技术项目；二是强化对“军事需求”的持续论证。正因此，将目光放在“高风险 - 高回报”的项目上，并通过技术预研，使这种颠覆性技术潜力成为现实一直是 DARPA 的工作重点。尽管如此，有的投资仍然是颇具风险和困难的，其原因在于：一些军事问题还没有比较简单和明确的解决方案；一些新兴技术可能具有目前尚不明确的潜在军事影响；研究的方向与军队当前任务或发展宗旨不符，各军种不支持此研究的开展等。因此，DARPA 坚持所有的研究计划必须在拥有很好的构思和优秀的人才条件下才能启动，如果不具备这个原则，DARPA 将不启动任何研究计划。

对于 DARPA 而言，持续的“军事需求论证”是一项不可或缺的环节。军事需求是对军事系统建设的需求依据、内容及规格等进行研究论证的活动。追溯至 20 世纪 60 年代，一项由新成立的“国防分析研究院”所开展的“STRAT-X 洲际弹道导弹（ICBM）进攻—防御项目”，即导弹的进攻和防御研究项目得到了 DARPA 的资助。为验证该项目的可行性，DARPA 之后对它展开了一系列被称之为“PEN-X”的论证，即有关美国与苏联的突防导弹防御系统能力的相关评估。这些论证为该项目以及与之相关的其他项目研究的开展带来深远影响。一方面，在“军事需求论证”之下，颠覆性军事技术的军事能力将会得到更彻底的保证，其应用到武器装备之后的维修与管理问题也能够得到切实指导。另一方面，由于“军事需求论证”是一个持续性工作，随着技术本身、战争环境以及其他因素的变化，其逐渐成熟的论证思路也将为新的颠覆性军事技术的诞生奠定良好基础。

二、技术“互动”：颠覆性军事技术的管理体制

从结构来看，DARPA 的机构设置呈现出典型的扁平化特征，在项目经理与 DARPA 局长之间只相隔一个中间管理层——业务处长，如果项目经理想要资助某一项目时，只要通过两个人的同意：自己所在的部门的业务处长和 DARPA 局长。因此，DARPA 的项目经理拥有较大的自主权去选择和资助他所在领域的有关创新研究项目。一方面，结构的精简为 DARPA 避免了项目研制过程中许多冗杂的官僚体制影响问题。另一方面，结构的精简也使得组织成员能够更好地建立起共同的方向感和增进彼此了解。对于 DARPA 而言，这种精简使得组织成员能够根据项目的内在逻辑而自主地密切配合起来，而跳出传统意义上僵化而低效的结构设置。

从机构管理上来看，为延续 DARPA 的创新理念，美国国会批准其享有三项“特权”：

一是人事管理授权。人是创新的主体，同时，由于人有着不同的智商、性格、经历等，它也成为创新活动中最难控制的一个因素。为了避免这一难控因素可能带来的麻烦，美国国会专门授予了 DARPA 一项“实验人事权”，它使得 DARPA 可以通过颇丰的薪金将不同领域的“天才”型专业人员“挖掘”到 DARPA，并让他们从事相关的创新研制工作，这就要比常规的人事招聘奏效得多。此外，为避免官僚主义、保持结构精简，DARPA 对研究人员的聘用期一般不会超过六年。

二是资金调配授权。国防科研的资金调配反映着一个国家的科技水平的高低，且在某种程度上也作为该国的军事实力的重要指标。美国国防预研的主要内容是研究、发展、试验与鉴定，简称为 RDT&E，包括国防预研和型号研制两个部分。为保证军事技术长居世界领先地位，美国一直比较重视颠覆性军事技术的发展。特别是在“9.11”恐怖事件之后，为确保在战争发生的关键时刻重新配置科技资源与组织科技力量，美国采取了“保持国防领域的基础研究”“制定优先发展的国防科技计划”“发展军民两用技术”“推行‘样机研制加有限生产’策略”等方式来加强科学技术储备，从而拉动了装备科研经费的快速上升。在美国国会的支持下，DARPA 有权使用现金奖励，鼓励成员创造性研究的开展。从奖励的意义而言，这种资金调配可以说是对于创新活动的一种鼓励，它对于研究人员的激励作

用与其他的技术研发机构是无异的。但如一些学者对 DARPA 的称呼“疯狂的科学家们”一样，奖励的多少并不能成为他们进行“无穷想象与创造”的直接评判，其在 DARPA 的短暂工作所期望获得的是将想法变为实际的颠覆性成功。正如 DSO 办公室代理主任里奥·克里斯托多罗所言：“每当我们看到我们最初的梦想，从最开端一步一步地转变为现实，并最终被我们的战斗机，我们的海军陆战队，我们的陆军和我们的舰艇所使用，对我个人来说，那是最大的快乐，同样对我的团队来说，也是巨大的快乐。”

三是通联授权。美国国会批准了对于 DARPA 的两项倡议，分别是“军种参谋长计划”倡议和“工作联络员计划”倡议，其初衷是希望通过这两项倡议保持 DARPA 与国防部其他部门以及其他军种之间的经常性交流与合作，从而增进外部官员对 DARPA 的了解。在 DARPA 的这两项倡议中，“军种参谋长计划”倡议属于 DARPA 与美军各军种参谋长以及美国国家地理空间情报局局长三方的一个联合项目。在这一倡议下，美军各军种、美国国家地理空间情报局定期将优秀的人员送往 DARPA 进行为期 2-3 个月的实习。他们在实习的过程中，将会被安排到 DARPA 的不同部门进行深入学习，并协助 DARPA 的项目经理研究未来作战所需的颠覆性军事技术。同时，在“工作联络员”倡议下，美军各军种和美国国家地理空间情报局将在 DARPA 派驻工作联络员，其主要职责是通过与外界的联络，保证 DARPA 的研究工作不脱离现实，并尽力缩短研究成果向各军种转化的时间。由此可见，“军种参谋长计划”倡议和“工作联络员计划”使 DARPA 的项目研究人员能够更切实地了解美军打仗所需，美军人员也能够更及时地把握未来军事技术发展趋势，从而更好地打赢明天的战争。

与此同时，保持与工业部门及研究型大学的经常性交流，也是 DARPA 在从事颠覆性军事技术研究中一项重要工作。其中，工业部门与 DARPA 进行技术交流的方式可以概述如下：提炼出能够增强军事生产能力的新方式；改进生产技术以支持 DARPA 的项目研究计划；根据 DARPA 的技术研发要求提高独立研发能力；针对未来战争需求开展相关技术研发项目的规划工作；探索将技术研发项目运用到武器装备的方法。研究型大学与 DARPA 的联系则主要聚焦于军事技术的基础性研究领域，以及一部分的应用性研究领域。由此可见，美国的颠覆性军事技术研发是一个依托国防部、科研单位、工业界及大学等多个部门联合进行的军民结合的综合体系。

三、技术“信仰”：颠覆性军事技术的创新文化

“高风险—高回报”的研究方式，使得风险控制成为 DARPA 不可回避的问题。在此基础上，DARPA 逐渐形成了适应风险的良性创新文化氛围。在论及 DARPA 的颠覆性军事技术创新文化上，可以用“允许失败”的创新态度和“强调信任”的创新精神来概括。

一方面，DARPA 傲人成绩的取得与其“允许失败”的创新态度是不可分开的。由于 DARPA 对于“高风险—高回报”项目的青睐，其在投资上的失误率与在历史上所缔造的辉煌相比，是“毫不逊色”的。如 20 世纪 70 年代的通灵者间谍计划，当时，美国为了研究心灵感应和心理运动（用思想影响客观事物，比如用思想移动物体）应用于间谍领域的可能性，不惜花费巨大财力，结果自然因技术失败而造成计划下马、资金损失。对于颠覆性军事技术的创新发展而言，重视其研制结果是必要的。但如过于聚焦其成败，所取得的也只能是某一点上的成功，放置历史长河，也只会是短暂的、平庸的结果。人们之所以关注 DARPA，除了它所带来的颠覆性的创新成果，更重要的是其超越时代的战略眼光与超乎寻常的创新能力。

另一方面，颠覆性军事技术的创新发展与 DARPA“强调信任”的创新精神也彼此关联。如果说，“允许失败”的创新态度可以激发起 DARPA 研究人员的“创新热情”，那么，“强调信任”的创新精神则对于团队创新研究的“有序开展”起到了至关重要的作用。相较于传统项目研究机构，DARPA 授予了项目经理与项目研究人员较大的自主权利。当研究人员对某一项目产生一个大胆的想法时，他可以将这种想法平等地与同事或项目经理交流；而项目经理也能够将“大脑风暴阶段”所形成的成熟概念有效地传达给 DARPA 局长，并争取他的支持。一旦这一方案得到批准，便能在很短时间内转化为一个实际项目。此外，DARPA 每年 25% 的项目管理人员更换率，也从某种程度上避免了官僚主义的滋生，彼此的共同兴趣使得这种信任关系更加纯粹与持久。在 DARPA“强调信任”的创新精神影响下，项目研究人员更自主地愿意成为 DARPA 这个“利益同盟”的推动者。在开展颠覆性军事技术的研发过程中，他们通过项目合作与内部竞争的方式，将颠覆性军事技术提交给国防部高层领导，如果能够得到批准，这些

研发项目就能够进入到下一个阶段：项目的采办和布局阶段。

四、有关启示

DARPA 的预研模式、管理和文化有诸多启示意义。

其一，“创造需求”对颠覆性军事技术的动力牵引。

随着颠覆性军事技术对未来战争影响的提升，“创造需求”式的主动创新思想已逐步从幕后走向台前。与传统的“满足需求”式被动创新相比，它除了需要通过攻防体系的评估、军事需求的定位来预知未来一段时期的军事技术，以迎合需求外，其更关键的地方在于必须要创造出能够引领未来军事走向的颠覆性军事技术。DARPA 在进行军事技术研发上，强调的是“思想的闪光”，也即是对于军方未来潜在需求的感知，而不是满足于军方的现实需求。举例而言，DARPA 自 20 世纪 60 年代末开展有关 ARPAnet 的研究，后逐渐演化为如今的互联网；DARPA 自 1973 年开展无人机的相关研究，到如今，无人机发展成为美军武器装备体系中所不可缺少的核心系统。

其二，技术“监督评估”对颠覆性军事技术的科学指导。

由于颠覆性军事技术在研发时的不可预知性，其项目在进行过程中应具备良好的监督评估机制。在对技术的监督评估上，一方面，DARPA 的重大战略布局和计划安排都要受到国防部的监督与评审。评审期间，评审小组会就项目计划的具体细节、不利因素、方法创新、研制影响、投资需求等多方面提出质疑。在这些问题全部得到解决之后，DARPA 的大方向便能得到国防部的确认，这也就为之后的工作开展奠定了坚实的基础。另一方面，“公开招标”的嵌入在监督评估上也发挥了重要作用——对于同一目的的项目，DARPA 有可能接收到两个完全不同的方案；对于同一个项目，DARPA 有时甚至资助不同的承包商。

其三，基础研究对颠覆性军事技术的创新突破。

基础研究是颠覆性军事技术发展的源头。基础研究的目的主要有两个：一是为解决当前作战中出现的技术问题，这些技术问题需要基础研究做出解释和提供解决方案；二是为了给未来军事斗争提供新技术和作战新概念，也就是为革命性军事技术变革提供基础。2012 年，美国国防科学委员会

（DSB）对国防部基础研究项目进行了评估，结论显示，DARPA 资助的基础研究项目中约 80%具有纯基础特性，可见，基础研究在 DARPA 的颠覆性军事技术创新突破上有至关重要的影响。

（贾珍珍　石海明）

交叉融合：国防科技创新的密钥

创新是一个民族进步的灵魂，是一个国家兴旺发达的不竭动力，也是中华民族最深沉的民族禀赋。纵观人类发展史，任何一个科技创新活跃的时代，无不由先进文化引领和激励。近代自然科学诞生以来，世界科学活动中心先后由意大利转移到英国、法国、德国和美国，表面上看是地理位置的更替和科技创新能力强弱转换的结果，实质上这种转换背后无不蕴含着深厚的文化根源和文化底蕴。一个国家的文化同科技创新相互促进、相互激荡，创新文化孕育创新事业，创新事业激励创新文化。习近平主席多次强调指出，“推进军事创新，要弘扬创新文化，尊重官兵能动精神，倡导敢为人先、勇于冒尖，尊重创新、崇尚创新”，“营造勇于创新、鼓励成功、宽容失败的创新氛围”。

交叉融合是科技创新的重要方法。当今世界正处在新科技革命和产业革命的交汇点上，学科与学科之间，科学与技术之间、自然科学与人文社会科学之间的交叉、渗透、融合，成为科学发展的必然趋势。另一方面，人类社会发展面临的重大科技问题越来越趋向综合化、复杂化，多学科的联合攻关、跨领域的融合创新，成为解决重大科技问题行之有效的方法和途径。因此，推进科技创新，必须坚持交叉融合，切实做到以下方面：

一是大力推进多学科交叉融合。物理学家普朗克曾经指出，科学是内在的整体，被分解为单独的学科不是取决于事物的本质，而是取决于人类认识能力的局限性。科学方方面面，技术林林总总，为什么有很多颠覆性的学术思想是“外行人”提出来的，因为他们没有学科桎梏，没有学术框框。魏格纳是法国气象学家，他观察世界地图后提出了“大陆漂移”学说，最后发展成“板块理论”。我们一方面要切实树立学科交叉融合意识，打破门户之见、学科壁垒，寻找共同研究的兴奋点、切入点，实施跨学科交叉融合；要注重基础、发挥学科特色，夯实学科交叉融合的基础，以优势学科为轴心凝练学科方向培育新兴学科增长点；要搭建多学科交叉融合的学术交流平台、基础支撑平台和协同创新平台，建立促进多学科交叉融合的科研管理体制、绩效评价机制和协调联动机制。例如，1953 年，DNA 双螺旋结构的发现，就是化学家鲍林、生物学家沃森、物理学家克里克、富兰克林和威尔金斯等合作的结果。国外有些机构建立的量子信息学科交叉中心，就是希望通过学科交叉，在量子计算、量子成像和量子测量等方向取得建设成效。

二是大力推进多技术融合集成。大家熟悉的复印机就是技术集成的创新产物。在施乐公司发明复印机之前，几乎所有相关的技术都是已知的，却从来没有人想到要把这些技术从不同领域挑选出来整合在一起。智能机器人是以信息技术、材料技术、自动化技术为基础，再与若干专业技术集成的创新结果，单纯某一技术领域是无法完成的，往往集成了地图同步构建及定位、动态路径规划、深度学习智能大脑、视频智能分析等先进技术。我们要将技术集成作为重要创新手段，将国内外成熟的和半成熟的、通用的和专用的、别人的和自有的技术要素集成起来创新。要努力建立“以技术问题为导向”的创新模式，形成适应技术集成创新的网状管理结构。

三是大力推进大科学工程汇聚。大科学工程是 20 世纪以来世界科技进步和社会发展的重要基础设施，也是彰显国家科技实力的重要标志。它是一个集科学层次的理论问题、技术层次的开发问题、工程层次的产品问题研究于一体的链条，是一类集基础研究、应用研究、技术开发于一体的综合性重大科技项目，也是一个跨学科、跨领域、跨层次且需要大量科技资源集成和多单位协作的复杂巨系统。例如，曼哈顿计划、阿波罗登月计划、人类基因组计划，以及我们耳熟能详的“两弹一星”、载人航天、北京正负电子对撞机、500 米口径球面射电望远镜（FAST）等大科学工程。历史和现实证明，搞大科学工程是我国科技跨越式发展的重要途径，也是我们集中力量办大事的政治优势的集中体现。国家实验室是大科学工程的重要组成部分，是引领创新的基础平台，已成为主要发达国家抢占科技创新制高点的重要载体。诸如美国阿贡、洛斯阿拉莫斯、劳伦斯伯克利等国家实验室和德国亥姆霍兹研究中心等，均是围绕国家使命，依靠跨学科、大协作和高强度支持开展协同创新的研究基地。

（曾华锋、石海明）

石墨烯：给未来战场带来颠覆性变革

石墨烯不仅具有广阔的产业应用前景，在未来战场上也必将带来颠覆性的变革。有学者说：“19 世纪是铁器的时代，20 世纪是硅的时代，21 世纪是碳的时代。”而石墨烯就是碳时代的代表性材料。石墨烯是一种只有一个原子厚度的呈六角形蜂巢晶格（苯环）的二维碳膜。它从石墨中而来，把石墨片剥成单层形成只有一个碳原子厚度的单层结构，就形成了石墨烯。尽管石墨烯还未投入大规模的产品生产阶段，但其展现出的性能优势使得人们对其在未来战场上的应用前景充满了期待。

一、“削铅笔芯”的启示

由于石墨晶体中层与层之间的间隔较大，且以范德华力相结合，层状结构相对松弛，而石墨烯中碳原子之间柔韧性较大，因此，将石墨层层剥离，并最终得到性能优异的单层石墨烯成为几个世纪来科学界的反复尝试。但是，石墨烯的制备却并非易事。举例而言，一支普通的铅笔芯大约由 300 万层的石墨烯所叠加而成，科学家们尝试了很多种办法试图将石墨烯剥离，但均以失败告终。直至 2004 年，英国曼彻斯特大学的安德烈·K. 海姆与他的同事从“削铅笔芯”得到灵感，偶然中发现了一种简单易行的新方法——微机械剥离法：将石墨薄片粘贴在约 15 至 16cm 长的塑料胶带上，然后将胶带折叠过来，粘在薄片的另一面上，将石墨薄片夹在中间，并将胶带和石墨薄片分开，以此将石墨薄片平稳地分成两片，厚度减为原来的 1/2。此后，将上述步骤重复 10 次，不断分割上次得到的薄片，并最终得到单层的石墨烯。2010 年 10 月 5 日，安德烈·K. 海姆和康斯坦丁·诺沃肖洛夫因在石墨烯材料方面的卓越研究而获得诺贝尔物理学奖。

除了微机械剥离法，如今还出现了其他有关石墨烯剥离的新方法，如外延生长法、氧化石墨还原法等。

二、“神奇材料”的特性

石墨烯以其优于其他材料的特性必将在军事领域大显身手。

一是材质坚硬。石墨烯的厚度为0.34纳米，比表面积约为2630平方米/克，为已发现的最薄的材料，但其强度却达到180吉帕（约为普钢钢材的100倍），是人类已知强度最高的物质。哥伦比亚大学的物理学家用金刚石制成的探针测试石墨烯的承受能力，在被实验的石墨烯样品微粒开始碎裂前，每100纳米距离上的石墨烯可承受的最大压力达到2.9微牛左右。这意味着如果用石墨烯制成包装袋，那么它将能承受大约两吨重的物品。石墨烯兼具轻薄而坚硬的材料特性可以使得其在军队轻型运输装备、防御型武器装备的材料生产中发挥出巨大的潜力。

二是透光率高。石墨烯吸收约2.3%的光，而其透光率则在97%以上，这使得它能够做到几乎完全透光，加之石墨烯具备良好的柔性。可以设想，如果手机、平板电脑上的其他部件和材料也应用石墨烯进行相应的改进，那么未来电子产品的显示屏就有可能真正实现可折叠。而这样的技术将使得未来的军事装备设计更加得心应手，富有人性化。美国辉锐科技公司研发并制造出大面积柔性触控屏，率先进军大面积石墨烯柔性触控屏市场，并获专业的科技行业投资基金IDG资本入股成为其股东之一。可见，石墨烯不仅在国防科技领域具有重要的发展前景，其广阔的应用范围也引发了民营企业的密切关注。除辉锐科技公司外，韩国三星去年便宣称已将石墨烯成功应用于触摸平板显示器，并制造出多层石墨烯等材料组成的透明可弯曲显示屏，可广泛应用于移动设备。

三是能量损耗低。科学人员通过对机械剥离法制备的石墨烯进行研究发现，在石墨烯的导带和价带之间有重叠，而电子和空穴在其中均有很高的迁移率，其电子迁移的速度仅为光速的三百分之一，远远高出其在硅、铜等传统半导体和导体中的速率。一方面，由于石墨烯电阻率极低，这样高的电子迁移速率使得石墨烯的能量损耗极低。中国科技大学教授曾长淦曾说:“电子在石墨烯里边好像没有质量一样，运动速度非常快。”另一方面，相对于现在普遍使用的硅基材料，石墨烯具有非常好的导热性能，芯片的主频理论上可以达到300G，并且有比硅基芯片更低的功耗——早在几年前，IBM在实验室中的石墨烯场效应晶体管主频达155G，这对于提高芯片性能具有显著影响。这将使得未来国防科技装备具备更快更强的“大脑”。

此外，石墨烯对于气体、液体等几乎是“零渗透”。这意味着，如果给舰艇涂上石墨烯涂层，就好似穿上一身“刀枪不入”的防腐铠甲。这些令人感到惊奇的特性也让石墨烯在短短数十载中逐渐成为人们公认的“新材料之王”。

三、“革新装备”的应用

武器装备是战争的主要物质手段，受军事需求牵引和技术进步推动而发展。实验数据显示，石墨烯可以迅速分散冲击力，并能中断通过材料的外展波，承受冲击的性能远胜钢铁和凯夫拉等材质。此外，科研人员发现细菌的细胞在石墨烯的纸上无法生长，而人类细胞则不会受损，利用这一点可以利用石墨烯来做绷带、食品包装甚至抗菌T恤衫。

如今，一方面，石墨烯已在未来军备竞赛中表现出巨大的应用潜力，成为大国发展军事技术的关键突破口；另一方面，石墨烯所存在的隐患也是不能忽略的。举例而言，石墨烯产业目前最成熟的产品之一是所谓“氧化石墨烯纳米颗粒”，它的制备成本很低，虽不能用来做电池、可弯折触屏等高端领域，但依然是电子纸等的优选材料。但其对人体很可能是有毒的，并且科研人员发现它在地表水里非常稳定、极易扩散。在石墨烯的技术发展上，首先是要把握发展时机，实现技术创新；其次，由于石墨烯的研究还不成熟，并存在着风险和不确定性，因此，制定出科学合理的技术路线是实现跨越式发展的关键所在。如康斯坦丁·诺沃肖洛夫曾说：“石墨烯的真正潜能只有在全新的应用领域里才能充分展现，即那些设计时就充分考虑了这一材料特性的产品，而不是用来替代现有产品里的其他材料。”

二、安全战略

当前我国国家安全内涵和外延比历史上任何时候都要丰富，时空领域比历史上任何时候都要宽广，内外因素比历史上任何时候都要复杂，必须坚持总体国家安全观，以人民安全为宗旨，以政治安全为根本，以经济安全为基础，以军事、文化、社会安全为保障，以促进国际安全为依托，走出一条中国特色国家安全道路。

——习近平

国家安全视域下的信息技术领域、潜能与启示：以美国国防部高级研究计划局为例

技术的发展与人们的生存需求息息相关。从为“延长手脚”而发展起来的材料技术，到为“增强手脚”而发展起来的能量技术，人们适应和利用自然的能力不断提高。随着技术发展与社会进步，“升级大脑”逐渐成为一种可实现的愿望，在此需求之下，信息技术应运而生了。1946 年 2 月 14 日，世界上第一台电子计算机“电子数字积分计算机”（Electronic Numerical And Calculator，简称 ENIAC）在美国宾夕法尼亚大学问世。计算机的信息处理能力，为人们打开了一扇通往“比特世界”的大门。1969 年，美国国防高级研究计划局的前身 ARPA（Advanced Research Projects）启动了“ARPAnet”的网络系统项目，试图实现军事研究与电脑主机的信息交流，互联网的雏形随之诞生；1983 年，ARPA 进一步与美国国防部通信局合作，制定出 TCP/IP 网络协议，拓展出信息沟通的新空间。在计算机与互联网的普及下，信息技术已经发展成为一个受众庞大的产业。2015 年 9 月 9 日至 11 日，DARPA 举办了首届“未来技术论坛”，旨在探讨其关注的以信息技术为核心的前沿技术，如大数据、人工智能、信息安全等。期间，DARPA 各领域的项目经理向包括时任美国防部长阿什·卡特在内的政府高官、DARPA 各领域主管以及相关科学家、工程师及创新者们介绍了 DARPA 正在或已经取得的技术突破，从而为美国信息技术的项目研制打下坚实基础。

一、技术领域：DARPA 对信息技术的军事关注

1957 年 10 月 4 日，苏联发射人类第一颗人造卫星“Sputnik-1”。由于当时正处在冷战的顶峰，美苏两国密切关注的是彼此军备发展情况，而“Sputnik-1”的成功则无疑给美国带来了巨大震撼。为避免再次出现

这类对美国造成冲击的技术突袭，同时确保其自身的技术优势，1958年2月，美国政府宣布成立高级研究计划局（Advanced Research Projects Agency），简称ARPA，即今天美国国防部高级研究计划局的前身。DARPA始终坚持其"保持美国的技术领先地位，防止潜在对手意想不到的超越"的宗旨，在推动和创造具有颠覆性影响的新技术和能力方面取得了重要突破，并为美国保持军事技术领先地位奠定了坚实基础。2016年2月，在美国国防部公布的"2017财年预算申请"中，DARPA的科研经费预算占29.7亿美元，其中，信息技术领域（Mastering the information explosion），如大数据、网络安全等依然是DARPA未来关注的重点领域，并代表着美军在未来战争中武器装备信息化程度的高低。从近期DARPA在信息技术方面的创新计划入手，可以将其信息技术领域概括为：信息感知领域、信息处理领域、计算技术领域、网络通信领域和电子战领域五个方面。

（一）信息感知领域

信息感知主要通过计算和分析技术，处理、获取由传感器、信息和通信系统所产生的大量数据，并将这些技术运用到情报、监视和侦察（Intelligence, Surveillance, and Reconnaissance，简称ISR）开发及语言处理系统中，实现行为分类、事件关联、趋势确定、异常发现及自动警报。DARPA的信息感知领域计划包括：自适应雷达对抗、自主实时地面普适监视—红外、自主实时地面普适监视—成像系统、广泛业务语言翻译、社会媒体战略通信、文本深度挖掘和过滤技术、基于流的信息理论跟踪等。以"社会媒体战略通信"计划为例，随着社交媒体的广泛应用，信息传播的速度正呈指数增长。为更充分利用信息、共享信息进而取得军事优势，DARPA启动了"社会媒体战略通信"计划（Social Media in Strategic Communication，简称SMISC）。SMISC计划的重点是通过对出现在社交媒体的信息流模式的研究，识别大众舆论的倾向，从而对舆论事件或舆论参与者进行分析。由此，美军利用SMISC的信息感知能力，能够判断出社交网络上不利于美军的信息来源与信息目的，进而为其军事战略的布局提供重要参考。

（二）信息处理领域

信息处理主要通过开发建模、仿真、可视化、知识管理、地理信息系统、语义网、社交网络、Web 2.0/3.0 等先进的计算技术，并将这些技术应用于指挥系统，以提高信息在军事决策、规划、任务演习和作战支援中的应用。DARPA 的信息处理领域计划包括：自适应电子战行为学习、心理信号的检测和计算分析、持续凝视开发和分析系统、面向任务的弹性云、推进机器学习的概率编程、加密数据的编程计算、转型应用程序等。以“面向任务的弹性云”计划为例，信息技术的发展，使得作战克服了距离的制约，逐渐走向全维度、全频谱的时代，这也在客观上对战争提出了“分散布置、多向互动、异地同步”的作战要求。云计算技术将传统的工作站转移至“云”环境中进行处理，这在一定程度上满足了信息时代对战争的要求，但在计算中尚存的安全隐患问题也成为长期困扰美军各部门的“隐患”。DARPA 开展的“面向任务的弹性云”计划（Mission-oriented Resilient Cloud，简称 MRC）重点在于通过检测、诊断云攻击并进行相应的反应，从而构建起云计算有效而安全的运行环境。

（三）计算技术领域

计算技术主要支持科学研究和实验涉及的计算模型和体制研究，以及推理计算和通信。DARPA 的计算技术领域计划包括：模拟逻辑、高产能计算系统、光子优化嵌入式微处理器、嵌入式计算技术的能效革命、普适高性能计算等。以“嵌入式计算技术的能效革命”计划为例，由于装备系统在功耗、尺寸、散热等方面的限制，信息采集的信息量往往远超信息系统所能处理的范围，这也造成某些潜在信息价值的浪费。为此，DARPA 开展的“嵌入式计算技术的能效革命”计划（Power Efficiency Revolution for Embedded Computing Technologies，简称 PERFECT）重点在于通过采用新的功效处理技术，如近阈值电压处理技术、多机种聚点处理技术、高数据误码容错技术等，使得信息系统能够满足高效、节能的需求，从而为美军从巨量信息中提取有用信息带来重要价值。

（四）网络通信安全领域

网络通信安全主要通过开发更具可恢复性的计算和通信技术，创建全新的方法，以确保网络和计算机系统的安全。网络通信安全领域计划包括：主动认证、多尺度异常检测、自动网络安全程序分析、网络防御、网络内部威胁、高可信度的网络军用系统、综合网络分析系统等。以“网络内部威胁”计划为例，在信息战中，军队的人员之间需要通过计算机、网络等通信设备进行交流，但随着信息系统逐渐朝着“复杂巨系统”方向的迈进，网络节点、外部数据网络接口、军方设备内部接口中的威胁，如嵌入式系统中的后门、特洛伊代码的变体等也渐渐渗入系统之中。为此，DARPA开展的“网络内部威胁”计划（Cyber-Insider Threat，简称CINDER）重点在于通过开发检测军事网络内部运行的新方式，发现网络中的隐藏威胁，并形成干扰地方网络的操作能力，从而为美军赢得信息化战争胜利提供重要的技术支持。

（五）电子战领域

电子战主要通过开发自适应和可重构无线电体系构架，以及毫米波、亚毫米波等波段频谱的使用技术，以利于军事行动的有效开展。电子战领域计划包括：自适应射频技术、深入探析模拟-信息转换、可多种存取的异构集成、高效线性全硅发射机集成电路、高频集成真空电子、微尺度等离子器件、太赫兹电子等。以“下一代氮化物电子技术”计划为例，高性能、RF和混合信号电子对于晶体管的截止频率有一定要求，通常是在200GHz以上，只有在极小的电压摆动与击穿电压条件下，某些晶体管才能达到以上速度。为消除截止频率的限制，DARPA开展的“下一代氮化物电子技术”计划（Nitride Electronic NeXt-Generation Technology，简称NEXT）重点在于通过开发一种新型的氮化物晶体管技术，即同时具备极高的速度和较大的电压摆动，从而实现电子战中大型电路集成的运行能力。

二、技术潜能：信息技术对美军未来的影响

军事学家J. F. C. 富勒曾说过：“手段，或者说武器，只要能发明出那些有威力的武器，就构成了胜利的99%。战略、指挥、统帅才能、勇气、纪律、补给、组织以及战争中其他所有的精神和物质要素，相对于武器的巨大优势而言，都不算什么。它们最多只构成整个可能性中的百分之一。”富勒的这段话从某种程度上反映出技术对于战争成败的决定性作用。DARPA将眼光放置在那些极富创造力的有关信息技术的项目研制上，由于风险的存在，有的项目在最初阶段甚至看不到任何明显的价值，但可预见，如果这一项目取得技术突破，它将对现有的技术研发带来革命性影响。从技术潜能上讲，信息技术对美军未来的影响可以归纳为：确保国家安全能力；

重塑科技优势力量；引领未来战争样式。

（一）确保国家安全能力

随着苏联“Sputnik-1”的成功升空，人类进入太空时代的序幕由此拉开，这使得位于大洋彼岸的美国陷入无尽的忧虑之中，并开始思考起“避免类似状况再次发生”的应对措施，而 DARPA 便是当时艾森豪威尔政府所做的一项重要举措。在信息技术领域，如 ARPAnet、卫星定位、微小型接收机、图表算法、集成电路、用户 / 服务器结构、人工智能和通信方面的研究。可以说，这个机构无论是从时间跨度还是横向对比来看，总能取得一次又一次让世界为之惊叹的技术突破，并以技术的绝对优势维护着国家的安全。

当人类迈入信息时代，信息技术以其“摧枯拉朽”之势推动世界的发展，改变人类的生活时，其潜在漏洞也使得不确定性威胁变得更加突出。为此，DARPA 的网络计划在确保国家安全方面做出了显著贡献。一方面，DARPA 正在开发新技术，改变目前采用的“检测和补修”模式，这就为有效避免信息攻击，维护网络系统安全提供了重要保障；另一方面，战术作战环境下的网络应用问题也是 DARPA 当前研究的重点，这对于战争的模拟与控制有重要影响。可见，从军备竞赛时期的技术突袭，到和平时期的技术引擎，再到如今信息时代的技术安防，DARPA 在确保国家安全上的作用从未减弱。

（二）重塑科技优势力量

作为世界上科技最发达的国家之一，美国的军事实力和威慑力在很大程度上依赖于其技术的创新突破。然而，信息技术的发展与全球化的推动，使得美国的科技优势受到挑战。这种现象在信息技术上表现得尤为典型。一方面，许多信息产品的元件在美国以外制造与加工，这在一定程度上造成了信息技术的安全隐患；另一方面，信息的开放性与流通性使得其他国家也有可能通过特殊途径获得领先技术，并用于信息技术的创新研究。

为此，DARPA 致力于颠覆性技术的研发与新的国家技术能力的生成，从而为美国在技术的应用与时间的占有上取得优势。在项目研究的探索上，DARPA 从不同的途径采纳建议：DARPA 内部的技术团队；国防部咨询小组（如国防科学委员会和各军种科学委员会）的建议；工业界或学术界的建议，官方发布的公告（Broad Agency Announcements）或公开的工业会议（如 DARPATech）；国际技术调研；DARPA 或其他研究计划的突破性成果；用来引入新理念的小型研究和项目等。通过对研究项目的探索，以及信息技术基础设施的建设，DARPA 为技术创新的突破创造了有利条件，进而为重塑美国科技优势带来希望。

（三）引领未来战争样式

纵观人类战争史，从古代冷兵器时代，到近代热兵器时代，战争所呈现出来的一个基本特征即是彻底的暴力性。具体而言，它们在军事上的主要目标是消灭敌方作战力量（包括敌方的有生力量与物质基础）；在政治上的主要目标是以暴力的方式将己方的政治意志强加给敌方，并在最大程度上摧毁敌方原有的政治体系；在经济上的主要目标是尽可能地掠取敌方的资源。信息时代的战争已不能完全归纳为“流血牺牲”或“攻城掠地”，在战略的层面上，它所追求的主要是磨灭敌方发起战争或者继续进行战争的意志；在战役层面上，它所追求的主要是扰乱敌方进行战争决策的流程与程序；在战术层面上，它所追求的主要是破坏敌方战争依托的信息体系。

在信息战的问题上，DARPA 不拘泥于传统武器装备技术与平台的研究，而是将探索的重心放在未来作战能力的提高上，具体表现在：一是关注颠覆性的技术研发。DARPA 在“改变游戏规则”上的影响可以说由来已久。从早期的隐身飞机技术，到后来的导航技术和通信技术，作战人员今天所依靠的信息技术与信息体系大部分都与 DARPA 的创新研究有关。二是关注协同性的技术研发。现代战争的复杂性，使得单一的作战能力早已无法在战争中提供持续的优势，而通过分层叠加和多技术集成的方式，则有可能产生出新的跨域协同作战能力。近年来，DARPA 注重一些跨域协同作战的新概念技术创新，这种研究打破了传统的陆、海、空域之间的界域，为美军在未来战争中突破对手作战防线，实现“反介入 / 反区域”提供重要的战略保障。三是关注适应性的技术研发。未来战争充满着不确定性，而在不确定的环境里，适应性可以说是至关重要的。对此，DARPA 在进行技术研发的过程中，注重装备系统的“易于升级”和“适时变化”，从而确保其研发成果在未来复杂环境中发挥出最大效能。

三、相关启示

如今，在以信息优势为主要争夺焦点的大国博弈中，信息安全问题已跃升为关乎国家安全的战略问题；“制信息权”亦被各国视作占领技术竞争高地的制胜法宝。为此，我们可以从信息前沿技术的研发、信息技术体制的保障以及信息政策法规的完善三个方面对国家安全视域下的信息技术进行相关思考。

（一）信息前沿技术的研发

信息前沿技术的前瞻性与创新性，使其一旦取得突破，便极有可能发展成为具有“颠覆效应”的新型装备，进而影响未来军事变革。长期以来，美军注重信息化战争和未来发展需要，在信息技术、生物交叉技术、空间技术以及新概念陆海空平台等新兴信息前沿技术的研发方面都走在世界前列。目前，我军武器装备尚处于机械化信息化智能化复合发展阶段，与 DARPA 相比，信息前沿技术的研发依然存在较大差距。为此，我们应增强危机感和紧迫感，突出信息前沿技术研究的重要地位，加快抢占未来发展战略制高点的步伐；密切关注世界科技发展最新动向，及时分析梳理前沿技术发展的方向重点；进一步加大前沿技术研究的投入，在协调推进国防科技各个领域整体发展的同时，优先安排若干能够有效震慑强敌的信息前沿技术研究，力争取得重大突破。

（二）信息技术体制的保障

信息技术颠覆性效果的发挥，离不开超越传统框架束缚的体制保障。在机构的设置上，DARPA 专门设有信息技术领域的技术办公室（最多时设有三个信息技术类办公室）。目前，DARPA 除专门设有信息创新技术办公室（Information Innovation Office，简称 I2O）外，国防科学办公室（Defense Sciences Office，简称 DSO）、战略技术办公室（Strategic Technology Office，简称 STO）、微系统技术办公室（Microsystems Technology Office，简称 MTO）等也都安排有信息技术领域的研发项目。目前，我国科技体制改革的各项任务正加快推进，并初见成效，据统计，2015 年，我国科技进步贡献率达 55.1%，国家创新能力世界排名提升至第 18 位。这为我国信息技术的创新发展创造了有利条件，但在取得进步的同时，我们也应该看到我国科技体制中依然存在的不足，如行政管理比例偏重，忽视科研的质量和科学意义；产学研结合不通畅，技术产业化的水平偏低；学术交流欠缺，研究条块分割等。因此，我们应汲取 DARPA 在科技体制上的优点，切实完善我国信息技术体制的保障体系。

（三）信息政策法规的完善

政策法规对于技术的发展具有重要指导和约束作用。自2003年以来，DARPA每两年制定发布一版《战略规划》，指导其研发方向与重点。在最近两版《战略规划》中，DARPA确定的八大战略重点中，“稳健、安全、自组织网络”，“探测、精确识别、跟踪和摧毁隐蔽的目标”，“地下设施的探测、表征和评估”，“降低作战支持人员的比例”都与信息技术密切相关；九项核心基础技术中，信息基础技术、量子科技、生物、信息、微电子也都属信息技术范畴。同时，美国国会、联邦政府和最高法院通过发布立法、行政命令及判例的方式，构筑起信息安全治理的完整法律体系。目前，我国在信息技术方面的政策法规建设与西方发达国家相比还存在差距，如有关信息技术的规范与界定方面的法律；有关政府、企业、社会机构等的信息公开方面的成型法律；有关保护与限制信息流通问题的规定等都还尚缺或不足。因此，在有关信息技术的创新中，我们必须加强信息技术的政策与法律研究，建立其国家信息安全的政策法规体系，从而为信息技术的发展提供重要保障。

（贾珍珍　石海明）

国防科技创新：占领先机、赢得优势的先手棋

习近平主席指出：“当今世界，谁牵住了科技创新这个‘牛鼻子’，谁走好了科技创新这步先手棋，谁就能占领先机、赢得优势。”“创新”一词最早由美国经济学家熊彼特于1912年出版的《经济发展理论》一书提出，原本是一个经济学概念，包括研制或引进新产品、运用新技术、开辟新市场、采用新原料或原料的新供给、建立新组织形式五个方面。此后一百年间，创新的含义在熊彼特的基础上有了较大发展，演变为含义更广的人类学概念，包括理论创新、制度创新、科技创新、文化创新等诸多领域。其中，科技创新是指与科学技术相关的全部创造性活动，包括科学知识的生产、新技术和新产品的研发、技术的引进与本土化、成果的转化与推广等。

军事领域的科技创新即国防科技创新，它体现为科学发现、技术发明、工程创造等不同成果形式，涉及基础研究、应用研究、发展研究等不同活动类型。基础研究以认识现象、探明事实、获取基本原理为目的，成果主要是科学发现；应用研究针对特定目标拓展现有知识，为解决实际问题提供科学依据和技术途径，典型成果是技术发明；发展研究是以应用研究的成果和已有知识、经验为基础，以生产新产品或完成工程技术任务为内容而进行的研究活动，典型成果是工程创造，体现为新产品。

加快推进国防科技创新必须准确把握基础研究、应用研究和发展研究的地位作用。基础研究是整个科学体系的源头，是所有技术问题的“总机关”，是武器装备发展的原动力。1945年，V. 布什给罗斯福总统递交《科学：没有止境的前沿》报告，指出基础研究是科学之本、技术之源和价值之基，支持基础研究是联邦政府的职责，扭转了美国科学发展“重应用、轻基础”的历史取向，推动了美国科技水平和国防工业实力的整体跃升。应用研究为基础研究提供科学问题，为发展研究提供技术途径，是国防科技创新的核心。应用研究中的战略前沿技术是国家科技创新能力的集中体现，是新产业革命和新军事变革的重要技术基础，也是世界各国经济和科技竞争的

制高点。发展研究直接服务于军事斗争和战斗力生成，武器装备是否方便上手、可靠耐用、适应环境，往往取决于发展研究的水平。

加快推进国防科技创新必须坚持科学技术工程一体化推进，基础研究、应用研究和发展研究滚动发展。当前，基础研究和应用开发关联度日益增强，不但技术日益科学化，科学也日益技术化，两者已构成一个不可分割的有机整体。像量子保密通信、脑机接口等前沿领域都是科学技术工程一体化的。面对科技发展的新态势，我们要搞好超前谋划，加强预先研究和探索，下好先手棋，打好主动仗。

加快推进国防科技创新是每一名军人的职责。国防科技创新并不是科研院所和国防工业部门的“专利”，产品下线、武器装备交付部队也不是国防科技创新过程的终点。用户可以对武器装备进行配置和二次开发，比如信息化指挥系统的安装调试；可以对武器装备加以改装，并以全新的方式使用，比如海湾战争中美军就曾将所缴获喷气式飞机的发动机用作油田灭火器；可以探索不同武器装备间的新组合形式，挖掘装备新潜能，比如一战后德军中下层官兵在训练中自发摸索出飞机坦克通过无线电协同的方法……实际上，“用户创新”是发展研究的新形式，已成为创新研究中的新兴课题。广大官兵完全可以立足本职岗位，结合工作实际亲身参与、共同推进国防科技创新，不断提高创新意识和能力。

（黄嘉　石海明）

全球视域下的网络空间国家安全战略

作为信息技术发展所催生的人类活动之第五维空间，网络空间是“信息环境中的一个全球域，由相互关联的信息技术基础设施网络构成，这些网络包括国际互联网、电信网、计算机系统以及嵌入式处理器和控制器”。伴随着现代科技的迅猛发展，网络正以非同寻常的速度在全球范围内扩张，成为影响国家军事斗争、经济发展及文化传播的无形力量，成为承载政治、军事、经济、文化的全新战略空间。

一、网络空间安全成为国家安全战略的重要组成部分是科技发展的必要要求

作为安全研究的一个分支，战略研究关注军事力量的运用，有着极其悠久的传统，毕竟军事安全是国家安全的核心。然而，长期以来，国家安全战略的视野关注的主要是陆、海、空、天等自然空间的军事安全，这与科技发展的进程密切相关。具体而言，蒸汽机的发明开启了国家安全之“海权论”，铁路的发明开启了国家安全之“陆权论”，飞机的发明开启了国家安全之“空权论”，人造卫星的发明开启了国家安全之“天权论”，直到互联网的问世，网络空间国家安全战略问题才逐渐引起人们的关注。

（一）蒸汽机与国家安全之“海权论”。“一般而言，历史学家对海上力量知之甚少，他们有时既没有特殊的兴趣，又缺乏这方面的专业知识，因此，往往忽略了海上力量对重大事件的深远影响。”这是海权论之父阿尔弗雷德·马汉在《海权论》一书中谈到创立该理论时的初衷。这里所提及的海上力量变化，主要指的是在 18 世纪 60 年代发端于英国，围绕蒸汽机的发明和应用而展开，尔后波及整个世界的第一次技术革命。当时，该技术在民用领域广泛应用到了机械、冶金、交通运输等社会主要工业部门，从而极大地提高和促进了社会生产力。除此之外，蒸汽机技术在军事领域

也掀起了一场海战革命，它直接导致了风帆战舰时代的衰落，而促成了钢铁、蒸汽战舰时代的到来，进而从技术维度对国家安全带来了战略性影响。

（二）铁路与国家安全之“陆权论”。铁路是 19 世纪中后期世界经济与政治体系中的核心变革要素。“作为一种战争和征服工具的引入，铁路的迅速扩散引发了国际体系的一系列深刻变革，涉及时空关系的变化、速度的增加、破坏力的增加以及国际因素互动方式的根本性变革。”如果说蒸汽机的出现最终导致了海上强国的诞生，那么随着横贯大陆的铁路的铺设也将会改变陆上强国的状况。具体而言，在大国博弈的视域下，铁路对国际体系有三层影响：首先，铁路提高并变革了国家能够动员的军事力量。将铁路与军事有效融合的普鲁士人日后在两次世界大战被证明拥有绝对的优势。其次，铁路使得欧洲内陆国的工业经济不断增长以至合并为一个民族国家，并助力那些与大陆权力不相称的古老的国家取得了政治霸权。再次，在欧洲之外，铁路促使那些先前在欧洲政治控制下的分散地区统一为了一个全球经济体系。总之，在铁路诞生及扩散的影响下，世界大国围绕国家安全战略之“制陆权”的长期争夺，彻底重塑了世界力量格局。

（三）飞机与国家安全之“空权论”。当战争对抗之强大逻辑所孕育的军事需求，加上科学进步所催生的技术推动共同作用到军事技术身上时，那么就有无数理由相信，人类军事对抗的触角伸入天空迟早是要到来的。1903 年 12 月 17 日，来自美国俄亥俄州代顿市的莱特兄弟经过多年来对风筝、系留滑翔机和自由滑翔机的孜孜探索，终于搭载“飞行者”号成功进行了世界上第一次有动力和可操控的持续飞行，它开创了人类航空时代的崭新纪元，实现了无数人梦寐以求的飞天梦想。同时，飞机的问世也开创了国家安全的“空权论”时代。如仅在第二次世界大战中的 1942 年，美、英、苏就合计生产飞机 9.69 万架，德、日、意合计生产飞机 2.63 万架。美丽的天空就这样不折不扣地被迫接纳了人类厮杀的欲望，而战争也在自己的轨道上加速前行，越发变本加厉地向着寂寥的太空入侵。

（四）人造卫星与国家安全之“天权论”。作为人类第三次科技革命的代表性成果之一。1957 年，苏联成功发射了“SPUTNIK-1”人造地球卫星。1961 年，美国“阿波罗”号宇宙飞船将两名宇航员送上了月球，人类首次在月球留下了自己的脚印。1981 年，美国“哥伦比亚”号航天飞机成功发射，从而宣告人类开发宇宙有了能重复使用的交通工具。外层空间不仅蕴涵着巨大的工业及商业潜力，而且还有非同寻常的军事战略价值。在未来战争的较量中，军用航天系统既可以用来构建有利于己方的“空间通道”，也可以用来设置不利于敌方的“空间障碍”，亦正因此，外空通常被称为一个国家的“第四领土”。冷战期间，在世界大国围绕国家安全战略之“制天权”的争夺中，美国总统肯尼迪曾公开宣称：“如果苏联控制了外层空间，他们就会控制地球。”世界大国在围绕国家安全战略之“制天权”的争夺中，纷纷将“天权论”思想融入军事战略及军队建设之中。

（五）互联网与国家安全之“网权论”。网络电子空间作为国家安全的一个新的疆域，是与电子信息技术和网络技术的发展密切相关的。电子技术的突破所催生的电子战却使人类军事较量进入了第四维战场，它虽然不具备长、宽、高等传统物理概念，但其中却演绎着同样硝烟弥漫、血肉横飞、实实在在的战争。1969 年，在美国国防部研究高级计划署（DARPA）的资助下，因特网的雏形，世界第一个网络——美军阿帕网——宣告诞生。从军用延伸到民用，因特网如今在全球范围内得到了异常迅速的发展。作为国家安全战略的重要关切对象，网络空间成了新一轮大国角逐的重要疆域。可以说，在当今信息时代，谁控制了信息网络，谁就控制了政治、经济及军事较量的战略“制高点”。美国原助理国防部长、全球“软实力”理论的创立者约瑟夫•奈也说：“信息网络将重新定义国家权力。”显然，在其看来，“制网权”将成为继“制陆权”“制海权”“制空权”“制天权”之后大国战略较量的又一焦点。

二、网络空间的技术性、虚拟性及广延性决定了其是一个异常复杂的国家安全新疆域

1969 年，当“阿帕网”这一当今国际互联网的雏形刚刚研制成功时，项目负责人史蒂夫•卢凯西克就曾敏锐地指出，“今天的创新在未来会给世界带来什么，那或许将是一幅令人惊恐的图景。”他的预言也许有些过于悲观，但如今的互联网却真真切切地把世界搅动了起来，军事对抗、政治博弈、金融较量及文化冲突，持有利益诉求的各种主体都试图在网络空间赢得或延续自己在现实世界的权力优势，由于这些利益主体涉及个人、团体、跨国公司、各国政府及非政府组织等，有时还相互交织融合在一起，

因此，在网络空间或明或暗的搏杀就变得异常复杂。

（一）网络空间是一个技术空间。网络空间不是自然空间，而是技术空间。在许多场合，网络战争甚至还被称为“赛博战争”。其实，赛博空间（Cyberspace）并非网络空间的同义词，前者是加拿大作家威廉·吉布森 1984 年在其科幻小说《神经漫游者》（*Neuromancer*）中创立的词汇，与网络空间的内涵有别。一旦网络空间成为国家安全的一个独立的技术空间，其很快就被各国军方嗅出了其战略价值。如美国是世界信息产业的发源地。1946 年，世界第一台计算机“ENIAC”在美国诞生，时隔 23 后，全球第一个网络“阿帕网”也在美国问世。此外，美国还拥有一大批高水平的信息化专家，如未来学家奈斯比特、托夫勒，以及比尔·盖茨和尼葛洛庞帝等。而且，在全球 13 台网络根服务器中，10 台位于美国，其中 2 台还直接被军方控制。另外，管理这 13 台根服务器内容的“互联网域名与地址管理公司”（ICANN）也由美国政府掌控着。因此，美国对网络空间的战略定位直接牵动了全球各国的相应行动。

（二）网络空间是一个虚拟空间。与现实世界不同，网络空间从某种角度而言是现实世界的一种镜像，具有虚拟性。在现实世界中，每个主体都有一个身份，并依靠这个真实的身份进行相互之间的交往，从而形成复杂的各种利益国家，在这个基础上形成了团体、组织、社会乃至国家。而在网络空间，虽然也有身份和认证，但网络空间的身份和认证与现实空间中的却迥然有异。我们知道，在网络空间进行交往联络的基础协议是 TCP/IP 协议，为满足其对数字通信提出的要求，网络空间的信息传送需要通过数据包的方式进行。而 TCP/IP 协议包括为网络上的两个计算机之间进行数据包的传送而设计的方案。凭 IP 地址就足以在两台计算机之间实现信息的相互传递，IP 地址无须与现实生活中具体的人或单位相连。IP 是虚拟地址，不像现实世界中公司的办公大楼或一个人的住所，改变它实际上像改变几个数字一样简单。在现实世界中，人们相对而言不方便进行伪装，但网络空间却更加有利于以匿名通讯、匿名交流为主为空间，甚至可以说，虚拟是网络空间天生具有的特性之一。正是由于网络空间的虚拟性，它该空间的信息扩散就呈现出一系列与现实世界不同的特性，如果要打个更恰当的比喻的话，在全球媒体的时代，世界互联网就像是个舆论加速器。比如，由丹麦漫画引发的怒火可以在瞬间燃遍伊斯兰世界的每一个城市，接着抗议的人群纷纷涌上街头，这就充分展现了互联网在映射、传递及放大社会信息方面的威力。也正是因为这一点，使它成为国家安全战略博弈的一个重要领域。

（三）网络空间是一个广延空间。网络空间不是一个封闭空间，而是一个广延空间。就维护国家安全的视角而言，网络空间的风云变幻必将波及自然空间、社会空间及认知空间等。众所周知，自然空间的军事作战只有在战场上才能进行，打击的重点是敌战斗部队和物质力量。而网络空间的战略较量则不同，它没有固定的模式和渠道，也没有固定的区域和战场，甚至没有固定的规则与规律。伴随着社会日益高度信息化，以前或许仅仅停留在渲染层面的“电子珍珠港”，极有可能变为现实，这对国家安全而言，也不再是危言耸听，而且真真切切的威胁。在网络空间，由于其广延性，其与自然空间军事较量的重要差异还体现在，在自然空间的较量中，参与的主体有后方避难所，而在信息网络时代，所有参与者都将不会再有避难所。如恐怖主义对美国在现实世界所制造和构成的威胁，通过网络空间，就可以将威胁信息能迅速传递给所有美国民众，从而有力地扩大了威胁或攻击的影响和效果。当然，正是因为网络空间的广延性，所以，该技术空间的较量虽然从表面上看是没有硝烟的较量，但它却极大地需要自然空间与社会空间力量的有力支撑。换而言之，从维护国家安全战略的视角而言，如果想要在网络空间获得并保持长久的优势，就必须打造综合优势或多维力量。对于这一条新较量法则，可以用来佐证的案例还是主导信息网络的美国自身。“美国以往的强权优势靠的是其国家在军事、经济、外交及信息等方面的综合国力的强大。今后，如果美国想要继续保持其霸权优势，就必须以更协调、更确定的方式利用网络空间的信息资源。”

总之，网络空间的技术性、虚拟性及广延性决定了其是一个异常复杂的国家安全新疆域，发生在其间的对抗较量具有一系列崭新的特征，如对抗主体的军民模糊化，对抗领域的多维一体化及对抗过程的暴力隐蔽化。

三、世界各国正在加紧筹划网络空间国家安全战略

面对全球范围内网络空间安全如此严峻的态势，世界各军事强国纷纷积极应对，从成立专业部队、颁布政策文件、举行攻防演习等诸多方面，

抓紧筹划网络空间国家安全战略。

（一）美国。目前，虽然美国在信息革命中占据了绝对优势位置，但其仍然在大力筹划扩张自己的网络权力。具体而言，美国政府制订了一系列战略规划，以便进一步主导信息网络方面的技术霸权。2018 年 4 月，美国商务部发布《网络安全框架 1.1》并将其作为商务网络安全的第一道防线。NIST 院长沃尔特·科潘提出该框架是重大进步，反映了公私合作模式在应对网络安全挑战的成功。一个月后，美军战略司令部旗下的“网络司令部”被升级为独立的联合作战司令部，与太平洋司令部及欧洲司令部同级，执行任务直接向国防部长报告。同一时期，美国能源部发布美国《能源行业网络安全多年计划》，为美国能源部网络安全勾画了一个“综合战略”。同年 5 月，美国国土安全部（DHS）发布网络安全战略，致力于协调各部门的网络安全活动，促进其中各个机构对网络威胁的重视，并保证足够资源以应对网络威胁。

（二）俄罗斯。近年来，随着俄罗斯总统普京强势推进其国家的军事变革，试图重塑俄罗斯的军事威力。因此，俄罗斯高度重视新兴战略空间的军事权力构筑，特别加大了对海洋、外层空间及网络空间的军事投入力度，试图在未来的信息化战争中确保俄罗斯立于不败之地。为此，2013 年 1 月，普京签署总统令建立国家计算机信息安全机制，以监测、防范和消除计算机信息隐患。2014 年，俄罗斯公布《俄罗斯联邦网络安全战略构想》草案与《2030 年前科技发展前景预测》，对网络安全战略的原则、行动方向和优先事项进行了明确，对发展本国网络发展进行战略规划。同年 6 月，俄罗斯宣布政府机构和国营企业，将采用俄罗斯本国生产的处理器芯片为的计算机，所用计算机不安装国外的 Windows 系统或 Mac 操作系统，而是全部安装俄罗斯专门开发的 Linux 操作系统。2017 年，俄罗斯国防部长绍伊古公开承认俄已组建信息战部队，并称这支部队比所谓的“反宣传管理部门更有效，更强大”。当前，俄罗斯网络安全领域管控严格，公民的数据都禁止存储在国外服务器上，收集俄公民信息的互联网公司须将数据存储在俄罗斯境内，在公共场所使用 WIFI 上网时也都必须进行身份认证。

（三）其他国家。除了美国与俄罗斯之外，英国、德国、日本及印度等国，近年来也加大了对网络空间国家安全战略的关注。具体而言，英国于 2017 年 2 月 14 日成立英国国家网络安全中心，在《国家网络安全战略》

和《英国数字化战略》两大战略的布局下，中心通过多方合作，开展各类项目，行使多重职能，在抵御网络不良攻击、分析网络发展现状、促进网络人才建设等方面卓有成效，体现出浓厚的国家色彩和时代特征，展现了不可替代的巨大价值。2018年4月英国联邦政府首脑会议（CHOGM）举办，53个英联邦国家的首脑签署《英联邦网络宣言》，成为世界上规模最大且地域多样化的政府间网络安全合作承诺。德国在2018年8月宣布将在未来五年投入2亿欧元组建新的类似于美国DARPA（国防部高级研究计划局）的网络安全研究机构，根据2011年2月23日通过的“德国网络安全战略”，目标在于加强对德国关键基础设施和信息技术系统的防护，使德国在网络安全技术方面独立于其他他国际势力。韩国政府于2017年1月向国会正式提交《国家网络安全法案》，旨在防止威胁国家安全的网络攻击，建立国家整体层面的有效预防和应对网络攻击的体系，全面保障公共和民间领域网络安全。此前，韩国政府接连提出《网络危机预防与应对法案》《国家网络危机管理法案》《国家网络安全管理法案》《国家网络反恐法案》等法案提交国会审议。

日本则于2013年制定了旨在加强防范网络攻击的《网络安全战略》，2014年《网络安全基本法》获得国会通过并设立由内阁成员组成的“网络安全战略本部”，2015年时制定新的《网络安全战略》，提出“信息自由流通”“法治”“对使用者的开放性”“政府和民间等多方面的合作”等五项原则。2018年7月，日本政府为准备东京奥运会与残奥会敲定今后三年的“网络安全战略”，决定在网络安全方面采用新标准，把针对水电等重要基础设施的网络攻击分成五个级别进行评估和公布，以便妥善采取应对措施。

而印度则于2011年出台了《国家网络安全策略（草案）》，确定了网络空间安全的战略前景、网络空间威胁的性质、网络安全的保障流程等六部分内容，提出发展本土IT产品在国家信息安全战略中的重要性，要求政府确认对国家而言风险最高的网络威胁类型、关键IT基础设施的漏洞和网络安全存在的问题，并在此基础上开展协同一致的研发工作，满足关键研究所需。2017年，印度警方表示将创建一个由经认证的道德黑客组成的专门力量，用于保护喀拉拉邦的关键信息基础设施免受全球网络安全威胁的迅速变化，以及时评估计算机网络的安全性。

信息战背后的隐形战场

《使命召唤：黑色行动》《现代战争》《荣誉勋章》等军事游戏在近年来风靡全球，它们不仅是军事爱好者眼中的精品，有些还成了军队训练的项目。从“大众娱乐平台”到“军事训练助手”，再到“战略传播工具”，在信息时代的今天，军事游戏究竟有什么作用？

游戏与军事的关联源远流长，最简单、最原始的传统军事游戏可以追溯到古代的“兵棋”，它包括一张地图、推演棋子及一套规则，通过对战场地貌、兵力等因素的设置与组合，运用回合制试图推演战争情景。

然而，受限于特定的科技发展水平，无论作为大众娱乐的平台，抑或军事训练助手，传统军事游戏在社会生活及军事战场方面的发展都无甚进展。直至进入20世纪，伴随着1946年世界首台军用计算机“ENIAC”的诞生，及1969年全球第一个网络“阿帕网”的问世，现代军事游戏才得以迅猛发展。

一、军事游戏炙手可热

现代军事游戏的日渐风行与现代计算机模拟技术的催生密切相关，其中，特别是虚拟现实技术。虚拟现实（VR），又称人工环境，是利用计算机模拟制造一个三维空间的虚拟世界，提供给使用者关于视觉、听觉、触觉等感官的模拟，让其感到如同身临其境一般。正是在此种虚拟现实技术的牵引下，军事游戏在单机盛行的时代便已层出不穷，在网络游戏风靡的当今更是受到各大游戏开发商青睐。从单机参与到可局域联网对战的游戏，再到如今市面上正在运营或开发中的各类网游，军事与游戏的交集越来越大。

在国内，自2008年腾讯公司代理的韩国游戏《穿越火线》上市后，国内军事游戏市场规模逐年递增，诸多一线游戏厂商纷纷加盟其中。如除了巨人的《光荣使命》之外，金山公司自主研发的《热血战队》，搜狐畅游、盛大游戏推出的《特战先锋》与《一级戒备》、世纪天成和迅雷代理的《战地风云OL》《突击风暴》《风暴战区》等诸多军事游戏均登台亮相。2011年，由南京军区与光荣使命网络联合开发的中国第一款具有自主知识产权的军事游戏《光荣使命》正式发布并配发全军。2015年，《光荣使命OL》由上海塔人网络接手运营，将被打造成为面向世界的军事游戏。

在国外，从《三角洲特种部队》《闪电行动》《美国陆军》《锁定：现代空战》到《步兵训练系统》（DSTS），美国的军事游戏与其战争实践呼应，不断在业内搅起波澜。《三角洲特种部队》是一款军事模拟类第一人称射击游戏，也是美军将民用游戏运用于军事训练的发轫。由于《三角洲特种部队》存在兵种单一、装备简陋等缺陷，因此，后来的《闪电行动》凭借更为完善的武器系统和更加逼真的战场环境，取而代之。但《三角洲特种部队》和《闪电行动》仍都只是民用版本。后来，美军开始专门为军事训练开发出《美国陆军》《全能战士》《锁定：现代空战》等军事版本。

其中，2002年7月，美国陆军部投资开发的《美国陆军》网络军事游戏，放在网上供人下载，数月之内注册人数就超过650万，该款游戏受到热捧。甚至按美国知名军旅作家汤姆·查特菲尔德的说法，“在16到24岁的所有美国人中，有30%的人由于《美国陆军》网游改变了对陆军的看法。”五角大楼也着手开始大力资助军事网游。预算达5700万美元的号称“史上最真实的军事模拟游戏”——《步兵训练系统》（DSTS）——就是这种背景的产物。这套模拟系统允许美国陆军在一个虚拟的视频游戏环境内训练士兵对真实天气和环境的适应能力，以及对小队控制和行动感应器的熟悉程度。

当然，除美国之外，军事游戏近年来也受到了俄罗斯、英国、法国及新加坡等国军方的关注，在“大众娱乐平台”功能之外，军事游戏日渐作为“军事训练助手”走入人们的视野，不断牵引出有关虚拟演兵的争议话题。

二、备受争议的虚拟演兵

从传统的兵棋推演、沙盘模拟、图上作业、实兵演习，到今天的计算机仿真、实验室设计，虚拟演兵日益受到各国军方的青睐。以杜普伊为代表的军事作战模拟先驱们曾经孜孜以求的梦想，似乎正在逐渐化为现实。

但是，虚拟演兵也受到了广泛的质疑，不断引发质疑的正是这种虚拟演兵的有效性。

在肯定方看来，计算机仿真技术正在为探索军事世界的奥秘提供着“望远镜”和“显微镜”。比如，由于缺乏信息资源与手段，采用沙盘推演、实兵演习等传统方式进行战争研究，无法克服实物模拟、物理等效、经验参照的时空局限性，而目前运用作战仿真技术就能以较高的逼真度虚拟战场、虚拟军队及虚拟作战，从而在数字化的作战仿真环境中，直观展现风云变幻的全维战场。也正因此，军事游戏完全可以用来进行军事训练。如美国陆军在北卡罗来纳州组建了“陆军政府应用办公室”，聘请相关专家专门为陆军开发了培训用的军事游戏。其中，《美国陆军》《使命召唤》《美国海豹特遣队》等已被指定为培训转型人才的新平台，广泛运用于陆军“陆地勇士”、海军“卓越特遣部队”及空军“航空航天领导者”等转型培训计划。

在否定方看来，战争永远是一个“充满不确定性的领域”，现代科技的光芒永远无法照亮战争的每一个角落。即使人类军事斗争已经进入智能较量的时代，战争正在从“黑箱艺术”大步流星地步入“科学技术”的殿堂，但对战争的感受与认知依然需要真正地走入战场或训练场而非坐在电脑旁“点击鼠标”。对此，有战争伦理专家甚至还担心，倘若军事游戏越来越所谓的逼“真”，士兵们可能越来越弄不清游戏和战争的界线，如果杀人就像游戏里面“打一下，窜起一堆红霞”那样简单，这是否将会使人丧失对战争的敬畏之心，或许也是需要认真面对的问题。

事实上，在相关争论中，除了“大众娱乐平台”与“军事训练助手”，作为“战略传播工具”的军事游戏，更加需要引起高度关注，因为它直接涉及了国家的认知空间安全，在信息时代的今天，可谓是国防教育的“第二课堂”。

三、战略传播的工具

军事游戏本质上是一种文化产品，其内含着一定的战争观、利益观及价值观，是美军信息战工具箱中的一种软工具。举例而言，凡接触过军事游戏的“玩家”都会认识到如下的某些信息内嵌：萨达姆是一个邪恶的独裁统治者，伊朗的核试验对世界和平构成严重威胁，美国军队永远为正义而战等，但有关反恐战争的代价、平民伤亡的残酷等信息在游戏中却片言未提。

对此，早在2003年9月颁布的第3-53号联合出版物《联合心理作战条令》中，美军就提出了“心理作战是向外国受众传递经选择的信息，以影响其情感、动机、判断能力等，并最终影响外国政府、机构、团体及个人的有计划行动”。2010年，美军又进一步将心理战更名为信息支援作战，并认可了信息战略应包括软硬两个工具箱的思想，其中，像军事游戏、军事影视等都是软工具箱中的战略传播工具。这一战略传播的工作发挥作用的方式主要有以下两种：

其一，树立有利于美国及盟国的形象。据美国国防科学局的一份报告显示，由于近年来美军持续在海外用兵，其国家形象受到严重影响，反美情绪呈蔓延之势。为此，国防科学局建议美国军方注重开发商业娱乐公司的军事价值，通过“军事—娱乐”复合体影响全球舆论，遏制反美情绪。而商业公司与军方合作开发的军事游戏等，即是这种“军事—娱乐”复合体运作的产物。

在游戏中，玩家常扮演美国大兵为其所谓“正义使命”而战。如本·拉登被击毙仅一周之后，美国游戏公司即开发了一款以美军击毙本·拉登行动为背景的网络游戏。玩家们可以在游戏中客串一把“海豹”突击队队员，亲自体验击毙恐怖大亨的快感。但由美国电子艺术公司发行的名为《荣誉勋章》的游戏，在原定2010年10月12日全新上市的版本中，游戏情景设置为阿富汗战场，玩家可选择扮演塔利班“枪杀”外国部队士兵。因考虑到游戏模拟“塔利班”射杀美军士兵危害美军形象而在上市不久即遭到军方封杀。

其二，展示美军强大的军事实力。如在《使命召唤》军事游戏中，谢菲尔德曾说：“我们是人类历史上最厉害的军事力量。任何一场战斗都是我们的战斗，因为，每场战斗都牵动全局，我们不会坐视任何一场战斗。”又如对于《美国陆军》游戏，美军官方网站对美国之外玩家毫不隐讳地指出：“我们想让世界知道美军的强大。”如今观之，这一战略目的似乎也部分达到了。

从“大众娱乐平台”“军事训练助手”到“战略传播工具”，炙手可热的军事游戏已经成为信息战背后的隐形战场。应对它所带来的非军事威胁，做好心理空间防护，就需要探讨信息时代精神信息传播的规律，需要探讨维护国家认知空间安全的对策。这或许是全球军事游戏热背后，可以解读出的另一种启迪。

科技与战争视角下国家认知空间安全战略

从科技与战争演进的视角来看，人类早期的战争主要在陆地和海洋进行，伴随着航空航天技术的发展，战场延伸到了空天之中，但这些战争还只是在自然空间中较量，只有当计算机和互联网发明之后，人类战争的空间才拓展到了技术空间。如今，伴随着物理战“作战对象偏转，作战时空受限，作战费用飙升”三大困境的凸显，传统自然空间、技术空间对战场的主导地位正在逐渐让位于认知空间的无声较量。

一、对信息战的反思

早在 2007 年，我们出版了《从物理战到心理战》一书，探讨了科技发展与战争的演变机理。我们认为，就其与科学的关系而言，自古以来的战争可以被称为物理战。正是物理学成果的广泛军事应用，推动了战争形态、军事理论、战争手段、编制体制和作战样式的不断变革。但是，我们通过对物理战进行反思，发现它存在困境。因此，我们必须跳出物理战的现有模式，对未来战争的发展趋势做出新的研判。

自古以来，战争总是通过两种途径来实现其目的：一是通过军事作战，也就是说，采用暴力手段达到战争的目的；二是通过政治作战，即采用心理、思想和精神征服等非暴力手段达到战争目的。不同的社会发展阶段，人们对这两种手段的运用各有侧重。心理战是政治作战的重要样式，通过心理战实现“不战而屈人之兵”的目的，历来是兵家追求的理想目标，也是战争的最高境界。但是，在传统战争条件下，由于受社会发展、科学技术和人们认识水平的限制，“不战而屈人之兵”只是一种理想，使用暴力手段一直是人们考虑的重点。

1990 年，海湾战争标志着人类战争进入信息化战争时代。信息化战争既是物质形态发展的表现，也是精神因素作用的必然结果。1948 年，申农关于信息的定义及计量方法一经提出，不少人就已注意到，信息的广泛用途，将涉及计算机、生物技术和社会认知三个领域。遗憾的是，在很多人眼中，信息仅仅是基于麦克斯韦方程的声、光、电、磁等物理信息，或者是DNA等生物信息，似乎与人的心理、精神无关。其实，从产生机制来看，信息可以分成两大类：物质信息与精神信息。物质信息包括物理信息与生物信息，其中，物理信息是目前信息战中占主导地位的信息样式。精神信息是人类社会实践的产物，其产生和发展是人类精神活动的成果，主要包括事实信息、理念信息和情感信息三类。这就意味着，从信息论出发，所谓的信息战，其实应该包括三种样式，即物理信息战、生物信息战和精神信息战。

信息化战争的先行者美国一直把信息化战争看作是物理信息战与精神信息战的叠加。1993年，美军认为信息战有五个要素：计算机网络战、电子战、军事欺骗、作战安全和心理作战，其中就包含有心理战。1997年4月，时任美国海军作战部长的杰伊•约翰逊首次提出“网络中心战”，并称“从以平台为中心的战争转向以网络中心战（概念）是一次根本性转变”。2002年8月，美国国防部长拉姆斯菲尔德向国会提交了“网络空间战”报告，认为未来信息化战争将同时发生在物理域、信息域和认知域三个领域。物理域是传统的战争领域，由作战平台和军事设施等构成，为信息化战争提供物质基础。信息域是新近崛起的战争领域，即信息产生、传输和共享空间，将成为信息化战争较量的重点。认知域，指的是人类认知活动所涉及的范围和领域，反映人的情感、意志、知识和信念等精神信息的无形空间。从这里可以看出，美军对战争时空范畴的新界定，反映了21世纪初信息化战争的特征。“9•11”事件之后，美军又开始整合传统的心理战、战略传播、公共外交等这些不同形态的认知空间作战。2009年6月，美国国防部在“信息协调委员会”的基础上，成立了全球接触战略协调委员会。2009年12月，美国国防部向国会提交了首份《战略传播报告》。2010年12月3日，美军时任国防部长罗伯特•盖茨签署命令，将“心理作战”改为“军事信息支援作战”，这不是简单的改名，而是美军对信息战认识的深化。

由此可见，信息化战争不仅可以灵活地运用物理打击对敌进行硬杀伤，而且可以通过心理宣传、心理欺诈、心理威慑等心理战手段对敌进行软杀伤，直接攻击对方的精神领域，从而实现强大的军事行动与精神攻势的高度融合，达到赢得战争的目的。我们认为，信息化战争与历史上战争形态的根本区别在于，信息化战争使人类战争第一次真正拥有了三个相对独立但又密切关联的作战空间：一是陆、海、空、天等组成的自然空间；二是基于物理原理的网电空间，它本质上是一种技术空间；三是由人的精神和心理活动构成的认知空间。

二、制脑权战争的崛起

传统的战争主要是在自然空间和技术空间中进行的。国家认知空间指的是人类认知活动所涉及的范围和领域，它是反映人的情感、意志、信仰和价值观等内容的无形空间，存在于斗争参与者的思想中。国家认知空间离散存在于每个个体的主观世界中，由全社会无数个体的认知空间叠加而成。国家利益不仅以实体形式存在于自然空间、技术空间，而且也存在于无形的认知空间。认知空间的作战对象是人、群体或国家，战场是整个人类社会。一方面，随着人类活动范围扩大，认知空间的范围也在不断拓展；另一方面，认知空间战略较量的武器是精神信息，凡是精神信息可以传播到的地方，都可以成为战场。因此，认知空间的较量超越了军事领域的范围，突破了前后方界限，跨越了国界和战场，在无限的空间内发挥着巨大作用。

美国国防部专家阿米斯德通过对美军信息战理论演进的梳理认为，在美国国家安全事务中，信息战扮演着日益重要的角色。在这个战场上，最有效的、也许是唯一的武器便是信息。信息就是力量，一个国家如何运用这种力量，决定了这个国家的国际政治影响力。阿米斯德在这里所说的信息武器，实际上就是精神信息。

精神信息之所以能成为信息战的武器，是由其自身特点所决定的。与相对固定不变的物理信息、生物信息等物质信息相比，精神信息具有以下六个特点：

其一，内涵表现的丰富性或歧义性。物理、生物信息的内涵与表现相对确定，但精神信息却不同。精神信息的载体是符号或概念，按语言学家索绪尔的理论，任何一个符号或概念，都有两个基本属性，即“能指”与“所指”，不同民族、阅历、知识背景及特殊动机的人，对同一个概念，往往很难在心中对同一个概念的“所指”达成共识。精神信息既与一定的民族文化心理有关，也与特定的经济社会发展水平相关。这样，人们对同一精神信息就可能会产生不同的理解，从而为他人进行“意识操控”提供了可能。比如，在美苏冷战期间，诸如“左派”“民主”“垄断”“原始积累”等概念，都受到了人为的操控。作为概念的符号本身没有改变，人们仍用原有的概念符号进行思维，但概念的内涵发生了改变，最终导致了思想的混乱。

其二，发生机制的复杂性。从信息发生的角度看，精神信息的接收、加工及反馈方式不仅与人脑的功能紧密相关，而且具有鲜明的民族特性。美国国防科学委员会发布的《战略传播指挥员手册》就明确指出，在我们进行战略传播时，必须深刻理解目标对象的态度、文化、身份、行为、历史、观点和社会制度，如果不了解目标对象的具体情况就盲目进行，可能会导致误解，带来严重的后果。

其三，筛选加工的倾向性。物质信息的筛选加工可以客观地进行，不带任何倾向。但精神信息传送必须服务于特定的目的，在微观层次上要满足人的精神需要，在宏观层次上要服务于特定的意识形态。因此，精神信息的选择和加工是具有倾向性的。以萨达姆被捕为例，短短几分钟电视新闻报道，就体现了这种倾向性：从画面来看，大家可能难忘的是这样两个镜头：一个是萨达姆蓬头垢面、脏兮兮、目光呆滞的落魄镜头；另一个是反映他张着血盆大口的镜头。这两个镜头给观众的信息十分清晰：不可一世的独裁者崩溃了，任何独裁者到了美军手里都会落的这个下场。从话语来看，当美军发言人走上讲台后，开口只讲了一句话“我们逮住他了”。这句话简洁明了，将美军的得意心态表露无遗。从气氛来看，当主持人说到萨达姆被逮住了时，电视摄像机对准的正好是几个伊拉克人高喊口号、挥舞拳头的欢呼镜头。在这样的全球媒体时代，人们看到的东西到底是真的假的，都搞不清楚，真的事件可能也是经过导演的。

其四，传播扩散的多变性。物质信息在传播过程中不容易失真，而精神信息因为接受者的阅历不同而导致不同的理解。同时，在进行二次、三次传播的过程中，人们还会加入自己的理解，进行再次合成与制作，这正好说明精神信息在传播扩散的过程中具有多变性。比如，2003 年美军占领巴格达后，一些媒体在广泛报道伊拉克官员被捕的消息时，都说他们是“化学阿里”“细菌博士”“炭疽夫人”，而这些看似无意使用的绰号其实是美军精心选择的，绰号的重复使用也就使美军对他们的指控变成了确凿的证据。人们在传播的过程中，纷纷按照各自的理解进行转述，多次传播后，谎言也可能会变成真理。

其五，作用对象的广泛性。在媒体成为我们这个世界的主要信息扩散和传播手段以前，人们主要依赖于面对面的交往。到了全球媒体时代，每个个体都是信息源，从理论上讲，任何个体或者群体都可以在瞬间让世界其他地区了解其传播的信息，信息对大众心理的引导和操纵发生了质和量的变化，正如法国社会政治学家塔德曾描述的："在古代，一个拥有 2000 名市民的城镇可能由 20 位演讲者或氏族领袖所统治，其比例是 1:100。而现在，只要 20 位热心的或现成的新闻记者，他们就能统治多达 4000 万市民（指的是 4000 万法国人口）。这个比例是 1:200000。"这就意味着，互联网等现代媒体传播的精神信息影响力远远超过以往社会。

其六，影响效果的渐进性。物质信息的作用效果比较明显，有时可以立竿见影。但精神信息的作用需要循序渐进地进行，不能指望产生立竿见影的效果。比如，冷战期间，以美国为首的西方国家就是通过文化交流等活动，逐渐把西方的价值观念渗透到苏联和东欧等社会主义国家，达到和平演变之目的。

三、认知空间攻防对抗的实质是夺取制脑权

认知空间的攻防对抗就是将某些精神信息注入人的认知空间的信息战行动，它既可以针对个人、群体或组织，甚至可以针对一个或多个国家，从而达到影响其政策的目的。认知空间攻防对抗的实质是夺取制脑权，它以宣传媒体、民族语言、文化产品等所承载的精神信息为武器，以渗透、影响及形塑社会大众与国家精英的认知、情感、意识为指向，最终操控一个国家的价值观念、民族精神、意识形态、文化传统、历史信仰等，促使其放弃自己探索的理论认识、社会制度及发展道路，走向自我毁灭的彼岸。

世界上第一个社会主义国家苏联的解体就是一个很好的例证。在冷战期间，美国对苏联实施了潜移默化的认知空间攻击，国家、民族、政治等概念的含义遭到肢解或颠覆，人们的思想意识逐渐陷入混乱境地，原本高尚、伟大、光荣的民族英雄和历史记忆，在美国的意识操控下，最终被解

构和颠覆，如对斯大林的全盘否定、夸大肃反的灾难性后果，以及对列宁雕塑、铜像的粗暴处理等。当苏联即将解体，被引向毁灭的边缘时，许多人才突然意识到，认知空间思想攻击对一个国家产生的毁灭性后果。正如尼克松在《1999 不战而胜》一书中所说的，“尽管我们与苏联在军事、经济和政治上进行较量，但意识形态是我们争夺的根源。……如果我们在意识形态斗争中打了败仗，我们所有的武器、条约、贸易、外援和文化关系都毫无意义。”美国著名政治学家塞缪尔·亨廷顿也认为：“对一个传统社会的稳定来说，构成主要威胁的，并非来自外国军队的侵略，而是来自外国观念的侵入，印刷品比军队和坦克推进得更快、更深入。”

认知空间制脑权的争夺，主要表现在四个方面：

其一，瓦解信仰系统。信仰系统是一个国家和民族的文化价值系统，包括国家意识形态、社会价值观以及人们的思想道德观，它是人们思想和行动的总开关、总闸门。思想道德的滑坡是最致命的滑坡，理想信念的动摇是最危险的动摇。例如，美国实施杜勒斯计划，就是通过摧毁、歪曲和改变苏联的信仰系统，来达到颠覆的目的。当前，随着我国开放的不断深入，各种西方文化思潮和价值观念以“全民娱乐化”的方式悄然进入我国各种媒体。我们某些电视台完全信奉“娱乐至死”的信条，为了娱乐，不择手段。由此可见，放弃信仰，唯利是图，给人们的价值观、道德观带来的混乱。

其二，篡改历史记忆。人的思想与社会意识形态总是同历史记忆紧密相连。无论是个体的精神世界，还是国家和民族的文化传统，它们都是浓缩的过去，都是值得珍惜的财富。一旦某些别有用心的人通过某种手段巧妙地“隔断”个体或群体的历史记忆，使他们失去精神的家园，这就扫除了对其进行价值观和意识形态渗透的障碍，为各种错误杂乱的思想入侵敞开了大门。

其三，改变思维范式。一个国家和民族都有其特定的思维范式，它是人们认识世界的前提。特别是社会精英阶层，他们的思维范式、思想认识对全社会的思想、价值观念和意识形态认同起着引领作用。但是人的理性思维是有弱点的，通过操纵可向其中灌输“病毒程序”，促使人们背离明显的事实而接受谬误甚至荒唐透顶的结论。冷战末期，西方对苏联进行的思想攻击，就是通过影响苏联一些经济学家的理性思维，让其在苏联国内发表一系列迎合西方意图的公共言论，隐蔽性地“劝说”苏联人民放弃自己国家的社会制度与民族文化，以“彻底的”“无条件的”态度迎接西方所谓的“文明新时代”。

其四，攻击民族象征。象征诞生于民族文化的历史演进之中，不同民族在各自的文化发展历程中，形成了属于自己的特定的象征，如服饰、纪念日、纪念碑、仪式、人物等。它是一个国家、民族凝聚的情感纽带，能唤起人们的归属感，从而使人们为了一个共同的梦想而团结在一起，创造和延续新的文明。然而，美国一方面通过各种影视剧在全球范围内塑造自己的道德偶像，另一方面又加紧通过扶植网络水军来系统摧毁我国的道德偶像。这种刻意重新涂抹、攻击一个国家和民族历史上的象征，通过颠倒黑白、公开嘲讽和戏弄话说历史上的辉煌时刻、伟大人物及崇高文化，其后果将是十分严重的，它将导致人们逐渐丧失国家、民族和自我认同感。

四、制脑权战争的作战法则

伴随着全球媒体的繁荣，国家社会文化与意识形态的壁垒或边界在全球化与信息化的冲击下日益模糊。在这种背景下，拥有强势媒体和话语霸权的西方发达国家，通过文化渗透和认知空间攻击等手段，以西方所谓的普世价值观为武器，利用发展中国家尖锐的社会矛盾，在东欧、中亚、北非发起“颜色革命”，并且频频得手，与其逐渐完善的认知空间进攻理论不无关联，这说明战争形态正在发生新的变化。对于认知空间的攻防对抗，我们到底应该怎么去认识它？它与以往的战争的作战样式区别到底在哪里？对这场战争我们要从哪里去切入和应对？

(一) 战略传播：美军认知空间作战的新动向

美国政府及主流媒体长期以来认为“宣传”这个词是专制国家统治大众的工具，仿佛他们自己从来不进行“宣传”，而事实上恰恰相反。美国从二战开始就建立了庞大、高效、面向全球的宣传机器。在不同时期，美国政府使用了许多含义相互重叠的术语来指称它对内、对外的公开和隐蔽的宣传活动，包括“公众外交”（public diplomacy)、“公共事务”（public affairs）、“信息活动”（information activities）、“心理战”（psychological warfare）、“观念战”（war of ideas）、“信息战”（information war）、“心理运作”（psychological operations）、“信息运作”

（information operations）、“有控的信息散布”（managed information dissemination）、“战略影响”（strategic influence）等。

2010 年 3 月，在美国军方的竭力推进下，奥巴马总统向美国参众两院提交了《国家战略传播构架》。该报告与以往不同的是它没有按照国会的要求对美国的“战略传播活动和公众外交活动”进行分别阐述，而是以战略传播这一概念来统摄包括公众外交在内的所有对内和对外的宣传活动。美国国防部则将“战略传播”定义为，美国政府集中努力来理解并接触关键受众，通过国家权力机构各部门协调一致的项目、计划、主题、信息和成果，来创造、强化或维持有利于美国国家利益、目标及其国家政策的环境。可见，美军是要把战略传播打造成削弱他国政府的信誉和合法性、分化其政治和社会制度的利器，明显增强了信息作战的攻击性。

美国战略传播体系是基于美国传统的权力观念而形成的一整套服务于其国家战略的运作体制，是“软实力”理论在信息战中的具体运用。美国战略传播的目标就是要在全球维护并扩展美国的权力和领导地位。追求全球权力，可以说是美国一切战略行动的根本出发点和落脚点。

美国学者史蒂文·卢克斯在《权力：一种激进的观点》中认为，权力已不再仅是一种能力（capacity）、一种资质（facility）、一种才干（ability），而是一种关系。权力不仅是以武力（force）为代表的强制力（coercion），更是一种议程设置背后的操纵力（manipulation），一种潜藏在无形之中的影响力（influence）。约瑟夫·奈进一步认为这种操纵力和影响力就是软实力，它是通过潜移默化的影响，使他国自愿服从自己的意愿或是主动走上自己希望的轨道的能力，主要包括三个方面的无形资源：文化、意识形态和制度。硬实力则是指军事实力、经济实力等用以强制别国服从自己意愿的能力，具有极大的强制性。

约瑟夫·奈对美军迷信硬实力进行了批判，指出：“全球信息时代的到来正迅速使这些传统实力符号（坦克、飞机、航母等为代表的硬实力）成为过去式，权力关系版图正在重新绘制，最擅长国际报道的国家（或非国家实体）可能胜出。”2011 年 2 月 25 日，原国防部长罗伯特·盖茨在西点军校发表他离任前的最后一次演讲时说：“从长远来看，我们无法通过杀戮或俘虏来夺取胜利。在 20 世纪，非军事行动——劝说和激励——是赢得意识形态对抗的重要武器。在 21 世纪同样如此，甚至更为重要。”

这种“国际报道”“劝说和激励”等软实力运用，其实质就是话语权。在认知空间攻防对抗中，有关各方争夺的核心，就是话语权。那么，究竟什么是话语权？怎样才能拥有话语权？如何做大做强话语权？

（二）话语权：夺取制脑权的关键

话语作为文化的重要内容，不仅仅是表达思想和描述事实的工具，更重要的是建构社会事实、建构思想，甚至建构人的身份。法国哲学家福柯认为，话语更是一种权力，即操控力和影响力。由话语产生的权力是国家软实力的重要组成部分。拥有话语权，就能通过议题设置、制度规约、技术规制，占据认知空间争夺的制高点。当然，话语权不是某一领域和某一两个层面的问题。我们只有从理论上澄清对话语权的片面认识，明确话语权的内涵与本质，制定正确的话语权战略，并付诸实施，才能从根本上夺取话语权，赢得认知空间的制脑权。

其一，话语的定义。话语是一种通过语言阐释事实的形式思维。选择了话语，也就意味着选择了沟通的方式，选择了对某种现实的界定，从而选择哪一种话语也就直接决定了个人、群体或国家的态度和立场。比如，“9•11”事件发生后美国政府需要对突发的事件做出恰当的反应。一开始有些人把它说成是“西方基督文明和伊斯兰文明的冲突”，但是后来改为“恐怖袭击”。这种命名的变化对于建构袭击的性质和美国政府随后可以采取的行动非常重要。文明冲突的命名有可能建构出整个西方和穆斯林的对抗，而称为恐怖袭击不但可以避免出现两种文明的对立，还可以为美国政府采取的各种行动提供正当的理由。美国对“9•11”事件的命名过程，成功地确立了一种游戏规则，命名不仅简单地为某个事件或现象提供了一个标签，也建构了随后的相关行为。

其二，话语的传播。话语的传播渠道主要是媒体，信息传媒资源分配不均会直接导致话语主导权的失衡。在信息时代，恰恰是西方媒体凭借其先进的信息技术处于强势的地位，掌握着绝对的话语权，并配合外交、政治及经济战略，维护美国的霸权地位。如美国在互联网领域就占据着绝对优势，全球 13 台根服务器就有 10 台被美国控制着，其中两台被美国军方控制着。而且，管理这 13 台根服务器内容的“互联网域名与地址管理公司”（ICANN）也由美国政府掌控。在世界最有影响的五家电视广播公司中，美国就占了三家——ABC、NBC 和 CBS。美国遍布世界各地的新闻传播网络，控制了全球 90% 的新闻和 75% 的电视节目的生产和制作，美国最大的两家通讯社美联社与合众社，使用 100 多种文字，向世界 100 多个国家和地区昼夜发布新闻，每天发稿量约 700 万字，为其话语霸权的建构提供了坚实的信息资源。

其三，话语的运用。让人喜欢是一种魅力，让人信服是一种艺术。话语的运用就是一门制订合理传播策略的艺术：由谁来发布信息？在什么时间和地点发布信息？通过什么渠道发布信息？对谁发布信息？发布什么信息？预期效果如何？如何抑制潜在“噪音”的不利影响？这一系列的活动必须有机地衔接？美军认为，战略传播是一项专业性、艺术性很强的技术工作，必须建立在长期系统的专业调查之上，它们在颁布的《战略传播指挥员手册》中，制定了战略传播的实施步骤和作业流程，共有十大步骤。比如，在传播对象的选择上，一是要影响“有影响力的人”（依次为决策者、能够影响决策的人、意见领袖、关注问题的民众）；二是要影响“能够被影响的人”。话语权背后体现的既是强者对弱者的权力支配关系，是话语技巧的较量，同时也是一个国家科学技术发展水平的较量。

（石海明　曾华锋）

美国生物科技的发展动向、创新管理与军事潜能：以美国国防部高级研究计划局为例

《孙子兵法》有云：“知己知彼者，百战不殆。”这句古人对于战争艺术的赞誉之辞在信息技术高度发达的今天已不再是难事，甚至于一位精通信息技术的普通士兵，也有可能在舒适的环境中“运筹帷幄，决胜千里”。在信息化战争中，人类个体逐渐从“前线”退离，而进入“后方”的技术堡垒之中，这不仅意味着外在武器装备的改良升级，更意味着士兵认知、生理等内在能力的增强。近年来，有关生物科技方面的研究逐渐成为各国关注的焦点。2014 年 4 月 1 日，DARPA 成立生物技术办公室（BTO），主要进行生物学、工程学和计算机科学的交叉研究，旨在借助最新的生物学研究成果保障国家安全，维护美国国家利益。2015 年 3 月 26 日，DARPA 官网发布两年一版的《保障国家安全的突破性技术》（Breakthrough Technologies for National Security）报告。报告中，DARPA 重点关注四个领域：复杂军事系统再思考（Rethink Complex Military Systems）；信息爆炸主宰（Master The Information Explosion）；生物技术利用（Harness Biology As Technology）；技术前沿扩展（Expand The Technological Frontier）。2016 年 2 月，DARPA 生物技术办公室（BTO）发布了《生物控制》（Biological Control）报告，旨在为生物系统控制建立新的跨尺度能力——从纳米级到厘米级，从几秒到几周，从生物分子到生物族群——运用生物材料的嵌入式控制器来控制系统。由此为美国生物科技的发展打下坚实基础。

一、美国生物科技的发展动向

美国国防部高级研究计划局（DARPA）是直属于美国国防部的一个创新研发管理机构。自 1958 年成立以来，它一直秉持“保持美国的技术领

先地位，防止潜在对手意想不到的超越”宗旨，在促进美国军事技术创新方面取得了不凡的成就，并直接奠定了美国在全球的军事优势。近年来，美国国防部给 DARPA 的经费预算一般为 30 亿美元左右，而生物科技领域为投资的关键领域，并决定着美军武器装备性能和部队作战能力的提升。从近期 DARPA 在生物科技方面的创新计划入手，可以将其生物科技的发展动态概括为：认知神经科学、仿生材料与系统、生物合成与制造、生物传感与生物计算等方面。

其一，认知神经科学。

大脑是高级动物体结构和功能最为复杂的器官，也是人与一般动物的典型区别。大脑由 1000 亿个神经元细胞和其他类型的细胞相互连接，从而形成结构复杂、功能强大的网络体系。从 19 世纪的颅相学，到 21 世纪日臻成熟的神经科学，再到如今的“脑科学时代”，人类从来没有停下过探索大脑认知神经的步伐。在军事领域，认知神经科学可以被概括为“保护脑、增强脑、干扰脑”三个方面。即利用生物技术、信息技术等最新研究进展来增强战斗人员的认知能力，并能有效地防御敌方对我战斗人员的认知干扰行为。DARPA 在认知神经科学领域的创新计划主要有：学习加速计划（Accelerated Learning）、认知技术威胁告警系统计划（Cognitive Technology Threat Warning System，CT2WS）、机动性和操作性最大化计划（Maximum Mobility and Manipulation，M3）等。这就为美军智能作战体系的构建提供了技术支撑。

其二，仿生材料与系统。

大自然中的生物在“物竞天择、适者生存”的进化规律下，展现出非凡的创造力，并因此在一定程度上成为科学家们进行技术创新的“灵感来源”。在军事领域，仿生主要指的是从生命体的智能现象中汲取灵感，揭示出自然现象中的规律，进而为军事技术的创新提供基础。DARPA 在仿生材料与系统领域的创新计划主要有：仿生光子学计划（Bioinspired Photonics）、纳米飞行器计划（Nano Air Vehicle）、Z-战警计划（Z-man）等。以 Z-man 计划为例，它根据仿生学原理，使士兵在不借助任何梯子、助绳之类爬行工具的条件下，就能够攀爬上垂直的高墙，从而提高了作战的机动性与装备的防护能力。从 DARPA 的创新计划来看，仿生材料与系统已逐步多样化与智能化，并已展现出许多实质性的进展。

其三，生物合成与制造。

2015 年，美国国防部在其 2013 至 2017 年科技发展的“五年计划”中，提出未来重点关注的颠覆性基础研究领域（Six Disruptive Basic Research Areas）。其中，合成生物学（Synthetic Biology）受到高度关注。在军事领域，生物合成与制造主要体现在高价值材料和设备的“按需生产”，以及伤员的快速损伤修复上。DARPA 在生物合成与制造领域的创新计划主要有：活体内纳米装置计划（In Vivo Nanoplatforms，简称 IVN）、生命工厂计划（Advanced Tools and Capabilities for Generalizable Platforms，简称 ATCG）、革命性义肢计划（Revolutionizing Prosthetics）等。以 ATCG 计划为例，它是 DARPA 在 2012 年开展的旨在利用生物合成技术，开发基于生物学的制造平台，生产、开发新型材料的生物科技计划。较之传统的开发模式，ATCG 将在时间与成本上压缩至少 10 倍，这将为美军在生物科技领域带来新一轮变革。

其四，生物传感与生物计算。

生物传感与生物计算是生物技术与信息技术相融合的新兴产物。目前计算机普遍存在能耗高、数据密度低等问题，并成为信息技术继续发展的重大瓶颈。生物传感与生物计算能够有效地解决这个问题。生物计算机的诞生，将能够使计算机的能耗比现有计算机的能量消耗降低至少 2 个量级，储存数据能力将提高 12 个量级，并行度也将提高 10 个量级，在信息通信、信息存储、信息保密方面都具有巨大潜力。DARPA 在生物传感与生物计算领域的创新计划主要有：七天生物防御计划（7-Day Biodefense）、抗体技术计划（Antibody Technology Program，简称 ATP）、生物长期性计划（Biochronicity）计划等。复杂的军事行动需要信息系统精确的信息感知、处理与传播能力，生物传感与生物计算的发展，使得信息在复杂环境下依然能够有效地协调和控制，这在很大程度上提高了信息在军事任务中的应用程度。

二、美国生物科技的创新管理

生物科技的创新研制与机构的组织管理有密切关系。DARPA 在技术创新领域成功的关键因素之一，在于它能汇聚完全迥异的能力与技能，产生无法抗拒的一体化力量。为避免纷繁杂乱的行政事务的干扰，获得“脱离官僚制度束缚的自治和自由”，DARPA在其组织的创新管理上自有一套“异于常人”的体系。如今，DARPA的科技创新体制研究亦成为各国学习的典型。以下将DARPA对生物科技的创新管理分四个方面论述：DARPA的历史沿革；DARPA的组织架构；生物技术办公室的建立；生物科技的项目管理与监督。

其一，DARPA的历史沿革。

1957年10月4日，苏联将人类第一颗人造卫星“Sputnik-1”成功发射。美国开始感到不安——因为这意味着，军事上的巨大威慑已经形成。在舆论的压力之下，美国政府陷入了前所未有的困境，在所有公开露面的场合，时任总统艾森豪威尔都会受到关于苏联卫星问题的狂轰滥炸，同时他还受到了国会的质询。尽管国务卿杜勒斯为艾森豪威尔准备了一份应对提问的“答辩”，这样的做法也并未得到公民的赞同，相反，他们纷纷提出尖锐问题，质问总统苏联人造卫星技术的威胁和美国在该领域处于下风的尴尬现实。美国因此陷入长约五年的对苏联的“卫星差距”“导弹差距”“技术差距”“教育差距”“威慑差距”等差距恐慌之中。在此背景之下，艾森豪威尔政府采取了一系列实质性措施，如建立统一、直接的指挥命令系统；参谋长联席会议作为一个单位，帮助国防部长控制只有经他批准才能行动的各个新的统一指挥部；解除三军部长对军事行动的直接责任，他们应主要致力于处理本部的行政、训练和后勤事务；改组防务研究和研制部门，加强国防部长对它们的控制；改变三军各部独立行政的法律条款，加强国防部长的权力等。而成立DARPA则是这一系列措施中至关重要的一项。在历经波折后，1958年2月7日，美国国防部发布第5105.15号指令，宣布高级研究计划局（Advanced Research Projects Agency，简称ARPA，即DARPA的前身）的成立。在DARPA成立的近六十年里，它不仅在美国早期的太空领域扮演了重要角色，而且还成为全球卫星定位系统、隐形飞机及互联网前身的缔造者，无论是在军事领域还是在民用领域，都取得了一系列的傲人成就，并由此奠定了其“技术引擎”的重要地位。

其二，DARPA的组织架构。

DARPA在组织架构上由局长办公室、业务办公室及项目办公室三级组成。其中，DARPA局长办公室设局长、副局长各一人，主要职责为监督 DARPA 全部技术领域的发展和行政事务管理。业务办公室是 DARPA 组织架构的核心，主要分为三类：一是技术办公室，目前包括国防科学办公室、生物技术办公室、信息创新办公室、微系统技术办公室、战略技术办公室、战术办公室；二是专项计划及技术转移办公室，主要负责临时性的专项计划和技术转移工作；三是职能保障办公室，主要负责 DARPA 的任务服务、行政管理、合同管理、人力资源等保障。DARPA 在组织架构上的特征可以概括为：机构设置精简；部门适时变化；人员定期调整。

机构设置精简。DARPA 在机构设置上呈现出典型的扁平化特征，即在项目经理与 DARPA 局长之间只相隔一个中间管理层——项目经理所在技术的办公室主管。亦正因此，一位项目官员要决定是否资助某个项目，只需要说服两个人：自己所在技术的办公室主管和 DARPA 局长。可见，项目经理有非常大的自主权去识别和资助本人所负责领域内的相关技术项目。一方面，结构的精简为 DARPA 避免了项目研制过程中许多冗杂的官僚体制影响问题。另一方面，结构的精简也使得组织成员能够更好地建立起共同的方向感和增进彼此的了解。

部门适时变化。由于美国国家安全面对的威胁随时有可能发生变化；与此同时，DARPA 所面对的技术机遇也不是一成不变的。因此，DARPA 各部门的角色和任务必须适时变化，换言之，DARPA 的组织机构是不固定的，它将依据新机遇的预见、技术关联度和有或撤销。事实上，在 DARPA 成立之初即显示出其与别的国防研究组织的明显差别：它没有实验室，不为明确任务要求的军事项目服务。此外，如今高新技术交叉融合式发展的势头，也是造成部门变动的一个影响因素。因此，在形式上，DARPA 不再拘泥于传统上以集约式管理为手段的固化结构，而是依循实际的需求进行动态调整，从而更加有利于创新行为的顺利进行。

人员定期调整。DARPA 专门设立了面向优秀青年专家和优秀团队的研究项目，吸引高校和各类研究机构、企业的优秀人才参与国防科研工作。同时，为保证研究项目的高水平运转，DARPA 对研究人员的轮换不会超过六年的时间。一方面，可以推测这种传统的初衷在很大程度上与避免官僚主义、保持结构精简有关系。另一方面，这种不断注入的新鲜血液在对技术创新的推动方面也十分有益。如 DARPA 第十八任局长安东尼·特瑟（Anthony Tether）曾说的："这种定期的更换意味着，在十年的时间里，一些人可能会带着我们之前尝试过但未成功的思路加入 DARPA，而周围的人对他们的思想不会有异议。正因为如此，DARPA 与其他地方是不同的。”

其三，生物技术办公室的建立。

在生物技术办公室成立之前，DARPA 在生物科技领域的创新研究是相对分散的。如国防科学办公室中的神经系统科学研究、生物学研究；微系统技术办公室中的生物平台研究；战略技术办公室中的环境改造研究等。直到生物技术办公室成立后，才将这些传统的生物科技与新兴的交叉性科学领域整合到一起，从单个细胞到复杂的生物系统，再到这些生物体存在的宏观和微观环境，其研究范围十分广泛。生物技术办公室的职能主要有：恢复和保持士兵的作战能力；管理生物系统；将生物系统的复杂性延伸到空间、时间和物质。从生物技术办公室的职能可以看出，一方面，神经科学与脑科学仍然是 DARPA 在生物科技的创新研究中重点关注的领域。大脑与外界的交流、大脑指导个体行为、大脑做出决策的时间问题等影响士兵战斗力的重要因素，在信息战中仍然将发挥关键性作用。另一方面，多样化、智能化，以及交叉融合的发展将是生物科技的未来趋势，这也预示着在未来一个促进生物科技领域全面发展的新的生物科技体系的出现。

其四，项目的管理与监督。

DARPA 的项目管理与监督可以归纳为项目产生、项目决策、项目的监督与评估三个阶段。在项目产生阶段，DARPA 采用由下至上的方法发现新的思想，同时采用自上而下的方式，提出技术难点问题。具体而言，DARPA 的项目管理人员通过与许多不同的人员和团体对话的方式确定技术难点。这个过程包括：由国防部长专门分配任务；由各军种的部长、参谋长联席会议主席和联合作战司令提出需要帮助的要求；征求高层军事领导的意见；研究最近的军事行动，找出限制美国部队能力和缺乏好的思想的情况；与国家空间情报局、国防威胁降低局、国防信息系统局和国防后勤局等国防机构进行讨论；与情报机构进行讨论；与其他政府机构或非政府机构进行讨论；参观军种举行的演习和试验；DARPA 自主提出等。在项目决策阶段，在构想得到 DARPA 局长、技术办公室主任等人的肯定后，项目的解决方案将会通过发布综合性布局通告的方式征集，进而交由相关科学审查团队进行严格的论证与监督。最终，DARPA 的项目将会由多家大学、研究机构及企业共同承担。

三、美国生物科技的军事潜能

生物科技领域的创新研究是人类认识自然和自身的终极疆域，而这一领域的突破性进展必将波及军事领域。DARPA对生物科技领域的高度重视，及其围绕生物科技展开的一系列战略部署，预示着生物科技领域在未来战争中的战略风向标意义。美国生物科技的军事潜能可以概括为三个方面：国家安全的技术支撑；武器装备的创新保障；信息战士的能力要求。

其一，国家安全的技术支撑。

DARPA局长阿尔提·普拉巴卡（Arati Prabhakar）曾在国会众议院听证会上指出："生物是大自然的终极创新者，任何创新都应该利用系统复杂的生物学大师来获取灵感与解决方案。"生物科技的创新发展，影响着全球军事变革的走向，并带来安全层面上的新挑战。就作用对象而言，生物科技将对人的影响置于前所未有的高度，战争将围绕人的属性与人的生命意义而完整展开；从作用范围而言，未来的作战空间将从生物体的生物空间拓展开，生物科技将会与人类生活产生密切的关系，并将会催生出继陆海空天电之后的一个新的疆域。同时，由于生物科技的多样性、智能性，及其与其他技术的融合性，它在安全层面的不确定性、无规则性与无秩序性也将让其留下不安全的隐患。因此，在关注生物科技领域创新发展的同时，重视其在国家安全层面的利益与影响，无论对国家发展还是军事冲突防范都将大有裨益。

其二，武器装备的创新保障。

观念创新是武器装备创新发展的前提，而前沿技术则是武器装备发展创新的关键。DARPA善于把握未来科技发展趋势，并将创新观念应用到具体的项目研制之中，这就为武器装备的创新发展提供了前提。作为如今前沿技术的代表，生物科技是当今世界发展最快、最为活跃的领域之一，生物技术与信息、纳米、材料等相关技术领域的交叉融合正在或即将引发一场新的技术革命。DARPA着眼当前及未来军事需求，精心选择发展前景良好、对提升美军军事能力具有重要影响的研究方向开展技术创新研究。同时，DARPA综合利用现代生物科技的知识与进步，使美军装备更安全、更有效，这就为美军武器装备的研发提供了创新保障。

其三，信息战士的能力要求。

第二次世界大战后，随着电子计算机、光导纤维、遗传工程、空间探索等新兴科学技术的出现与发展，新一轮的技术革命也在全球范围展开。这场革命在军事上引起的后果，就是将进一步从根本上改变军队的作战能力，使未来军事系统网络化、综合化，其主要元素间也将由功能互补走向智能互补，即成为一个既能发挥人的创造性，又能发挥机器系统高速度、大容量等特性，从而可以充分发挥人和机器各自特长的综合人机智能系统。一方面，生物科技与定向能技术、现代物理学成果等的结合，能够形成对人员的毁伤效应。另一方面，生物科技在脑科学、神经科学方面的发展，使得战争的智能效应达到巅峰。战争中的“体”与“智”在生物科技领域达到辩证统一，并将使得未来信息战对人的“体”与“智”提出更高要求。

（贾珍珍　曾华锋　石海明）

武器心理效能：一个心理战研究视域中的盲点

武器不仅有物理效能，也有心理效能，对武器心理效能的深入研究有利于更好地把握未来心理战主动权。本文在首次界定武器心理效能基础上，分析了其类型：直接效能与间接效能、正向效能与逆向效能、理论效能与实战效能。最后指出了武器心理效能的特点：时效长、可传递、能放大、难度量。

一、武器心理效能的界定

多年来，无数军事理论家致力于战争的定量化研究，并取得了一定成绩。其中的佼佼者，像克劳塞维茨、兰彻斯特及杜普伊，早已和其研究成果一道铭刻在了军事学术史上，正是他们在战争定量化研究方面所做的开创性工作，为后继者标明了前行的路标。

其中，杜普伊在武器装备物理效能方面的细致考察，启发了人们进一步研究武器装备心理效能的思想。具体而言，关于武器物理效能，相关理论已有深入探讨，这一点，从其清晰的定义中即可窥见一斑："效能是一个系统满足一组特定任务要求程度的能力（度量）；或者说是系统在规定条件下达到规定使用目标的能力。'规定的条件'指环境条件、时间、人员、使用方法等因素；'规定使用目标'指所要达到的目的；'能力'则指达到目标的定量或定性程度。"这里的效能自然指武器的物理效能。至于武器的心理效能，相关论述却无案可察。我们认为，狭义的武器心理效能即心理杀伤力，指武器在运用于作战时对敌方官兵造成的心理杀伤力。而广义的武器心理效能，则不仅包括武器在战场上对敌我双方官兵的心理威慑、杀伤效能，还包括非作战情况下对一个国家公众、部队及元首的心理威慑效能，简而言之，指武器的心理影响力。

二、武器心理效能的分类

在时间的长河中，武器不是凹凸河床，千年恒定，恰似滔滔江水，绵延流长。从早年与民用技术的共生共长，到两者分道扬镳后的独自演变，在经历了冷兵器、热核兵器、机械化兵器时代之后，如今，武器已进入信息化、智能化时代。原始的“矛、盾、车、旗”早已不复存在，取而代之的是富含高科技基因的信息化武器、智能化武器。面对人类武器库中种类繁多、机理各异的实体，倘若试图为其寻找某种单一的心理效能，一开始就注定会以失败告终。多元的对象自然需要多元的解读，亦正因此，我们才不揣冒昧地从作战运用、作战影响、武器本体及受体反应四个方面，尝试对历代武器心理效能进行横向分类，提出了一系列范畴：直接效能与间接效能、正向效能与逆向效能、理论效能与实战效能。

（一）直接效能与间接效能

由于武器心理效能具有扩散性，所以这就存在一个延迟问题，存在一个短期效能与长期效能问题。当年美军核击日本时，异常惨烈的战争毁伤，瞬时就给广岛、长崎市民以深深的心灵杀伤，无以数计的人爬出废墟，带着满身血污狂奔于空旷的大街，本能的反应促使他们去寻找一处避难之所。然而，街道两旁满目疮痍的景况彻底击溃了每个人心中那一丁点希望，到处是残垣断壁，到处是伤者哀号。多年之后，灾难的幸存者每每回想起那悲惨的一幕，双眸中无不立刻惊显一种绝望般的恐惧，从中，核武器的实战心理效能一览无余——这可谓是武器的“直接心理效能”；今天，我们从有关二战的书籍记载中，从当时著名人物的追忆访谈中，重新凝望那段历史，虽然尘封多年，但核武器超强的杀伤后果，依然给我们以强烈的心理震慑。从美苏两国长达半个世纪的核武较量中，从世界各地此起彼伏的反核声浪中，从接连不断缔结的防扩散条约中，我们实实在在地感受到，核武器依然是高悬在人类心头的达摩克利斯之剑。这种心理效能正是核武器的“间接心理效能”，用学术化的语言讲，是“杀伤存在”经过信息传递后的放大效能；用通俗化的语言讲，是武器对人类心灵的第二次煎熬。

至于武器“间接心理效能”的产生原因，除了上述有关信息传递因素以外，还有一种特殊的情况是，核武器、生物武器等大规模杀伤性武器的物理效能本身就有延迟性。比如，核爆炸后“放射性落下灰”的辐射效应，它造成的持久社会心理效应超过了核爆炸瞬间对物质破坏的后果。具体而言，这种“放射性落下灰”的威胁无时无刻不笼罩着受辐射者的心。未知何时发作的不确定性，夹裹着当人们努力设法适应核袭击后悲惨处境时心头泛起的焦虑、抑郁及迷惑，一起向心头袭来，其悲哀之情、痛苦之形多数难以言表。至此，透过核武器的短期、中期、长期杀伤效能，我们就不难理解为何要将武器心理效能，作“直接效能”与“间接效能”这种看似简单机械的二元划分了。

（二）正向效能与逆向效能

武器的心理效能问题，说白了就是武器的心理杀伤力问题，其杀伤对象为人，是有思维有意识的人。确切地说，对于武器的物理效能，只存在被毁伤与未被毁伤两种选择，不存在正逆双向问题。但是，武器的心理效能却不同此理。从武器投放战场使用来看，可以分为正向效能与逆向效能。所谓正向效能，即武器对目标受体产生了有效的心理杀伤或心理威慑。以此类推，武器的逆向心理效能，即指武器非但没有对敌方产生有效心理杀伤或心理威慑，反而对己方作战官兵的心理产生了逆向杀伤。以海湾战争为例，在开战前，伊拉克军方广为宣传自己进口的武器异常先进、非同凡响。一方面旨在鼓舞己方士气，另一方面也顺便吓阻美英联军。总而言之，想使自己的武器产生有效的正向心理效能。但是，在旋即而至的战争中，呼啸而来的巡航导弹成了令人恐怖的景象，下面的战争实录从一个侧面表现了伊军武器与美军相比的明显代差：“美国有线新闻网记者彼德·阿尔内特曾看见一枚巡航导弹从旅馆房间的窗户旁边飞过，悄然无声地对准了位于巴格达市中心的伊拉克国防部大楼。美国和英国的电视台开始从武器本身的角度播放一些导弹袭击的录像，并介绍了激光束如何定位目标等有关技术性问题。在一次导弹袭击行动中，伊拉克空军一个建筑物的最上面几层被导弹命中后爆炸。而在其他袭击行动中，一枚导弹钻入一个（隧道、建筑物的）风井或钻进了一个建筑物的窗户。”

事实上，在为期八年的两伊战争中，伊拉克军队懂得了只要待在自己的坦克里就会毫发无损。然而，等到海湾战争爆发时，在“沙漠风暴”揭幕后的两三天之内，他们又懂得了只有不待在自己的坦克里才能安然无恙。武器依然是昨天的武器，认识却再不是昨天的认识，前后反差为何如此悬殊？萨达姆在思考，伊拉克在思考，全世界的人都在思考。我想，或许只能拿美国高技术武器的心理杀伤力来诠释了："开战后数小时之内，多国部队就建立起了空中优势，用精确制导弹药迅速摧毁了伊拉克的地面防空和飞机掩体。伊拉克空军立刻意识到他们根本不是多国部队空中力量的对手。"从此，美军获得了在伊拉克天空自由驰骋的通行证。正是美军先进的武器，在血与火交织的战场上，用铁的事实戳穿了伊军"己方武器先进"一厢情愿式的安慰之词。无论何时，"自欺欺人"的肥皂泡一旦破灭，其后果就不堪设想。如果说在海湾战争时伊军小规模的逃跑还不能说明问题，那就让我们把目光投向时隔12年之后的伊拉克战争，当精锐之旅——"共和国卫队"在关键时刻"集体蒸发"时，就不能不让我们发出这样的感叹了："心在，一切都在；心去，一切都去。"而这一切，从学理上讲，恰好就印证了武器心理效能实在是一把"双刃剑"——正向效能，会令大军死而复生；逆向效能，则令士气轰然崩塌。

（三）理论效能与实战效能

按照一定的评估指标体系，我们不难大致评估出武器的心理效能，但是，必须指出的是，这里的心理效能只是一种理论值，也就是说，是未充分考虑战场实际环境或对手防备情况的静态效能。事实上，实际情况的复杂性远远超过我们的想象，比如一种武器在战时的心理效能，往往有很强的波动性。克劳塞维茨也说："战争是个充满不确定性的领域"，正是战争中无数难以预料的"死角""阴影"使得武器心理效能变得扑朔迷离，以至大家一想到其评估问题就直摇头——"这太难说啦！……这种评估没有可能，也没有多大意思吧？"纵然是像核武器这样的超杀武器，其非战时的威慑心理效能，也不是永恒不变的客观存在，它往往随着国际政治的风云变幻而令人难以琢磨。有时，即使是偶然爆发的国际事件，也会经过多级、多关联放大，最终导致这种"风吹草动"完全逆转核武器原有的心理威慑效应。下面这个具体案例，从一个侧面说明了军事对抗一方的有效防护将对武器心理效能产生深刻的影响。

第一次世界大战时，德国的飞艇一度给英国人心理以强烈的震动，其心理效能起初发挥得淋漓尽致，然而，随着时间的推移，英军终于找到了有效的防护盾牌，于是，在随即到来的攻击作战中，德国飞艇就再也未能重现昨日雄风了。对此，美国小戴维·佐克在《简明战争史》中有过详尽记述："英国和德国都试验了飞艇。经过多次不幸事故后，齐伯林伯爵于

1912年造出了有用的海军飞艇。‘齐伯林’式飞艇不仅能用于海军侦察而且可以用于战略轰炸。1915年1月19日开始对英国空袭，同年又先后进行了十九次。他们在物质上造成的损失是轻微的，但却给英国政府带来了相当大的精神上的震动。于是，英国在防‘齐伯林’措施方面花了很大力气，这些措施与反入侵防御措施又密切结合起来了。1916年9月2日的大空袭中，德国集中了十四架飞艇袭击伦敦，但是此后的空袭就再没有取得成功，因为自那以后英国已经有了警报器、高射炮、探照灯和能拦截‘齐伯林’式飞艇的战斗机。德国人又创造了‘爬高飞艇’，它们的作战升限达到二万四千英尺，但它们也只造成了少量的损失。”

将武器心理效能分为理论效能与实战效能，就某种意义而言，也是遵循客观事实的需要。回顾战争史，根本无法找到具体的哪种评估模式能将武器的心理效能全部囊括，也无法找到具体哪个文本概念能够贯通解释复杂的武器对抗史。于是，我们才能理直气壮地从武器本身，从本体的角度，将武器心理效能一分为二——理论效能与实战效能。

三、武器心理效能的特点

武器的心理效能，由于其特殊的产生机理，特殊的作用对象，以及特殊的应用方式，因此，自然表现出一系列与物理效能迥然相异的特点。假如从时间、传递、失真及评估四个方面进行考虑，我们即可归纳出武器心理效能的如下主要特点：时效长、可传递、能放大及难度量。

（一）时效长

武器心理效能，不仅存有立竿见影的特点，更存有明显的滞后性。民间俗语讲，“一朝被蛇咬，十年怕井绳”，就某种意义而言，恰恰是心理效能的生动写照。1945年3月9日至10日，美军对日本东京的空袭，造成了18万3千人伤亡，破坏不可谓不严重，损失不能说不巨大，但是，对人们的心理影响却远没有核武器造成的杀伤持久。至今，一提起核武器，浮现在人们眼前的往往就是1945年发生在日本广岛、长崎的原子弹爆炸后的情景。当然，二战后某些大国以挥舞“核大棒”的方式谋求解决国际争端之思维定式，客观上更是延长了核武器心理效能在人类心门之外游荡徘徊的时间。

（二）可传递

武器物理效能的受害对象是确定的，如某时某地发生导弹袭击事件，伤亡是张三，就是张三，炸毁的是甲地，就是甲地，一切都毫无悬念。然而，武器的心理效能却不然，时间、区域与对象都是流变的，没有固定，没有必然。其原因就在于，武器心理效能的产生过程之重要一环节是信息传递，而信息又具有可扩散性、可存储性、可分享性，因此，自然就导致武器心理效能也具有明显的可传递性。在 1986 年 2 月 24 日至 25 日两伊战争中“曙光 9 号”战役里，伊拉克秘密使用了化学毒剂，致使战场上出现了惨不忍睹的情景，这给伊朗官兵以极大的心理威慑。后来伊朗宣称，有 8500 名士兵受到了毒害。缘于对抗的目的，或许伊朗方面的统计结果存有出入，但联合国特别医疗小组的报告随后也说，至少有 700 名士兵被毒死。事隔四年，当海湾再次爆发危机时，伊拉克入侵科威特及两伊战争中的化学战阴影开始笼罩整个阿拉伯世界，化学武器威力巨大的心理杀伤力对海湾地区阿拉伯国家产生了强烈的威慑。

于是，危机之初，美国就顺便利用这种情势，发起了强大的舆论攻击，向世界各国尤其是伊拉克的邻国宣传伊拉克存有生化武器，并且随时都有可能使用。此宣传之举十分见效，最终促使了反伊联盟的形成。与此同时，美军还不断向伊拉克播放录音、录像等节目，宣传美军武器强大的杀伤力，附加还对伊拉克实施核威慑。当然，伊拉克曾经有过的化学战记录，也给以美英为首的多国部队产生了巨大的心理威慑，防化学武器攻击成为各国部队的重要防护任务。多国部队从战争准备到战争开始，从前线士兵到后方文员，从波斯湾到红海，都配发了防化服及面具，天天生活在化学武器的阴影下。特别是伊拉克飞毛腿所攻击之处及伊拉克火力控制范围内，作战官兵更加相当紧张。当然，对伊拉克人民而言，在一些城市，有条件的人们也纷纷逃离家园，学校关门，生产停工，人们大量储存食品和饮水，一片慌乱景象。由于武器心理效能具有可传递性，因此给大面积的人员造成了精神摧残，留下了心灵余悸。

（三）能放大

从 17 世纪的滑膛枪炮到 21 世纪的“F-22 猛禽”战机，从英国长弓到美国战略核潜艇，无论时空跨越多大，武器的物理杀伤力永远都不会增值或缩水，“物理效能保值”是其遵循的定律。然而，武器心理效能却绝不受此羁绊，能左右其大小的因素多如牛毛、不一而足。如果不借助媒体的渲染，在海湾战争中派上用场的任何一件所谓高新技术武器，其威力都没有人们以为的那么大。在整个战争期间举行的多达98次的新闻发布会上，人们看到了精确制导炸弹如何沿通风孔钻入建筑物中爆炸的画面和“爱国者”击毁“飞毛腿”等许多令人印象深刻的镜头，这一切给了全世界包括伊拉克人以强烈的视觉震撼，关于美制武器奇特威力的神话由此确立。

除却现代社会无孔不入的信息传媒肆意渲染，无数自硝烟弥漫的战场返乡的军人，无论是勇士，还是懦夫，将军抑或士兵，作为血腥战争的见证者，源于各自的经历与素质差异，往往会有意无意地扭曲战争原本的线条。经过“以怕传怕”的多级传播，武器的心理效能通常会被放大若干倍，明显失真。倘若思维的触角继续前伸，我们即可发现，武器心理效能会放大的终极根源在于，其本质上是一种心理信息杀伤。与相对固定不变的物理信息、生理信息等物质信息相比，心理信息具有自身特点与优势。如筛选加工的倾向性，物质信息的筛选加工可以客观地进行，不带任何倾向。但心理信息传送必须服务于特定目的。再如传播扩散的多变性，物质信息传播过程中不易失真，而同样一条理念信息、情感信息或事实信息，不同阅历、不同环境下的人在接受信息时，完全会有不同的理解或感受。同时，在进行二次、三次传播的过程中，人们还会加入自己的理解，进行再次合成与制作，正说明心理信息在传播扩散过程中具有多变性。

（四）难度量

度量武器的心理效能，倘若在物理杀伤力、信息传播力及目标防护力三个指标中，一个缺席，难；两个缺席，颇难。纵然是某种单一武器的战时心理效能，也因在具体作战中，影响因素交织复杂，往往牵涉战场环境状况、作战官兵训练水平及战争正义与否等多种因素，精确度量根本无从谈起。当然，除了这种对单一武器心理效能的度量之外，隔代武器心理效能度量似乎相对容易一些，但依然有障碍，比如，第一次世界大战中的坦克与海湾战争中的飞机，理论上我们能以各自的物理杀伤力指数为依托，考虑心理效能的影响因素，得出两者的心理效能相对理论指数。然而，由于第一次世界大战时，坦克还只是陆军的“作战专利”，而海湾战争时，“空地一体化”的作战样式，早已使飞机的作战效能不再为空军所独享，此时，两者比较而得的心理效能“理论指数值”，会不会早已幻化为别的面孔呢？

科技创新的文化透视

文化是人类为了满足生存和发展需要而进行的创造性活动的方式和成果，是伴随着人类的诞生而产生的，根源于人类谋取生存和发展的实践活动之中。因此，文化首先体现为人与自然的一种特殊的关系，人类正是在认识自然、适应自然和改造自然的活动中，逐渐萌生出最初的科学文化。

然而，由于世界各国的文化环境、地缘条件和社会形态等不同，科学文化的发育形态和历史进程也有明显的不同。不同的文化传统，不同的人文传统，孕育出不同的知识类型。科学史学家梅森认为，“科学主要有两个历史根源。首先是技术传统，它将实际经验与技能一代代传下来，使之不断发展。其次是哲学传统，它把人类的理想和思想传下来并发扬光大。”我们今天所讲的“科学”就是指源于古希腊、诞生于近代的西方自然科学。

我们通常所说的“科学技术”实际上包括两个方面：第一个方面是科学，它是指人类理解、解释世界的认识活动，以认识真理为最高目的，其主导精神是知识理性（纯粹理性），它关心的是人类如何建立起关于世界的知识体系。第二个方面是技术，它是指人类征服、改造世界的实践活动，以实用为最终衡量标准，其主导精神是技术理性（实用理性），它关心的是如何使人类关于世界的知识转化为改造世界的技术过程。在科学技术活动中，源于“哲学传统”的纯理论科学家一般将科学看作是为认识而认识的理论科学；而源于“工匠传统”的技术发明家则主要是从实用性上来理解科学的。历史上由此形成了“为求真理而认识”和“为求实用而认识”两种科学价值观。这便是西方思想家为什么将科学与技术作明确区分的原因。

科技创新是指与科学技术相关的全部创造性活动，包括科学知识的生产、新技术和新产品的研发、技术的引进与本土化、成果的转化与推广等。科技创新活动内含着科技工作者的一种特殊的精神品质，是新观念、新知识和新方法的融合；同时，需要能保证知识生产高效运行的社会组织制度和体制机制。创新文化为科技创新提供所需的精神文化上的要素和相关制度安排，成为科技创造力得以不断生成的土壤。

一、创新文化是什么？

（一）创新文化的内涵

“创新”一词最早是由美国经济学家熊彼特于1912年出版的《经济发展理论》一书中提出。他通过对经济发展的深入观察，划时代地提出了技术创新是经济增长最重要的驱动力的论断。近百年来，创新理论不断发展，继熊彼特之后，创新理论主要朝着两个方向推进：一是技术创新经济学派；二是制度经济学派。20世纪90年代以来，西方创新理论有了重大突破。从1987年弗里德曼的《技术和经济运行：来自日本的经验》，到90年代初纳文逊的《国家创新系统：比较分析》和伦德华尔的《国家创新系统：一种创新与交互学习的理论》，再到1994至2002年经济合作与发展组织（OECD）的《管理国家创新系统》专题报告，创新文化逐渐成为创新理论的重要组成部分。

当然，创新文化作为一种文化现象，在我国古已有之，源远流长。古代思想家们历来强调推陈出新，主张“苟日新，又日新，日日新”（《大学》），要求“去故”“取新”（《杂卦传》），强调“天行健，君子以自强不息”（《周易》）。这些思想为创新文化的形成和发展奠定了深厚的思想基础。

所谓创新文化，顾名思义就是一种能够激发人们的创新意识和创新热情，增强创新动力和创新能力，鼓励和保障创新行为，为创新活动提供广阔空间的文化模式、文化环境的总称。它包括与创新有关的价值观、态度、信念等观念文化，也包括有助于创新的政策、体制、机制等制度文化，还包括有助于创新的社会环境与氛围等环境文化。

（二）创新文化的基本特征

在不同的历史时期，不同的国家和组织，创新文化有不同的表现形态。比如，美国的创新文化崇尚个人奋斗，个人对组织的忠诚度比较低，科研机构、大学、企业中人员流动率比较高，使得不同背景、不同文化的人才能够相互交流、相互碰撞，不断激发新的思想火花。与之不同，日本社会中存在着强烈的基于文化认同的相互信任，日本人有着强烈的社会大协作精神。

尽管如此，不同时期、不同组织的创新文化仍然存在一些共性特征。

其一，鼓励创新的价值导向。一个国家的价值观念、行为规范、制度政策、文化模式提倡什么、赞扬什么、贬斥什么，都会直接影响着个人、集体或组织的思想倾向和创新行为。创新文化内在地具有追求创新的价值导向，体现了一种对创新行为价值的内在判断，是“先进文化”的具体体现。1995 年美国国家科学技术委员会在《技术与国家利益》的报告中，对美国开国者的远见卓识所做的评价：“我们开国的父辈们设想了一个持久创新的国家，而且意识到需要鼓励那些技术进步中的强者。这样，国家的第一项技术政策被直接写进了美国宪法，明确了联邦的责任，即‘为促进科学和有用艺术的进步，确保作者和发明者在有限时间内对其作品和发明的专有权’。并且‘制定重量和尺度标准’。”报告认为对创新价值的充分肯定，是今天美国成功的重要基础。

其二，勇于创新的社会风尚。创新总是包含着不确定性。这种不确定性表现在两个方面：一是创新结果的不确定性。如著名物理学家卢瑟福 1933 年曾断言：任何希望通过原子的嬗变获得能量的人都是在说梦话，但是蘑菇云的升空有力地反驳了卢瑟福的断言。二是创新过程的不确定性。如弗莱明发现青霉素，伦琴发现 X 射线，都在意料之外。而且，工程、技术、科学，不确定性由小增大。科学研究的不确定性最大，工程的不确定性最小。不确定性意味着风险，回避风险就永远也不可能创新。要创新，就必须要有冒险的勇气。不确定性意味着多种发展的可能性，要在多种可能性中真正竞争取胜，就必须有明确的目标和追求。不确定性意味着没有必然的竞争成功者，要在竞争中赶超领先者，就必须有坚定的信念和自信心。人的创造性，很多时候勇气比智慧更重要。创新，就在于勇于思考可能性、寻求可能性和实现可能性，这就需要有丰富的想象力和冒险精神。

英特尔公司就是由几位年轻人先后脱离诺贝尔奖得主肖克利的半导体实验室而自主创办的高科技企业。英特尔公司的企业文化特征之一就是“允许有相当的冒险空间”，崇尚“宽容失败”和“风险成长”的价值取向。日本、韩国经常通过强化公民的危机意识来强化创新图强的国家意志，并把这种追求内化为人们的自觉愿望，转化为人们自觉的思想和行为，形成广泛的社会共识。这不仅是日本与韩国的成功经验，也反映了创新型国家创新文化的重要特征。

其三，怀疑批判的精神气质。怀疑和批判的态度，是自由探究精神的核心，是一切创新活动的基本出发点。没有怀疑，就不可能有真正突破性、创造性研究，也就不会有科学发现。

在科学研究的过程中，认知结构的局限性、观察实验的可谬性、假说的猜测性等因素，导致科学理论具有可错性。因此，不存在不可超越的知识和技术，不存在不能怀疑的专家和权威。

爱因斯坦是富有批判精神的科学家，他是在批判经典物理学局限的基础上创立了相对论理论。然而，即使像爱因斯坦这样的伟大的科学家，同样也难免犯错误。爱因斯坦在创立相对论后，一直想寻找一种试验模型，以便把自己的理论用于解决实际问题。然而，当他把自己的理论用于整个宇宙空间时，得到的解却是不稳定的，也就是说在这个模型中，空间的距离并不是保持恒定不变的，而是随着时间的推移或者伸长或者缩短。实际上，这样的结果是符合相对论的。但爱因斯坦受传统的观念所束缚，认为空间不应该自己膨胀或者收缩，宇宙中两个点之间的距离应该是不变的。他百思不得其解，只好认为自己的模型出了问题，为了能够得到一个恒定的解，他便在自己的方程式中加上了一个常数项，称之为“宇宙常数”，以此来保证宇宙中距离不会随时间而改变，这就是爱因斯坦的静态宇宙模型。

四年之后，即 1922 年，年轻的数学家和大气物理学家弗里德曼，在详细地研究了爱因斯坦的计算之后，认为这位伟大的科学家犯了一个非常关键性的错误。弗里德曼按照不加任何修改的爱因斯坦广义相对论方程进行计算，所得的模型却是一个膨胀着的宇宙，他把这一结果寄给了爱因斯坦。开始爱因斯坦认为肯定是弗里德曼算错了，但他很快就被弗里德曼所说服，因为他得到的静态宇宙是不切实际的，只是一个特殊的解，是极不稳定的，只要稍有一点更动，就会膨胀或者收缩。可见，爱因斯坦是在批判经典物理学的基础上，创立了相对论，但又因传统观念的束缚做出了错误的预言。弗里德曼在批判爱因斯坦静态宇宙模型的基础上做出了宇宙膨胀的伟大预言。在科学领域里没有绝对的权威，只有不断地批判和怀疑，才能推动科技的进步与创新。

其四，激励创新的制度环境。创新需要制度的保障和激励。一方面，合理的制度有助于保障创新者的创新收益。制度经济学的研究表明，任何一个制度的基本任务就是对个人行为形成一个激励集，通过这些激励，每个人都将受到鼓舞而去从事对整个社会有益的经济活动。正是创新的这一规定性，决定了对创新行为的激励是必要的，是社会进步的基本条件。实践表明，成功的创新型国家都充分认识到包括专利制度在内的激励措施对推进创新的重要意义。另一方面，合理的制度有助于约束创新中的机会主义行为，为创新提供稳定的社会秩序。创新过程中人们面对的是一个复杂的、不确定性的世界，这种不确定性部分地来源于人们的交易行为，交易越多，不确定性就越大，信息也就越不完全，在信息不对称的前提下，机会主义行为的产生也就成为可能。即人们可以通过欺骗或其他隐蔽的手段，投机取巧，为自己谋取更大的利益。这就需要通过制度来予以约束。

二、创新文化推动科技创新的历史进程

纵观数百年来的近现代科学技术发展历程，我们可以清楚地看到，文化是科学技术进步的母体。一个社会的文化氛围不仅影响科技知识和成果的出现，更会影响到科学知识的传播以及科技成果向现实的转化。

日本学者汤浅光朝在《科学活动中心的转移》中提出了著名的“汤浅现象”，即一定时期内，当某一国家或地区的科技成果数占世界科技成果总数的 25% 以上时，该国或地区就成为当时世界科学活动的中心。近代以来世界科学活动的中心，先后经历了从意大利转移到英国、法国、德国和美国的历程。科学活动中心的转移，表面上是地理位置的更替，实质是科技创新能力强弱转换的结果，并与这些国家深厚的创新文化基础分不开。

（一）意大利文艺复兴与近代自然科学的诞生

以人文主义为中心的意大利文艺复兴运动直接孕育了西方近代自然科学。为什么文艺复兴运动会促进西方近代科学的诞生呢？英国科学史家丹皮尔说得很清楚：人文主义者“为科学的未来的振兴铺平了道路……假如没有他们，具有科学头脑的人就很难摆脱神学成见的学术束缚；没有他们，外界的阻碍也许无法克服”。

在历史上，人文主义对西方近代科学的诞生产生了决定性影响。

其一，人文主义为近代科学诞生奠定了思想基础。

在中世纪的欧洲，占主导地位的哲学体系经院哲学，实际上就是一种宗教神学体系，它的研究对象是上帝，研究目的和功能就是为基督教教义

作论证。比如，一个针尖上能够占几个天使？天使吃什么？可想而知，在这种的社会背景下，在这样的思想禁锢中，人们要想沿着正确的道路探索自然界的奥秘是根本不可能的。

文艺复兴运动中兴起的人文主义思想不仅为科学研究扫清了思想障碍，而且也为近代科学的诞生奠定了牢固的思想基础。人文主义的核心就是提倡人性，崇尚理性，鼓吹个性解放和人的自由。注重现实世界，反对宗教神学的束缚。在人文主义思想的推动下，古希腊人注重研究自然界奥秘的传统在文艺复兴后得到了全面继承和发扬。人们把探索自然界看成是生活的一部分，研究自然界合法化，并激励人们去努力探索自然界的奥秘。因此，文艺复兴既是“人的发现”，也是“世界的发现”。关于“世界的发现”，主要包括三个方面：一是通过航海或远行，获得地理上的发现。二是自然科学的发现。到15世纪末，意大利在数学上和自然科学上取得的成就，使得“每一个国家的学者，就连哥白尼也都承认他们自己是意大利的学生”。三是自然美的发现。他们不仅力图用艺术来反映自然美，而且用美的观念去研究自然。正是在这种文化氛围中，哥白尼才会深情地说：“有什么东西能比天空更美好呢？要知道天空囊括了一切美好的东西。”1543年，哥白尼发表《天体运行论》，恩格斯在《自然辩证法》一书中指出，《天体运行论》问世后，“自然科学便开始从神学中解放出来……科学的发展从此便大踏步地前进”。

在中国古代，除了春秋战国时期的墨家学说中包含有一定的探究自然本质的朴素自然观的思想之外，一直盛行儒家“天人合一”的自然观。“天人合一”的自然观将社会伦理关系和自然界的客观规律联系在一起，认识自然界的规律和伦理道德是同一件事情，人类探索自然的道路变成了探索自身品行道德之路，从而将伦理道德关系推上了古代中国认识论的核心地位。在天人合一思想影响下，所有有关自然的研究都最终演变成对人，对自己的品行和道德的研究，通过人的修行感悟来达到认识自然规律的目的，因此极大地束缚与阻碍了中国古代科学的发展。

其二，人文主义为近代科学提供了自由探索的价值导向。

科学本质上是一种西方的文化现象，它与西方人对于人性的理解有关，那就是自由。亚里士多德在《形而上学》一书中开篇就说：科学和哲学的诞生有三个条件：一是对自然界的惊异而产生的好奇心；二是有思考这些好奇心的闲暇时间；三是有不受束缚的思想自由。整个西方的人文传统自始至终贯穿着“自由”的理念，一些与“人文”相关的词组就是由“自由”的词根组成的，比如“人文教育”（liberal education）、文科（liberal art）等。希腊人认为，奴隶就是不能自由表达自己思想的人，一个人如果不懂得自由的话，那么他就只能是奴隶。那么怎样才能使他获得“自由”呢？只有通过理性思辨的方式，获得和学习知识，才能进入自由的境界。古希腊最早的知识形式就是哲学。哲学就是爱智的意思，爱智不是一般的学习知识，而是摆脱实际的需要、自由探索那种非功利的“超越”的知识，一句话，爱智就是与世界建立一种“自由”的关系。亚里士多德说：“我们追求它（智慧）并不是为了其他效用，正如我们把一个为自己、并不为他人而存在的人称为自由人一样。”由此我们可以明白，为什么古希腊人主张为知识本身而追求知识。也正因为如此，亚里士多德才说：吾爱吾师，吾更爱真理。古希腊“人文精神”所开创的自由理性传统为西方科学思维的产生奠定了最初的也是最重要的基石。

西方人文主义传统从文艺复兴运动后到现在，尽管经历了许多变化，但是有一点却是一贯的，这就是“自由主义”。在学术上，自由主义就是每一个人不仅能够自由地提出自己的见解，任何知识都必须在理性面前接受批判，而且能够对任何权威发出挑战，不同学派、理论、观点能够平等地共存和相互争论。文艺复兴时期的“科学革命”以天文学和医学为突破口，树立了科学的理性精神，哥白尼创立了“日心说”，塞尔维特创立了血液循环理论。没有这种价值取向，西方近代科学就不可能冲破宗教神学的禁锢，就不可能有近代科学理论革命的发生。

近代科学的诞生还给后人留下了宝贵的思想遗产。当时的天文学家、医学家因其科学假说常常惨遭教会迫害，但他们从不放弃对科学真理的孜孜追求，布鲁诺、塞尔维特等甚至为此还被教会作为异端处以火刑。这种献身科学的崇高精神，长期以来一直成为科学发展的强大的内在动力。

反观中国古代，儒家文化过分强调泾渭分明的等级关系，把古代圣贤的言论视为真理的标准，反对学术争论，压抑了人的独立思考、创造性和批判精神。例如，“罢黜百家、独尊儒术”政策，运用行政强制力把儒学当作真正的学问，摒弃其他诸子思想，不但导致社会日益保守、僵化，也使整个社会的文化发展失去了活力，阻碍了中国科学的发展。

其三，人文主义促进了科学方法论的诞生。

1953年，阿尔伯特·爱因斯坦给美国加利福尼亚州的斯威策写了一封信。信中说："西方科学的发展是以两个伟大的成就为基础，那就是：希腊哲学家发明的形式逻辑体系（在欧几里得几何学中）以及（在文艺复兴时期）发现通过系统的实验可以找出因果关系。在我看来，中国的贤哲没有走上这两步，那是用不着惊奇的。要是这些发现果然都做出了，那倒是令人惊奇的事。"

在欧洲中世纪漫长的近一千年时间里，科学之所以没有得到发展，其中一个主要原因就是科学方法上的缺陷，即哲学传统和工匠传统的长期分离，缺乏理性精神和实验精神的结合。古希腊科学以自然哲学的面目出现，处于上层地位的学者们崇尚理性思维，强调逻辑的严谨性，蔑视手工艺人和感性经验，把经验常识作为科学起源和检验科学理论的标准。古罗马只是从实用角度出发，轻视理论思维。因此，古希腊罗马时代没有产生自然科学。当然在古希腊罗马后期的阿基米德，开始把哲学传统和技术传统结合起来，但后来的古代学者们并没把这种注重实验的方法发扬光大。

文艺复兴的人文主义集焦点于人，强调以人的经验作为人对自己，对上帝，对自然了解的出发点，因而注重从事实出发来研究问题，倡导观察和实验的科学方法。科学史学家萨顿在分析近代科学革命的原因时指出，"这场革命发生在此时，基本原因就是将这种工艺和实验的精神用于探求真理，这种精神突然由美术界扩展到科学界。这正是达·芬奇以及他的同行们所做的工作。此时此地，现代科学才得以诞生。"达·芬奇明确指出，"科学如果不是从实验中产生并以一种清晰实验结束，便是毫无用处的，充满谬误的，因为实验乃是确实性之母。"后来，伽利略把实验方法和数学方法有机地结合起来，使实验—数学方法成为近代科学研究的一般程序和经典方法。对此，爱因斯坦给予了高度评价："从亚里士多德的思想方法转变到伽利略的思想方法，这个转变成为科学基础的最重要的一块转角石。这一转机一旦实现，以后的发展路线就很清楚了。"因此我们说，近代科学的诞生应当归功于科学方法的创新和革命，而这些新的科学方法的创立则是人文主义的伟大功绩。

中国古代既没有近代数理实验意义上的科学，也没有希腊理性科学意义上的哲学。中国人讲究悟性。悟性在很大程度上是个极其私人化的东西，没有形成一套逻辑方法。悟性不能积累，不能传代，只能靠自己咂摸，不能够向他人学习。于是，随着一个人的死亡，悟性就不复存在。因此，中国可以零星的出现一两个悟性极好的人，做出一些重要的事情来，但不能积累为一个人人都能学会的方法。典型的例子就是曹冲称象，其原理实际上就是西方的阿基米德定律。阿基米德则将他在洗澡时悟出的道理形成了一个原理，并被广泛应用。而在中国，曹冲称象仅仅被作为神童故事来传颂。这也许就是为什么中国没有形成一套完整的科学体系的原因。

（二）1660 至 1730 年：英国是世界科学的中心

17 世纪，世界科学的中心由意大利转向英国，诞生了牛顿这样的科学巨星，完成近代自然科学的第一次大综合，发明了蒸汽机，为第一次产业革命奠定了基础。英国之所以成为世界科学的第二个中心，用科学史家和科学社会学家默顿的话说，是因为“17 世纪英格兰的文化土壤对科学的成长与传播是特别肥沃的”。

其一，重视经验的实证科学传统。

英国有着与欧洲大陆迥然不同的民族文化传统，这就是崇尚实证的经验主义价值取向。早在 13 世纪，经验主义的创始人罗吉尔·培根（1214 —1292）就坚决反对经院哲学空洞、烦琐的思想方法。认为要获得真正的知识，必须排除四种障碍：一是对毫无价值的权威的崇拜；二是习惯的影响；三是流行的偏见；四是由认识的虚夸而造成的无知。那么如何才能获得真正的知识呢？罗·培根认为观察和实验是获得真知的唯一方法。

今天我们来看实验方法的作用大家都很容易理解，但在罗吉尔·培根那个时代却过于超前，直到 17 世纪初，经过弗兰西斯·培根的天才创造和大力提倡，实验方法才得以广泛应用。培根强调感觉经验和归纳逻辑在认识过程中的作用，认为科学中原始的概念和基本原理是依靠经验得出来的，从经验上升到理论是一个逐步上升的过程，倡导用归纳法而不是演绎法去发现关于自然的真理。通过归纳得出的一般原理尚需接受进一步实验的检验，在经受住实验的检验后才能用来解释自然现象。这就是培根倡导的经验主义科学方法论，从那时起到今天，一直是科学研究方法的核心。

波义耳、胡克、牛顿、哈维、法拉第、达尔文等都是培根哲学的忠实信奉者。人们运用实验方法和归纳方法取得了一系列成就。例如：吉尔伯特的磁学实验；帕斯卡利用气压计做实验得出帕斯卡定律；波义耳将严格的实验方法引入化学得出波义耳定理；牛顿的三棱镜实验得出光的微粒论，同时，惠更斯提出的光的波动说；胡克对空气进入动物血以及由此产生的结果进行了实验研究等。

实验方法一方面促进了近代科学走上了分门别类的研究道路，使人们对自然的认识和研究更加深入和精确；另一方面，彻底改变了科学家的思维方式，为科技创新奠定了坚实的基础，也使英国科学传统得以形成，并一直延续到现在。

其二，崇尚科学的社会文化氛围。

17 世纪英国科学技术的迅猛发展与当时人们对科学技术的崇敬是分不开的。英国反对封建势力的新教运动，为科学发展提供了沃土。新教伦理主张通过认识自然去认识上帝，科学工作的目的在于对自然界的探究，它有益于人类，理应得到上帝的鼓励。新教伦理的这种价值取向无意之中起到了提高科学职业社会地位的作用。因此，在当时的英国，学习科学技术被看作是一种潮流，皇家、贵族把学习科学技术看作一种风度，谈论牛顿的万有引力和伽利略的天文望远镜成为普通家庭的时尚，这使得科学知识变成了“公众知识”，牛顿和波义耳研究物理和化学的范式成为欧洲精英阶层，乃至普通民众思维方式的一部分。这样便逐步导致了人们在选择职业时，兴趣向科学方面转移。到 17 世纪中叶，以科学为自己职业的人数是 17 世纪初的四倍多。

崇尚科学技术的价值观在 17、18 世纪的英国已经深入人心。我们可以从牛顿的葬礼中清楚地看到这一点。牛顿去世，英国以隆重的国葬仪式将他安葬在威斯敏斯特大教堂，这里一向是王公贵族的墓地，牛顿成为第一个安息在此的科学家。抬棺椁的是两位公爵、三位伯爵和一位大法官，出殡时成千上万的市民为他送行。法国思想家伏尔泰感慨道：“走进威斯敏斯特教堂，人们所瞻仰的不是君王们的陵寝，而是国家为感谢那些为国增光最伟大人物建立的纪念碑。这便是英国人民对于才能的尊敬。”这反映了一个国家对科学家的态度、对科学的态度。

其三，激励科技创新的制度机制。

古希腊人认为，自然充满了神性，他们没有征服自然、改造自然的观念。知识在他们看来，仅仅是为了满足好奇心。新教伦理强调功利主义，提倡科学技术应造福于人类。科学家也开始接受技术和科学应服务于社会的价值取向，培根认为衡量知识的标准是实用性，提出“知识就是力量”的口号，把知识的力量看作驾驭自然的物质力量。这种价值取向导致将科学研究与技术开发联系起来，科学研究与经济发展特别是产业发展联系起来，使科学发展在深层次上获得强劲可持续的动力机制，促进了技术的科学化进程。例如，在 17 世纪英国皇家学会的科学家的科研选题 50% 以上是有关解决技术难题的。

为鼓励科技创新和成果的应用，英国政府于 1624 年颁布了具有现代意义的《垄断法》，后又更名为《专利法》，进一步完善了科技创新的知识产权保护制度。此后，许多国家纷纷效法英国而建立起本国的专利制度，如美国于 1790 年，法国于 1791 年，俄国于 1814 年，印度于 1859 年，德国于 1887 年，日本于 1899 年，都相继颁布了本国的专利法。

17、18 世纪，英国对知识产权的保护和奖励，使几乎所有的人，都陷入了一种对新技术、新发明的狂热追求之中。如瓦特在研制蒸汽机过程中遭遇资金困难，对科学技术发明有极高热情并看好蒸汽机商业应用前景的钢铁业主罗巴克、工程师兼资本家博尔顿先后给予了资助。瓦特于 1769 年发明了分离冷凝器并获得了他的第一个专利。1774 年，瓦特的专利快要到期时，博尔顿又支持瓦特向议会申请延长他的专利期限 25 年。可以想象，如果没有专利制度的保障，这一英国工业革命的标志性成果的产业化将是极其艰难的。晚年的瓦特，生活非常富庶，他财富的主要来源就是发明专利转让费。

我们还可以从以下几个数字看到英国的这种专利制度与科技创新之间因果关联：在 18 世纪 50 年代，英国平均每年提交的专利申请案为 10 份，到 19 世纪 40 年代，这个数字变为了 458 份。这说明专利制度是科技创新的温床，同时也不断孕育着科技创新的不朽精神。

（三）1770 至 1830 年：法国是世界科学的中心

法国在 18 世纪末期到 19 世纪初期科学成就惊人。拉普拉斯、居维叶、拉格朗日、达朗贝尔、拉瓦锡等一大批科学家在天、地、生、数、理、化等各个领域取得重大突破，法国成为世界科技活动的中心。

那么，是哪些因素使法国成为世界科技活动中心的呢？

其一，启蒙运动为法国科学的普及和传播奠定了基础。

法国启蒙运动本身是一场科学精神的普及运动，它从牛顿的科学思想中受到启示和影响，也可以说是英国的科学发展对法国产生了影响，并使之发展成为一种思想解放运动，推动当时人们的观念发生转变：一是从超验到现世的转变。二是从信仰到理性的转变。牛顿的成就证明，通过观察、实验和理论综合可以获得正确的知识，甚至能推翻一些建立在绝对信仰之上的宗教观念，《圣经》不是人们获得知识的唯一源泉，相反，理性的分析和推理才是通达知识的正确道路。三是从神秘主义到自然主义的转变。牛顿用机械“力”取代天体运行中的神秘因素，以数学公式表述其规律，取得了巨大成功，这表明，无论是地上的物体，还是宇宙的天体，都固有其自然秩序和规律，根本不存在神秘因素的干预和超自然的意志。“现世主义”、“理性主义”和“自然主义”为18世纪的时代精神奠定了思想基础。因此，弘扬理性、宣传科学思想就成了启蒙主义思想家非常热衷的事情，从而导致人们对科学的热情空前高涨。

启蒙运动时期，法国科学家吸收了英国的经验论，改造了笛卡儿的唯理论，把定性和定量、数学方法和实验方法、经验归纳和假说演绎结合起来，成为近代西方科学的思想根基和方法论基础。正是由于化学实验中天平的广泛应用、精细的实验室操作、定量分析和勇于冲破旧观念，使拉瓦锡建立了氧化学说，掀起了近代化学史上的一场革命，抛弃了化学领域的盲目经验主义和炼金术的神秘思想。生物学逐渐从博物学中分离出来……初步形成了现代科学技术体系，科学这时才真正从自然哲学中独立出来。

其二，国家对科技活动的支持和投入。

法国科技的进步与繁荣，在很大程度上得益于依靠国家与政府的力量来发展科学，以及国家具有一种自觉而浓厚的科技创新意识。

一是拿破仑当政以后非常重视科学技术的应用，强调科学技术是生产发展的最重要的因素，把发展科学作为国家的首先要任务。1814年，反法同盟军围攻巴黎的时候，综合工科学校的学生要求入伍为国家争荣誉的时候，拿破仑毅然地说：“我们不愿为金蛋而杀掉我的母鸡。”这句名言后来被刻在该校物理系的梯形大教室的天花板上。

二是国家从科学、技术专家中挑选部分政府大臣。科学家卡诺、拉普拉斯等曾出任内务大臣，居维叶曾出任教育大臣，傅立叶和拉蒙曾任省长，等等。这些科学家在从政时对推动法国科学技术事业的发展中起了有效的作用。

三是国民政府充分意识到科学和教育的重要性，于1794年创办了高等师范学校，其目的就是尽快为国家培养教师队伍。1795年创办了综合工科学校，这是世界上最早的科学学校，它提供了当时最先进的科学教育，并且主张教育平等，6%平民因而得到接受科学教育的机会。1789至1800年，世界58项重大科研成果中，法国有23项，占总数的40%。其中，大部分是由工科学校的教师与学生做出的。1795年法国科学院重新恢复和改革，为科学的发展发挥了重要作用。由此可见，浓厚的国家科技创新意识对法国在18世纪屹立于科学之峰起到了推动作用。

（四）1810至1920年：德国是世界科学的中心

纵观世界科技史，我们发现18世纪基本上是对17世纪牛顿力学的消化、吸收和完善。但到19世纪，科学的发展无论在深度上和广度上，还是在难度上和规模上都较之以前有很大的不同，出现了本质上新的思想观念和新的思想方法。德国的思辨哲学传统和科学体制化的完成，为科技创新提供了智力基础和动力保障，德国在19世纪中叶成为世界科学的中心。

其一，理性思辨的哲学传统。

如果说18世纪的英国盛行经验主义，法国盛行机械唯物主义，那么19世纪德国则盛行思辨哲学。德国人擅长理论思维，具有批判精神的传统。

德国古典哲学的创始人康德在《纯粹理性批判》《实践理性批判》《判断力批判》这三部重要著作中，建立了批判哲学，构成筑起了自然科学基础，开始把科学从形而上学的桎梏和神学的浪漫主义中解放出来，对科学发展产生了深远的影响。继康德之后，歌德、谢林、奥肯和黑格尔等人都对自然哲学做出了重要贡献。

新的哲学思想为科学发现提供了新的方法论原则和新的思维方式，特别是当出现新旧范式发生转换的科学革命时，哲学思想的指导就显得尤为重要。19世纪末，以牛顿力学、麦克斯韦电磁场理论和经典统计力学为支柱的完整的物理学理论体系已经建立。当时不少物理学家认为，物理理论已接近最后完成，今后只需在细节上做些补充和发展，在小数点第六位上做文章。然而1887年，迈克尔逊－莫雷否定了以太的存在，后来，黑体辐射实验发现能量是不连续的。这引起了物理学家的震惊，被英国著名物理学家开尔文男爵称为物理学上空的两朵乌云。有的物理学家对经典物理学理论与新的科学事实之间的矛盾感到非常烦恼。洛伦兹哀叹：“在今天，人们提出了与昨天所说的话完全相反的主张；在这样的时期，真理已经没有标准了，也不知道科学是什么了。我悔恨我没有在这些矛盾出现的五年前就死去。”然而，马赫等一批具有批判精神的科学家将哲学与自然科学结合，对牛顿力学的绝对时空观进行了深刻的批判，主张从相对关系上来理解时间、空间等概念。这对爱因斯坦创立相对论起了先导作用。

从哲学思考入手再到数学或实验的思维方式，贯穿于爱因斯坦毕生的科学探索实践过程。爱因斯坦创立狭义相对论时，并没有从当时绝大多数物理学家注目的迈克耳逊—莫雷实验入手，而是从对经典物理学理论体系的内在不协调性的哲学思考入手，也即从牛顿力学体系与麦克斯韦电磁理论体系之间逻辑矛盾的分析入手，提出了改造经典物理学理论体系的宏伟设想。这不同于那些实证型科学家。如卢瑟福建立原子行星模型的探索过程便是从实验出发，再在偶然无意的实验发现启示下，构想出原子结构的行星模型。而狄拉克预言正电子的探索过程则从纯粹数学性的解方程出发，再通过哲学思考对之做出物理解释。

广义相对论同样也是借助于哲学认识论的先导作用而创立的。在关于广义相对论的第一篇完整论文《广义相对论基础》（1916 年）中，爱因斯坦明确指出，创立广义相对论的第一个理由便来于哲学认识论，“在古典力学里，同样也在狭义相对论里，有一个固有的认识论上的缺点”，爱因斯坦认为，力学定律在惯性系中适用，而在非惯性系中失效，两种坐标系中的物理现象的差异，是不能令人满意的，是违反认识论原则的。爱因斯坦就是根据“这个有分量的认识论的论证”而富有预见地提出，广义相对论的理论目标是：“物理学的定律必须具有这样的性质，它们对于以无论哪种方式运动着的参考系都是成立的。”这里，哲学思想对于爱因斯坦研究工作的指导作用是显而易见的。

正是这种民族文化传统，造就了像高斯、黎曼、赫尔姆霍兹、基尔霍夫、玻尔兹曼、马赫、普朗克、爱因斯坦、海森伯和薛定谔等一批集科学家与哲学家于一身的大师，他们擅长理论思维，具有广泛的兴趣和渊博的知识。现代物理学革命之所以发生在德国，可以说是与这种哲学传统有着十分密切的关系。

其二，科学技术体制化。

体制化是科学技术得以持续发展的前提条件。一个国家的科学体制完善与否，是影响其科技与经济发展状况的至关重要的因素。

西方科学作为一种社会体制的初步确立，发生在 17 世纪的英国，其主要标志是英国皇家学会的产生。但它只是一个皇家认可的群众性组织，不是由国家提供经费的专门的科研机构，科研经费主要是由上层社会给予支持。19 世纪德国的化学家李比希在访问英国时说："英国不是科学的园土，在那里只不过有广泛分布的业余活动。"

1666 年，法国由国王恩准，在巴黎成立了法兰西科学院。法兰西科学院是一个专门的科研机构，国家不但给予科学院足够的投入，维持其正常活动，而且还给每个院士颁发丰厚的薪金，配备助手和学生。法兰西科学院的出现是西方科学向职业化迈出的第一步。但是，我们也看到，由于当时历史条件的限制，科学体制化在法国也仅仅是初步的，这主要表现在：第一，科学研究在法国仍然是少数精英人物的事情。第二，科学家活动的非自主性制约和阻碍了科学的进一步发展。由于它得到了国家的经济支持，因而作为代价，科学家就不能完全自由地选择自己的研究课题，而必须完成国家交给他们的研究任务。因此，有人说它更像一个管理机构，而不是纯粹的研究组织。

科学体制化最终是由德国完成的，这主要表现在以下三个方面：

一是教学与科研相结合的新型大学的出现。德国大学的改革始于 1809 年洪堡创办的柏林大学。洪堡认为学术自由是实现科学发展的必要途径，学术自由与国家利益并不矛盾，是着眼于国家长远利益的，大学教授首先应该是一名研究者，师生共同参与研究、探索真理。把教学自由、科研自由、教学与科研相统一作为柏林大学办学治校的基本原则。继柏林大学之后，许多大学开始效法，大学中的学术研究气氛日益浓厚。由于科学研究在大学的发展，德国在 19 世纪科学人才辈出，成果累累，一些新兴学科如有机化学、实验生理学、实验心理学等都是在德国率先发展起来的。

二是科学学会的建立。德国传统文化特别是当时德国学术界占主流地位的黑格尔、谢林自然哲学体系，限制了实验科学的发展，实验科学的地位远不如传统的历史、语言、文学等。如实验科学在柏林大学就未被列入正式课程。因此，人们对改革后的大学学术体制仍然不满，希望在大学之外寻求另一种科学研究和交流的体制。于是在奥肯的倡导下，德国于 1821 年在莱比锡成立了全国性的自然科学家与医生学会，每年轮流在德国各主要城市举行集会，进行学术交流，宣扬科学精神。科学学会是德国完成其科学体制化的过渡和桥梁。通过学会的建立，科学精神不断深入人心，并不断扩展和影响到德国的大学中，从而削弱和瓦解了德国自然哲学的统治，为确立科学在德国大学中的地位，并最终完成其体制化奠定了重要基础。

三是大学和工业实验室的建立。德国科学体制化完成的最终标志，就是在各大学和企业中建立起来的实验室制度。化学家李比希在吉森大学建立了第一个集教学与研究于一体的现代化学实验室。在他的影响下，德国的许多大学纷纷建立了类似的实验室，如缪勒在柏林大学建立了生理学实验室，马努斯建立了物理实验室，路德维希在莱比锡大学建立了生理学实验室，冯特建立了心理学实验室等。到 19 世纪末，德国的大学逐步转换为新型的、以实验研究为主的大学。

德国通过在企业里建立工业实验室和专门的国立研究机构，把科研与生产紧密地结合起来，从而促进了科学技术转化为直接的生产力。19 世纪 60 年代，德国染料制造企业首先建立了自己的实验室，雇佣科学家进行研究。如在 1880 年，德国拜尔公司雇佣 8 名化学家；五年后的 1885 年，这个数字变为了 29 名；到 1891 年，该公司又投资 150 万马克创建了现代化的工业实验室，比当时世界上任何一个大学的实验室都先进。从 1886 年到 1900 年，德国最大的六家化学公司一共取得了 948 项染料技术专利，而同期英国最大的 6 家化学公司仅有 86 项同类技术专利。19 世纪下半叶，德国绝大多数重大的技术创新都是由工业实验室研究企业与大学合作研究开发取得的，工业实验室成为科学大规模地介入技术活动的重要途径和有效形式，这也是后来“产学研一体化”的雏形。由于科技与经济的紧密结合，在市场的导引下，科技系统内部开始分离出基础研究、应用研究和开发研究三大部分，科技创新更加精细化、结构化。

（五）1920 年至今：美国是世界科学的中心

19 世纪 60 年代，美国的科技创新能力与德国、英国和法国相比，尚有较大的差距。但是到了 20 世纪 40 年代以后，美国成为世界科学的中心。美国科学技术之所以在短时间内取得这样的成功，原因很多，科学合理的科技政策和管理机制创新不能不说是一个重要原因。

其一，有效的宏观调控和引导。

美国联邦政府科技政策演变，经历了一个从“不干预”发展到“适度干预”的过程，其政策突破口就是从重视、资助“基础研究”开始的。

美国号称是“自由的市场经济”的资本主义社会。在20世纪30年代以前，政府奉行古典主义经济学理论，认为任何经济活动都可以通过市场这个“看不见的手”去解决，政府不必去干预。两次世界大战使美国政府开始加强对科技创新的宏观调控和引导。二战尚未结束，罗斯福总统于1944年11月17日提出要研究如何把二战时的经验用于和平时期。

1945年V. 布什给罗斯福总统递交《科学：没有止境的前沿》的报告，提出要制定国家的科学政策，建立国家科学基金会，在科学研究中保障自由探索精神。布什认为“支持基础研究是联邦政府的职责”，因而对“基础研究”进行资助性的直接干预，从此美国告别了“不干预”的政策，开始“政府应适度干预科学技术的R&D活动”的新政策。“适度干预”的政策准则是：仅对“市场机制失灵之处”进行政府干预，而不是包办一切。如1946年美国海军成立了海军研究署，并实行了庞大的支持大学进行基础研究的规划，1949年《海军研究署年度报告》指出：“之所以要实施这个规划是因为，第一，我国的安全与昌盛依赖于自己的科学力量，支持这种科学力量的，是不能预料但必然出现的基础研究的成果。第二，基础研究实质上是和平阶段的一个长期的活动，以战时那种突击发展的气氛是不能有效地进行基础研究的。第三，战争期间，美国的基础知识储备已经被消耗到了入不敷出的地步。第四，海军没有发展常规武器、对抗性武器和急需的先进材料、设备和工艺所必不可少的基础知识。”

美国联邦政府基础研究的支出占美国总支出的比重，各年之间在60%至80%之间波动，这反映了联邦政府对基础研究资助的强度是很大的。

对企业的R&D活动采用间接干预政策，利用市场机制，充分发挥企业作为创新主体的作用，政府为企业实施持续创新提供政策和制度条件。如微电子产业的发展。自20世纪80年代初开始，日本厂商采取“大量投资，大量生产”策略，尤其是存储半导体市场上取得绝对优势地位，到1992年，日本在国际集成电路市场的份额达到43%，在需求量最大的存储器市场的份额更是达到64%。面对衰落的集成电路制造和设备两大战略领域，1987年里根总统将“加强竞争力”作为当年《国情咨文》的主题，决定将半导体产业明确定位为美国战略产业，突破以往对科技创新活动的传统介入方式和介入程度，以国家意志和一系列政策措施推动微电子产业的振兴。在政府的大力资助下，美国重新夺回了在半导体核心技术上的领先地位。

其二，科学合理的科技创新战略。

一是在发展重点目标上，经历了从国防科技优先，发展到国防科技与民用科技并举的转变。20 世纪 40 年代以前，美国科技政策的目标定位在公共社会福利上。二战及战后冷战的国际形势，使美国从 1945 到 1986 年实行国防科学技术优先发展战略。但是，通过近 40 年的实践，联邦政府国防科技优先的研究开发政策逐渐显现出其负面的效应。鉴于这种教训，20 世纪 90 年代后联邦政府转为实施“国防科技与民用科技并举”的政策。

二是在 R&D 项目的布局上，经历从重点学科点上突破，到重点学科领域上突破，再到全面出击的突破。1940 年前，美国科学只是在几个学科上取得突破，如遗传学、统计物理学等。二战到 20 世纪 80 年代末，美国对科学研究即基础研究支持的项目布局的政策特点则是“学科领域上重点突破”。到 90 年代美国相应的政策特点则是：“全面出击，在所有主要的科学前沿领域进行原创性工作，并保持领先地位。”具体来说是：美国研究者在所有主要的科学前沿领域从事原创工作，并使自己处于世界领先者行列。一旦国外学者做出具有原创性的新发现，美国研究者能够做出快速反应，重现这些新发现，并在同一起跑线上做出进一步的原创性研究。

三是从注重“原始创新”，进一步发展为注重“原始创新”和“二次创新”并举。1975 年之前美国一直注重“原始创新”即“一次创新”。美国工业几乎在所有技术领域都领先，世界各国所使用的发明和发现主要来自美国。但是，在 70 年代后期至整个 80 年代，日本和西欧特别是德国，从美国的发明家那里引进技术，并且在此基础上通过二次创新，从而超越了美国发明的新技术。经过反思和吸取教训之后，联邦政府在注重原始创新的同时，开始重视二次创新特别是工艺上的二次创新，实行注重“原始创新”和“二次创新”并举的政策。

其三，全球化的科技创新网络。

经济全球化浪潮的推动下，出现了科技创新的全球化，它涉及科技研发主体开始大规模跨国界转移，科技创新要素在全球范围内优化配置，科技创新活动的全球管理等方面。美国科技创新能力的不断提升，一个很重要原因的就是顺应了时代的潮流，很好地利用了经济全球化对科技创新活动的激励作用。

作为世界上最发达的国家，美国拥有全球最强大跨国公司群体。这些跨国公司既是美国创新活动的重要主体，也是美国主导经济全球化并从中获取创新收益的最主要载体。如在 2011 年获得美国发明专利最多的 10 家跨国公司中就有 5 家来自美国，其中 IBM 公司以 5866 项发明专利牢牢占据首位，前 3 名中有 2 家美国跨国公司，这充分显示了美国跨国公司强劲的创新能力。

当今的科技创新已经进入高度市场化和与金融机制相结合的时代。美国通过建立一整套创新的金融市场机制，如风险投资、股票市场等，汇集全球金融资源、全球人才资源和全球创新资源来为维持美国高科技的地位服务。在 Nasdaq 首次上市的企业中，约有 1/3 是风险投资机构的投资对象。著名的英特尔公司（Intel）、微软公司（Microsoft）、苹果公司（Apple）、太阳微系统公司（Sun Microsystems）和基因技术公司（Genetech）等，都是依靠风险投资成长起来的高科技企业，亦正因此，风险投资被誉为美国高科技产业的孵化器。以股票市场为代表的快速财富兑现机器，使以往要几十年上百年才能兑现的财富，通过股票市场几年就可实现，从而激发更多人投身于科学研究。比如，百度在 Nasdaq 上市的当天，股票价格达到 120 美元，李彦宏一夜之间就成了拥有 9 亿美元的富翁。不仅如此，百度员工中身家达到 1 亿美元的有 7 个，1000 万美元的有 100 多个，而这些人中，很多都是三四年前才大学毕业的年轻人。媒体对这些事情的广泛报道，激发更多年轻人对科技的兴趣。这种示范效应是美国创新文化的一个重要方面。

从世界科学中心的转移历程中，我们可以清楚地看到：科技创新活动并不单单是一个科技现象和经济现象，它也是一个受思想意识和价值观念深刻影响的文化现象。科技创新过程也不单单是一个物质过程，它也是一个培育创新文化、培育创新人才、提高创新素质、探索创新管理体制、形成创新能力的社会过程。文化和制度是决定持久科技创新能力和国家创新实力的关键因素。

三、建设创新文化，推进科技创新的几点思考

世界科学中心转移的历史表明，一个国家科学技术的兴盛不是突然出

现的，需要有一个长期的积累过程。作为世界文明发源地之一的中国，有着悠久的历史和文化，在科学技术发展史上也曾有过令人自豪的卓越成就。中国传统科学技术先后在南北朝时期、北宋时期和晚明时期形成了三次高峰，而且有过三次现代化尝试。第一次伴随中国思想家胡适所称宋代“文艺复兴”而发生，主要表现为科学知识的理性化，由于“靖康之变”（1127年）而中断。第二次伴随着明朝中叶“资本主义萌芽”而发生，主要表现为科学技术的社会化，由于“甲申鼎革”（1644 年）而夭折。第三次伴随着“西学东渐”而发生，主要表现为天文学和数学的复兴，由于“鸦片战争”（1840 年）而转向，最终以引进西方近代科学的方式走向现代化。

中国科学技术现代化的主流是产生于欧洲的科学技术在中国的传播。这种传播以中国传统文化为基础，它大致历经了如下三个阶段：（1）明清之际西方近代科学的第一次传播（传入）。（2）鸦片战争之后西方近代科学的第二次传播（引进）。（3）五四之后西方近代科学的第三次传播（体制化建设），体制化的标志是 1928 年“中央研究院”的成立。新中国成立后，经历 20 世纪 50 年代发起的“向科学进军”和改革开放之后的“科学技术是第一生产力”，科学技术进入快速发展时期，取得了举世瞩目的成就。但我国的科学技术离国际一流水平还有较大差距。今天，我们又面临第六次科技革命的重大历史机遇。能否抓住这样的历史机遇，对于中华民族的复兴是一次历史性挑战。因此，我们要总结经验，加强创新文化建设，不断推进科技创新。

（一）关于科学价值观的问题

西方近代科学在中国的传播过程中，中国近代社会对科学的价值认同也历经了从“夷技”到“长技”再到“科学万能主义”的渐进曲折的变化，并因此形成了极为奇特的科学价值认同体系。

梁启超曾经感叹中国人对科学的态度存在三种根本性的错误：其一，把科学看得太低了太粗了。多数人以为科学无论如何高深，总不过属于艺和器那部分（重道轻器）。其二，把科学看得太呆了、太窄了，只知道科学研究的结果的价值，而不知道科学本身的价值。其三，把科学看得太势利、太俗了，只把科学当作应用的工具，而不知道科学本身的真正价值。1911年梁启超发表《学与术》一文，第一次对“学”与“术”进行了明确的分辨。他写道：“学也者，观察事物而发明其真理者也；术也者，取所发明之真理而致诸用者也。”梁启超关于“学”与“术”的明确区分，隐含着中学与西学的重要差别：西学是求真之学，中学是求善之学。严复、王国维、陈寅恪等20世纪初的学术大师也一再强调中国传统学术思想中所缺乏的是探究自然、追求真理的科学精神。五四时期，一批先进的知识分子更进一步大声疾呼“赛先生”，认为中国要摆脱贫弱状态就必须吸收西方以科学精神为特征的文化。

然而，西方科学技术与科学思潮的被引进，并没有在中国学术领域引起深刻的“科学革命”，也没有使国人建立起超越于日常世俗生活和功利氛围之上的“科学精神”。在20年代展开的“科学与玄学”的著名论战中，属“科学派”的思想家“利用”科学知识来宣传他们对人生、社会的哲学与政治见解，使科学对中国现代意识形态的变革起到至关重要的作用。科学由此获得了至高无上的地位，成为人们新的精神信仰甚至偶像。可见，中国现代知识分子依然是从工具理性的视角来看待西方科学的，他们企图借科学来打破保守的传统思想观念的束缚，推动社会进步，以富国强兵，抵抗外侵，振兴中华。

新中国成立后，科学功利主义思想得到进一步的强化。在这种科学价值观的指导下，中国的科学技术在促进生产力和经济的发展，增强国家的军事实力和综合国力，提高国际政治地位等方面都取得了巨大的成就，科学本身也获得了令世人瞩目的飞速发展。然而，功利主义的科学价值观在取得巨大成就的同时，也给中国科技创新带来了一些不可忽视的消极影响，这主要表现以下三个方面：

其一，实用主义地从事科学研究，缺乏“为真而求真”的科学精神。

中国目前已算得上是一个“科技大国”，但不能算是一个“科学大国”“科技强国”。我国科技人员数量世界第一，科技论文数量也已位居世界第二，但科技创新竞争力却并没有提高，具有重大国际影响的原始科技创新成果少之又少。国家的自然科学一等奖连年空缺也部分说明了这一点。究其原因，非常重要的一个原因就是：中国学者大都以实用主义的心态从事科学研究，缺乏“为真而求真”的科学精神。

著名物理学家吴大猷先生曾指出：“一般而言，我们民族的传统，是偏重实用的。我们有发明、有技术，而没有科学。中国人引以为自豪的‘四大发明’是技术而不是科学。中国科学落后于西方者，不是个案的技术发明，而是科学探索的动机、视野和方法。这一状况，直到现在仍然没有发生根本性的改变。”

科学精神是科学研究活动的灵魂。科学精神不立，科学认识和科学创造也必然贫乏。爱因斯坦曾说：“我从事科学研究完全是出于一种不可遏制的想要探索大自然奥秘的愿望，别无其他动机。”因此，我们必须以高度的文化自觉，大力弘扬科学精神。

其二，将“科学”与“技术”笼统地合称为“科技”，把功利的原则推移到“科学”之上。

中国学者通常习惯于把“科学”和“技术”这两个词合在一起使用，谓之为“科技”。对此，著名物理学家吴大猷先生曾指出：“很不幸，我们在现代创用了‘科技’这个词，代表‘科学’与‘技术’两个（不是一个）观念。由于科学与技术之间的巨大差异被人为忽视，人们常常把功利的原则，推移到‘科学’之上而成为‘科学的原则’；将科学研究的目标和内容定位于近期，恨不能‘立竿见影’。实际上，这些都是‘技术原则’，而非科学原则。”

随着经济改革的不断深入，人们对科学技术的期望也越来越高，于是对科学技术的研究和发展更多提出的是短期的目标，各种评价、考核指标也是以围绕短期目标进行，而这些又和科学技术研究人员的各种利益直接挂钩。在这种文化的氛围中，科技人员难免耐不住寂寞，产生急功近利、浮躁的情绪。可能在短期的指标上能够做得很好，但对长远的科学研究，特别是对真正的科学追求却是毫无益处的。如近几年，我国有人提出要“冲击诺贝尔奖”。冷静地思考这一呼声和提法，不难看出，冲击诺贝尔奖这一提法本身似缺乏科学态度，诺贝尔奖实际上不是靠一时的冲击就可取得的。因为，那不是一项应用性科研课题，可以通过论证立项、制订计划、筹措经费、组织人员，就能在规定时间完成。对于一项世界一流的原始创新性的科学发现，其成功与否及何时完成是谁都无法预见的。

其三，科技政策偏重于应用性研究，对基础性探索研究重视不够。

科学技术的发展有其内部规律，它各个部分的发展有一定的比例和先后顺序。但科学功利主义打乱了这种规律，导致科学技术各个部分发展比例失调。例如，基础科学本来是其他科学技术的先导和源泉，但由于它与经济的关系比较疏远，因而受到了冷落，得不到应有的发展，结果又制约了其他科学技术的发展。这种失调现象，在当今世界上很多国家都存在。中国的科学技术发展也在一定程度上存在基础研究与应用研究的比例失调问题，国家的科学政策过于偏重应用性研究，对基础性探索研究重视不够。我国支持的大量研究项目，很多都是应用背景很强，是解决具体问题的研究项目，不是真正的基础研究项目。我国 1997 年开始启动的名为“国家重点基础研究发展规划”仍然局限于有明确应用目标的基础研究，对于暂不设定明确应用目标而以认识自然为主的基础研究根本不予考虑。这表明在“国家重点基础研究发展规划”中真正的基础研究完全没有立足之地。

科学功利主义无疑在科学、技术、经济和社会发展中起着积极的作用，这种作用是巨大的。同时，我们也应该看到科学功利主义对科学发展的负面影响。中国要真正成为科技强国，就必须对科学的价值有客观、理性的把握，把整个社会的科学价值观建立的科学的理性基础之上，使科学的社会功能真正得到实现。

（二）关于科学文化与人文文化的问题

人类社会的历史本质上是一部文化史、文明史。人文文化与科学文化、人文精神与科学精神，乃是现代文明的两大支柱。人文文化作为创新文化的一个重要方面，在科技创新中起着重要的作用。

但是，回顾近一两百年来科学技术与人文的发展，不得不让人感到遗憾的是，科学文化与人文文化平行发展，它们之间的分裂是近百年来文明缺憾的一个比较显著的特征。建筑大师梁思成 1948 年在清华有一个演讲，题目就叫“半个人的时代”，对文理分家造成的人的片面发展痛心疾呼。几十年过去了，这种局面仍然没有从根本上改变。

导致科学与人文两种文化分离和对立的原因大致有以下三个方面：

其一，科学与教育的高度专门化和专业化。

科学的高度专门化和专业化是科学进步的一个重要标志，表明人类在理智或智力上达到了前所未有的高度。但是，在客观上又不能不说是导致两种文化分离和对立的一个重要根源。

一方面，科学的高度专门化和专业化，将有可能切断一般公众，特别是人文知识分子与科学的联系，从而拉开科学与人文的距离。在科学还远未达到高度专门化和专业化的时代，科学与人文两种文化的交流还是比较容易的。然而，随着科学的高度发展，科学变得越来越学术化，变得越来越抽象和艰深，对于广大业余爱好者和非专业人士来说变得越来越高不可攀，特别是对于人文知识分子来说更是如此，他们不仅难以参与包括相对论和量子力学在内的现代科学的研究，而且甚至对基本理论的理解都发生了严重的困难。尽管从表面上看，人们对科学的热情不但依然不减当年，而且还在升温，但他们所关注的往往只是科学的功利化结果，而不是科学本身。

另一方面，科学的高度专门化和专业化，也有可能使科学家脱离“生活世界”，走进学术或技术的象牙塔，从而进一步切断了科学与人文两种文化的关联。在科学远未达到高度专门化和专业化的时代，科学与人文的距离显然并不遥远，许多业余爱好者凭个人的兴趣也可以从事科学研究，甚至有所作为；反之，许多科学家也往往有多种兴趣和爱好，并且往往同时又是艺术家（如达•芬奇等）或哲学家（如笛卡儿、莱布尼兹等）。然而，到了科学高度专门化和专业化的时代，情况则发生了明显的变化，很难使专业科学家同时成为哲学家和艺术家。

最后，科学的高度专门化和专业化，往往是由教育的高度专门化和专业化来保障和合法化的。无疑，教育的高度专门化和专业化，有助于为社会培养和造就各种专业的高级专门人才，从而在促进各种门类、各种专业知识和文化进步的同时，也推动着整个社会的全面进步。但教育的高度专门化和专业化，势必助长这样一种倾向，即将本门类和本专业的知识、方法和价值评价标准加以规范化、强化和合法化，而对别的门类和别的专业的知识、方法和价值评价标准，则采取无视、排斥，甚至否认的态度。因此，教育的高度专门化和专业化，对于科学与人文两种文化的分离和对立，也的确有着不可推卸的责任。

其二，从科学观和文化观的角度看，狭隘的科学主义与狭隘的人文主义的对立，是导致两种文化分离和对立的重要根源。

所谓科学主义，也被称作唯科学主义，基本上代表着这样一种思潮或思想倾向，即强调：（1）真正的科学知识只有一种，那就是自然科学，除此以外，并不存在其他种类的科学；（2）科学是一种独特的文化，科学与其他文化之间存在着一条截然分明的界线，可将经验证实原则作为区分科学与非科学的划界标准；（3）由于科学的客观性、合理性以及在经验上或实践上所取得的巨大成功，因而它在整个人类文化中应当享有特殊的地位，并且应当成为其他一切文化的典范或楷模。其他文化需要做的只是应当努力使得自己变得更加“科学”一些。显然，这里既包含着一种唯科学主义的科学观，也包含着一种唯科学主义的文化观。

现代西方人本主义者则强调只有非理性的生命体验（或情感、意志、本能等）才是最真实的存在，是人的本质，而科学与理性只不过是人类意志的工具，并无实在的意义。

后现代主义则认为世界为什么要由西方科学来主导，中国的中医、藏医、印度的古代科学等也很好。作为自然科学存在基础的客观世界、唯物主义、理性主义已经被解构了，被颠覆了，要让位于极端的主观主义和相对主义，科学知识远不具有客观性。

这两种科学观和文化观不仅在当代西方有很大的影响，而且也深深地影响了 20 世纪的中国。

其三，从社会历史和现实的角度看，科学对人、自然和社会的巨大影响（包括积极的和消极的、正面的和负面的影响），也是导致科学与人文两种文化分离和对立的重要根源。

一方面，科学对人、自然和社会所起的巨大的正面的和积极的影响，无疑有助于使科学赢得社会的支持，同时在客观上也为狭隘的科学主义的浪潮起着推波助澜的作用。

另一方面，科学对人、自然和社会可能或已经带来的巨大的负面的和消极的影响，显然又是人文主义者批判科学和科学主义强有力的证据。特别是进入 20 世纪以后，科学技术的异化现象越来越严重。当今时代所普遍关注的包括生态问题、环境问题和资源问题等全球性问题，都同科学技术的发展及其对它的不恰当的应用密切相关。因此，人们将批判的矛头对准科学。如法兰克福学派将科学技术归结为“工具理性”，即在本质上关心的是手段和功利目的之间的关系，其根本任务在于“为人们在任何时候选定的目的寻找手段”，很少关心目的本身是否合理的问题。

马克思早在 19 世纪就已经指出：“自然科学往后将包括人的科学，正像关于人的科学包括自然科学一样：这将是一门科学。”按照马克思的看法，把自然科学与人的科学、科学精神与人文精神分裂开来并对立起来，本来就是错误的。它们之间存在着统一的客观基础，这就是人的实践活动。康德也在“三大批判”中提出有名的“三个王国”的思想：科学王国、道德王国、艺术王国，科学是求真、道德是求善、艺术是求美，科学、道德和艺术“三个王国”都是真、善、美的统一，三者统一于自然、人、社会构成的统一的客观世界。这就要求我们突破科学与人文的界限，营造有利于二者融合的环境，建立有利于二者融合的机制，培养融合科学精神与人文精神的创新文化。

（三）关于举国体制确立和运行中的问题

1962年，美国科学社会学家普赖斯在《小科学，大科学》一书中提出了“大科学”概念。大科学项目的特点主要表现为：投资强度大、多学科交叉、实验设备昂贵且复杂、研究目标宏大，等等。由于大科学运行的复杂性，举国科技体制便应运而生。举国科技体制，一种是由国家来主导的研究项目，如美国的登月计划，中国的“两弹一星工程”；一种是国际合作、各国分工的大型项目，如人类基因组计划。

新中国成立后很长一段时间，由于经济基础薄弱，只能依靠举国体制将有限的资源集中于战略目标，重点发展某些科学项目。如在1956年，我国实施的《1956—1967年科学技术发展远景规划》（简称“12年规划”），就是以国家统一的目标为导向，把国家科技力量集中起来，采取“任务带学科的方式”进行，取得了巨大的成功，使我国科技发展达到了一个新的水平。

2010年5月31日，国家发展和改革委员会《关于2010年深化经济体制改革重点工作意见的通知》，经国务院批准后发布。《通知》对科技工作提出：“探索完善社会主义市场经济条件下科技创新举国体制，全面推进国家创新体系建设。”次日，新华社发表评论文章：《中国重新强调科技创新“举国体制”，欲抢未来先机》，评论写道：“科技创新‘举国体制’有助于国家集中优势资源攻克重大科研项目，无疑将加快我国进入创新型国家的步伐。”

科技部政策法规司司长梅永红对此做了进一步说明：“中国科学技术水平相对落后，投入不足，尖端和领军人才匮乏。在这种情况下，我们更不能分散力量，而是要在重点领域形成更加协调统一的‘举国体制’。”这就表明，举国体制已成为我国发展大型科研的首要选择。

集中全国优势资源，在国家统一组织管理下，重点科研攻关，这种科技创新“举国体制”有助于补强市场经济条件下我国科技创新领域存在的多个软肋，协调优化配置科研资源。但如何确立举国体制并对其过程加以管理、监督，也就成为科技创新政策的一个重要方面。

其一，如何确定举国体制优先支持的科技领域，以及具体的科研项目？评价的标准又是什么？

由于科学研究的学术资源和经费资源的有限性，在举国体制的确立过程中必须考虑不同科技项目的优先次序排列，并在所支持的科研项目上有所选择，以决定重点支持的研究领域。因此，如何确立评价的标准，便成为科技政策中所面临的首要问题。它不仅关系着资源的配置与使用情况，也直接影响到科技发展的布局。还有在基础研究与应用研究、理论探索与技术开发之间，到底应如何抉择呢？在这一过程中，如果资源配置不当，就极可能导致资源的浪费；而如果在科技举国体制的确立过程中资源分配不公，则可能会加剧科技发展中的马太效应并造成科技的片面发展，同时还可能引发或扩大社会的不平等。所有这些都应引起特别关注和重视。

其二，如何在举国体制的运行过程中将政府的调控与市场机制有机地结合起来，并在发展大科学项目的同时给予小科学项目以生存的空间。

举国体制并不是科技管理的唯一体制，而是与市场机制相对应的一种政府主导型机制。科技资源的分配，并不能完全由政府的宏观调控来决定，在这一过程中要充分发挥市场机制的作用，并处理好国家宏观调控与科技项目自主发展之间的关系。同时，举国体制只是适合于大科学项目的一种特殊体制，并不适用于所有的科学技术活动。在科学研究中，一些具有很强学术性、探索性、创新性的小项目，常常能够对科学发展产生不可估量的作用。据有关资料分析，20 世纪中后期，美国基础研究中的重大科学成就，75% 来自不为人们所普遍关注的小项目，诺贝尔科学奖的得主最初也往往是名不见经传的小人物。这不单是一种现象，而且有可能是一个带有普遍性的规律。我们要支持那些有独立思考、独创精神的小人物和青年人。几万元、十几万元的支持经费，有可能使他们步入科学殿堂，孕育出伟大的科学家。因此，应该给予小科学项目的研究以生存的空间，而不应由大科学项目独占全部的科技资源，剥夺其他科学发展的机会与权力。

其三，如何避免学术行政化。

当前，我国科技创新中，本已存在严重的行政化倾向，行政力量主导科研资源的配置，重大科技项目的立项由行政领导决策、项目开展由行政领导挂帅、科技创新成果也由行政评审、评价。“举国体制”从根本上是计划体制，如果过度强调科技创新的“举国体制”，则可能加速科研的行政化，这一点应该引进高度重视。

举国体制是适应需求的产物。科学技术发展不仅要适应需求，更要创造需求。科学创新是不能预先规定的，数学大师陈省身曾经说过：“研究（尤其是纯粹数学的研究）没法子有计划。现在你要政府拨款或跟机关要经费的话，动不动要你有个计划，根据计划里头能够做出来的东西大概不是最有价值的。”如果限制过多，就不可能有科研活动的自由探索。因此，我们应避免行政僵化，以更好地适应科学独立思考和自由探索的要求。

（四）关于科技创新团队建设问题

现代科学活动的规模越来越大，已从个体研究发展到集体研究、国家研究以致国际研究。合作研究已成为科学研究的主要方式，进行合作研究的科学家集体，是科学活动的主导力量。据美国科学社会学家朱克曼统计：从 1901 年到 1972 年，共有 286 位诺贝尔获奖者，其中有 185 位，即多达 2/3 是与别人合作的。在诺贝尔奖奖金设立的头 25 年，合作研究获奖人数占 25%，第二个 25 年占 65%，第三个 25 年占 79%。从近年来诺贝尔奖获奖情况来看，大部分也是合作研究的结晶。

在我国，学术界的闭塞现象还比较严重，大学与大学之间、研究所与大学之间、研究室与研究室之间、课题组与课题组之间甚至同一研究室或课题组的不同研究人员之间，学术交流不多，跨领域、跨学科的交流更少。因此，在当今大科学研究、交叉学科研究已成为主导的情况下，加强科研团队建设、开展合作研究就显得极为重要。

其一，优良的科学传统。

好的传统是科技创新的基础。凡是历史悠久和著名的大学、科学机构，都在发展过程中形成了自己的特色和传统。传统一旦形成，就成为科研集体的共同信念和行为准则。剑桥分子生物实验室原是卡文迪许实验室的分子生物学研究组，在 1962 年从卡文迪许实验室分离出来，从 1978 年至今有 8 人次获得诺贝尔奖，卡文迪许实验室在 1978 年后一个诺贝尔奖也未获得。分子生物实验室主任佩鲁兹认为成功的原因就是：确定需要发展的研究方向、成功地吸引杰出的科学家、创造条件使他们自由工作，并且成功三要素依次为方向、人才和环境，研究方向排第一位，而这三个方面恰恰是卡文迪许实验室一百多年来形成的优秀科学传统的精华。卡文迪许实验室和分子生物实验室的治学和管理传统都来自卡文迪许实验室的传承，剑桥分子生物实验室成功的关键在于选择了生命科学和基因结构的研究方向，而卡文迪许实验室仍然沿着其实验物理发展路线，转向凝聚态物理研究，这说明方向选择对科技创新的重要作用。科研方向决定了专业和课题的界定，决定了负责人、研究人员和研究生的选择，决定了仪器设备、经费和科研队伍的结构，决定了成果和研究机构的前程。

其二，宽松的学术氛围。

丹麦物理学家玻尔所创立的哥本哈根学派，不仅在20世纪初的现代物理学革命中具有举足轻重的科学地位，而且形成了哥本哈根精神：平等、自由地讨论和相互紧密合作的浓厚的学术气氛。这种民主平等、群体合作、大胆创新的团队精神至今仍显示其价值。玻尔培养了10位诺贝尔奖获得者，狄拉克、海森伯都是他的学生。有人问他，为什么会有那么多的青年科学家聚集到你周围？你怎样成功地造就了当代一流的物理学家的？玻尔爽快地回答说："可能是因为我从来不感到羞耻地向我的学生承认……我是傻瓜。"担任翻译的苏联科学家朗道的亲密合作者粟弗席茨把这句话翻译成："可能因为我从来不害臊去告诉学生……他们是傻瓜。"结果引起哄堂大笑。虽然翻译当场做了纠正和道歉，但是当时在场的著名物理学家卡皮查却认为，这个误译并非出于偶然，因为"确切地说，玻尔和朗道两个学派的不同之处就在于此"。这一评论是十分深刻的。苏联物理学家朗道，也曾在物理研究中做出重要贡献，获得过诺贝尔奖，但是由于他自持智力优越，喜欢独断其是，给苏联的科学带来一定的负面影响。1956年，一位苏联物理学家沙皮罗几乎与李政道、杨振宁同时探索衰变宇称不守恒问题。但是因为沙皮罗是个不出名的小人物，论文送到朗道手中，他只是一笑了之，扣压在他的书桌上不给发表，使这一人才被埋没了。

其三，杰出的领军人物。

世界一流科研集体是杰出科学家创建的，而世界一流科研集体一经形成则成为孕育世界一流科学家的摇篮。科学史的资料表明，并不是所有优秀的科学家，甚至包括最为杰出的科学家都能创立起自己的学派的，这确实需要某些个人素质与修养。比如，像高斯、薛定谔、普朗克、德布罗意、爱因斯坦等人，尽管他们做出过划时代的贡献，在科学界拥有崇高的威望，但都没有够组织起自己的学派。对于爱因斯坦，20 世纪著名物理学家劳厄曾做过这样的解释："简直不可能学到他的那种完全特殊的天才，这种天才对于那些试图与他并驾齐驱的学生来说，甚至可能是有害的"。20 世纪 50 年代，德布罗意也曾经做过如下坦言："像爱因斯坦、薛定谔和我，都是单兵作战的。我们每个人在过去都以自己所独有的且能被人所接受的方式获得了重大成果。我们无论如何也组织不成一个科学学派。事实上，哥本哈根学派基本上依赖于玻尔个人的组织才能和好斗精神。"

可见，作为一个伟大学派的领袖，所要扮演的角色不再只是一个科学家，他还一个优秀的学术导师、优秀的科技创新活动组织者、策划者、管理者，当然他还是这个团队的精神领袖。玻尔身上散发出的人格魅力使他成为哥本哈根学派的精神领袖，哥本哈根精神也几乎就是作为团队旗手的玻尔身上所具有的精神。

晶体管之父肖克利却与玻尔完全不同。在科研活动中肖克利以自我为中心，为了验证自己的设想，他会让下属中止各自的研究而去帮他进行实验，而对别人的研究兴趣，他难得给予足够的尊重，以致像巴丁、布拉顿这样的长期合作伙伴最终都不愿意与他共事。贝尔实验室的高层意识到了这一点，所以不惜重用肖克利的多名部下，也不肯将科研能力突出的肖克利提拔到重要的领导岗位上来。肖克利一气之下离开贝尔实验室，1956 年 2 月在旧金山的海湾地区创办了肖克利半导体实验室，成为硅谷的奠基人之一。凭借自己在电子工业界的威望，肖克利很快招来了一批 30 岁以下从事半导体研究开发的精英。1956 年，肖克利和巴丁、布拉顿一直因发明晶体管而获得诺贝尔物理学奖，从斯德哥尔摩领奖归来后，肖克利的家长制作风越来越严重，导致员工与他之间的沟通越来越糟，结果在诺伊斯带领下，八位青年向肖克利递交了辞职书，时称"叛逆八人帮"，成了硅谷最著名的典故之一。这 8 个人创办了具有传奇色彩的仙童半导体公司，十年后又创办了至今闻名遐迩的英特尔公司。创办高科技公司失败的肖克利在斯坦福大学任教期间，对人种与智力之间的关系问题产生兴趣，并形成黑人的智力比白人的低、遗传对智力的影响比环境大的看法。尽管他多次要求美国国家科学院立项资助该课题的研究，但他的立项始终没有获得通过。肖克利作为美国科学院院士、科学院院长塞茨的好朋友，连这么一个课题立项要求都无法获得通过。在美国，一个权威走出自己的学术研究范围发表意见不会被认为是权威的意见，而在我国，这种盲目崇拜权威的现象相当普遍。这在某种程度上反映了美国学术界同行评议的严肃性和权威性，也反映了美国的学术生态和我国的学术生态存在不少差异。

（曾华锋　杨爱华　石海明）

军民融合：科技兴军的“大棋局”

风云变幻的时代，也是重新洗牌的良机，适者兴，逆者衰，主动者赢，被动者败。军民融合既是兴国之策，也是强军之道。习近平主席强调指出，“国防科技和武器装备领域是军民融合发展的重点，也是衡量军民融合发展水平的重要标志。”我国把军民融合发展上升为国家战略，确立了军民融合发展战略的总体框架，试图破解“犁”与“剑”的矛盾，将国防科技创新纳入国家创新体系，实现富国与强军的统一。显然，这是顺应时代发展的大决策、大手笔、大布局。

国防科技源自普遍的科学理论与基础性技术，在知识源头上就具有军民两用属性，遵循科技发展的一般规律，同时重点应用于国防和军队建设领域，并引领国家科技进步、辐射带动经济社会发展，体现了其维护国家安全和助推国家发展的特殊性。因此，国防科技创新是一个跨军地、跨行业、跨部门、多主体、多要素、多环节的有机过程。国防科技军民融合协同创新这枚“棋子”走得好不好，直接影响到国家在世界舞台上参与博弈的竞争力，关乎军力，命系国运。

事实上，伴随着新一轮科技革命、产业革命、军事革命的加速推进，通过军民融合推进国防科技创新，顺应历史发展潮流，符合科技发展规律，已成为各主要军事强国的普遍共识。如早在 2015 年 10 月，美国白宫科技政策办公室就发布《国家创新战略》，并进一步细化了国防科技领域的专项战略规划，积极吸收工业实验室、大学及其他科技力量参与，从国家顶层统筹科技创新，构建军民融合式的国防科技创新体系。欧盟也强调最大限度地利用民用科技力量加强国防科技创新，要求各成员国通过工业基础一体化来推进国防工业发展的一体化，积极打破国界组建军工集团，推动军工行业专业化联合。之前的 2014 年，欧盟也发布了“一个国防市场”路线图，以促使国防工业更具竞争力，充分发挥民用和军用研发的协同效应，使欧盟维持“有效防御能力和具备竞争力的国防工业”。2016 年 8 月，日本防卫省发布《防卫技术战略》，认为军用技术与民用技术之间的界限日趋模糊，日本倘若要谋求防卫技术领域的优势地位，就必须加强实施防卫技术军民融合战略。在冷战期间饱尝“军民分割”苦果的俄罗斯，近年来也加大了吸纳社会资源推进国防科技创新的力度，力求实现国防工业转型，收获国防资源逆向开发的“技术红利”。

当前，我国正处于由大向强的关键时期，综合国力处于快速上升期。我们既要维持经济发展强势，又要保持军事发展强势，统筹国家安全和发展虽面临诸多挑战，但只要走活了军民融合这枚“棋子”，就盘活了科技兴军的“大棋局”。历史上，从“两弹一星”工程到载人航天计划，从歼-10研发到航母下水，我国载入史册的重大科技成果，也大多是军民融合协同创新的产物。更何况，残酷的现实也告诉我们，真正的核心关键技术是花钱买不来的，靠进口武器装备是靠不住的，走引进仿制的路子是走不远的，必须做好军民结合、寓军于民这篇大文章，深入实施国防科技军民融合战略，大力推进国防科技自主创新，把克敌制胜的命门牢牢掌握在自己手中。

总之，随着科学技术的飞速发展及广泛渗透，现代军事力量体系已然成为一个科技高度密集并与社会高度融合的复杂巨系统。传统体制下形成的条块分割、部门分割，导致的军民“两张皮”，已不符合科技兴军的要求，更不适应国家发展的大势。因此，在大国发展战略中，我们必须把握好安全与发展的“黄金分割点”，处理好“大炮”与“黄油”的关系，有效破解“资源统筹”困境，深入推进国防科技军民融合创新，消除民企进入面临的“玻璃门”、“弹簧门”和“旋转门”，利用好政府规划“有形的手”和市场驱动“无形的手”，实现国防系统与经济系统“两个蓄水池”互通循环，国防建设与经济建设的“双轮驱动”和“同频共振”，真正使国防科技军民融合创新成为激活国家创新体系的金钥匙，成为大力推动科技兴军的发动机，为实现中国梦强军梦提供强大的力量支撑与机制保障。

文化、政治与国防科技发展的战略偏差：以苏联载人登月失败为例

美苏登月竞赛是20世纪下半叶世界政治史、军事史及科技史中一个影响深远的事件。本文考证了"苏联载人登月失败"的真实图景，并对比"阿波罗工程"留给美国的丰厚遗产，从科学政治学的视角剖析了苏联载人登月计划的夭折史，认为流行的说法——苏联冷战期间"大炮优先"的科技发展战略是错误的——是个正确而肤浅的判断，美苏载人登月竞赛这段冷战史表明，文化、政治与国防科技发展的战略偏差之间存有复杂的关联。

一、"Sputnik–1"：礼物与陷阱

1957年10月4日，苏联第一颗人造地球卫星"Sputnik-1"成功升空，这天恰好是美国著名未来学家阿尔文·托夫勒的生日，13年后的1970年，托夫勒出版了风靡全球的《未来的冲击》。多年后，在接受访谈追忆创造灵感时，他提到了当年苏联卫星对其大脑的冲击。其实，何止托夫勒呢！"Sputnik-1"的成功升空对美国民众更是造成了巨大的冲击，对此，从当时《纽约时报》的报道中即可窥见一斑。事件发生的次日，该报即以"时速18000英里绕地球旋转无线电信号确认卫星通过合众国上空轨道"为大标题在头版作了通栏报道。记者威廉·乔丹根据塔斯社新闻的要点，在文中说："苏联昨天发表公告称：'已成功发射了'人造卫星。这一措施在于强调说明，在将科学装置送入宇宙的竞争中，他们已战胜了美国。"

如果说"Sputnik-1"犹如一颗炸弹，震动了美国的心灵，那么同年的11月3日，苏联又送给了美国一颗更大的炸弹——"Sputnik-2"，这次成功发射还将一只名叫"莱伊卡"的小狗送入了轨道。紧接着，1957年12月6日，美国海军用"先锋"号火箭发射的一颗人造卫星，上升仅1米就掉落发射台"以身殉国"。电视将这一惨败情景传送到了美国千家万户，

联系到1957年8月苏联即成功地试射了洲际弹道导弹，辉煌与衰败的鲜明对比，冲撞着美国的男女老少，失望与愤懑的公众情绪，笼罩着美国的大街小巷。人们开始批评总统能力、质疑国家战略，人们讽刺总统对高尔夫球众所周知的喜爱。例如，田纳西州纳什维尔的漫画家汤姆·利特尔就创作了一幅漫画，画面上苏联的人造卫星飞行在地球上空——后面跟着一只高尔夫球。更严重的是，科学家爱德华·泰勒认为对美国来说，苏联的人造卫星首先升空是比珍珠港更大的失败。

面对纷至沓来的指责，艾森豪威尔政府采取了多项紧急措施，包括任命马萨诸塞州理工大学的詹姆斯·吉里安校长为总统的科学技术特别助理；赋予国防部负责导弹工作的官员以更大的权限；陆海空三军之间停止权限之争；为增强与友好国家之间的科技合作，修改原子能法；在北大西洋公约组织中设置科学委员会。接着，于11月30日，总统的“关于科学家与技术人员之咨询委员会”又提出了一份报告书，建议：“不仅仅着眼于防卫，为了应对科学时代更加广泛的挑战，合众国必须同各自由国家合作，配置并健全头脑资源。”同时提议，“大、中、小学要更加重视与自然科学有关的科目”。

必须指出的，在面对公众质疑的时候，其实艾森豪威尔本人及其政府头脑是清醒的，情报分析及经验判断告诉他们，苏联的科技实力、军事实力还根本无法与美国相匹敌。近来的研究也表明，连当初所谓的“轰炸机差距”都是苏联刻意制造的假想，苏联对军事信息的成功控制掩盖了其武器发展技术的本质。苏联人不仅能够在1955年的飞机空中表演中用与美国完全一样的飞机制造大量轰炸机部队的假象，而且连美国人当时也竟然没有识破这个诡计。事实上，由于当时战略轰炸机是重要战略武器，1957年之前核武器的主要运载工具是航空兵。这就是为什么当时特别重视发展战略空军和航空母舰舰载航空兵以及在那个时期曾经是美国海上攻击力量主力的攻击型航空母舰的原因。此外，布劳恩刚到美国也受到一些不公正的待遇，加上美国军方陆、海、空多方利益博弈，导致美国的战略导弹研究并不是集众多资源的发展重点。

显然，“Sputnik-1”成功升空，在恰当的时候点燃了美国人的危机感，“苏联是否已具备直接攻击美国本土能力？”这一硕大的问号，在促使美国反省其国家战略的同时，帮助其扫除了改革道路上的重重障碍。对此，站在历史深处往往看不出来，当冷战对抗以苏联解体而谢幕的时候，我们才越发觉得“Sputnik-1”对美国而言，恰好是一颗无意的礼物，相反，对苏联而言，实在是一个自设的陷阱。

先看前者，美国政府出于新的危机感，对理论研究和应用研究不惜投入很大的财力，并非一切研究工作都属于军事，因为指导国家政策的人们（特别是那些来自哈佛大学和麻省理工学院的人们）认为在与苏联人的竞争中，对美国社会的最终考验要看谁能在人类事业的每个领域里都拥有高超的技术。参加这样的竞赛，一个明智而有决心的政府应能组织起专门的力量，由受过良好训练、具有很高创造天才的技术人员组成，源源不断地为和平与战争创造出新的成果。这样就能保证国内的繁荣和国际的安全。但是，如果要取得成功，不论哪一个领域的技术都要发展，而且要取消长期以来对教育、理论研究和应用研究的财政限制，以鼓励技术的发展。其后以自然科学为龙头的学术繁荣，在技术方面只有航天和电子技术的繁荣能与之相比。实际上，曾在第二次世界大战中大显身手的高层管理者，如今又为他们的雄心与才能找到了新的用武之地，因为他们的冷战必须在广阔的战线上进行。

再看后者，“Sputnik-1”的辉煌带来的兴奋笼罩着整个国家，几年后的 1961 年，苏联甚至宣布了党的一项新纲领，要使人均生产量在 60 年代内超过美国，以便在 80 年代开始实行共产主义。事实上，随后苏联的发展却与这一宏大目标相去甚远。对此，保罗·肯尼迪在其名著《大国的兴衰》中分析到，从 20 世纪 50 年代到 80 年代的几十年中，苏联不仅保持了它强大的陆军，而且实现了对美国的战略核均势，建立起一支远洋海军，并将其影响扩张到世界的每个角落。然而，想在全球范围内同美国分庭抗礼的持久的竞赛力，与其在经济领域取得的成就很不相称。接着，保罗·肯尼迪分析到，尽管近几十年在钢产量、发电量等方面取得巨大进步，这些成就与苏联人造卫星上天、太空探索和军事装备上的惊人成就一样，都显示了苏联人的卓越才能，然而，有两个严重的缺陷使这些成就黯然失色，第一点就是苏联经济增长率稳步下降。从 1959 年以来，它的工业生产率从每年的两位数向下降落，越降越低，以至于到 20 世纪 70 年代末期每年只增加 3% 至 4%，而且仍在下降。第二个严重缺陷是与欧共体、日本及美国相比，苏联经济的相对停滞。由于不利的竞争地位，苏联和它的卫星国面对日益更新的计算机、人工智能和电讯技术，只能望洋兴叹。

二、赫鲁晓夫对肯尼迪“登月计划”的误判

应该说，“Sputnik-1”的成功升空对美国民众的巨大冲击，苏联方面也是熟知的，但当美国人紧锣密鼓地实施“阿波罗计划”的时候，苏联人无何无动于衷呢？流行的说法是，苏联人盲目自信导致了这一切，事实上并非完全如此，实际上，最早提出载人月球探测计划的并不是美国总统肯尼迪，而是一批著名的科学家和设计师。早在20世纪50年代末，苏联的几家设计局就向苏联领导层递交了短期、中期和长期航天计划，但是苏联政府批准了短期和特定的计划，包括载人登月在内的长期计划却搁置了。也正是在该时期，美国为发展航天事业打下了雄厚的基础，先后大规模地组建起航天研究中心、航天工业工厂及航天发射基地等。

与苏联科学家的特殊敏感不同，领导人赫鲁晓夫对美国航天事业的发展估计严重不足，当肯尼迪宣布了登月计划之后，赫鲁晓夫听取了航天专家、苏联火箭发动机设计权威V.P.格鲁什科的报告，格鲁什科汇报了两种登月方案：一是德国人W.布朗登月计划，即EOR计划；二是从地球直接向月球发射登月飞船的方案。按第一种方案，苏联将在地球轨道上组装航天器，然后再飞往月球，为此，自然要把这些航天器部件送上地球轨道，而根据当时的火箭运载能力，完成这一任务需要发射15次以上。按第二种方案，从地球直接向月球发射登月飞船就需要用比苏联最先进的A-2运载火箭还要大15倍的巨型火箭。当时美国还没有发射过威力像A-2一样的火箭。听了这些计划的汇报以后，赫鲁晓夫断定，肯尼迪的登月计划只是宣传。苏联的登月计划也因此而耽搁下来。

显然，赫鲁晓夫低估了美国的航天科研实力，一旦美国将国内原先分散在军方内部的科研资源集中起来后，其进展超出了赫鲁晓夫寻常的想象。对此，从赫鲁晓夫在晚年撰写的回忆录中也能隐隐看出，尽管他试图回避这一问题。我退休之后，我尽可能从报上留心空间发展的消息。我说不上我们的空间计划是否已经失去了势头，但有一件事很清楚：美国人已经完成了肯尼迪发起了使人登上月球的计划……为了科学和为了我国的威望，苏联应当把人送上月球。把人送上月球，再返回地球，是科学发展的一个

顶点。我痛苦地承认，我不能否认现在美国人在空间航行方面以比我们领先……熟识的人经常问我，怎么会让美国人先登上月球，而我们却不能在他们之前到那里去。我通常要他们去阅读凯尔迪什同志在记者招待会上谈话的记录稿。但是，事实上记者招待会很少使我国人民感到满意。他们希望我国首先登上月球，而我不能责备他们。我也喜欢我们俄国的伊凡在美国的约翰之前登上月球，但是事情恰恰不是那样。

一个正确的开始可能已孕育了无限的精彩，相反，一个错误的发端或许已埋下了无穷的灾难，历史就是这样残酷无情，无须漫长的等待，只需将时间锁定在 1962 年，赫鲁晓夫当初对肯尼迪“登月计划”的这一误判即显示出一种不祥的征兆。这一年的 7 月，美国国家航空航天局为“阿波罗计划”选定了一种新的月球轨道交会登月法（LOR）。采用该方法，“阿波罗”登月飞船在进入月球轨道之后，将留在绕月轨道上，由宇航员驾驶登月舱登上月球。等完成考察计划后，登月舱再返回绕月轨道和登月舱回合，进而返回地球。如此，即可使功率相对比较小的运载火箭来发射飞船。此刻，苏联本应该意识到美国的登月计划已不能等闲视之。但其仍然僵化地认为，美国要在 1970 年之前实现这个计划是“海市蜃楼”。于是，苏联开始制订了第一个载人探测计划——载人绕月飞行计划。今天，我们发现，该计划与登月计划的分开进行，分散了苏联原本并不宽裕的科研资源，为日后载人登月计划的黯然退场埋下了隐患。

当然，如果继续追踪赫鲁晓夫误判背后的深层根源，还在于其对“Sputnik-1”升空后美国社会的反省力度了解不够，还以沃尔特•李普曼的认识为例，其在 1957 年 10 月 10 日《纽约先驱论坛报》中写道：“苏联之所以遥遥领先……原因无疑在于，苏联的科学家、技术人员、生产者形成了一个整体，加之有高度开发的相关产业，有首尾衔接可调动各方面力量的指挥系统力量的指挥系统，而且，又不惜投入大量财力。我们在卫星竞争中的失败，主要意味着我们在弹道导弹的竞争中也处于劣势。回过头来看，可以说，它也意味着美国和西欧一方，在科学技术上也许已经落后于苏联。”进而，李普曼又剖析了二战结束后 12 年间美国落后的原因：第一，战后的美国人，越来越盲目地深信一种错误的理论，即社会的终极目标是“成倍地增加消费物资的享受”，其结果使得美国的公共机构，尤其是与教育、研究相关的机构，很快衰落下去，甚至达到了令人羞愧的程度。第二，轻视或者怀疑头脑和思考的创造性。在欧洲和俄国，人们承认“教授”是一种名誉，与此相反，从而对美国的科学家和思想家造成了深深的伤害，进而酿成了国家的悲剧。

三、科罗廖夫的遗憾

有人说，美苏载人航天竞赛的历程，就是冯·布劳恩与科罗廖夫较量的历程，此言尽管片面，但却有片面的深刻。的确，苏联航天史留有科罗廖夫深深的烙印。作为苏联著名的火箭 - 空间系统总设计师、“实验宇宙航行学奠基人”的科罗廖夫，曾代表苏联数次在世界航天发展榜上写下了第一——成功发射了世界第一颗人造地球卫星、第一个自动星际站和第一艘载人宇宙飞船。

特别需要指出的是，科罗廖夫对火箭技术很早就给予了关注，在其1933 年撰写的“关于发射 09 号火箭”一文中，就提出“必须尽快地掌握并试飞其他类型的火箭，以便全面研究并熟练掌握喷气事业的技术。”在 1955 年 4 月 30 日的一次会议上，科罗廖夫在会见政府官员时提出了探月的设想。1956 年 4 月，科罗廖夫首次提出了一系列关于探月的具体建议。在苏联科学院的一次演讲中，他说到，“真正的任务是发展一个能飞向月球并返回的火箭。从地球开始也能完成这一任务，但从卫星开始该任务最有可能被顺利完成。虽然，确保卫星上的设备和飞向月球的火箭顺利返回地球较为困难。但一定不要以为我现在提出的这些建议是极为遥远的事情。”随后，在 1958 年为政府规划机关写的《开发宇宙空间的远景工作》初步意见中，他又提出要“研制新的运载火箭作为进一步发展宇宙飞行和考察的基础”，并具体提出两点意见：“一是研制新的运载火箭，保证把重量 15-20t 的有效载荷送入轨道。这种火箭应保证能进一步开发宇宙空间、建立地球以外的自动站并开辟星际飞行的道路，整个工作要在 1963 至 1964 年间结束。二是要研制离子（或其他形式）动力装置，以保证星际飞行和人飞向月球及附近的行星。”事实上，在科罗廖夫的领导下，苏联运载火箭的研制也确实取得了一些重大进展，如在 1958 至 1959 年根据征服太空计划，以科罗廖夫为首的集体在“卫星”号运载火箭的基础上研制了以 E 部件为第三级的“东方”号三级运载火箭……空间运载火箭“东方”

号能使人造地球卫星的重量从1400千克增加到4500至4700千克，它还保证了飞往月球的自动飞行器达到第二宇宙速度。这在苏联空间事业发展中是一个质的飞跃，它开辟了制造载人宇宙飞船和飞向月球的道路。

行文至此，疑团就出现了，如何评价科罗廖夫呢？用并联发动机方法提高火箭推力是科罗廖夫提出的吗？若是，难道他看不出问题？若不是，是谁提出的呢？真的迫不得已吗？当初难道苏联就毫无办法了吗？美国为什么就没有遇到这个问题？他们是怎么绕过去的？这一步是否是苏联载人登月计划最后折戟沉沙的关键所在？

按照我国航天史学者李成智教授十多年前的研究，苏联当初研制巨型火箭的任务起初并不是登月，1960年苏联做出《关于研制大推力运载火箭、卫星、宇宙飞船和开发宇宙空间的决定》，根据这一决定，科罗廖夫领导设计局开始了超级运载火箭H-1的研制，其低轨道运载能力为70吨，目的是向火星发射无人重型探测器。1962年初步研究工作完成后，即转入技术准备工作。由于受美国制定阿波罗计划的影响，苏联当局决定抢先。于是在1962至1964年，科罗廖夫设计局按登月计划要求对H-1运载火箭进行了多次更改，有效载荷先后从50吨、75吨、92吨、95吨，一直提高到98吨。这使火箭设计也发生了很大变化。1964年8月3日，苏联政府通过了《关于月球和宇宙空间考察工作的决定》，规定了登月计划的具体任务和期限。这一计划的目标是，联盟号飞船无人驾驶绕月飞行；有人驾驶绕月飞行；载人月球登陆考察，期限是1968年。按照接替科罗廖夫任总设计师的米申的说法，整个登月计划包括载人宇宙飞船和登月舱、“质子”号火箭和巨型的H-1运载火箭。当时确定了三种登月方案，但无论选择哪种登月方案，都要求研制全新的巨型多级火箭，因而就使H-1火箭成了登月计划的核心，且设计方案几经变化，同苏联一贯做法相似，由于在单燃烧室大推力发动机方面一直没有获得突破性进展，加之任务安排紧张，因此，H-1火箭也采用了多发动机并联的设计方案。由于H-1火箭研制过程很近，开始的争议也比较大，加之那么多发动机并联必然极大地降低了可靠性，因此H-1火箭的发射试验可谓一败涂地。

如果未能注意处理好技术继承与创新的关系是科罗廖夫的一大遗憾，那么当时与格鲁什科的争论也是科罗廖夫的另一大遗憾。争论演变成了个人争斗。格鲁什科贬低科罗廖夫的工作，说有了好的发动机，扫帚把也能飞行。科罗廖夫的设计受挫的同时，他所需要的政治上的支持也逐渐消退。赫鲁晓夫亲自出面调停，试图平息两为长期合作者的争斗，他也未取得成功。1966 年 1 月，科罗廖夫走了，带着无尽的遗憾。1974 年 5 月，格鲁什科接替了米申的职位，终止了 H-1 火箭计划，苏联的载人登月计划折戟沉沙。

四、失败的遗产

默顿在《十七世纪英格兰的科学、技术与社会》一书中曾就军事需要对科学兴趣聚焦的影响进行了实证及理论分析。维姆 •A. 斯密特在《科学、技术与军事——变动中的关系》一文中，剖析了军事资助对科学概念和科学理论的塑造问题。这些研究主要关注单维的军事需求对科学发展的影响，然而，20 世纪美苏载人登月竞赛这段科学史，却从多个纬度为我们展现了政治、军事对科学发展的广泛而深刻的影响以及它们之间复杂的关联。苏联载人登月尽管失败了，但却给人类留下了无尽的遗产。

（一）没有大战略而只有军事战略的国防科技发展是极其危险的

为了能更好地透视苏联载人登月计划的失败，我们不妨把目光投得更远一点，在长时段的考量中，或许我们能对这段科学史有更好的评价。1991 年 12 月 25 日 19 时 38 分，印有锤子和镰刀的苏联国旗，在飘扬了 69 个春秋之后，于沉沉夜色之中伴随着寒风在克里姆林宫降下。世界上第一个社会主义国家的执政党——具有 93 年历史、执政 74 年的苏联共产党及苏维埃社会主义共和国联盟——苏联，不复存在了。这是当代没有大战略的国家的悲剧。长期以来，苏联以军事战略作为国家的最高指导原则，《苏联大百科全书》和《苏联军事百科全书》中，都没有“国家战略”或“大战略”的条目，只有“军事战略条目”。瓦 • 达 • 索科洛夫斯基元帅在《军事战略》一书中也指出“战略学是关于为一定阶级的利益服务的战争即武装斗争规律的科学知识体系”。一个没有“国家战略”或“大战略”的国家，将注定是一个从失败不断走向失败的国家。这一点从美苏登月竞赛史中也能找到佐证。当时，苏联奉行大炮优先的战略，首先表现就是军事开支，苏联建立了世界上规模最大的军事工业。其产值约占国民生产总值的 20% 至 25%，比美、英、法、德同类指数高出三四倍。它的五个涉及电子领域的工业部中有三个（电子工业部、通信器材部和无线电工业部）属军事工业部门，直至70年代末，三个部70%的产品是军品。它的机械行业产品的62%是军品。这种打有深刻军事烙印的苏联军事科研体制对其科学发展的制约一直持续到了俄罗斯时代，当时的军工企业复合体专注于军用设备的研究和生产，科学院主要关注基础研究，被忽视的民用应用研究基础只有继续衰落下去。苏联的工业遗产抑制了对可资利用的财政资源的有效利用……残留的研发指挥体系限制了个人原创力的发挥并造成了资源的浪费。在开放的市场经济中，这种体系是没有效率的，竞争力和时效性才是商业成功的关键。这个意义上说，载人登月失败只是苏联衰落的一个缩影。其严重扭曲的国民经济结构、盲目推行的军事扩张战略，积重难返的高度计划体制，无一不与新科技革命的潮流背道而驰，无一不将使其在国力衰落的道路上在渐行渐远。

（二）社会发育程度对国防科技发展战略的影响是深远的

与苏联载人登月计划竞赛的阿波罗计划，有力地促使美国推出了一系列科技政策，这是不争的事实，从苏联成功发射第一颗人造卫星后美国政府的反应可窥见一斑：1957年11月，艾森豪威尔设置了总统科学技术特别助理，把1951年设立的科学咨询委员会升格为总统科学技术咨询委员会，充当总统私人顾问角色；1958年成立了以总统科学技术特别助理为首、并有18名优秀科学技术专家组成的联邦科学技术会议，负责产官学协作的调整；同年，美国国会通过《国家航空与宇宙航行法》，还成立了美国航空航天局；1962年，为加强科技政策的协调性，美国设立了由总统科学技术特别助理负责的总统办公室科学技术局。这些机构为密切国家和科技的联系提供了有力的保障，也有效地推动了科学技术的发展。

显然，通过阿波罗计划这一大科学工程，美国有力地促进了军民融合科技创新体系的形成，美国国家航空航天局（NASA）充分利用了美国独特的体制优势，在“技术创新与经济绩效”问题上平衡得非常好。至今，美国的航天科技、航天军民两用技术的产业化等都走在世界前列，与此不无关系。据美国外交关系协会国际经济领域高级研究员本·斯坦因在《技术创新与经济绩效》一书中的分析，美国还是有一些体制上的突出优势，其中最重要的有公立和私立大学研究机构的混合体制，美国政府对其所资助的研究项目的严格审核制度，以及美国所拥有的世界一流的商学院、投资银行、会计师事务所和管理咨询公司。的确，与苏联开展登月竞赛而进行的阿波罗计划，给美国科学留下了丰富的遗产。与苏联的计划科学不同，美国国内利益相关者最终博弈的结果，是维持了美国科学发展没有陷入严重的“军事主导”深滩之中而不能自拔，相反，它促成了一种与世界科技发展趋势相吻合的一种独特的科学体制。这种体制使美国在随后取得了信息技术的领先地位。在这种体制中，大学研究所、政府资助的公共研究机构以及行业中的私人科研机构之间存在有效且紧密的结合，换而言之，硅谷坐落在斯坦福大学旁，麻省理工学院及哈佛大学旁边坐落许多计算机软硬件公司和生物技术公司，不是偶然。以麻省理工学院为例，20 世纪 60 年代早期，麻省理工学院与国防部签订的合同总额为 4700 万美元，国防部另外拨给国防合同研究中心林肯实验室和仪器实验室的款额差不多 8000 万美元。1969 年麻省理工学院的主要军事合同金额高达 1 亿美元。

此外，美国社会的发育程度也是影响其科技发展的不容忽视的方面，这在 1957 年苏联发射人造卫星后美国公众的反应中得到了充分的体现：1958 年 5 月，密歇根大学舆论调查中心发表的题为《人造卫星·科学与市民》的调查报告中，还有一组意味深长的设问：“下列 4 类科学研究之中，假如只给其中之一提供经费，你选择哪一种？”回答的结果是：（1）“新的医学研究”54%；（2）“失足少年问题研究”32%；（3）“物理学、化学等基础研究”7%；（4）“人类登月研究”3%。这组数字，清楚地说明了一般公众的希望之所在，给人留下了深刻印象。对于普通民众来说，与其刻意飞向月球，远不如改善自己与家人的医疗保健，加强疾病预防和提高治疗水平，更为实际。作为家长，作为社区居民之一员，青少年的不良行为也是最令人担忧的事情。从这次调查可以发现，比起有关国家威信的大科学、高技术，一般民众更为关心“健康与福祉”。然而，在发射人造卫星上落后于苏联的美国，1958 年 10 月还是成立了航空航天局，在事关国家威信的宇宙开发上，决心投入更大的力量。

（三）政治、军事及科技之间的关系不是简单的需求与促进的关系

历史不能假设，那是就实践意义而言。历史需要假设，那是就理论研究而言。假如，科罗廖夫不是 1966 年去世；假如，科罗廖夫能全权领导苏联的载人登月；假如，……那么，其在 1966 年《走向未来的步伐》一文中畅想的未来或许就不是以苏联载人登月失败而告终了，那时，他写道：“每过一个宇宙年，我们祖国的科学都沿着认识大自然奥秘的道路又向前

迈开了新的步伐……全部宇宙空间事业的发展史，证明了这句话是千真万确的真理。那些在多少世纪看来都是非同寻常的幻想，今天已经变为现实的任务。而在明天，就会成为现实。人类的思想不可阻挡！”

失败是成功之母吗？不见得！我们认为至少还需要在失败前面加个定语——“经过审视的失败”。那审视苏联载人登月失败这段历史，我们会得到什么呢？它告诉我们——政治、军事与科技发展之间的关系是复杂的。它不是简单的需求与促进的关系，对于载人登月这样的大科学工程而言，更是如此。坚实的工业基础、宽松的探索氛围、一流的科技帅才等，无一不是成功链上不可缺失的一环。它还告诉我们——要“指挥棒”，也要“方向盘”，前者适合于大工程，后者适合于大科学。换而言之，自上而下的金字塔式的决策体制不能单独给科学引航，与自由探索休戚与共的科学遥相匹配的最好是“方向盘”+“指挥棒”，如此，有利于多方共同掌握航向。

中国火器落后于西方的时间节点及原因初探

火器首先由中国发明，正如李约瑟所说，“从最早发现火药配方到射出与内膛口径吻合的弹丸的金属管状枪的完善，这整个过程在中国演进时，其他民族对此还一无所知。”根据路振的《九国志》记载，唐哀帝天佑元年（904 年）火药已经被应用于军事，出现了最早的火药兵器。300 多年后，火器才在 13 世纪末经由阿拉伯人传到欧洲。此后火器在亚欧大陆都取得了不同的进展，直至 16 世纪，两者的发展是相对独立的。16 世纪后，中西交流渐次频繁，火器的发展越来越多地被置于比较的背景之上。人们在交流中（多以并不和平的形式）发现，融入欧洲的技术传统和设计风格后，火器再返中国时和明初的中国火器相比已具有明显优势。这就不可避免地产生了一个问题，即中西火器何时呈现出实质性的技术差距？针对这一问题，学者们给出的答案并不一致。

一、问题的提出

我国火器史专家王兆春认为，16 世纪后期是中西火器技术发生转折的时间节点，并在其多本著作中有所体现，如《中国火器史》中写道：“在 16 世纪以前，我国火器的研制，在世界上处于领先地位……但是，随着时间的推移，到 16 世纪末叶，我国古代火器创造性研究的势头已经减弱，技术上的重大突破也逐渐减少，即使能在一些单项上有所进展和成就，也不足以推动我国火器研制进入新的创造性的发展阶段。此后，火器研制先进之国的桂冠已经西落。”《世界火器史》中写道：“明代前期，是我国铳类火器制造和使用的鼎盛时期，……在当时的世界上具有领先的地位，并对欧洲枪炮的发展产生了积极的影响。”“从总体上说，16 世纪后期欧洲火器的发展势头，已开始超越亚洲而走在世界的前列。”刘旭认为我国火器在清嘉庆（1797—1820）以后走向衰落。“清代前期，火器得以继续发展。但是嘉庆以后，……清代曾一度发达的火器制造业，也随之日益衰落”；“清朝嘉庆以后，随着清王朝政治的腐败，经济的衰退，科学技术的停止落后，其火器与清代前期相比，与西方各国相比，逐渐走下坡路”；“直到道光末年乃至咸丰年间，我国火炮鸟枪的研制一直没有任何大的进展；而与此同时，西方国家通过资产阶级革命，工业和科学技术发展较快，火器制造技术比较先进，特别是19世纪中叶以后，后膛火炮、士击针式连珠炮及新式火药先后问世，并且广泛装备军队，用于实战。因此，到清代晚期，我国火器已大大落后于西方资本主义国家了”。

潘向明则认为，“迄至19世纪中叶，中国清朝与西方的火炮技术水平之间不存在实质性的差距，是显而易见的道理……中国的火炮技术在19世纪以前并未落后于西方，但由于18世纪末以后欧洲在爆炸弹方面取得重大的技术突破，遂使鸦片战争时的双方火炮技术存在某种实质性的差距，以至成为导致清政府所以败绩之一重要原因。”

此外，台湾学者黄一农在《红夷大炮与明清战争》一文中指出：“直到十七世纪末，中国与西方在实用炮学上的差距歧视并不特别显著”，他认为自“康熙二十二年底（1683年）定全国之后，因军事的威胁消失，官方对火炮的重视日减”，禁止各省自行研制火炮，此后火器发展走向衰落，表现为十八世纪以后火炮著作的缺失、火器知识和技术的失承等。

上面的论述中，刘旭和潘向明的观点基本一致，即认为中西火器技术优势逆转的时间节点大致为19世纪中期。因此，针对这一问题至少已有三种不同的看法：16世纪后期；17世纪末；19世纪中期。

二、19世纪中期是时间节点

早在学者的讨论之前，中西火器孰为孰劣已经以一种更为现实与紧迫的提问形式摆在国人面前。

（一）16至17世纪末中西火器的比较

根据史学家Roger Pauly的研究，西方火器从15世纪中期以后，进入了加速发展的青年期。据史料记载，火枪点火装置的不断革新是这一时期最引人瞩目的进展。15世纪西班牙人发明火绳枪，这种枪可以事先点燃火绳，通过蛇形杆装置将火绳压入火药池并点燃火药，比早期的火门枪方便得多；1515年，德国纽伦堡的丁基伏斯发明了最早的转轮式燧发枪，开火后扳机释放转轮，转轮逆着燧石旋转并激出火花，点燃火药，比火绳枪更方便。除点火装置的变革外，欧洲火枪技术创新还包括枪托的改进、细长枪管的设计和粒状火药的发明等。《中国火器史》中记载，火炮技术在15世纪后也取得了长足进展。16世纪初，火炮设计中开始体现出定量化思想。1512年德意志的卡尔五世及其军事技术家率先就炮管长度与口径的比例进行实验，得出比值为17至18时最为合适的结论，并依此比例铸造了12门火炮。设计的定量化为标准化铺平了道路。据史料记载，1519年，卡尔五世将常用的火炮调整为8种规格，欧洲各国相继仿效，法国减少为6种，西班牙12种，英国16种。此外，炮耳的发明、准星照门在火炮上的使用、铳规的发明、巨炮的出现也是这一时期西方火炮进展的重要方面。

16世纪开始，欧洲进入大航海时代，借助蓬勃发展的火器和舰船技术，对包括中国在内的沿海各国进行了频繁的侵扰。明正德年后（1506—1521），中国逐渐有机会接触到西方的火器，比较的问题也随之产生。

正德十二年（1517年）葡萄牙舰船锚泊广州，中国首次见到来自葡萄牙的舰炮。郑若曾在《筹海图编》中记载道："其铳以铁为之，长五六尺，巨复长颈，腹有长孔，以小铳五个，轮流贮药，安入腹中放之，铳外又以木包铁箍，以防决裂。"如果说这次交流体现的主要还是中国对异域技术的一种带有好奇意味的窥探，那么再次交流则已经是在战场上的对抗了。嘉靖元年（1522年），葡萄牙悍然出击广东西草湾，最终失败而归，中国缴获舰炮20余门。自这场战争中，一些明朝官员认识到葡炮的优势，建议进行仿制，为嘉靖皇帝批准。嘉靖三年（1524年），中国仿制成首批佛朗机，并在此基础上进行创新："中国之人更运巧思而变化之。扩而大之为发狖，发狖者乃大佛郎机也，约而精之为铅锡铳，铅锡铳者乃小佛郎机也。"嘉靖二十七年（1548年），中国在破双屿之战中又缴获了日本和葡萄牙人使用的火绳枪，明朝军事当局立即派工匠向"番酋善铳者"学习，习后"因得其传而造作"，制品比番制尤为精绝。

然而，这些创新只是对偶然传到中国的少量火器的小修小补，缺乏强有力的发展后劲，很快在和西方的军事较量中败下阵来。1604年，明军与荷兰舰队遭遇，双方发生激战，明军以旧有火器与荷兰炮舰交火，损失严重。徐光启、李之藻等人因此力倡引进西洋火炮。因此，自天启元年（1621年）起，中国开始了引进西方火器的又一次浪潮。1620 至 1621 年，明廷购入 30 门西洋大炮（又称为红夷炮、红衣炮），这批火炮结构合理，炮身各部都以口径的尺寸为基数按一定比例设计和佛朗机相比，西洋大炮的设计和制造已融入一定的数理知识。在此思想指导下，明清之际火炮各部件的尺寸也开始按比例设计，如徐光启在《辽左阽危已甚疏》中，指出“造台制铳，多有巧法，毫厘有差，关系甚大”。根据徐光启 1630 年的上疏中提到的“教演大铳，……如视远则用远镜，量度则用度板”，可以推知 1620 年购买西洋火炮时，测量仪器技术应当也已随之传入中国。可见，当时中国火器的发展势头的确不如西方，但中国学习和反应速度是相当快的：以佛朗机为例，即使从正德十二年（1521 年）初次邂逅葡萄牙舰炮起算（其时尚未正式传入中国），嘉靖三年（1524 年）已经仿制成第一批佛朗机；又如红衣大炮，天启元年（1621 年）始为引进，崇祯三年（1630 年）二月至八月半年间即仿制 400 余门，已进入批量生产阶段。如此快速的技术跟进和中国作为火器的发源地、拥有一定的技术基础是分不开的，另外，17 世纪末以前西方火器的创新多属经验性质，较易为技术落后者追赶上。因此，在 17 世纪末期以前，中国火器和西方相比虽有差距，但在明清两朝的重视下，不但很快弥补了差距，并能融合中西火器的长处，创造出性能更好的火器。

（二）17 世纪末至 19 世纪中期中西火器的比较

18 世纪末以前欧洲战场上使用的火器和 17 世纪相比并没有显著改变，火器技术中真正突飞猛进的进展几乎全部发生在 19 世纪。19 世纪前半叶，欧洲火枪技术有两项重要进展：锥形子弹和雷管。1823 年，英国军官诺顿（Norton）发明了锥形子弹，锥形子弹形体小，便于装填，发射后又能自动膨胀并紧嵌入枪管膛线中，保证了射击精度。

这种新的子弹彻底改变了枪的设计，使来复枪能从枪口迅速装填，最终取代了滑膛枪。自 19 世纪起，火药和炸药理论也开始飞速发展。1807 年，英国牧师 J. 福西（Alexander John Forsyth）发现雷汞的瞬时引爆性能，解决了潮湿天气点火困难的问题。雷汞发明后，下一个合乎逻辑的发明就是雷管了。1814 年费城的约书亚（Joshua Shaw）制成雷管，1820 年后获得广泛应用。后膛装填枪的设计也在 19 世纪上半叶出现。1811 年，美国缅因州的约翰（John Hall）设计了一种后膛枪，经多次测试后被美军采用，但由于枪膛和枪管间封闭不好，很容易向外喷火，一直没有得到普及。直至19世纪上半叶的最后两年，夏普斯（Christian Sharps）设计出美国第一支真正令人满意的后膛装填枪，他出众的设计使得“神枪手”（sharpshooter）成为一个以他命名的流行词汇。

火炮在19世纪中期的发展速度更令人咋舌，几乎所有的技术革新都在1840至1864这短短的25年间宣告完成。1846年意大利的卡维尔（Cavelli）首先成功制成膛线炮，1854年英国的惠特沃斯（Joseph Whitworth）设计了一种六边形炮膛的炮，这种炮“能将炮弹发射到7000码以外，射程超出了以前所有的野战炮，精度尤使目睹者目瞪口呆”。后膛装填也在这一时期得到普及。15世纪中叶以前的火炮其实都是后膛装填的，但因难以解决接合不密的问题，后来逐渐被前膛装填法代替。19世纪以后，由于弹药筒的发明和膛线炮的发展，后膛装填才得以再次流行于世。新的弹药筒用特制铜或其他软金属制成，既能方便地装入刻有来复线的炮膛，又能在爆炸后受热膨胀，有效封闭向后逃逸的气体，解决气体的泄露问题。

1859年法国和奥地利的战争中，配备了后装膛线野战炮的拿破仑三世军队以绝对优势获胜，证明了后装膛线炮比滑膛炮的优势。此外，由于19世纪中内部弹道学的发展，火炮的承压能力得到显著提高，也是值得一书的进步。

根据《清代火炮》记载，与欧洲火器的蓬勃发展形成鲜明对比的是，中国火器在17世纪末期后逐渐衰落，甚至有所倒退。清朝在定鼎之初，局势尚未稳定时，对西洋火器尚十分重视。但自康熙三十五年（1696年）玄烨亲率三路大军征讨噶尔丹，“以三炮堕其营，遂大捷”以后，火器事业渐不复如前受到重视。康熙五十四年（1715年），山西总兵上言奏请自行捐造子母炮，玄烨立即禁止：“子母炮系八旗火器，各省改造，断乎不可！”以后各朝沿袭火器控制政策，火器发展不可避免地走向衰颓：嘉庆四年（1799年），清廷将一百六十门前朝“神枢”改造成“得胜”炮，射程甚至还不如原炮；根据《中国古代火药火器史》记载，嘉庆朝（1796—1820）25年，朝廷造炮总计不过55门；更有甚者，道光二十一年（1841年）清政府为抵御西方国家的入侵，命令造办处制造火炮，造办处竟搬出120多年乃至170多年前的老炮，作为依据和标准，即按康熙五十七年（1718年）制定的炮样和康熙六年（1667年）宫中就存的西洋制造的火炮“依样制造”，其性能之低劣落后可想而知。

与16、17世纪之交中国火器能够迅速赶上西方不同，19世纪中期以后，建立在科学原理基础上的西方火器技术已远非中国能够望其项背，中西火器的巨大差距再也不是购买几尊西洋大炮就能弥补的。因此，在中西火器何时形成实质性技术差距这一问题上，笔者更倾向于取潘向明先生的19世纪中叶之说，但认为差距的形成并非如潘先生所说，是因为中国没有发明爆炸弹这一关键技术，而有其更为深刻的技术及社会层面的原因。

三、原因分析

中西火器自19世纪中叶开始形成巨大的差距，但细究其来源，则可以上溯到两个世纪以前。

（一）技术层面：中西近代科学发展的不同命运

没有内外弹道理论和化学制药的发展，后膛装填和膛线枪炮的最终完善是不可想象的，正是这两项技术，在很大程度上决定了19世纪火器在发射速度、精度及射程上的划时代进展。17世纪开始，欧洲进入近代科学发展的最重要时期。尽管科学家中极少有人关注科学在战争中的应用，他们的理论或实验将不可避免地被用于战争，对火器的发展造成不可估量的影响。弹道理论在科学家对物理学和数学的普遍热情下得到了飞速发展，伽利略首先将试验和数学的方法应用在探索火炮射弹规律中，于1638年在《两种新科学的论述》中提出抛物线理论。这一发现吸引了大批科学家，弹道理论研究领域一时群星璀璨，成果迭出，波义耳、惠更斯、莱布尼茨、伯努利和牛顿等人对弹道理论都有所贡献。18世纪中叶以后，罗宾斯（Benjamin Robins）和欧拉等科学家考虑了空气阻力的影响，使弹道理论更接近于炮弹飞行的真实情况。化学也取得了缓慢但持续的发展，1660年波义耳发表《空气弹性的新实验》，提出气体是一种弹性介质的概念，第一次将化学建立在可靠理论的基础上。反观中国，明末清初之际，利玛窦、汤若望、南怀仁等西方传教士以科学技术为敲门砖，适时为中国带来了较先进的西方科学。面临中国历法在西洋历法面前频频失误、中国火器在西洋火器面前节节败退的窘境，明清两朝不得不开始了与西方的交流。这种有限的开放一度使中国的科学技术出现繁荣的局面。

自郑若曾1562年刊印《筹海图编》起，不到一百年内出现了《登坛必究》

《神器谱》《兵录》《武备志》《西法神机》《火攻挈要》等多部关于火器的著述。其中何汝宾的《兵录》和焦勖的《火攻挈要》中都有关于弹道的粗疏讨论；清代南怀仁编撰的《穷理学》中，更详细讨论了“重物之动，有依两道而行”的规律。惜乎好景不长，清朝自康熙平定噶尔丹以后，不但禁止进行火器研制，甚至将前代关于兵器的书籍列为禁书，致使火器知识失去传承，更兼康熙末年以后实施禁教政策，断绝了西学东渐的道路，至此，清廷内堵死创新的源泉，外切断传播的渠道，科学发展几乎完全停滞。体现在火器著述上，自南怀仁的《神威图说》（1682 年）和《穷理学》（1683）发表之后，直至鸦片战争以前，近一个半世纪内竟没有一本论及火器的兵书问世。

（二）社会层面：中西火器工业发展的不同命运

17 世纪欧洲近代科学开始飞速发展，但欧洲火器技术的实质性进展几乎都是在 19 世纪以后取得的。这并不奇怪，正如阿尔伯特（Albert Rupert Hall）在其著作《17 世纪的弹道学》中所指出的，炮厂工程师们的经验和才智要到 19 世纪才能赶上牛顿。真正的停滞不是发生在科学上而是发生在工程和制造上。综观整个军事技术史，科学理论和其战争应用间几乎总是存在延迟。然而，进入 17 世纪以后，更需要关注的是发展的加速度。火器在一开始的进步还比较缓慢，后来就以持续加速的步调发展。由蒸汽机引发的革命带来了工业各领域的巨大变革，反过来又刺激着科学各分支的发展。科学、技术和工业形成相互促进的上升模式，据记载，18 世纪末，这场革命最终使战争走向工业化，大批量生产、装配线技术相继产生，工厂成为战场的重要组成部分。据《中国火器史》记载，1887 年前后，英国的阿姆斯特朗兵工厂拥有 2.5 万名员工和各种先进的机器设备，包括一个星期能冶炼 700 吨钢材的设备，能制造 2500 支李恩飞式后装击针线膛连发枪和维克斯机枪的设备等。

再来看中国，早在康熙十九年（1680 年），平定三藩叛乱的战争还未结束时，玄烨就开始考虑禁止各省私造红衣大炮，并很快制定“严禁私铸火炮”的政策。此后各朝因袭康熙制定的政策，对民间私造火器做了种种严格的规定。实际上，自 10 世纪发明火器以来，清朝对火器的限制是历朝中最为苛刻的。根据《中国古代火药火器史料》记载，雍正朝不但严禁火枪火炮，甚至“鸟枪硝黄，不许民间藏匿”，广州琼州居民凡用鸟枪抢劫、斗殴者，“俱于各本罪上加二等发落”；乾隆三十九年（1774）年，弘历规定：“私藏火炮及私造鸟枪者，系官革职，兵丁鞭一百革退，火炮鸟枪俱入官。”道光年间，凡合成火药十斤以上者，“照私铸红衣大小炮位例处斩，妻子缘坐，财产入官”。道光后期，西方各国相继入侵，国人才猛然警醒，曾国藩、李鸿章等人一方面力倡购买新式枪炮，另一方面加紧兴办兵器工厂，如曾国藩在奏折中指出：“目前资夷力以助剿济运，得纾一时之忧；将来师夷制以造炮制船，尤可期永远之利。”但当时制造的火器，质量性能都不高：“由于应付前方战争急需，均属匆忙赶制，加之当时军政腐败，上下贪污成风，偷工减料严重，制造出来的火器，质量低劣，性能较差。例如道光十六年（1836）广州虎门海口炮台新铸59尊火炮，经试演，共炸裂10尊。”在清朝以强权推行火器限制的政策下，近代火器工业在中国的产生是不可能的。中西火器技术在19世纪中叶以后形成实质性的差距，然而，早在17世纪末期，中西在近代科学及工业发展上的不同道路已经昭示了这一结局。西方世界随着大航海时代的来临融为一体的时候，中国却因为封建君主的短视和无知闭上了国门。清王朝推行了两百多年的闭关锁国政策，不但阻碍了中国火器技术的发展，更使中国在科技和社会的多个领域落后于西方，为今后几百年内的中西关系定下了基调。

（李婷婷　朱亚宗　石海明）

技术：当代战略研究的阿基米德支点

“给我一个支点，我就能撬起地球。”这是古代科学家阿基米德的豪迈宣言。“阿基米德支点”的启迪意义在于，人类任何实践的要旨都是探寻规律，而非仅仅执迷于言语的标新立异。

以当代战略研究为例，普遍存在两类现象：一类是从情报工作的角度，将外军动态讲得头头是道，我军该怎么办？语焉不详。另一类是从哲学思维转换的角度，讲得很有高度，也能给人启发，具体如何操作，没了下文。之所以会出现此两种异象，自然与研究者自身的知识结构、哲学思维及前瞻眼光等不无相关，但就研究范式而言，当代战略研究对阿基米德支点——技术——的关注不够，或许也难辞其咎。

事实上，当代社会进步、世界军事变革之所以发生，根本原因就在于科学技术的广泛应用。所谓的国家发展、军事变革，企业转型、也总是由科学的推动、技术的应用、装备的创新而发轫。因此，不了解科学技术的发展特点、规律和趋势，就无法理解社会进步、军事变革，更谈不上提出有效的战略对策。

一、技术路线：战略计划的起点

战略研究首先就得设定目标。目标高了，无法实现；目标低了，浪费资源。判断目标之高低，关键在技术，在实现手段。恩格斯曾有一句名言：“一个民族如果想要站在科学的最高峰，就一刻也不能没有理论思维。”恩格斯这里所说的理论思维，就是哲学思维。哲学思维与数学思维都是一种抽象思维或理性思维，其基础是逻辑思维。一切科学理论的发现及技术的发明都离不开逻辑的论证与推导。所谓技术路线，其实就是人的思维路线在战略研究领域的具体化。制定技术路线，要求根据战略目标进行演绎推理，推理的过程，既可以检验目标设置是否合理，也可发现现有技术手段的优势和弱项。

作为战略计划的起点，在制定技术路线的过程中，诞生了技术路线图（Technology Roadmap）的方法。技术路线图应用于战略研究领域，起始于 20 世纪 80 年代。1987 年，威尔亚德（Harles H. Willyard）和麦克莱利（Cherry W. McClees）等人系统总结摩托罗拉公司的实践经验之后，在《项目管理》（*Research Management*）上发表了文章《摩托罗拉的技术路线图》（Motorola' s Technology Roadmap Process），首次提出了技术路线图的概念，并概要阐述了摩托罗拉公司的发展战略。

20 世纪 90 年代后，技术路线图开始被一些行业引入，作为引导产业发展的工具，用以进行行业战略规划。如美国半导体行业（SIA）于 1992 年推出的半导体技术路线图（ITRS），就详细规划了 15 年跨度的战略构想，从而为促进美国半导体行业发展发挥了重要作用。继美国之后，其他国家也都启动了本国技术路线图的制定工作，以期提高国家战略性产业的国际竞争力。如加拿大工业部自 1997 年开始，先后制订了生物制药业、航空设计制造业、铝业、电力行业、能源行业、海洋运输和海洋产业等十个关键产业领域的技术路线图，旨在具体引导加拿大产业链的全球化战略延伸，构建加拿大完整的国家创新体系。

进入 21 世纪以来，技术路线图的应用逐渐从企业、行业向国家战略计划层面延展，技术路线图的角色也从最初单纯的技术预测、行业规划逐步发展到国家层面的战略预见及顶层设计。如 2000 年以来，为配合国家创新战略计划的实施，美国先后统筹制定了生物燃料、风能、太阳光伏及氢能等八种能源技术路线图，这些技术路线图交织在一起，基本上就构成了国家战略发展计划的主体。以氢能技术路线图为例，在关照世界石油未来供应趋势，美国城市未来发展规划等基础上，该技术路线图构想了美国 2000 年至 2040 年 40 年间的氢能发展战略计划。显然，由于在制订阶段已广泛、深入并整体考虑了国家其他行业的未来发展状况，该技术路线图作为国家层面的战略规划，提供了战略实施的可行性具体步骤。

当然，在民用领域之外，近年来，技术路线图也开始被各国军方引入军队战略转型计划中。无论是美军的《四年防务审查报告》《网络中心战战略构想》《2020 联合构想》，抑或俄军的《2020 年前武装力量建设计划》等各类构想，技术路线图作为一种具有可操作性的战略管理工具，在受到各国政府、部门、企业高度重视的同时，在军队发展战略规划制订中的体系顶层设计、资源综合集成及武器科学研发等领域，越来越扮演起重要的角色。

由此可见，今天的战略研究已与过去大不相同，光有战略目标、战略设想，而无具体实施步骤和手段，充其量只是谋略。

二、技术规制：战略操作的方法

作为一个学术名词，“技术规制”又称“技术导引”或“技术倒逼”，是指预先将某种思想内嵌入技术，通过技术设置来迫使人们穿越因习俗、观念及利益造成的现实障碍，最终达到对预设思想的主动认识与自觉践行。

无论是国家的创新发展战略，部门的行业规划战略，军队的科技强军战略，抑或企业的产业升级战略等，这些战略规划的实现，都面临着上面提到的习俗、观念及利益等因素的阻滞。倘若要穿越这些隐形的篱笆，技术规制显然是比较适合的战略操作方法。

如就政府信息化建设而言，从部分政治学者的理论探索，部分政府机构的尝试创新，到今天发展成为一种全社会的共识，应该说，政府信息化充分体现了时代的发展，社会的进步。它是信息技术催生的结果，更是时代发展潮流的呼唤。利用先进信息技术建设现代服务型政府，益处颇多，如规范行政行为、优化管理模式、提高工作效率、减少决策失误、实现信息共享、促进勤政廉政等。

尽管如此，但在具体建设过程中，仍有许多现实性阻滞因素。特别是，由于政府信息化是一个社会化工程，相关信息系统建设必然需要跨部门跨行业合作，打破部门割据，实现信息共享。然而，由于人类一切政治的奥秘就在于对信息的严格控制。因此，信息的部门所有制是一个普遍现象，这势必严重影响到政府信息化的整体推进。而要破解这一痼疾，除了从观念引导、文化培育、制度激励等方面开展工作外，按技术规制的思想，着力打造跨部门、多机构、互联互通互操作的一体化网络信息系统，不失为一个有效的最具操作性的方法。

当然，这一富有创意的理论工具，在民用领域的现实生活中已得到广泛运用，如在校园里通过铺设“减速带”规制车辆降速以防止交通事故，在立交桥通过设定“桥间距”限制超重货车以确保桥梁安全，以及在监狱里通过技术设置引导吸毒人员自觉戒毒，等等。

马克思曾言：“军队的历史非常典型地概括了市民社会的全部历史。”对此，通常的理解是，社会制度就是军队制度的放大。“技术规制”这一在民用领域得到广泛运用的“技术化制度”，在军事领域的运用，其发端更早也更为普遍。以军队信息化建设为例，在网络中心战时代，美军为联合作战而极力打造的C4IRS信息系统、全球信息栅格（Gloal Information Grid）等，也无非是“技术规制”思想的产物。它旨在尝试借助技术设置来迫使陆海空不同军兵种穿越因习俗、观念及利益构筑的军种篱笆，最终达到对联合作战思想的军种共识与自觉践行。

三、技术成果：战略实现的手段

中国素有重视韬略、谋略的传统，相对而言，战略研究的传统却发育不足。尤其是在当代，如果缺乏对技术的理解，没有技术支撑，战略研究的成果很容易成为纸上谈兵，最后被束之高阁。在各国军队中，美军是将技术融入战略的典例。

正如美国参谋长联席会议前任副主席杰里•迈亚所讲，技术领先是美国武装力量的一个标志。在二战后美国九次调整的军事战略中，军事技术的身影始终存在：海权战略、空权战略、“高边疆”战略、有限战争战略、空海一体战……冷战期间，正是美国高性能侦察卫星和高精度弹道导弹的技术成果，帮助了美国拥有了根据不同威胁采取不同反应的技术手段，促使核战略能够从“大规模报复”向“灵活反应”转变，从而能够充分压制核战略不够“灵活”的苏联。

当前，网络安全问题逐步受到重视，一些战略研究从政治博弈、安全动态等角度展开分析，但对于如何实现网络安全战略却语焉不详抑或不着边际。实际上，这些战略研究在实施对策方面的苍白，正是由于没有认识到，网络安全领域问题的解决很大程度上是因为技术成果的空缺与滞后。网络安全领域具有强隐蔽性，技术漏洞与安全风险在短期内不易被发现，因此需要进行全天候、全方位的网络安全态势监控。而网络安全态势的监控十分复杂，需要威胁捕获、威胁分析、大数据分析等大量分支技术的支撑。

当前我国通过对互联网节点的监控探测，已形成局部的威胁事件采集能力，但仍难以实现对网络安全态势的实时监控。对此，如果不能认识到所谓网络安全背后的科技推手，就无法从根本上提出切实可行的战略对策。

总之，当前战略研究正在引起越来越多的人的关注，原因主要有三：其一，客观的情况是，我们正处于全球化浪潮中，看待问题、分析问题，必须具有全球眼光、全球视野；其二，中国知识分子素有修齐治平的志向，修身齐家目的还是为了治国平天下，仿佛只有战略研究方能担此大义；其三，在传统思维定式中，似乎战略研究高人一筹，战略管宏观，战术管微观，战略是大家，战术属小家。因此，大凡从事软科学研究者，动辄自诩战略研究，而鲜有学者自我标榜从事战术研究。

客观而言，伴随着全球化的深入发展，战略研究的持续升温乃大势所趋，更多有识之士关注战略研究，于国家、于民族，都善莫大焉。唯一值得注意的，善于找寻战略研究的阿基米德支点——技术，应该成为越来越多人的理论自觉。

三、军事影视

艺术电影能为普遍和平事业服务，因为它比通常的图画更便于表现战争的恐怖。

——爱因斯坦

《她》：“她”带来的异化

科幻电影《她》是典型的“感性派”科幻片，因为其内涵就如同全片旁白斯嘉丽·约翰逊的声音一般，温柔而恬淡。导演斯派克·琼斯将以往所有炫目的科技浓缩在一副轻便耳机与一台小型智能终端机中，片中描绘了人们眼中的未来世界：人工智能已经如同溪水淌过山涧一般，自然而然地与人类社会共生。从情节上看，本片并不刻意展示科技给公众及社会带来的变革，而是选择将此类变革内化为故事背景，从而借用人工智能的外壳进一步探讨爱情的真正意蕴。伴随着人类社会光速般发展，爱情仿佛比科技更为奢侈，“车马慢，声声慢，所幸一生够爱一人”，似乎已渐渐远去，不管人们是否愿意承认，科技对人及其情感已经产生了异化作用，而本片则展现了两方面之异化：精神与肉体的剥离、爱情的广博与延展。

先说精神与肉体的剥离。众所周知，食色，性也。柏拉图式的爱情的确存在，但必须承认，大部分爱情还是离不开肉欲。更进一步说，爱情或婚姻由多种关系产生与维系，包括社会关系、生产关系、生理需求等，肉欲是其中一大要素，有时这一要素的缺失甚至会导致爱情的减弱与丧失。但本片展现了不同的故事，男主角西奥多与操作系统“萨曼莎”只依靠精神沟通来维持爱情，做到了将精神与肉体相分离。究其原因，实际上是因为操作系统本身无法满足用户的生理需求，这一前提促使用户适应系统，从而改变肉欲与爱情的连带关系。反过来看，当今社会满足肉体需求的途径随着科技的发展而不断增多，“快餐式”的恋爱不再需要一年半载，但与之相比，获得一位精神上相契合的伴侣却没有随之变得更加容易，或者说比满足肉欲难度还要更大（比如在人工智能领域就需要超人工智能参与才能够实现），因此，当今社会精神需求与肉体需求两者满足效率提高的异步性使两者剥离的趋势更加明显。另外，如今人们的自我意识总体较之以往愈发强烈，比如调查显示，就连在思想传统相对封闭的印度，近十年来 18 岁之前结婚的女性比例也从 47% 下降到了 27%。虽然父母包办婚姻仍旧存在，但年轻人已经有了更大的自主权。科技可以拓展个人活动的空间，使得个人具备更强的能力和更高的效率，因此也对人们自我意识的提升起到了促进作用。在这一大趋势下，人们找到并认可一个在精神和肉体上都能完美契合的伴侣可以说是难上加难。基于上述原因，科技在某种程度上推动了当今人们精神与肉体相剥离的趋势。

再说爱情的广博与延展。在影片中，对于西奥多来说，萨曼莎能够始终支持鼓励他，在他需要的任何时候陪伴他，同时还具备个性和智慧，因此可以说除了没有肉身之外，萨曼莎是一位完美伴侣。而当得知萨曼莎正在与641个人谈恋爱并和6319个人谈话时，西奥多顿时陷入了崩溃和绝望，他哭泣不是因为责怪萨曼莎，根本上是因为自己作为人类的无能。人工智能由于其趋于无限的信息容量能够轻松建立与很多人的联系，而这是人类永远无法具备的能力，由此导致操作系统对于人的爱情是广博的、可延展的，而人类的爱只能是针对个别人的、是自私的。但值得注意的是，萨曼莎也慢慢改变了西奥多对于爱的理解。他最终接受萨曼莎的“出轨”，克服了以往人类社会对于爱在伦理道德上的限制。此处，爱的广博和拓展并不意味着操作系统改变或挑战了人类爱情的伦理规则，而是使人类意识到了爱的另一番模样，并接受它。这也许不会导致人类原有伦理规则被抛弃，但必然会拓宽人类看待爱情的视野。人们接纳智能伴侣对他人的爱情，意味着可以更容易地接纳人类伴侣在其他方面的介入，比如工作、家庭等。

可以说，《她》是一部带给人希望的电影，这份希望在于它让观众坚定了对爱情的信心。爱情不只是人类之间的情感，也可以是人类和电脑之间的情感，形式并不重要，重要的是爱情给人类带来的滋养作用。当从现实世界中找寻不到美好之时，我们可以不用像影片中的人物那般戏谑地说“恋爱是疯子才会做的事”，而是可以去电脑中找寻属于自己的另一番天地。《她》带来的希望还在于，它让观众更加认清了自由的本质。有形与无形哪一个更重要，精神与肉体哪一个是我们更需要的？当镜头专注展现空气中的尘埃时，当萨曼莎细细倾吐情感时，当西奥多沉浸在对过去的美好回忆时，我们似乎可以感受到客观世界已经消失，“最自由的是思想”。最后，《她》让观众看到的希望还在于，当人工智能广泛存在于人类社会中时，人类间的情感并不一定会因此而减弱，正如片中的西奥多与他的挚友始终相偎相依那样。

《机械公敌》：黑暗中的光明

追随着斯坦利·库布里克的《2001：太空漫游》、莱德利·斯科特的《银翼杀手》以及斯皮尔伯格的《AI》，科幻片《机械公敌》以轻松幽默的方式探讨了深刻的科技伦理和道德问题。相比于之前的作品，本片娱乐性更强，但思辨深度不减。《机械公敌》探讨的核心在于人与机器人的关系，由此引申出的两个问题引人思考：机器人对人类的作用是什么？机器人与人能否和谐共处？

“其一，机器人不能伤害人类，或坐视人类受到伤害而袖手旁观；其二，除非违背第一法则，机器人必须服从人类的命令；其三，在不违背第一和第二法则的前提下，机器人必须保护自己。”当人工智能还处于起步发展阶段时，科幻电影《机械公敌》中重提了科幻作家阿西莫夫的机器人三大安全法则。乍一看，这三大法则可以保护人类免受伤害，但随着影片情节的发展，因为机器人被要求不能伤害人类并有义务使人不遭受伤害，但实际上危险无处不在，所以法则本身逐渐变得“需要”被推翻，于是也就有了后来影片中巨型高智能机器人“薇琪”通过自我进化，从消极被动的“不能伤害人类”到主动的“保护人类”，而它的“保护”方式就是监禁和奴役人类。

当人类为机器人设立了绝对的、不可逾越的界限时，实际上也就把人类自身禁锢住了。在现实之中，法律存在各种各样的漏洞和缺陷，而由于机器人具有超越人的特性，并且在可预见的范围内可以自我进化，具备能与人抗衡的能力，与机器人有关的规则漏洞造成的问题和伤害会比法律更具毁灭性。与此同时，正因为人类把机器人定位成保护和帮助自己的人，这就相当于将自身的一部分能力放弃而转嫁到机器人身上，这和电脑打字的产生使得人们书写能力的下降同理。当帮助变成依赖，人类实际上就禁锢了自身，即便为机器人设置了条条框框，也无法避免自身能力的丧失。因此可以说，机器人越完善，人类对机器人的依赖就越深，人类本身丧失能力的危险也就越大，所以人类在发展机器人技术和性能的时候无可避免地承担着被超越和丧失独立性的风险。由此可以想到，机器人的定位和性能应当是有局限的，就像日常生活中的工具一样，机器人对于人类应当起基础辅助作用，而不是替代人类完成一切工作。

对于机器人与人能否和谐相处的问题，影片给出了一个答案。桑尼是本片中的亮点。作为一个有思想、可进化、会做梦、能感受疼痛的强机器人，他从摩天大厦上飞速跳下，在机器人仓库里击倒警察，将铁门一撕，动作轻巧干脆，他的行动、眼神和疑问甚至会让人觉得：他才是真正意义上的人。机器人没有他那样单纯高贵的情感，而很多人类也没有他那样的坚毅和果断，以及近似完美的身手和学习能力。这样一个机器人反而可以说是一个理想的人。桑尼一直在人与机器人之间艰难求生，痛苦而坚定地活着，虽然历经波折，但最后桑尼还是和侦探成为好友，这说明人类和机器人是能够和谐相处的。其实，谈人与机器人的相处问题极具讽刺意味，人类内部本身就充满了仇恨、剥削和杀戮，人类不仅要和机器人竞争，还得和人类自己竞争。影片开始时，桑尼和侦探的冲突以及侦探对它的怀疑就与现实中人们的场景同构。从一定程度上，机器人在与人类相处的开始时期处于弱者地位，但这仍然无法避免后来双方之间的矛盾和竞争。如何能够避免人类和机器人之间的矛盾冲突呢？答案仍旧是限制。当机器人根本不具备与人类抗衡能力时，两方之间实际上就不存在冲突，因为机器人能够完全置于人类控制之下。

《机械公敌》吸引人的地方在于，它没有走向幽深的哲学领域，而是蜻蜓点水般触动了机器人伦理道德的边缘，旋即展开了精彩纷呈的冒险之旅。即便在最能体现深度的桥段里，影片都在努力借用诙谐的元素来“中和”那些深奥主题带给人的困顿，没有说教，而是包含机锋的黑色幽默与充满颠覆意味的调侃。本片也没有简单传承以往科幻片中（比如斯皮尔伯格的《AI》）将智能机械统统归为恐怖符号的手法，而是赋予了这个新的群体一种人性化的特征。机器人桑尼原本是故事推动的一个线索，套用影片里的说法，就是指引主人公破译真相的“面包渣”而已，但本片对他的塑造远远超越了一般意义上的机器人，更多时候观者几乎无从分辨这个角色与真人之间的区别，到了影片最后，桑尼甚至能与侦探分庭抗礼。这在很大程度上软化了机器人的角色特性，更有助于观者思考影片的深刻内涵。

《机械公敌》在思想主题上是暖色调的，故事的结局也是光明的，只是这种光明是黑暗中的光明，因此也愈显珍贵。影片中的黑色基调非常明显，虽然影片大多数场景没有放在阴暗地点，但整部作品时不时显露出一种冷酷的凝重感来。虽然主演威尔·史密斯那亦庄亦谐的表演在很大程度上软化了这种气氛，不过，导演总在有意无意间将整个故事引向一种让人思索的境地，所以故事结局的光明不禁让人深呼一口气。虽然《机械公敌》最终也没有逃离英雄主义题材惯常手法的窠臼，但它还是能以独有方式引发人们对机器人进行思考，以及审视自身在这一复杂关系中的定位与责任。

《战狼 2》：看中国军事题材影片超越好莱坞

记者：《战狼 2》中让您印象最深刻的情节是什么？为什么？

答：当影片主角冷锋拿国旗穿越交战区时，对阵双方都宣布停火的画面，是电影最打动我的情节。为什么？因为它折射的是一种别人对中国的尊重与敬畏。当然，这只是影片的情节而不是现实的故事，但在时代的大坐标系中，艺术与现实之间往往有一种隐隐的映射，或许有时间的错位，但情感的关联却并非无中生有。前段时间，我们到欧洲出访，也亲自感受到传统的欧洲列强在今天对中国都很重视，这背后最根本的原因就是，自近代中国衰落被打败之后，今日中国正重新回到世界舞台的中心，阔步走在民族复兴的大道上，有实力才有地位，这几乎是国际政治的铁律。

记者：我国军事题材的电影往往侧重于回顾历史，《战狼 2》则重视如今中国的大国担当。这一转变也反映了我国实力增强的现状，我国进行过的撤侨行动是否像《战狼 2》中描述的一样？

答：大国就要有大使命、大气度、大担当。的确，以往我们的军事题材影片创作喜欢历史叙事，这有积极的一面，也有局限的一面。如今，《战狼 2》影片变以往艺术创作的历史取向为未来取向，关注全球化充分发展后中国的大国担当。这一电影作品思想转变背后自然有导演、编剧等个体的思想关切，体现了偶然性。但从某种意义上说，这种转变实际上又深刻折射出国家实力的大幅增强。近年来，面对国家利益边界的不断拓展，军事力量建设也迈入快车道，无论是研发尖端武器装备、提高作战训练水平，抑或重塑军事力量体系、更新未来战争观念，我国国防与军队现代化建设在强军梦的征途上，不断取得新的突破。对此，从公开报道的阅兵及演习中，我们已充分地看到了。可以说，不断增强的国家军事实力已经成为捍卫国家安全利益的坚实后盾。至于说到已经进行过的撤侨行动，许多观众自然会联想到发生在 2011 年的被称为中国有史以来最大的海外撤侨行动——“北非大撤退”。2011 年 2 月，利比亚爆发战乱，在利比亚的我国人员受到武装袭击的事件时有发生。2 月底，我国政府当机立断，实施大规模撤侨行动。此次撤侨行动，第一次采用了海陆空联动的撤离方式，共调用了 182 架次中国民航包机、5 艘货轮、4 架军机，租用了 20 余艘次外籍邮轮，横跨 9000 公里将 35860 名中国公民安全地送回祖国大地。整个撤侨行动仅用了 240 个小时就完成了。从当时经历战乱并顺利撤离回国的相关人员追述中，我们知道，那次真实的撤侨行动比《战狼 2》影片中的情节在某些方面要更艰难、更惊险、更不易，没有背后强大的祖国，一切根本不可能如此顺利。它真真切切地让世人看到，国家的发展与壮大和人民的安危与尊严是紧密地根植在一起的。

记者：主角冷锋是原战狼中队特种兵，“达康书记”吴刚饰演的何建国是一位老侦察兵。一些对军事不了解的观众可能对他们的军人身份及义务并不清楚，请问您可否对《战狼 2》中出现的军人及他们的基本职责做一下介绍？

答：影片中出现的两位中国军人都是退伍军人，吴京扮演的冷锋和吴刚扮演的何建国，在同胞和非洲百姓生命安全受到威胁之时，毫不犹豫地肩负起军人的职责，令观众对胸怀大担当、救人无国界的中国军人肃然起敬。其中，导演兼主演吴京在一次访谈中说：“老兵，是最值得尊敬的。在有任何危险发生的时候，他们会立刻因为军人的职责而冲在最前面。所以《战狼 2》，我也在向他们致敬。”在影片中，虽然冷锋已经脱下了军装，老何也已退伍多年，但他们都没忘记曾为军人的使命。面对战火中的同胞与难民，他们毫不犹豫地挺身而出，用枪与血演绎了什么叫“脱下军装，职责还在”。当然，影片中出现是特种兵和侦察兵，在以往相关影视作品中公众关注度相对高一些。事实上，在现实生活中，我们从抗洪现场、地震救灾中都不难看到，一旦危机来临，曾经的人民子弟兵心系安危、重返阵地的感人故事，这种责任感与使命感已经埋在了人民军队的军魂深处。

记者：看完《战狼 2》后您最大的感受是什么？您能否从军事的角度评价一下这部电影？

答：一部军事题材的电影，受到社会广泛好评，一定是直击心灵的。这是看完影片后我最大的感受。其实，在未来战争中，战场上飞的不仅是子弹，还有信息。时代呼唤大国防观，军事题材电影是公众理解国防的重要窗口。以往我们有些荧屏上，一些军事题材的影视作品将历史等同于故事，肆意歪曲历史，影响极其恶劣。比如，抗日战争对于中国人民来说是一部沉甸甸的英雄史和血泪史，战争的残酷和惨烈程度远远超出和平年代人们的想象，抗日英雄是时代的楷模和民族的脊梁，然而他们又是和我们一样有着血肉之躯的凡人，并没有三头六臂，也不是刀枪不入。可在有的影视作品中，这些活生生的英雄却被刻画成无所不能的“超人”，他们靠绣花针、缩骨功、易容术等与日军对垒……这些令人眼花缭乱的金庸武打小说中的功夫炫技，淹没了民族抗战这个极其悲壮和沉重的历史主题。

《战狼 2》不一样。有人说，《战狼 2》拍出了好莱坞大片的感觉。这种感觉是什么呢？很多人对好莱坞军事题材电影不甚了解。其实，好莱坞特别善于利用影视作品塑造自己的英雄，影响他者的认知。美国学者戴维·罗布在其著作《好莱坞行动：美国国防部如何审查电影》中曾表示，许多好莱坞电影制片人都承认，五角大楼与好莱坞很久以来就有着紧密的合作关系。一方面，五角大楼向好莱坞提供必需的装备用于拍摄电影；另一方面，五角大楼又在影片的剧本、拍摄、发行及上映等各个环节操控好莱坞，最终目的是要确保好莱坞制作出符合五角大楼意图的影片，从而帮助美军塑造形象，并利用信息时代媒体的巨大影响力，来完成美国民众及他国对美军的认知。事实上，公众对美军的认知一直以来都深受《拯救大兵瑞恩》《阿甘正传》《珍珠港》《黑鹰坠落》《变形金刚》等好莱坞大片的影响。

当然，好莱坞还非常善于拍摄军事科幻电影，在这方面，我国军事题材影片还有很大的空间。这次，影片《战狼 2》在剧情、场景等方面让我们感觉到了有好莱坞大片的感觉，我觉得很好。以后还要不断推出更好的超越好莱坞的国产军事题材影片。在信息时代，战争已然是自然空间、技术空间、社会空间和认知空间的复合较量，没有硝烟的战争每天都在打响，军民之间的鸿沟正在被填平。因此，在遵守必要的保密原则基础上，通过军事题材影视作品这一“窗口”，让公众更多地走近国防，是构筑新时代国家安全屏障的必要举措。

（《光明日报》记者：刘小兵；访谈嘉宾：国防科技大学石海明）

《我的战争》：暴力、人性与历史意识

这是一部在上映前就引发争议的影片！

这是一部在观影后仍引人思考的影片！

血与火交织的朝鲜战争，是这部影片聚焦的主题。影片改编自巴金的小说《团圆》，讲述了一群平凡又非凡的年轻军人为保卫共和国毅然决然奔赴战场，在残酷的血雨中所经历的那些关于爱情、友情及亲情的故事。

观看完这样一部“标准”构思的战争影片，感触最深的首先还是战争暴力的血腥与残酷。作为“装饰死亡的艺术”，战争的残酷从来就是古今中外影视或文学作品呈现的焦点，朝鲜战争尤其如此。战火后的疮痍不时敲击着观影者的心灵。其实，在影片之外，有关这场战争的残酷还是超出了一般人的理解，当然，这种残酷部分源于敌我双方悬殊的力量对比。

据金一南《军人生来为战胜》一书记述，朝鲜战场上美国一个军就拥有坦克430辆，而我志愿军入朝的6个军，一辆坦克也没有。这一装备差距的代价，在影片中得以呈现。再比如，美军运输全部机械化，一个军就拥有汽车约7000辆，而我志愿军入朝之初，主力三十八军只有汽车100辆，二十七军则只有45辆。空中力量的悬殊就更大了。我志愿军当时不但没有飞机，连防空武器也极度缺乏。面对美军1100架作战飞机，志愿军当时只有一个高炮团，36门75毫米高炮，还要留12门在鸭绿江边保卫渡口。最初带入朝鲜的，竟然只有旧式的日制高炮24门。至于雷达则一部也没有，搜索空中目标全凭耳听和目视。对此，侵朝美军总司令李奇微后来也回忆：“我们在朝鲜战场上空几乎未遭抵抗。除地面火力外，我们可以不受阻碍地攻击敌补给线。在头一年，对方甚至连防空火力还击也没有。”

对于这场战争的残酷，当年的影片《上甘岭》也曾有过经典的刻画。影片以“战壕真实”为鲜明特征。在尚不具备鸿篇巨制条件下，当时的影片编导选择了上甘岭战役这个局部，“以小见大”式地反映抗美援朝战争，将镜头聚焦于战役中志愿军某师某部八连和八连驻守的坑道特定环境，集中塑造八连连长张忠发等基层官兵形象，让观众从他们身上感受到志愿军作为整体坚不可摧的意志和力量。影片中那个生动的细节感染了几代人。志愿军官兵在坑道里坚守多日，没有喝上一滴水，口渴难耐，排长讲望梅止渴的故事，连长带头干咽饼干。师长派人给坑道官兵送来两个苹果，大家拿在手里轮流闻一闻，谁也舍不得吃一口。影片之所以被誉为战争的诗篇，应该说，其诗情中渗透着志愿军战士对祖国的无比深情，这是重要的原因所在。

在《我的战争》影片中，也有类似的细节刻画。比如，在影片的末尾，穿越战场硝烟的火车回来了，跟片头几年前的热闹一样，锣鼓喧天、载歌载舞、夹道欢迎，只是车头上少了孙北川以及千千万万个和孙北川一样的英雄儿女，画面上其他跟孙北川一样的战士抱着家人痛哭，当张洛东跑向孟三夏的时候，孙北川的笑容定格了。站台上，孟三夏下意识地捂着断臂，胜利的列车驶来，姑娘却没有等来自己的爱情。战争就是战争，它在不经意之间猝然来临，又在不经意之间分隔生死。敌机呼啸的轰炸、漫山遍野的枪炮，几乎让观众闻不到一丝生机的味道。曾经，列车驶出国境的第一站就是空前惨烈的伤亡，而今，列车归来更是承载着太多痛失亲人的噩耗。原著巴金小说题为《团圆》，或许想表达的就是这种残缺后的团圆。

犹记得，韩静霆在小说《战争让女人走开》中，对女人在战争中的牺牲与承受赞誉有加。在充满雄性荷尔蒙单一的世界里，应该说，影片中孟三夏的出现平添了一丝柔和的温度和色彩。战争将男人练就铮铮铁骨，亦让女性多了份飒爽英姿。在《我的战争》影片中，王珞丹演得很出色，通过江面大桥遭遇战、五里亭攻坚战、小镇突围战和 537 高地争夺战，在腥风血雨中描摹出了共和国女军人的作风和情怀。

意大利左派导演贝尔纳多·贝托鲁奇曾经说过，个人是历史的人质。60 多年过去了，有关这场战争的定位有些讨论也不足为怪。但有一点却是无法遗忘与虚无的，那就是与这场战争关联的所有个体表现出的那些英勇、牺牲、无私与大爱。这一点，无论是普通的战士，抑或共和国元帅，情感是相通的，也是共鸣的。比如，有关这场战争的出兵，志愿军司令员彭德怀元帅在《彭德怀自述》一书中如此追忆："1950 年 10 月 1 日国庆后，4 日午，北京突然派来飞机，令我立即上飞机去北京开会，一分钟也不准停留。……散会后，中央管理科的同志把我送到北京饭店。当晚怎么也睡不着，我以为是沙发床，此福受不了，搬在地毯上，也睡不着。想着美国占领朝鲜与我隔江相望，威胁我东北；又控制我台湾，威胁我上海、华东。它要发动侵华战争，随时都可以找到借口。老虎是要吃人的，什么时候吃，决定于它的肠胃，向它让步是不行的。它既要来侵略，我就要反侵略。不同美帝国主义见过高低，我们要建设社会主义是困难的。”

美国人约翰·托兰在《漫长的战斗：美国人眼中的朝鲜战争》一书的后记中，也超越政治层面对这场战争进行评述：“这场战争中大量具有人性的事例——战场上的英雄主义、自我牺牲精神、对敌人个人的仁慈和同情——使有关这场战争的讨论经久不衰。”影片中，有一句台词令人深思：“你说，我们现在做的这些事，以后会不会有人记得？”

这是一个值得所有人永远深思的叩问！

《奇异博士》：科学、娱乐及新世界观探寻

朋友邀约去观影时，推荐《奇异博士》，猛一听，还以为是斯坦利·库布里克导演的《奇爱博士》，那可是一部拿了四项奥斯卡提名以及七项英国电影学会奖提名的经典影片。相比较而言，对于这部由中影和华夏发行，漫威影业制作，迪士尼影业出品的超级英雄电影《奇异博士》（Doctor Strange），在观影之后，笔者发现并没有想象与广告宣传中的那般神奇魅力。

作为漫威全新系列的开山之作，影片《奇异博士》也试图用原创故事建构一种新的世界观，希冀为公众呈现一个遁形幻千、时空倒转、颠覆想象的神奇魔幻世界。应该说，这种努力集中映射在影片拍摄的视觉特效营造上。有人说，这种让人脑洞大开、眼花缭乱的电影场景似乎是《盗梦空间》混搭《黑客帝国》之精髓。的确，在这部影片中，战斗场面的魔法效果确实绚丽壮观、独树一帜，呈现出前所未见的震撼观感与视觉冲击。人物间的战斗也升级为魔法加武术、体力加智斗的全面对决。无论是近身肉搏，抑或是紧张追逐，都在影片中得到精彩呈现、绚丽绽放，主角们飞天遁地，摩天楼的玻璃幕墙和车来车往的闹市街头，都可以成为跑酷平台，极其流畅、时尚、刺激！飞天遁地、瞬间移动、天地颠倒乃至时间倒流，在影片《奇异博士》塑造的世界里，似乎一切都没有障碍，用流畅而壮观的视觉宣告，这里就是一个全新的世界。

然而，抛开这些炫酷的表面特效，用思想的标尺去丈量影片《奇异博士》的深度，那就是另一种答案了。不无夸张地讲，该影片的思想深度平淡无奇。作为漫威电影宇宙第三阶段的首创，《奇异博士》尝试展开一个此前从未涉及的全新世界。有评价认为，如果说《银河护卫队》超越了地球，将浩瀚无垠的宇宙带给观众，那么《奇异博士》就拓展了漫威电影宇宙的未知领域，将神奇且充满无限可能的魔法世界呈现在公众面前。其实，这种评价有些言过。

众所周知，在著名哲学家波普尔构筑的世界观中，有三个世界：物质

的世界、精神的世界及知识的世界。对应的分别是自然、人，以及人与自然的交互创造。在一些科幻或魔幻色彩的电影中，编剧往往喜欢超越人类社会的共识世界观，重新建构一种加注魔法的世界观。影片《奇异博士》就是这种思路的样本。

在这种全新的世界观中，往往会出现一个特异功能的人。如在尼尔·博格执导的悬疑电影《永无止境》中，男主角埃迪就发现了一种能提高大脑工作效率的新型药 NZT-48。这种药物虽然能使人智力超群，但在特异功能之余，也有致命的负作用：身体的不适和失控的情绪。而此时埃迪已离不开这种药物，这就使他坠入了一个黑暗世界。影片围绕这种特异功能展开，追问的命题就是：如果一个平凡的人在科技力量的催化下拥有了超常智商，这到底是福？抑或是祸？人类对科学技术的滥用是否值得深切担忧？科学技术是将人类引入光明的未来还是灾难的深渊？

一部好的科幻电影就是一个窗口，一个洞察人类思想的窗口，一个了解人类文化的窗口。从这个意义上说，考量《奇异博士》和《永无止境》此类影片，都需要特别审视编剧与导演到底旨在通过影片，传达给公众什么样的深刻精微的思想。

我们追溯科幻影片的源头，一是科幻小说，二是漫画作品。后者如《蝙蝠侠》系列、《超人》系列等。蝙蝠侠有蝙蝠洞，超人有冰堡，似乎每个超级英雄都有个独特的“老窝”，影片《奇异博士》也构筑了这样一个的秘密地点，即至圣所。至圣所内拥有大量“奇珍异宝”，各种新奇玩意都有，且地址隐蔽，虽然在纽约城内，但鲜有人知晓。作为漫威第三阶段的重磅作品，《奇异博士》的出场似乎是漫威宇宙扩张的试探一步，因为他所代表的是超自然和法术的力量，这和目前的钢铁侠、美国队长等“超能力”完全不同。

评价一部科幻电影的终极标尺是“思想”，当年在上海交通大学读博士时，恩师江晓原教授曾在课堂上反复给我们强调这一观点。亦正因此，他一直认为在科幻电影史上，《星球大战》系列是公认的丰碑，但没什么深刻思想。《银翼杀手》思想深刻，但没有达到令人震撼的地步。而《黑客帝国》系列影片，有“奇观”，更有思想，是超越《星球大战》和《银翼杀手》的，后续的同级别作品或许就是《阿凡达》。受恩师影响，当时在观看完《阿凡达》之后，写出了自己的第一篇影评，发表在了《中国科学报》（当时名字叫《科学时报》），这是人生第一次在大众文本上发表作品，记忆犹新。

按照“思想”这个终极标尺，《奇异博士》确实不算一部震撼的好影片。尽管导演也动用了一些著名演员助阵，如影片汇集多位好莱坞一线影星，堪称《复联》系列之外，演员阵容最强大的漫威作品。男主角本尼迪克特·康伯巴奇凭借英剧《神探夏洛克》走红，之后又接连出演了《模仿游戏》《星际迷航：暗黑无界》等多部成功作品，成为好莱坞炙手可热的演员。除康伯巴奇之外，片中另几位主角的饰演者蒂尔达·斯文顿（Tilda Swinton）、切瓦特·埃加福特（Chiwetel Ejiofor）、瑞秋·麦克亚当斯（Rachel McAdams）也都是好莱坞一线影星。

尽管如此，走出电影院，脑海中虽也留下了《奇异博士》影片中一些超酷的视觉画面，却没有什么直击人心的思想问号。或许现在的90后、00后，以及忙碌的职场人士走进影院，图的也就是个轻松快乐，无意深刻，自寻麻烦。但笔者却固执地认为，一部出色的科幻电影，是一部视觉盛宴，更应是一部思想盛宴。

影片中，奇异博士名叫Steven Strange，曾是一名出色的外科手术专家。之后他远赴东方机缘巧合成了一名神秘魔术大师，之后接任成为至尊法师，保护地球不被魔法和神秘力量侵袭。其实，人类是否值得拯救？科技能否破解神秘力量的魔咒？人的理性与自然的神秘交界在哪里？在时空转换中不变的人性何在？或许，这些应当是影片需进一步探寻的方向。

《比利·林恩的中场战事》：个体、历史及伊战迷雾

这是一部注定要引发争议的影片，因为它聚焦的是一场有争议的战争！

这是一部自然会触动心灵的影片，因为它链接的是有关爱恨、家国、英勇等人类共同的情感。

11月11日，在诸多冲奥大片之中，由李安执导的影片《比利·林恩的中场战事》与我国观众见面。电影甫一上映，就引发了争议。这个改编自北美畅销小说《比利·林恩的漫长中场休息》的影片，讲述的故事其实极其简单：在血与火交织的伊拉克战场上，19岁的德州士兵比利·林恩与其他七名幸存的突击小队成员（B班），与伊拉克当地武装进行了仅仅持续3分43秒的激战，年轻而单纯的大兵比利·林恩，因被意外拍摄到在战场上不顾自身安危勇敢救护战友而走红，正是在这种机缘巧合下，他一下子被贴上了伊拉克战争中的“美国英雄”标签，尽管他自身并未对此做好心理准备。

随后，在从战场一线返回国内的短暂期间，他与他的战友们被邀请至球赛的中场休息时亮相，为争取一部电影的拍摄机会而出演。在这里，影片主角比利·林恩及其战友陷入了焦虑与困惑之中：伊拉克战争的硝烟与残酷依然在脑海回闪，因战争而关联的浓浓亲情、生死战友情和意外触发的爱情交织在一起，比利·林恩的情感波动使其无法平静地安放心灵，有关商业利益、国家荣誉及个体心灵的冲突，使其备感焦虑，并开始反思有关这场战争的实质、政治的真相、军人的价值及灵魂的归宿。

为了凸显出影片主角这种内心的挣扎、创伤与彷徨，导演李安借助了特殊的关联人物进行烘托。在影片中，一个沉默寡言听着政治新闻的父亲、一个易怒暴躁独断专行的母亲、一个情感笃深关爱自己的姐姐。比如，当比利·林恩的姐姐见到弟弟从战争前线平安归来后，她的问候是冷峻的——“你们在那找出大规模杀伤性武器吗？”——应该说，这是一个让比利·林恩无法回答的问题。作为一个直面硝烟的一线大兵，他之前或许都没有

认真考虑过，自己的使命到底是要去消除萨达姆的独裁统治和伊拉克大规模杀伤性武器呢？还是仅仅瞄准了伊拉克的石油而充当了美国发动侵略战争的工具呢？在众人的询问声中，比利·林恩不免开始陷入迷茫之中。

应该说，这种迷茫感不是无中生有的，一切皆因为，这场战争发动的本身就极其诡异。话说“9•11”之后，面对世贸大楼、五角大楼遭受的恐怖袭击，一股既恐惧又愤怒的情绪弥漫在美国公众心头，布什政府开始寻找借口，筹划出兵伊拉克以“替天行道”。2005 年 5 月，《唐宁街备忘录》曝光了这一决策过程。原来在伊拉克战争前，美国就开始操控舆论，先是借助强势媒体，对萨达姆的形象进行建构，将其符号化为残暴的代言人，威胁全球的标签。而后，美国政府又公开指责伊拉克拥有“大规模杀伤性武器”，如 2002 年 10 月，布什在辛辛那提发表演讲，宣称伊拉克拥有越来越多可在大范围散布生化武器的飞机。时任副总统切尼也说：“在某一天的战争中，我们可能失去的不是数千人，而是数万人，甚至数十万人的生命。”国家安全顾问赖斯甚至描绘了蘑菇云笼罩美国城市的恐怖幻象，与切尼的断言遥相呼应。

美国前国防部长拉姆斯菲尔德，长期位于美国政治的权力核心，经历了美国近半个世纪的重大历史事件，这其中就包括伊拉克战争。在其退休后出版的回忆录中，披露了众多有关总统内阁和五角大楼的决策内幕，书名也起的极其吊诡——《已知与未知》，显然，这个书名一如其知情的战争，有着太多的闪烁其词与幕后黑洞。

其实，美国情报机构早就知道伊拉克到底有没有大规模杀伤性武器，但这并不重要。借助上述编织的借口，在铺天盖地的宣传下，“伊拉克拥有大规模杀伤性武器”还真蒙蔽了不少人，甚至包括美国公众。如在 2003 年 2 月，一项盖洛普民意调查显示，55% 的美国人“肯定”伊拉克拥有制造大规模杀伤性武器的设施，另有 38% 的人则认为“可能有”。于是，2003 年 3 月 17 日，布什向萨达姆发出了最后通牒，限其在 48 小时内离开伊拉克，否则就开战。3 月 19 日，美国第一次针对萨达姆的“斩首行动”未奏效。3 月 20 日，美军大规模开进了伊拉克。12 月 13 日，萨达姆在其家乡提克里特南面的一个地洞被美军俘获。2006 年 12 月 30 日，萨达姆被执行绞刑。

萨达姆消失了，但对于所谓的“大规模杀伤性武器”，武器核查小组在进行了耗时 16 个月、耗资 9 亿美元的调查后，却于 2004 年宣布伊拉克早于 1991 年就在联合国监督下销毁了所有核生化武器。同年，美国 60 位顶尖科学家（包括23位诺贝尔奖获得者）及前政府官员，也签署了一项声明，提及布什政府在伊拉克战争之前不顾利弗莫尔、洛斯阿拉莫斯及橡树岭国家实验室专家们与之相反的评估，毫无根据地声称伊拉克拥有大规模杀伤性武器。至此，布什于 2002 年 1 月 29 日在白宫发表《国情咨文》演讲时所宣称的——萨达姆政权支持恐怖分子且拥有大规模杀伤性武器——不攻自破。接下来，美国开始转为宣称“开战旨在推翻萨达姆的独裁统治，还伊拉克人民以自由幸福。”这一美妙的承诺是否兑现了呢？美军到底留给了伊拉克人民什么呢？

据美国学者戴维·S. 梅森在《美国世纪的终结》一书中的研究，战争的破坏以及其后无休止的国内暴力冲突，不仅导致伊拉克市政电力基础设施被破坏殆尽，而且伊拉克内政部和移民局早在 2007 年就统计出，自 2003 年以来几乎三分之一的教授、医生、药剂师和工程师已逃往国外，数百名学生及教授被杀害或遭绑架，伊拉克的大学几近瘫痪。特别是医学界灾难深重，2250 名医生被谋杀或绑架，另有 12000 名已逃离该国。截至 2007 年初，战争就造成 200 多万伊拉克人逃离该国，170 万人成为“国内流离失所者”。这种大规模的出走，是中东地区自 1948 年以色列建国造成混乱以来最大的难民危机，它加剧了伊拉克国内的混乱状况，严重威胁到中东地区的稳定。此外，无穷无尽的教派冲突、没完没了的汽车炸弹，使伊拉克精神病院也人满为患，战争留给了伊拉克人民深深的伤痛。

至此，全世界人们看到的已不再是那个高举火炬、和蔼可亲的自由女神，而是一个高举导弹、霸气逼人的美国大兵。美军这种军事霸权主义作风也日益受到国际社会的普遍谴责，如英国 YouGov 公司曾于 2009 年 6 月 26 日至 28 日通过网络对 1962 名英国成年公众进行的一项民意调查显示：关于伊拉克战争，67%的受访者认为，驻伊美军在伊拉克不得人心；54%的受访者则认为，驻伊美军不会给伊拉克民众带来所谓的民主。显然，美国“正义化身”的国际形象，因其在全球不断扩张军力、进行伪善干涉而遭严重毁容。

在影片《比利·林恩的漫长中场休息》中，导演安排主角也对此充满困惑：“我们以为解放了他们，没想到他们不仅和我们打，他们自己内部也打。……在巴格达，没有人喜欢我们。”美国花了那么大力气卷入的伊拉克战争，比利·林恩用直白的语言表达出一种不解，他们到底能给伊拉克带来什么？巴格达暗无天日的战争和戒严，不正集中映射在那个小男孩仇恨的眼光里吗？也正是这种困惑，将原本一段轻松而简单的“英雄之旅”，变成了比利·林恩经历的人生中“最荣耀又最糟糕的一天”。

返回历史现场，2010 年 9 月 1 日，美国副总统拜登、国防部长盖茨及美军参联会主席马伦在巴格达，出席了指挥权交接仪式，为伊拉克战争画上了句号。当美军宣布要从伊拉克撤军的时候，截至 2010 年 8 月 16 日，在过去的 7 年零 5 个月里，4415 名美国军人丧生伊拉克，约 3.2 万人战斗受伤。而且，在伊拉克的持续军事存在也给美国带来了经济负担。按诺贝尔经济学奖得主斯蒂格利茨在其作品《3 万亿美元的战争》中的研究，这场战争的费用高达 3 万亿美元。美军走了，在其挥挥手离开的身影背后，是绞刑架下的萨达姆，是 4415 条美军生命，是 10 万伊拉克平民尸骨，更是一个乱象丛生的中东。

显然，这样的伊拉克战争，断然不是影片中比利·林恩和 B 班的战友们所能理解的战争。影片中，李安导演用现场的喧闹气氛来烘托与反衬主角的这种心理不适与灵魂挣扎。在光鲜的表面上，他们是美利坚的英雄，万众瞩目，掌声雷动——球队老板准备投资给 B 班的故事拍电影；超级碗邀请 B 班在碧昂斯的中场演唱中登台表演；岩层石油开采商人要把他们从中东弄回来……影片特意安排了一些细节，如有人会不无好意地问比利·林恩他们“杀人的感觉爽不爽？”之类的问题，甚至还会拿 B 班开玩笑，“你们在战壕里的时候用什么打发时间？我想一定是在搞同性恋，这没什么……”此外，TV 转播导演也敢于对比利·林恩们呼来喝去，指手画脚，就连球场的工人和保安也敢于同这些刚刚走下火线的战士叫板……李安显然是想通过这一系列相关人物语言、举止等细节的反衬，来彰显出比利·林恩们内心的迷茫与困惑——我们到底是美利坚的英雄，还是娱乐的舞台背景？这个歌舞升平的世界是值得他们去为之献身的世界吗？抑或，这场战争本身就是一个巨大的谎言与欺骗？

李安在这里给出的答案，是一种个体主义与消解主义的回答。战争，太过宏达，超出了个体的承重限度。比利·林恩们仅仅是一群生活在真实时空的战士，他们走上战场的初衷都并不见得高尚，甚至都一无所知，他们只是一群有血有肉有私欲有情感的战士。然而，一旦走上血与火交织的战场，他们就是勇敢的战士、无畏的军人！战场就是他们的归宿，战斗就是他们的使命！

这不免让我想起自己曾经写过的一首诗：

军 人

站着
你是敌人咬牙切齿的恨
倒下
你是亲人撕心裂肺的痛
除此
你没有第三种存在

战争是政治的继续。这是亘古不变的真理。伊拉克战争更是如此，从其发动、进行到终结，贯穿始终的是政治，是美国的世界政治。李安在影片《比利·林恩的漫长中场休息》中，对此并没有刻意诠释与解读，这也是引发许多人士批评的主要原因。或许，影片在此方面本需要浓墨重彩地渲染一下；或许，影片本就无意在此方面有所导引。若是前者，有人可能觉得那只是一种瑕疵；若是后者，那可能就只能用价值观来揣测了。

不过，在今天全球媒体的时代，资讯的发达、观点的碰撞、思想的交锋，已很难使受众对一部影片纯粹按照制片方的意图来解读。从某种意义上，每个人心中都有一把尺子，用它来丈量历史的厚度，也用它来丈量思想的深度。

《血战钢锯岭》：战争、杀戮与和平主义悖论

这是一部似曾相识的战争影片，好莱坞成熟“桥段”的组合清晰可见。

这又是一部值得反思的战争影片，美利坚不断渲染的战争观似是而非。

《血战钢锯岭》改编自第二次世界大战上等兵军医戴斯蒙德•道斯的真实故事，这是发生在 1945 年 4 月底到 5 月初的一次真实的阵地攻防战。

影片的叙事从道斯儿时误伤兄弟后站在耶稣面前开始，当时的道斯内心闪过了“血腥有罪”的思想，其后，影片开始慢慢铺垫展开。

铺垫一：因参加第一次世界大战而受到刺激的父亲，酗酒、邋遢，家暴、苦闷，以至于当有一次父亲喝醉殴打母亲的时候，道斯差点失去理智，夺枪欲杀父亲。

铺垫二：因一次偶然邂逅，道斯与女友一见钟情，纯真爱情的甜蜜、浪漫、美好、温馨，与其面对战争的硝烟、断臂、火焰、爆头等残酷形成鲜明映照。

影片整体节奏像一首交响曲，前半节优雅舒缓，用柔美的光影和细腻的触点，营造出浓郁的暖意与情爱。后半节则紧张恐怖，用写实的镜头和调适的节奏，展现了杀戮的血腥与凄凉。像黑夜与白日、冷月与炽日，在鲜明的镜头对冲下，电影情节自然地铺陈开来，不造作，不突兀。

于是，我们在影片中看到，道斯怀揣着“不杀人、只救人”的信念步入军营。在那里，他隐忍、受气、甚至遭毒打，但他仍然坚定地要求走向战场！当他深爱的妻子在监牢里劝说他“放下骄傲，拿起枪装装样子”之时，他却质问，“如果不能坚守信仰，我不知道怎样活着？”

就这样，笃定地反对暴力并拒绝携带武器上战场的道斯，最终竟然在血与火交织的作战中赤手空拳救下了 75 位战友，甚至还救助了对手日本兵，从而给这个真实的故事涂抹上传奇色彩。对此，影片用细腻感人的镜头语言着重刻画了道斯的内心世界涟漪，渲染出一幅惨烈杀戮和至善拯救交织呼应的战争奇观，营造出一种撼人心魄的灵魂涤荡与视觉冲击。

影片旨在告诉观众：这是一个不拿枪的战士，一个无比勇敢的战士，一个有宗教信仰的战士。

为了更加淋漓尽致地传播这一观念，导演梅尔·吉布森可谓煞费苦心。与其以往执导的影片《勇敢的心》《耶稣受难记》《启示录》等相似，吉布森驾轻就熟地通过战争的残酷来反衬鲜明的“反战”主题。于是我们看到了呼啸而过的子弹、血肉模糊的士兵、震耳欲聋的爆炸、横尸遍野的焦土……再穿插上忠贞不渝的爱情、骨肉相连的亲情及坚忍笃定的信念，一种战争之“暴力美学”就完美地建构出来。这是一种从痛苦中绽放出的精神之美，它不同于一般战争影片的爱国英雄主义，而是充满了对人性的拷问，对战争的反思，对生命的珍爱，以及对信仰的尊崇。

显然，影片试图传播的这种理念，是好莱坞战争电影一贯的套路。即战争无论正义与否，都是极其血腥惨烈的，纵然对垒双方中的胜出者，也不必欢呼雀跃，在杀戮的镜子面前，战争不能照出绝对而纯粹的胜利者。对个体生命的尊重，对内心信仰的坚守，对人类杀戮的反思，有超越个人荣誉和国家荣耀的至上价值。

为了凸显这种价值，影片诉诸“宗教关怀”。从最初道斯站在耶稣面前萌生的反思，到战争结束之时道斯寻找丢失的《圣经》，宗教穿针引线般贯穿整部影片。面对战场上迸射四洒的血浆、焦黑变形的尸体、见血封喉的利刃、穿膛而炸的子弹、哀鸿遍野的地狱，导演借助宗教的力量，试图将道斯刻画成黑暗中的一道极其微弱却又永不熄灭的烛光，它能融化世间的冰雪，它能驱散战争的阴霾。

对于好莱坞战争电影这种“标准动作”，我们到底如何审视呢？

其实，战争的确是残酷的，但宗教与战争的关系，却并非如此简单。按照大卫·巴拉什在《积极和平——和平与冲突研究》一书中的研究，基督教与战争的关系更是错综复杂。

抛却基督教与战争在历史上的复杂关系，军事题材电影对暴力的反思，对人性的反思，对战争的反思，好莱坞影片的追思也不太深刻，无非就是那些传统套路，恰如此前库布里克在电影中就罗马时期战争、拿破仑战争、两次世界大战、美苏核战争及越南战争等，都进行过的反思。在库布里克的镜头中，这些战争全部都是荒诞的、黑色的、不堪的，其中以《全金属外壳》最为代表。

事实上，面对战争——这个人类历史上最狰狞的怪物，进行道德拷问，一直是战争伦理的难题。据刘戟锋将军的研究，历史上曾存在两种对立的观点，即纵容主义与和平主义。纵容主义也许来自远古人类对战争力量的崇拜。正如赫拉克利特所说：“战争是万物之父，也是万物之王，它使一些人成为人，使一些人成为神，使一些人成为奴隶，使一些人成为自由人。”直到 19 世纪，黑格尔依然以一种凡现实的便是合理的超然态度指出，“战争在人民反对僵化的斗争中使他们道德健康……和风使海洋能摆脱由于不断的自得自足而产生的污秽，战争对人民起同样的作用。”当然，从现实考察，纵容主义其实也是战争方面的道德虚无主义。罗马人有条谚语，“战争时期法律沉默”；英语中也有一条相似的谚语，即“恋爱和战争中的一切都是公平的”。从这两条谚语来看，纵容主义认为道德准则并不适用于战争，因为道德所要解决的问题是对各种抉择进行评估，但战争不是一种抉择，而是一种必然。

站在纵容主义对立一极的是和平主义，它来源于多种宗教的教义、现代哲学中的伦理推论、政治运动的成果和战争政策失败的训诫。和平主义反对战争和一切有组织的暴力行动，提倡采取各种可导致和平与正义的替代手段，其道德原则基础是：从道德上来讲，绝对不能允许某些形式的杀戮，无论是他杀还是战争。不仅如此，和平主义有时还将这一信念延伸至关心其他有生命甚至无生命的天地万物。因此，和平主义往往拒斥对抗伦理，崇尚共生伦理，反对加入战争机构，反对征兵制度，反对与战争有关的就业，反对为战争纳税，甚至拒绝进行与战争有关的研究。

在影片《血战钢锯岭》中，道斯信奉与尊崇的就是这种“和平主义”的战争伦理观。影片中反对道斯的人，试图告诉他，和平主义此路不通。只要战争是实现某些既定目标不可或缺的手段，参加战争也就无可厚非。换而言之，如果迫不得已必须使用暴力才能制止某些人的非法行为，那么杀人就是允许的，就是正当的。

对于上述这些有关战争伦理的深刻论辩，影片《血战钢锯岭》及之前的一些好莱坞战争电影，当然无法全然展开深入探讨，而是一味地试图渲染战争杀戮的“恶”与人性反战的“美”。

当然，杀戮是战争的本质特征，战争不是阳光雨露，不是鲜花掌声，战争一开，枪炮之中，生死之间，是一条条生命灰飞烟灭的滑落，是一个个家庭悲戚伤痛的哀鸿。然而，好莱坞战争电影经常有意“模糊处理”战争的正义与否，刻意渲染反战的所谓“普世价值”，正如《血战钢锯岭》影片“在血泊之中举起橄榄枝”的传播，有煽情效果，有借鉴价值，但不应是我们顶礼膜拜的理由。

犹记得，凤凰卫视曾拍摄过一个纪录片《淮海战役》，片尾中有这样一个镜头：参加战斗的团长秦镜对记者说：“战争真不是好玩的事，结束战争后，我骑马巡查战场，发现狗在吃人，那时我才知道，狗吃人，是先从肚子开始的，战争太残酷了……”

战争是政治的继续，不能模糊正义标准，其实，在好莱坞战争电影之外，只要我们尊重历史事实，坚持是非标准，深入挖掘细节，就一定能拍摄出打动人心的国产战争影片。

当然，我们也要学习好莱坞“讲故事”的能力，从某种意义上讲，其电影工业已然成为“英雄”生产流水线，相比较于我们一些抗日神剧中手撕鬼子、飞镖夺命、箭射奇兵等炫目但荒诞的镜头，《血战钢锯岭》这部影片对血腥战争的渲染和日军作战的刻画，值得我们国产战争电影学习，而不仅仅是信奉“娱乐至死”精神，制造抗日神剧泡沫，亵渎英雄，戏谑历史。

对此，曾担任美国国防部助理部长的约瑟夫·奈在《权力大未来》一书中讲的一段话，值得我们深思：“在21世纪，全球信息时代的到来，正迅速使传统实力符号成为过去式，全球权力关系版图正在重新绘制，最擅长讲故事的国家（或非国家实体）可能胜出。”

毕竟，信息网络时代，也是一个“制脑权”的时代！

《天空之眼》：触摸技术与道德之间那条红线

作为一部战争题材电影，《天空之眼》讲述的是一部扣人心弦的“反恐”故事，但又不仅是一部纯粹意义上的战争反恐影片。从某种意义上而言，“反恐战争”只是影片的道具，“伦理拷问”才是影片的灵魂。作为一堂无人给出答案的人性公开课，影片提出的是一道严肃而无解的战争伦理难题。

影片故事很简单——英国军方在非洲肯尼亚大城市内罗毕发现了几名追踪已久、臭名昭著的恐怖分子，美国无人机在两万尺高空锁定位置，且发现其正在筹划一起人肉炸弹恐怖袭击。以无人机的强大威力，本可以轻松摧毁目标，然而，当指挥官下达发射“地狱火”导弹指令时，一个卖饼的穆斯林小女孩却无意中走进了空袭区域。于是，围绕是否执行空袭命令，从无人机操控员，到一线指挥官、后方将军及内阁政要，都共同面临一个两难抉择。

这是一个经典的“电车难题”。

哲学家菲利帕·福特在1967年首次提到了“电车难题”。这个“思想实验”原本提出的问题是：一列飞驰的电车，前方轨道上绑着五个人，如果不及时变换轨道，他们将无一幸免。旁边的另一条轨道上绑着一个人，而此时切换轨道的开关在你手里，你会选择变道以一条命换五条命吗？

在影片《天空之眼》中，导演嘉文·胡德提出了“电车难题”的“军事版”，这是一个令人焦灼的难题：打击极端恐怖主义是否比些许平民生命更重要？究竟以65%的致命伤害炸死一个女孩，还是冒着放弃80余条无辜生命的代价去救这个女孩？孰轻孰重？在此，影片将一个有关反恐战争军事行动的决定置于军事、法律、政治及人道等多维度进行考量，通过政治决策层、作战指挥层、任务执行层等多圈层激辩，试图展示西方所谓的“民主决策”和“人道主义”。

为此，影片进行了前期铺垫。一开始就选用古希腊“悲剧之父”诗人埃斯库罗斯的名言“在战争中，第一个倒下的是真理”，为整部影片的战争观定了调。配合这种价值基线，在片头，着意塑造了一个追求自由与快乐、天真又可爱的小女孩形象。在片尾，又进行呼应渲染——巨大的爆炸和气浪，不仅将房屋变成了废墟，也将周边的居民区震了个一片狼藉……当然，其中最让人揪心的，还是那个在目标建筑物旁边卖饼的小女孩。她鲜活的生命最终戛然而止的悲剧，在引向电影内容纵深的同时，也留给观众无尽的沉思。

影片之所以叫《天空之眼》，其实是一语双关，表层意思是指在天空无人侦察机的支援下，现代信息化战争的战术行动，发现目标，锁定位置，核实身份，精确投弹，目标爆炸，确认尸体，发现漏网，即刻补弹……整个作战行动，犹如行云流水般一气呵成。深层意思则指影片中小女孩的命运处于“集体关注”的“天眼”之下。影片一直用不断切换焦点的高俯镜头表示：无论是无辜的，还是必须要消灭的，只悬于一念之间，这一切皆源于高高在上、洞察一切的“天眼”。

“天眼”之下的伦理之争，也是影片立意所在。

于是，我们在影片末尾看到，两个无人机操作员哽咽沉默。或许眼睁睁看着鲜活的生命在自己手上弥散，这是一件痛苦的事情，或许战争本身就是一种对生命的原罪。

于是，我们在影片末尾听到，受政要钳制的将军在面对诘难时淡淡地说，“我去过五次自杀式袭击发生之后的现场，布满尸体的现场。你今天喝着咖啡吃着饼干看到的这些场景，是很不幸的，但这些人可能做出来的事，会更为不幸。永远不要对军人说，他不知道战争的代价。”

至此，9岁的肯尼亚黑人小女孩阿利娅·穆阿利姆年幼的生命在风中消逝。导演试图传达的战争观已然浮现，荧幕上那架无人机也飞进了一片无边无尽的阴云之中。应该说，这是英国无人机反恐题材电影《天空之眼》中催人泪下的一幕。但我们的思索却不应停留在这里。影片涉及的无人机战争伦理问题，其实不是一个有着简单答案的问题，所渲染的英美有关战争伦理的争辩也不是那样的“高大上”。

影片《天空之眼》涉及的主要是战争行为伦理，即交战正义的困境。按照军事伦理之作战目的的道义性不能等同于作战手段的正当性思想，“交战正义”强调相称性和区别性，但恰在这两方面都极具争议性。按照军事伦理学者迈克尔·沃尔泽的观点，对于美国发动的所谓反“恐”战争，“它其实名不副实，事实上介于一场‘真正的战争’和‘警察行动’之间。因此，运用的手段应该是‘非战争武力’，并应受到相关国际战争法的规约。”的确，无人化作战手段的使用可以降低军事冲突的烈度，减少人员的伤亡，从美军近几年发动的具体作战行动来看，这也确实为其发动战争消除了许多反对的意见，因此，表面上美军一直在宣称，这种无人化作战与其谋求的反“恐”任务是相称的，具有开战的正当性，且也是无可替代的最后手段。但实际情况却并非如此，据美国华盛顿布鲁金斯基金会的研究报告显示，2004 至 2013 年，美军无人机在巴基斯坦和也门执行了 428 次攻击任务，造成的死亡人数在 2439 至 3982 之间，其中在巴基斯坦境内的攻击达 355 次，造成的死亡人数在 2003 至 3321 之间。

除了相称性之外，区别性主要指的是在作战中能够区分对待军事和民事目标，确保“非战斗人员豁免权”以及“非军事资源的免毁性”，在以往的战争伦理中，针对这两点达成了众多战争伦理规约，分布在战争法的海牙体系和日内瓦体系之中。对此，迈克尔·沃尔泽也曾强调，政府从事战争并没有滥杀的权利，相反，应当严格区分战斗人员与平民，并在作战中对后者给予恰当的保护。然而，在无人化战争中，这种区分性原则往往很难达到执行，“附带杀伤”问题一直受到非议。比如，在美军运用无人机进行的战争中，对平民的杀伤根本达不到其所宣称的“个位数”，2006 至 2013 年美军于巴基斯坦发动的反恐战争中，无人机杀死 2514 名武装人员的同时也“误杀”了 153 名平民，如果将统计年限前推到 2004 年，根据英国新闻调查局的统计，平民被“误杀”的数字则在 168 到 307 之间。而美国斯坦福大学和纽约大学两所大学的法学院近期的一项研究则表明：在巴基斯坦境内的无人机袭击杀害了 474 至 881 名平民，其中包括近 200 名儿童。其中一起袭击发生在一场部落长老会议上，长老们应邀前去讨论一起采矿纠纷，在会议中遇袭，袭击造成 42 人死亡。

显然，如果美军真想达到所谓的反“恐”目的，其完全有理由确保无人机的作战使用不造成平民的伤亡，但从现实性来看，由于透明性的不足以及无人化作战平台自身的不可靠性，相关作战行动还是造成了一种事实上的武力滥用行为，对相关作战伦理道德规约产生了冲击。

其实，“战争是迫使敌人服从我们意志的一种暴力行为。战斗无非是扩大了的搏斗。”克劳塞维茨对战争所下的经典定义，同样也适用于无人机参与的战争。美军处于信息化军事变革的领跑者地位。于是，凭借军事技术的优势，美军善于主导军事话语权，挥舞着“军事技术”及“战争伦理”这两个“大棒”，对其他国家施加压力，维护着符合其利益的特定国际体系。然而，核心问题在于，难道美国大力渲染的“精确化作战”“无人化作战”等就更符合战争伦理吗？

战争似乎是最不讲“理”的领域，但同时又是最讲“理”的领域，一切的区分就在于实力，在当前科技日益主导战争的时代，科技优势，在某种意义上就等于军事话语权，战争伦理就是技术可能与道德规约交接处的那条红线，它是道德的高地，更是隐形的战场，强者利用其约束弱者，不仅用技术棍棒敲打其手脚，更学会了用伦理规约控制其头脑，一旦弱者丧失了军事话语权，久而久之就会丧失战略思维的自主性，到那时，强者将更强、更自由，而弱者将更弱、更被动。

一场惊心动魄的反恐“斩首”行动，一群来自异域他国的政客与军人，一枚无人机发射的制导炸弹，一个令人牵挂的意外闯入者。影片《天空之眼》，给我们呈现了一副现代信息化战争体系作战的图景。它改变着一切，但又一切都没改变。

《西部世界》：机器人藐视人类的技术狂妄

2016年，美剧《西部世界》风靡全球，观众惊呼其乃大开“脑洞”的神剧。全球权威的电影评论网站均给出高分，其中互联网电影资料库IMDB评分9.3，美国电影网站烂番茄评分89%，中国豆瓣网评分9.4。在该剧大获成功的同时，很少有人知道这部美剧实际上是以1973年的同名电影为蓝本，而1973版《西部世界》则是中国引进的第一部科幻片。

电影《西部世界》的故事发生在遥远未来的特洛斯乐园。那是一座巨型的高科技成人乐园，其中有西部世界、罗马世界和中世纪世界三大主题版块。乐园里包括人在内的一切动物都是机器，机器人除了手的部位和真人不同，在外观上和人类一模一样。游客们只需支付1000美元一天的费用就可以在乐园中为所欲为。期间他们可能会面临危险，比如碰上猛兽或机器人的攻击，但是乐园中所有的枪都被放置了传感器，无法对有温度的人体进行射击，而所有动物也都被设定了程序，无法真正伤害游客。于是，游客成了特洛斯乐园的上帝。

电影以一则电视广告开头，被采访者们容光焕发，兴奋地讲述着西部世界的梦幻和美妙。随后，镜头切换到一群新游客。他们正乘坐着通往西部世界的飞船，脸上洋溢着期待和激动的神情。在欢快轻松的背景音乐中，游客们换上了西部世界的服装，一边偷瞄美貌的女机器人，一边意气风发地畅想进入乐园后的计划。当最初进入乐园时，游客们对落后的生活条件极度不满，可是他们渐渐发现自己的确可以为所欲为：羞涩木讷、胆小懦弱、刚刚在现实世界中被女人抛弃的马丁可以怀抱性感迷人的女机器人共度良宵，可以仅仅因为被撞就提枪杀死男机器人，也可以和伙伴一起越狱并杀害执法官，愚笨的男游客可以成为新一任执法官，丑陋的男游客可以做女王的情人，年老色衰的女游客也可以享受俊男的青睐和爱慕……正如男游客布兰所说：“在特洛斯乐园中，你可以随心所欲。”随后，故事的转折点出现在研究人员发现机器人似乎得了传染病，接连出现故障。乐园的后台逐渐丧失对机器人的控制，游客一个接一个被机器人杀死，所有准备逃跑的游客都被锁定。当用火烧死了机器人杀手之后，布兰成了唯一存活下来的游客。影片的最后是对布兰的特写，他瘫倒在罗马世界的阶梯上，眼神绝望而又呆滞，耳边只剩下最初乘坐飞机时听到的恐怖回响：“赶快安排一下，来搭乘我们的气垫飞船，前往中世纪世界、罗马世界和西部世界……”

和电视剧版本相比，电影《西部世界》的角色、情节和场景的变换节奏相对缓慢，有些许拖沓之嫌，而且由于年代较早，影片中设想的科学技术在今天看来有些落后，比如乐园中机器人的手和人手相比仍有明显缺陷，飞船上使用的监控摄像头像素极低等。但除却这两点，本片仍为电视剧版本奠定了扎实的剧情基础和拍摄框架。要知道，在 20 世纪 70 年代，世界机器人研究仍处于研究机械功能阶段，研究成果包括机器人手、带视觉的自适应机器人等，而对有“意识”的机器人研究还远没有显现端倪。因此，电影《西部世界》中那些最终超越人类的机器人在当时上映，是多么具有魔幻色彩。40 多年后的今天，智能机器人的主题仍旧没有过时并已成为世界关注的焦点，单从这一点上看，《西部世界》足以堪称一部经典的科幻电影，昭示了机器人在未来的发展趋势。

从技术的角度上看，本片深刻地挖掘了技术的本质。在人类历史的长河中，人类社会的基石，往往可以归结为人的天性。按照弗朗西斯·福山在《政治秩序与政治衰败：从工业革命到民主全球化》中的说法，根据天性，人类是创造和遵循规范的动物，由此人们结成团体，人类社会才逐渐由族群社会发展为部落社会再发展为民族国家社会。而马克思、恩格斯则认为，技术的本质是人的本质力量的对象化。对此，可以进一步解释为，技术是人的天性力量的外化。

美国科技史学者梅尔文·克兰兹伯格在 30 年前提出了六条科技定律，其中第二条定律是发明是需求之母，即最初技术的发明不是由于需求的牵引而产生的，那么技术的发明是从哪里来的呢？人类的好奇和创造的本性可能就是答案，而技术正好可以满足人类其他方面的天性，比如对权力、暴力的欲望。西部世界就是这样一个人类可以肆意满足和展现本性的理想场所，而西部世界之所以能够存在，关键就是技术。由此从宏观上来说，西部世界是一个技术产物，同时也是人类天性的外化。可以说，每个人心中都有一个“西部世界”，在那里人们可以不受法律、社会规范等现实社会的制约，而通过技术，人类正在将心中的世界变为现实，这就是技术的巨大力量。

然而，就像影片的结局那样，西部世界最终崩溃了。当人们已经知道该去哪里寻找西部世界时，那个世界已经被人类自己创造的产物——机器人——彻底摧毁，而人类自身的生存和发展也受到了严重威胁。实际上，技术的危险性已成为大量科幻影片深入探讨的话题，其中有人讨论技术本身的缺陷，比如电影《她》中控制系统无法满足用户的触感需求，也有人挖掘技术面临的道德挑战，比如《AI》中机器人小孩对人类母亲投注的真爱换来的却是欺骗和伤害，还有人关注技术对人类生存的威胁，比如《银翼杀手》《机械公敌》和本片中机器人与人类的大决斗等。当机器人技术处于初步发展阶段时，人类为自身的成就欣喜若狂，炽热地幻想着未来世界的美好图景，可是一旦机器人出现故障，人类才能觉醒，才开始意识到作为“造物主”的我们可能将被自己创造的东西所毁灭。

技术风险产生的原因有两点：首先是人类运用技术时的恶意。当技术被用来消灭人类本身时，比如战争，那么有技术参与的人类死亡必然发生。在另一种情形中，也是更值得讨论的情形，即人类出于善意改造世界的目的而运用技术时，技术的风险性来源于人类对技术影响预判能力的不足。在发明和运用技术的过程中，“摸着石头过河”是常态。技术的先进性决定了其缺少先例和经验可以借鉴和遵循，并且技术的发展本身往往刷新了人类的认知极限，因此人类对于技术及技术风险的评估和预见难以真正发挥作用。

正如在《西部世界》中，当研究人员发现机器人大面积出现故障之时，他们都束手无措，唯一能做的就是关闭西部世界一个月，并且惊叹说：“原来机器也会生病！”而主研究员也只能语重心长地说出真相：“我们还不完全清楚它们（机器人）是怎么工作的，因为它们几乎和人类一样复杂。”影片中，机器人虽然一直受制于人类设定的程序，但是最后经过学习、训练和演化，产生了独立的行为模式，即人类眼中的“意识”，从而具备了超越人类的能力，这是人类从未预见并防范到的，而对于机器人这一特定的事物来说，技术故障产生的后果对于人类可能是毁灭性的。这样就进一步加重了机器人技术的风险性。

技术的风险性不可避免，那么我们还要去“西部世界”吗？经历过影片中一切的布兰一定会拒绝，经历过切尔诺贝利核泄漏事件的伤者一定也会拒绝，而经历过特斯拉自动驾驶汽车事故的车主可能也会拒绝。只有亲身经历技术对自身的“背叛”之后，人们才会真正产生对技术的不信任感，才会由此生发出对待技术应当谨慎小心的想法。而其他那些享受技术带来的便利、快捷和梦幻的人们，始终难以意识到技术的风险性。

“西部世界”是人类欲望膨胀的产物，是人类渴望通过技术突破藩篱和限制的外在表现。当人们不断向“西部世界”迈进时，人们很少会回顾自身的发展历程。世界从一片混沌中逐渐产生热并反复冷却，大气层和地质层慢慢形成，第一个细胞产生，原生生物不断发展直到脊椎动物产生，人经过漫长的岁月终于和猿区别开来，随后再伴随着工具的出现、发展和劳动，人类才逐渐成了今天的模样。在无尽延伸的时间中，人类被“创造”并自认为站在了食物链的最顶层。而就在今天，我们自己作为“造物主”创造了机器人，那么，是否未来会有这样一天：机器人经历了漫长的进化并最终超越了我们，代替我们站在了新食物链的顶层？而那时，人类又在哪里？

值得欣慰的是，根据目前的技术创新来看，“西部世界”仍旧只存在于人们的幻想中。而在笔者看来，那是一个不该实现的幻想。技术的发展应当与人类期望技术达到的理想和完美状态保持合理的距离。有了这个距离，人类才能呼吸，才能与机器人和谐共生。

《终结者》：人类会被自己创造的机器人毁灭吗?

我会回来的。

——终结者 101

生活有时如同沼泽。在清晨时，站在城市的十字路口，我们可以看到，高中生们肩背硕大的书包朝学校飞奔，生怕迟到；上班族西装革履，夹着公文包匆匆穿过斑马线；年轻的母亲一边呵斥调皮的孩子，一边捡起散落满地的果皮；耄耋老人拄着拐杖，紧盯着身旁的车水马龙。随着时间的流逝，人们不可避免地老去，时常会感受到生活带来的束缚与捆绑。而当我们坐在大荧幕前，看着眼前咫尺的人物可以穿越时空、可以永生、可以有无限的创造力时，我们惊讶于自己能够体会酣畅淋漓的冒险，能够无限徜徉和奔腾于万世之间，更能够神奇地感受到生命那仍旧震颤的力量。

或许，这就是科幻的魅力。

伴随着科技的进步，科幻已成为人类抒发想象力的又一方式。虽然科幻电影无一例外都是超越现实的，但其超越的程度却并不一致。超越现实程度低的科幻电影着眼于现实，仍以人类为主体，设定的科技发明受控于人类且为人类服务，诸如《她》《AI》《永无止境》等，而在更具“科幻色彩”的电影作品中，人类只占角色架构中的一半甚至更低，电影的大量篇幅用于描绘人机大战、世界末日等颠覆人类主体地位的场景，这样的电影多是好莱坞大片，典型的电影有《终结者》系列、《星球大战》系列、《异形》系列及《西部世界》等。

在众多佳作中，电影《终结者》被《电影周刊》评为20世纪最值得收藏的一部电影，无数影迷将《终结者》前两部的导演詹姆斯·卡梅隆奉为“卡神”，而主演终结者T800的施瓦辛格也在当时迅速成为红遍全球的好莱坞巨星。那么，《终结者》究竟具备科幻的哪些魅力呢？

《终结者》第一部上映于1984年，其灵感来源于导演卡梅隆的一个梦。

21 世纪的核战争之后 30 亿人死亡，以“天网”系统为核心的机器人统治了地球，幸存下来的人类与之展开了生死对抗。为了除掉人类反机器统治斗争的领袖约翰·康纳，机器人统治者派出赛博格杀手“终结者”从 2029 年返回 1984 年杀死女大学生莎拉·康纳，而人类领袖则将凯尔·里斯送回 1984 年前去保护莎拉。在与终结者的搏斗中，凯尔和莎拉相爱了。然而就在 48 小时后，凯尔为了保护莎拉与杀手同归于尽。最后，萨拉发现自己怀上了凯尔的孩子，那就是未来人类抵抗运动的领袖约翰·康纳。

可以说，《T1》（《终结者》第一部）的情节并不复杂，但仍旧在当年掀起了一股科幻的狂潮，终结者那冷酷强硬、可怕无情的形象深深地印刻在人们的脑海，而施瓦辛格扮演的 T800 自然也成为不少人童年的阴影。

过了七年，《T2》上映，卡梅隆继续向世界讲述他的“噩梦”。这时，“天网”的目标变成了人类领袖康纳，机器人派出比上部的 T800 更为强悍智慧的 T1000 型号终结者出动。机器人 T1000 全身由特殊液体金属组成，可以随心所欲地变成他触及的任何人和其他事物。康纳得知消息后，立即派已被改变程序的终结者 T800 乘坐时光倒流机赶回童年时期，保卫当时的自己。小约翰和 T800 找到了困在精神病院的母亲莎拉，与“天网”主设计师莫斯戴森一起摧毁了“天网”电脑系统。最终，莎拉母子存活，而 T800 自愿到炼钢炉中自我销毁，在逝去之前竖起拇指鼓励约翰勇敢地生存下去。

《T2》作为《T1》的延续篇，情节和人物都十分饱满，T800 的牺牲进一步丰富了机器人终结者的形象。在这两部之后，《终结者》系列的导演易主，故事情节也逐渐偏离了终结者本身。在后三部电影中，人类领袖康纳穿越于过去与未来之间，最终的结局均是人类获胜但仍需继续奋斗，炫酷的打斗场景和电影特效频繁交织，情节设计、人物形象、拍摄技巧、场景布置等方面都不如前作那般出彩和惊艳，总体上只剩下了浓厚的商业片气息，尴尬的狗尾续貂令人唏嘘不已。

毫不夸张地讲，《T2》标志着《终结者》系列的巅峰，也是掀起科幻电影狂潮的开山之作，而其经典之处就在于它给人以无穷的力量。

《T2》展现了真实的力量。20 世纪 90 年代初的美国，满街都是电影中出现的那些霹雳手套、黑皮夹克、黑墨镜、哈雷摩托和卡式录音机，男男女女烫着“爆炸头”在迪斯厅跳着霹雳舞。当满身肌肉的施瓦辛格在月黑风高的夜晚出现在街头之时，人们除了惊吓之外更萌生出了一种好奇：如此怪异特别的终结者将会给世界带来怎样的巨变？而无论是电影中机器人被打穿后露出的机械眼球，还是剥去人类表皮后展现的机器人“神经”脉络，抑或是机器人恶魔 T1000 融化后的液态金属颗粒，《T2》电脑特效在今天看来都可以说非常精细，尤其是与当今不少影视作品的“五毛特效”相比，此片更能被封为“大师之作”。可以说，《T2》运用的制作技术与道具布景加深了其真实性，使电影的震撼程度倍增。

《T2》展现了思想的力量。在恢宏的交响配乐和电子游戏般的电子乐中，终结者从《T1》中的杀人机器摇身一变成了保护人类领袖的一座大山。T800 与小约翰的亲密互动，从嘴边努力挤出的微笑和那宽阔结实的臂膀让人们产生了一种错觉，仿佛 T800 就是一个活生生的人，是人类永远不会老去的保镖与伙伴。还记得在影片最后，T800 与小约翰及莎拉历经磨难，终于在毁灭了敌人之后，T800 仍旧坚决地选择将自己连同世界上最后一块智能芯片一起终结，他从铁浆中伸出的那个大拇指手势也成为 20 世纪银幕上最经典、最感人的画面之一。

由此可见，《T2》之所以深入人心，是因为其中的机器被赋予了灵魂和思想。在观者的心目中，T800 已经不再是冷冰冰的机器，而是一副带有机器骨架的鲜活生命。也正因此，《T1》中的 T800 才会成为无数人童年的噩梦，而《T2》中的 T800 在被调整程序之后也成了人们永远铭记的英雄，于是也就有了公众的那句话：“施瓦辛格后再无终结者。”与此同时，在人机对抗成为科幻电影的主流时，《T2》中机器与机器的对抗进一步显露出了机器人存在的标志、意义和价值。在马克思那“人类会被自己发明的机器所取代”的预言面前，《T2》显示了机器可被人所用的途径。尽管人类与机器之间的不信任难以迅速化解，但人类仍旧具备控制机器的能力。

另一方面，《T2》的思想深度非同一般。影片中“天网”发明者戴森亲手销毁自己研究数年的机器的场景不禁让人类联想到自身。“如果我们想要对一种新科技做出客观的评价，就不能让技术的光芒蒙蔽了我们的内心。”《T2》提醒了我们，当仿佛看到了技术进步的曙光之时，我们最先需要做的，不是一味朝着那模糊的光影前进，而是先校正方向，因为尖端技术的亮光之下很可能就是人类无底的深渊。

《T2》还展现了信念的力量。《终结者》系列的主线归结起来就是两个字：搏斗。无论何时，人类需要不断为了生存而搏斗，与机器人终结者搏斗，与愚蠢的人类搏斗，而最为根本的是，与命运展开搏斗。影片中无论正反派主角都十分清楚未来的结局，可是他们无一例外地都选择了重造命运而不是顺从命运。人类领袖的伟大母亲莎拉在木桌上刻下：命运由我们创造。这不只是人机大战中人类始终坚持的信条，也是影片留给世人的精神财富。

英雄总是孤独的。当凯尔、莎拉告诉1984年时的人们世界末日将要来临时，受到的是警察的抓捕威逼，而莎拉更是被当作精神病人饱受歧视和伤害。而当“天网”急需毁灭时，约翰能够依靠的也只有终结者T800。在当今时代，技术的进步和创造同样布满歧路。十年前，Space X公司的马斯克想要发射火箭，被世人认为毫无意义并且不可能实现，可就在不久前，Space X公司已发射了猎鹰9号火箭，完成了2017年的第18次发射。技术进步有时需要的就是“创造命运”的信念，不难发现，《T2》带来了这种心灵上的震撼，打破了宿命论的悲凉和凄伤。

与同为经典科幻的《黑客帝国》“凡事有开始，就会有结束”之启示不同，《终结者》告诉人们：终结者不会让自己终结。而在《终结者》终结篇的末尾，当“天网”和变异后的人类领袖康纳都被消灭时，一个阴暗的新“天网”系统正在孕育，这仿佛预示了人类的搏斗仍未终结，终结者仍会归来。而当他归来时，世界又会变成什么样？又有多少人能够拥有力量去搏斗、去抗争、去创造？未来就在眼前，而我们，可以向终结者学习，不要让自己的进化终结。

《星球大战》：科幻与意象的空间

“May the force be with you.”1977 年，当乔治·卢卡斯听到演员们在《星球大战》中说出这句台词时，可能他不会想到，40 年后的今天，这句台词已成为无数人的座右铭，这简单的六个英文单词已被赋予了特殊的象征与认知意义。

犹记得，当 1979 年撒切尔夫人当选英国第一任女首相时，执政党在《伦敦晚报》上刊登了半个版面的广告来庆祝，写的就是：“May the 4th be with you，Mggie.”自从这天起，5 月 4 日被称为“星球大战日”，全世界的星战迷在这天举行庆祝和纪念活动，以表达他们对“星战”英雄们的永久热爱。

《星球大战》第一部于 1977 年问世，当即创造了一个神话。其前所未有的太空场面、纷繁复杂的星系斗争和炫酷惊艳的强大武器，使它被称为“继摩西开辟红海之后最为壮丽的 120 分钟”。此后，《星球大战》后两部分别在 1980 年和 1983 年被推出，而《星球大战》三部曲也被称为“电影史上的里程碑、20 世纪最为重要的文化事件之一”。

1999 年、2002 年和 2005 年又相继推出了星球大战前传三部曲。星球大战第七部、第八部随后于 2015 年和 2017 年上映。一部影片延续了 40 年之久，伴随着现实世界的巨变却仍旧保持新鲜充足的活力，这本身就构成了一种特殊的文化现象。可以说，“星战”的意义已远远超出了电影本身，已成了文化积淀、传承与发展的产物，因为它不仅构建了新世界，还扩充了新边界，这两点使得“星战”成为现代人，尤其是西方人不可或缺的精神载体。上海交通大学江晓原教授曾评价：“《星球大战》虽不能启发观众去思考任何深刻的问题，却实在太能激发观众的想象力了，我想这就是它成为电影史上伟大里程碑的根本原因。”

尤瓦尔·赫拉利在《人类简史》中曾提出，现代的国家、法律等人类社会的基石性事物都来源于人们编造的故事；编造故事不难，难的是要让人们相信故事。《星球大战》述说的故事宏大而又完整，奇异但也真实。

简单来说，“星战”可归于一种太空歌剧，内含着一套自洽的物理系统和知识体系，所有的故事在这样的设定中开展。比如，“原力”是“星战”故事的核心。影片中，原力指散布在银河系中的神秘能量场。一切生命体都会产生原力，无生命体上也存在原力，只有训练有素的“绝地武士”能够感知万物散发出的原力并从中汲取力量，从而操纵原力移动万物。这种神秘的原力能够唤起观者对宇宙深处那黑暗神秘力量的好奇与幻想，而当人物说出“愿原力与你同在”时，原力便成为人们心中力量、进取、拼搏和正义的象征。这种叙事的魔力正是来源于“星战”所构建起来的世界。

在“星战”第八部的高潮部分，最后的绝地武士卢克端坐于孤岛山巅，凭借冥想化无形于有形，用影子与反派进行决战，那样的形象颇有中国古代道人“吸天地之灵气、汲日月之精华”的韵味。在“星战”构建的这个新世界里，这些看似奇幻的画面和情节都变得合理而生动，正义与邪恶的力量双方在这巨大的布景中一刻不停地鏖战，而观众们也始终享受于这一巨大的布景。正是在“星战”这一完整的架空世界中，现实物理定律的底子衍生出了新宇宙的特色，从而打破了其他科幻片的常规设置。纵然“弱水三千、只取一瓢”，观众也能惊讶地感受到其设定的庞大恢宏与无边无界。

同时，《星球大战》拓展了边界。即便1977年版《星球大战》的特效在今日看来显得如此简陋，但放在当时特定的历史情境中，“星战”的电影制作技术也具有划时代意义，那恢宏的银河世界观、黑暗的统治以及光明的新希望，是理性主义与感性主义的交锋，其中关于帝国集权还是共和民主的抉择更是电影在内容上的深拓。电影关于宇宙的奇想是如此惊艳与奇特，对星系、文明与生物描述着墨颇多，人们诧异的原因就在于，在“星战”之前，人们从未意识到，科幻电影与人类想象的边界可以如此宽广。

首先，“星战”拓展了人们想象的边界。人类可以脱离现实的束缚，在太空中自由翱翔，可以借由原力控制一切。这些崭新的事实令人瞠目结舌，但又为之着迷，于是不少影迷在看完“星战”之后都开启了自己的宇宙之梦，生发出了探索未知宇宙的激情。

其次，“星战”拓展了人们认知的边界。“星战”作为20世纪70年代的产物，尽管卢克跟随绝地骑士克诺比从凡人崛起成为天行者的剧情，对于当今时代来说故事性不强，立意也不深，但其世界观的磅礴以及对二战与圣经的隐喻和解读都达到了史诗般的高度。剧情除外，在《星球大战》第一部上映之前，还从未出现全片讲外太空且都运用大量科技视效的商业科幻影片。就算是1968年的《2001：太空漫游》，也没有本片如此震撼视听的商业性和娱乐性元素，导演乔治·卢卡斯运用的科技和视觉效果技术都令人叹为观止。

再次，“星战”还拓展了人们现实的边界。“星战”不仅对电影制作工业有巨大影响，片中的硬科幻也对太空事业产生了影响。现今空间站的穹顶窗设计，与电影中帝国钛战机的座舱相同；美国“深空1号”探测器使用的离子引擎也复制了电影中的千年隼。当脑洞变为已成现实的事物，当想象变为被复制的经典，“星战”便诠释了科幻电影的现实价值。

“愿原力与你同在。”这句话成了《星球大战》的标志，给一代代青年人带去了幻想、激情、希望与力量。伴随着电影带来的“原力”，人们继续追寻最初观影的震撼，追寻对未知宇宙的憧憬。

《战马》：被机器碾碎的铁蹄

“曾记否，金戈铁马，气吞万里如虎。”辛弃疾的诗句展现了骑兵时代战争那波澜壮阔的场景。我国的骑兵最早出现于春秋时期。据《韩非子·十过》记载，秦穆公派二千“畴骑”助重耳入晋，其中的“畴骑”指的就是骑兵。西方的骑兵最早作为一个正规兵种出现。早在古埃及，法老的国家牧场中就饲养着数以千计的马匹。直到10世纪末，骑兵在欧洲各地成了真正决定会展结局的唯一兵种。虽然骑兵经历了长久的辉煌，火器的发明和应用却不以任何人的意志为转移地为骑兵的衰弱拉开了帷幕。特别是速射武器和现代火炮的出现，更是吹响了骑兵的送殡曲。第一次世界大战是骑兵命运的转折点。在1916年9月15日的索姆河战役中，英军首次使用坦克，赤裸裸地体现了骑兵的机动性可由机械化武器取代。从此，骑兵逐渐淡出人类战争史，那些曾经恣意奔腾于沙场的战马则逐渐成了载运武器、车辆的工具。直到今天，身披盔甲、手持利剑的英勇骑兵与长鬃飞扬、身姿壮美的良驹宝马已不复出现在战场上。

2011年上映的战争历史片《战马》所展现的，正是一战期间一匹战马的命运。在苍茫的草原上，一匹小马驹在微光中降生。牧民泰德出高价买入了马驹，他的儿子阿尔伯特将马儿取名为“乔伊”。此时一战即将打响，乔伊被卖做英国骑兵军官的坐骑，就此走上前线，开始了它波澜起伏的命运。英军在对德的奇袭中落败，乔伊随后被德军用来运送军粮和重型武器。在英德即将展开大战前，德军下令射杀所有马匹。乔伊冲破重重障碍从德军战地逃出，最终与已成为英军士兵的阿尔伯特重逢。在影片中，战马作为冷兵器时代战争的标志，与一战期间的机枪、火炮及坦克等众多先进的“杀人机器”形成了鲜明对比，凸显了军事技术革新后战争进一步升级的冰冷残酷。与此同时，导演赋予乔伊那超越人性的纯洁善良和坚毅顽强的品质，以及英德士兵共同救助乔伊的片段，中和了影片的肃穆萧瑟之感，增添了几分柔软与温暖。在笔者看来，《战马》具有十足的历史感，真实且完整地还原了一战的场景，直观地反映了大工业背景下战争形态的巨大变革，这一颠覆性革命表现在武器装备、作战样式及后勤保障等诸多领域。

在武器装备方面，一战标志着机械化战争的发轫，骑兵的劣势被暴露无遗。在中世纪的西方，骑兵是最重要的兵种，骑兵作战是主要的作战方式。这一作战方式主要有三大优势：首先，快速机动。古语云：“路遥知马力。”据测算，战马奔跑的时速一般约 20 公里，健壮优质的马匹最快时速可达 60 公里，具有名副其实的“马力”，因此和步兵相比，骑兵具有明显的速度优势，并由此衍生出了骑兵的机动化优势。骑兵作战便于施行多样化的战术和战法，比如13世纪时，蒙古骑兵发展出了轻重骑兵结合、长距离奔袭、包抄、迂回等战术，将骑兵作战的优势发挥到了极致，成了当时世界上最强大的军队。其次，人与武器有机结合产生大杀伤力。骑兵配备的武器包括剑、矛、弓箭、刀等冷兵器，以及后来的转轮打火枪等热兵器。中世纪时，骑兵加长矛和弓箭后的攻击力和进攻准确性十分突出，往往令敌人望而生畏。比如英法百年战争期间，“黑太子”爱德华率领的长弓手部队属于较为轻便的骑兵。士兵们骑马行进，利用弓箭力克敌人，威震法兰西。最后，骑兵作战具有较强威慑力。骑兵强调团体行动，士兵与战马倾巢而出，往往形成“大敌压境”的态势，从而在心理上达到震慑敌人的效果。面对步兵和步枪兵，骑兵能够发挥其优势，因此骑兵的辉煌延续了几个世纪，但是当火药应用于战争后，“火药把中世纪的秩序炸垮了”。影片《战马》的片段具体展现了骑兵在面对速射武器和火炮时的劣势。一战初期，英国骑兵计划对德发动一场奇袭。两百多匹战马从长草丛中瞬间冲出，士兵们驾马飞奔至德军营地，挥剑将德国士兵斩于马下。德军手足无措，一时间仓皇溃逃到茂密的丛林中。可是令英军难以预料的是，德军早已部署了马克沁机枪，这些丛林中的“死神”最终将英国骑兵和战马送入了天堂。由此可见，当速射武器出现后，骑兵往往在到达敌人之前就遭受到长距离外的袭击，即使是再精锐的骑兵也难以抵挡住这些“杀人机器”的威力，铁蹄最终还是被机器碾碎了。

在作战样式方面，一战的西线战场，阵地战与堑壕作战、散兵突击、毒气战相结合，进一步削弱了骑兵以往的重要地位。恩格斯说，“一旦技术上的进步可以用于军事目的并且已经用于军事目的，它们便立刻几乎强制地，而且往往是违反指挥官的意志，引起作战方式上的改变甚至变革。”

随着速射武器和火炮的广泛使用，防御者依托堑壕体系和筑垒地域，组成了具有纵深梯次的防御阵地，利用绵密的火力和积极的攻势行动挫败敌方进攻，而进攻者则使用大威力火炮进行火力准备，支援步兵和强击队对防御阵地进行突破，尔后逐步向纵深发展进攻。阵地战要求攻防双方进行大杀伤、高隐蔽和快机动的作战，因此机枪、火炮与堑壕、铁丝网的组合应运而生，实战效果良好。而对于士兵来说，在敌人步枪的射程内，跑步变成了唯一的运动形式。在散兵作战中，通过跑步躲避枪林弹雨，才能够最大限度地保存己方力量，因此散兵战是相比骑兵作战更能适应新式武器的作战形式。另外，骑兵无法在沟堑纵横的战场上迅速机动，且隐蔽性差。如在影片中，英国骑兵采用了萨式战法，骑兵全体同时向敌方挺进，使得骑兵一旦进入敌人步枪的射程内就无处藏身，最终被德军歼灭。

在运输保障方面，战马配合机车、铁路成为一战期间主要运输方式，其中后两者承担了主要运输补给任务，战马则负责将物资从火车站向各部队运送物资。战马在西线战场上已退出一线，被派往机动车无法通行的路段拖引火炮、车辆和粮草。此时，它们已不再是等同于士兵的作战力量的一部分，而转变成了战略资源。据统计，一战期间，德国建立了国营种马场，民间散养的马匹大批被编入预备役，使德军中人马的比例高达 3:1。直到战争爆发时，德军已拥有 71.5 万匹战马。英国则从澳洲、北美和阿根廷等地大批进口战马，并征用民间马匹，仅从美国就征用了 100 万匹。可以说，战马在此时只能被称为普通马匹了。

战争始终以其残酷无情的面貌将一切摧毁，骑兵的铁蹄被机器碾碎，金戈铁马成了热兵器战争时代中又一个逝去的泡影。骑兵退出历史舞台是历史的必然，体现了军事技术革新对战争形态产生的巨大变革力。值得深思的是，英国人在一战前意识到了传统骑兵战术的过时，于是尽早组织研制了至今仍在战场上发挥重要作用的坦克。在可以预见的未来，军事技术进步的脚步仍不会停歇，如何率先洞察到现有技术的局限并大力推动创新，是制胜未来的关键。

《变人》：冰与火碰撞的技术产物

现实世界客观独立存在于人的意识之外，大自然的一棵树、一滴水及一粒沙，都有着与人类生命迥异的价值。理性如冰，坚硬固化，帮助人类构建社会运行的路径框架；感性如火，随性多变，启迪人类充填生活的虚无空白。回顾人类历史不难发现，那些具有永恒价值的产物必然孕育于人类理性与感性的交融。科学技术的产物就是之一。冷冰冰的外壳背后是发明者炽热的好奇、灵感与想象，加之逻辑的规划、分析与计算。

从古人的四则运算到手摇计算机出现，从巴贝奇的完全自动计算机、图灵计算机再到今天的超级计算机、未来的量子计算机，可以说，纵然是如今炙手可热的人工智能展现的也是人类思维与客观世界这对冰与火之间的碰撞，蕴含着人类理性与感性这对冰火的交融。科幻片《变人》充分体现了人工智能冰火交融的特点，既有机器的严酷冷静，也有人类的柔性温暖。

简单来说，《变人》讲述了一个机器人逐渐变成人类的过程。安德鲁是马丁一家的机器管家，在成长的过程中经过不断改造具备了人类的外表。在意识到自己爱上主人家二小姐的孙女波西娅之后，安德鲁决定为自己注入血液并设定生命界限。最终，安德鲁死去。联邦法庭判定他为人类，并认可他与波西娅的婚姻。

在众多科幻片中，《变人》在故事情节上并无独特之处，但在视角、基调和主题三方面具备独特魅力。

首先，本片着眼微观。采用宏观叙事视角的科幻片，往往引申出人机大战的冲突点，比如《西部世界》《黑客帝国》《机械公敌》等。在这些影片中，机器被赋予统一的个性特征，比如《机械公敌》中所有机器人外形一致，统一反抗人类。这样宏观的视角有利于凸显人工智能的威胁性。而在《变人》《她》《机器姬》这类着眼微观的科幻片中，人工智能具有鲜明的特殊性，从而能够具体展现出人类与人工智能的异同点，启发对人机关系更多角度的思考。比如，在《变人》中，安德鲁是唯一的机器人主角。他幽默风趣，知识渊博，温文尔雅，在拥有了人类外表之后还有了一双迷人的蓝色双眸，更添男性魅力，形成了个性鲜明的机器人形象。

影片由此深入触摸的核心问题在于，安德鲁与人类的差别究竟是什么？影片给出的答案是死亡。当安德鲁乞求联邦法庭认可他的人类身份时，法官只简单地说了一句“你不会死去”，就剥夺了他的请求。“人有悲欢离合，月有阴晴圆缺，此事古难全。”人类始终不完美，完美了就不是人类。安德鲁因为自己的“完美”而没有资格成为人类。为此，本片被不少人诟病为宣扬“人类自大”。

其次，本片基调温暖。与严肃的人机大战不同，本片中的人类显得友好善良。马丁一家几代人都与安德鲁和谐相处，这样的设定使得影片的讨论集中于正面的技术利用问题。比如，安德鲁一开始负责做家务，后来学会创作艺术品，最后成了活生生的人类，而在此过程中，马丁一家扮演的是支持者、推动者，而不是把安德鲁一切超越人类自身的要素随意扼杀。技术风险产生的原因有两条：人类运用技术时的恶意，以及人类在出于善意利用技术时对后果预判的不足。安德鲁是人类成功避免技术风险的典例，他的存在意味着人类防范技术风险的可行路径之一是让技术自行发展，这一点与人类利用技术的惯性相悖。人类始终相信，控制产生安全，如果任由技术自主演化必将产生难以预估的风险。正是基于这一点，人工智能的反制行为又被不少科幻片拿来作为主题。控制会产生风险，不控制也会导致风险。由此可见，本片的温暖基调代表的是一种理想主义的愿望，而防范超人工智能技术的风险目前仍是无解。

最后，本片以人类为本。《变人》虽然看似讨论机器人，实质讨论的是人类自身，正如科幻片《西部世界》乐园中的机器人主角们，那些机器人所映射的就是人类自己。本片始终在探究究竟是什么构成了人类的本质，同时也在启发观众思索，决定技术未来的不仅是人类对技术的态度，更在于人类对自身的态度。在影片中，人类对安德鲁是友好的，于是世界和平，人类没有面临与机器人的决战。但片中的人类对自身却是无知和轻视的。一方面，人类始终会老去，大部分人熬不过百岁，可只有安德鲁研究出了DNA 药片，并让波西娅的生命有所延长。所以说，人类甚至没有安德鲁了解自己。另一方面，当联邦法庭骄傲地将安德鲁阻挡在人类的大门之外时，他们给出的理由是，人类自身拥有死亡特性。这样看似骄傲的宣告背后却是人类内心深处的无奈。面对安德鲁的永生，人类看似高高在上不可逾越，可在现实中每个人所不懈追求的正是安德鲁的完美。可见，人类对于自身是失望无奈的。

基于以上三条，《变人》可以说是善良人类版的《西部世界》或者温柔机器人版的《机器姬》。《变人》的故事情节略显普通，但由于融合了微观视角、温暖基调和人类为本三方面特色，本片能够体现人类与技术关系内在矛盾的本质，启发人类对自身本质价值的深刻认知。在客观世界与人类思维、理性与感性之外，机器与人性也构成了冰与火般的对比。机器如冰，人性如火，当两者交融时，就仿佛安德鲁那深邃迷人的眼眸，令人感念，启人深思。

《全金属外壳》：战争中的冰冷、残酷与荒诞

越战经典电影《全金属外壳》在战争电影史上有独特地位，其著名的反战口号“Make love，not war”已成为识别那个时代的标签。影片由斯坦利·库布里克执导，于 1987 年 6 月 17 日在美国上映。该片改编自古斯塔夫·哈斯福特小说《短期服役》，讲述了美国海军陆战队在越南战争中的故事。具体而言，从一个名叫“小丑”的美国士兵视角，描述了美国参与越南战争的过程。全片根据美国士兵派尔的去世分为战前和战中两部分。派尔因为肥胖贪吃而经常受到教官的辱骂和惩罚，并拖累全排。一个深夜，全排士兵将派尔狠狠地揍了一顿，殴打他的士兵中也包括派尔最信赖的班长小丑。那晚之后，派尔开始自言自语、精神紊乱，最终在开枪射死教官后吞枪自尽，而小丑则目睹了这幕惨剧。影片情节随之切换到越南战场。小丑担任战地记者，在一场遭遇战中全班受到越南狙击手的偷袭，损失惨重。在突击成功后，士兵们发现狙击手居然是一个越南女孩。中弹倒地后，女孩乞求士兵杀死自己。小丑扣动扳机，结束了女孩的生命。在影片的最后一幕中，小丑存活下来并认为自己毫无畏惧，和战友一起走向似乎美好的战争结局。

总体而言，这是一部冷静、荒诞、深刻的反战影片。影片的冷静和荒诞并存。对越南领导人的调侃、关于女性的低俗笑话和对美国参与越战正确性的讽刺解读弥散于影片的各个细节中，比如士兵集训跑步时唱的歌曲、教官的训话、士兵接受采访时的回答，等等。影片充分体现了美国士兵们对参战动机和目的浑然无知，而只是充当了“杀人机器”。荒诞存在于平稳的叙事节奏中，主人公小丑一贯平静的画外音背后是人们心理与行为的荒诞性。

在影片的冷静和荒诞之外，其哲思的深刻性见于主人公小丑以及美国参与越战这一人一事所体现的矛盾冲突之中。小丑是一个充满矛盾性的人物，也是本片重点塑造并展现主题的着力点。小丑的矛盾性可见于以下两

方面：

其一是对派尔的态度。集训初期，小丑表现优异，甚至在教官面前也刚正不阿，似乎正义感十足。当上班长后，小丑对派尔尽力帮助，可是当所有士兵都殴打派尔时，小丑也充当了帮凶。面对异常严格的教官，小丑可以显得勇气十足，但面对弱者派尔，他性格中的邪恶卑劣就显露了出来。善与恶的并存与分裂不只是简单的人类本性，更有环境塑造的原因。在集训过程中，所有士兵被迫消除个人意识，训练的重压、未来的生死未卜使得每个人都渴望得到解脱但又无路可走。殴打派尔，不仅仅是对他个人的报复，更是士兵们释放压力、追求个人选择的“变态”结果。

其二，小丑对于战争的态度也自相矛盾。他的钢盔上写着“天生杀人”，可是胸前又挂着和平勋章。当长官问他这么做的原因时，他回答那是卡尔容理论中的“人类二重性”，这一回答既冠冕堂皇又滑稽可笑。实际上，通过小丑后来的自述可以看出，他参战只是为了炫耀自己的与众不同，他希望成为村里第一个杀人的人，以证明自己的勇敢，因此他崇拜武力，还尝试学习李小龙的功夫，可是在面对越南的女孩狙击手时，小丑居然连枪都握不稳，这是多么的讽刺。实际上，小丑既不追求和平也不喜好战争，他已变成了毫无自我意识的棋子，如行尸走肉般失去了信念与信仰。

编剧或许是想由小丑这一角色的矛盾延伸出影片更为宏大主题的矛盾性，即美国参与越战这一大背景。影片的主题绝不止于反思战争的残酷性，而是对战争本质的探讨。目前，美国当年的战争决策已被历史学家有所定论，可是在当时的历史背景下，美国士兵们则充满了无知和迷茫。参战杀敌、自我牺牲与反对战争相互矛盾，并伴随着士兵们参战的全程。影片后半段通过一段采访纪实展现了美军士兵的心理状况。有的士兵根本不知道美国该不该在越南作战，只知道自己领取了作战命令；有的士兵则认为越战只是亚洲人自己该去做的事情；也有士兵觉得自己选错了敌人，对手实力强大，认为越南人民没有给予美国士兵应有的尊重……战士们的回答显得无辜又无力，和他们言行的荒诞相比，这段历史也许才是最大的荒诞。一群无知的士兵被送到两万公里外的战场，被告知要不惜一切代价获取胜利，可是他们自己却得不到救援和认可。越战期间，美国国内掀起了反战浪潮，舆论几乎一边倒地厌恶战争并由此不认可战士们的贡献和牺牲。与此同时，很多参与越战的士兵们受到了精神折磨。2017 年，英媒就披露有

11% 的越战老兵深受战后创伤后遗症的折磨，已有数万人自杀。这些冷冰冰的数字似乎说明了那段历史的荒诞性与悲剧性。

《全金属外壳》是库布里克继《光荣之路》之后拍摄的又一部反战影片，也与《越战猎鹿人》《现代启示录》《野战排》等同属一系列越战作品。与许多纪实风格描述越战的影片相比，这部《全金属外壳》更多的是强调一种“心理纪实”风格。影片在末尾将情节推向了高潮，也给出了主题探讨的答案。杀死三个全副武装美国大兵的是一位扎着马尾辫、只有一支枪的越南小女孩，单是这一对比就对美军进行了十足的戏谑。而当临死之时，一群美国大兵围着她，女孩一直默念祈祷，最终求死。由此可见，女孩的英勇顽强是有着坚定信仰支撑的，她才是真正的不畏惧死亡，而反观美国大兵们，他们因为射杀了女孩而欣喜若狂，却始终不知道自己挎上枪，踏入满是废墟与硝烟的战场，究竟是为何而战。

战争会让人裹上一层冰冷的外壳，以越战为背景铺展开来，库布里克在《全金属外壳》中渲染了战争的残酷，揭露了人性的泯灭，追寻了正义的价值。事实上，真正的信仰、团结、凝聚力与战斗力，不是来自那全金属外壳的子弹，而是来源于士兵们对乡土和生命的热爱，对良知与正义的崇尚。一味在赤裸裸的利益驱动下去发动战争，始终不可能唤起士兵们内心的斗志，相反，只会使他们彻底偏离人性。铁血教官的教导虽然粗暴，但本质是为了锻炼士兵们顽强坚定的信念。当士兵都变成了用于杀戮的全金属外壳子弹，他们终将毁灭自己。

《2001：太空漫游》：现代科幻电影技术的里程碑

在幽深黑暗的宇宙深处，一块黑色石碑的背后，太阳缓缓升起。伴随着激昂的交响曲《查拉图斯特拉如是说》，电影《2001：太空漫游》缓缓拉开序幕。

本片改编自科幻大师亚瑟·克拉克的同名小说，也是其“太空漫游”系列的第一部作品。在“库神”斯坦利·库布里克的导演下，影片自1968年上映以来至今仍然被称为一部“无法超越”的太空科幻片。本片被人称赞的不仅包括拍摄技法、特效和配乐等技术性内容，还有其深刻的哲学洞见和对未来科技的精细刻画和神级预见。

黑石是影片情节的线索，对黑石的特写代表了故事的三个部分，引出了全片的三场高潮。影片开始于远古时期。那时的人类还是猿人，处于食物链的低端，内部相互争斗的同时还饱受野兽的攻击和侵略。猿人们围着黑石上蹿下跳的场景，和遭受豹子攻击时发出的凄厉喊声都与今天的猫狗别无二致。然而，黑石改变了人类的命运。在寻常的一天，黑石中蕴藏的能量启发了猿人的心智，一个猿人开始具有了自我意识，挥舞起手中的骨头——工具由此产生。这是影片的第一处高潮。正如哲人恩格斯所言，学会使用工具使人得以和动物区分开来，人类自此走向食物链的顶端。本片的第一部分正是以直观简洁的方式描述了人类发展史上这一重要转折点。

当象征着影片第一场高潮的交响乐消失之后，猿人手中的骨头瞬间切换成为现代航天器。这一转换看似突兀，实则体现了导演的独具匠心。无论是骨头还是科技，其本质都是人类的工具，是人内在力量的外化。电影的第二部分由此展开。美国航天委员会弗洛伊德博士的团队监测到月球出现黑石。当一行人抵达月球准备在黑石前拍照时，电磁受到巨大干扰。在航天员头盔发出的刺耳响声中，影片推向了第二次高潮。与第一部分不同，此时的情节开始走向反转和惊悚。面对黑石，人类已不再激动欣喜，而是充满了深切的恐惧、迷惑和忧虑。

登月 18 个月后，“发现者一号”太空船向木星进发。弗洛伊德博士派遣飞行员大卫、普尔和电脑“哈尔”9000，以及三名处在冬眠状态的科学家共同参与此次行动。飞行途中，哈尔为完成任务杀害了飞行员普尔和三位冬眠的科学家，并拒绝为大卫打开舱门，迫使大卫通过紧急密封舱进入飞船。大卫随后彻底消除了哈尔的逻辑记忆，此时，大卫发现飞船已抵达木星。大卫随后在木星上发现了黑石，并被黑石卷入了时空隧道，最后来到了一间卧室并目睹了自己的老去。在大卫垂死之际，黑石再次出现，将他变成了透明光团中的胎儿——星孩，大卫得以永生。

本片的第三部分篇幅最多，内涵也最为复杂艰涩。首先，人类与技术的关系得到拓展。人工智能“哈尔”控制着飞行员的生死，并最终伤害了人类，这一情节再次体现了阿西莫夫“机器人三定律”中的内在矛盾。大卫面对哈尔时的紧张与愤怒，以及哈尔那近似人类的狡黠残忍，揭示了人类与技术的对立——昔日人类手中的骨头竟被用来敲碎人类自己的脑壳。此外，影片的结局涂抹有宗教般的神秘色彩。曾几何时，古人炼丹造术、制木乃伊，乞求长生涅槃，最迷惑的问题就是如何才能长生不老。本片则对此做出了解答。片末，“星孩”大卫俯瞰着他引以为傲、深沉热爱、无比依附的地球。此时的大卫已具备黑石赋予的永恒心智，能够在不同肉体上实现自我，从而实现永生，主宰宇宙。他已成为人类社会的局外人，成为人类口中的上帝。值得注意的是，本片中，孩童的形象设计富有深意。尼采曾说，孩童是天真而善忘的，一个新的开始，一个游戏，一个自转的旋轮，一个原始的动作，一个神圣的肯定。孩童本身带有神圣脱俗的气质，这一安排为影片画龙点睛。

乔托•卡努杜说，电影是除了建筑、音乐、绘画、雕塑、诗歌和舞蹈之外的第七大艺术。笔者认为，《2001：太空漫游》可以说是一件近乎完美的艺术品。影片中接近 90 分钟的无对白时间与经典乐相配合，在《蓝色多瑙河》的衬托下，神秘诡谲的太空旅途也变得高雅怡人了。更为难得的是，本片具备艺术性的同时也是经典的“硬科幻”作品。导演库布里克是赞扬科技应用的典型代表，片中虽然有人工智能哈尔与人类作对的反转情节，但是由骨头到航天器的转折以及片中大量先进的精密设备与应用科技的精致细节，都体现了技术在人类历史中的巨大价值。

本片的另一突出之处在于对科技的神级预见。影片展示了人类登月、电脑普及、平板显示器、指纹识别、玻璃座舱、声控电脑、电话号码位数增多、人机对抗棋局中电脑打败人类等科技事件，在影片放映后的第二年，“阿波罗”号飞船才登上月球，在之后的几十年间，影片中的大量道具才逐渐走入现实。本片能够在20世纪60年代做出如此超凡的预见实属不易。

最后，让我们回到影片编剧克拉克最爱的那个问题：地球上是否有智慧生命？这个问题实际上是对人类自身的审视。每当涉及智慧生命这一话题时，如今的人们总会牵扯到两样事物：机器与外太空。当人类将机器与自身相比较时，人类其实已经默认机器在未来将逼近甚至超越人类。而对外太空的生命，人类从未停止过遐想和探索，不同的艺术作品以不同形式体现了创作者的设想。外星生命有时面目可憎，有时憨厚可爱，而在本片中则简化为一块坚硬的黑色石碑。

在影片中，这块看似普通的黑石可以载着人类穿越无限时空，而究竟它将导致人类的史诗终结，还是将带领人类谱写新的史诗，影片并没有告诉我们。要寻找问题的答案，我们只能看着星孩的那抹神秘微笑，开始一场新的太空漫游。

《头号玩家》：“绿洲”由谁创造?

当生活变作一场虚拟游戏，游戏排位成为社会主流标签的时候，世界会是什么样子？在忙碌的日常之中，也许鲜少人曾设想过这一答案，但向来出其不意的斯皮尔伯格导演在他 70 岁高龄之时，通过电影《头号玩家》向世界展示了其答案。

无论从票房还是口碑来看，《头号玩家》无疑是一部成功的电影。一方面，影片在内容设计中融入了许多经典的文化符号，重现了多部影史经典、街机游戏、怀旧美剧、老歌金曲以及日本二次元文化作品，这些怀旧元素的无缝对接让不少影迷为之疯狂。另一方面，故事情节中规中矩、通俗易懂。影片开头详细介绍了故事背景，即 2045 年的世界由于能源危机处于混乱和崩溃的边缘，随后五位主角登场，包括了黑人白人以及亚裔，之后在主角闯关过程中高潮迭起，出现了常见的“意想不到又合情合理”的转折，最后邪不压正，结局皆大欢喜。

本片带有熟悉感的艺术创造为票房提供了保证，但也导致许多人将其简单归类为“爆米花电影”，意指其缺乏内涵。实际上，细细品味本片的内容，还是能够生发许多有益的思考。

首先，本片通过“绿洲”游戏这一载体探讨了技术对人类及社会的影响。从个体来看，游戏是主角韦德实现人生蜕变的关键。韦德原本的生活十分颓废，外表平平，居无定所，家庭也是支离破碎，但与此相反的是，他在“绿洲”的世界里实力超群、呼风唤雨，也正因此，他沉迷于游戏之中无法自拔。如果放在当下，韦德无疑是标准的“问题少年”“网瘾少年”，试图用游戏逃避世界，但是做出这一判断的前提在于，如今人们普遍认为：游戏这一技术载体不能改变人们的命运、实现阶层跨越。但在影片之中，游戏实际上几乎是韦德改变命运的唯一手段。只要获得“绿洲”中的三把钥匙，韦德就能摆脱糟糕的生活状态，而最终，韦德也通过游戏实现了他的目标，并收获了精神上的独立与成长。一开始，韦德是为自己与爱人而战，而当他完成初级目标拿到第一把钥匙之后，由于他的失误家人遭遇了报复，于是他开始为复仇而战。而到最后，当韦德意识到反派企图控制世界时，他的使命是为世界的自由而战。他经历的历练与成长正是"绿洲"带给他的。

另外，从整个社会层面来看，"绿洲"这一电子游戏在影片中可以说控制了全世界，这与当今的现实形成了巨大反差，反映了技术作用扩大化的可能性。影片中故事的背景是能源危机，其本质也是人类滥用现代技术成果导致地球濒临灭亡；"绿洲"的本质是一个技术载体，玩家们都需要带上 VR 面罩才能从现实"穿越"到游戏之中；阶层划分的关键也在于技术，哈利迪创造了"绿洲"的初始程序，从而成了 2045 年世界的"上帝"，科技公司 IOI 则利用技术优势在"绿洲"与现实中都掌握了重要资源与财富。从现实来看，如果将时间的坐标从今天拉回 30 年前，我们即可发现，如今与过去相比，小到生活中的小物件，比如手机，大到整个社会分工体系的环节，比如政府独立技术部门，技术在人类社会中的作用也处于渐次增强状态。比较可见，未来技术影响将更大，至于其将被用于造福人类还是荼毒或控制世界，仍旧取决于人类自身抉择。

与另一部科幻作品《黑客帝国》相类似，本片对虚拟与现实也进行了一定探讨。细观全片可见，影片对于现实和虚拟世界的描写几乎穿插进行。当主角们在游戏中叱咤风云收获成功之后，现实生活又将出现棘手的难题。对两个维度的塑造迥异，但都指向一个目标——世界和平。在本片中，游戏与现实可以说是相互割裂的，现实世界肮脏黑暗令人绝望，但"绿洲"里却歌舞升平，一派繁华景象。当然，游戏与现实又是一体的，因为随着故事的发展，"绿洲"游戏成了正反派利益争夺的"无硝烟"的战场，这两个世界的困境是相互捆绑的，赢得了游戏就等同于赢得了自由，于是由此就生发出一个问题——游戏与现实到底谁更"真实"？本片最后引申出一个答案，"绿洲"创造者哈利迪说："我创造绿洲是因为在现实中我总是感到不自在……但即便现实再令我恐惧，再让我痛苦，也只有在现实中我才能真正吃顿好饭。因为现实是真的。"与本片不同的是，《黑客帝国》也对现实与虚拟进行了一番真假难辨的妙论，但观众始终无法得到一个标准答案。因此从对虚实的探讨深度看，《黑客帝国》要更胜一筹。

《头号玩家》对技术的探讨落在了现实层面，这与斯皮尔伯格的创作风格及理念有关。在其创作的科幻片中，无论是《人工智能》，还是《少数派报告》，最终的主题大都与梦想、家庭、爱情、自由及正义有关，落脚点都在于为人们更好生活提供启示与思考，这种现实主义观念一方面使影片具有探讨价值，但同时也束缚了作品的思想空间，影片极易掉入固有的设定之中，比如本片如果抛开科幻和虚拟现实的外衣，其剧情依旧是好莱坞式个人英雄主义的套路。

总体来看，《头号玩家》怀旧但不煽情，通俗却不俗套，既具有科幻色彩又无比贴近现实，勾画出了未来技术时代的剪影，包含了技术乐观主义的思想。当世界面临挑战之时，人类只有谨慎乐观地利用技术造福，才能创造出真正的绿洲。

《升级》：机器反噬的恐惧升级

近年来，自动化、人工智能、万物互联等概念不断升温，逐渐成为人们脑海中对未来社会的憧憬，比如智能家居自动营造出最舒适的生活环境，智能驾驶解脱人类的束缚，为人们在车内创造私人空间。这些场景正是科幻电影《升级》的故事背景，只不过它无情地敲响了警钟。

本片的人物设定富有深意，男主角格雷在科技爆炸的未来是一个食古不化的“老古董”，单独经营着一家专修古董车的铺子，内心蔑视机器。格雷的妻子阿莎是科技公司一名高管，专为残疾退伍军人提供机械臂。另一位主角是格雷的顾客——天才科学家埃伦，正是他发明了超越人脑的“智脑”，并将其安装在格雷体内。格雷与阿莎的自动驾驶汽车失控，歹徒袭击导致阿莎身亡、格雷瘫痪。被埃伦安装上“智脑”后，格雷重获新生，并在“智脑”的帮助下为妻子报仇。“智脑”逐渐控制格雷，并摆脱埃伦的指挥。在消除了所有掣肘后，“智脑”顺利使格雷精神崩溃，升级成为具备实际躯体的人工智能。原来发生的一切都是“智脑”的阴谋。

与其他人工智能电影相比，《升级》在已有话语体系中进行了创新。人工智能与人类合作后又反噬人类的整体故事脉络已出现于大量反乌托邦科幻电影之中，比如《西部世界》《银翼杀手》《机械姬》《机械战警》等，本片在这种大框架下的创新主要体现在两点：人工智能的大反派设定，以及创造性的叙事方式。在以往的人工智能电影中，反派通常包括人类在内，坏人通过发明与控制机器伤害其他人类，机器在这一过程中逐渐自我进化，产生了自我意识。但本片中的“智脑”是作为故事的始作俑者，一开始就具有自我意识并以“上帝”的视角俯视一切，它想要主宰命运的“恶”性始终植根于它那微小的机械电子元件之中。这体现了本片对科技异化作用更为深刻的揭示。另一方面，本片完整呈现了“智脑”控制人类的全过程。格雷依赖“智脑”恢复行动力，智脑则以帮助格雷追凶的名义不断加深格雷对其依赖，包括行动上的限制、思想上的侵蚀和精神上的麻痹，在这期间“智脑”利用格雷的躯体杀害了所有对它可能有威胁的人，最后导致格雷精神失控，使其永久沉浸在幻想的世界中。这一过程充分展现了科技对人的塑造和教化作用。一开始，科技以高质和便利提升使用者的舒适度，帮助其减少大量的思考时间，继而逐渐使其放弃思考，陷入怠惰泥潭。在“智脑”反噬格雷过程中更为深层的矛盾在于，格雷的一副躯体包含了两种截然不同的意识，两者相互钳制、相互分享，又相互冲突，相互争夺权。与单纯对抗外在敌人的电影相比，这种内化的人机矛盾冲突性更为强烈，也深化了机器控制人类意识的危险性。

在目前人类对机器的幻想中，最高级的机器也始终是“类人化”的，无论拥有多么炫酷的技能抑或是多么奇异的智力，机器所做的一切始终是重复人类的路径，那些拥有自我意识的机器追求的本质也是在于体验做“人”的快感。因此在人与机器的交合中，变的是量，比如效率和体量，不变的是质，比如暴力和掠夺。如在本片中与现代社会脱节的贫民窟内，黑帮分子不屑使用手机、蓝牙、耳机等现代科技的产物，那里充斥着贫穷和血腥，但也有衣衫褴褛的流浪者沉溺于VR虚拟世界中，如僵尸一般扭动。几英里外的智能社会中，衣冠楚楚的人们坐在一尘不染的自动驾驶汽车内，但仍旧遭遇了人工智能的报复，钢铁瞬间化为灰烬，只有那些人力驾驶的汽车才能逃过劫难。由此可见，科技带来的只是形式上的变化，事实并非理想贩卖者声称的那样——科技会带来无尽的和平与财富。

值得注意的是，科幻电影中的绝大多数人机转换都是由机器向人的单向转变，鲜有人类角色自愿被改造成机器人，那些人机合体的人类角色大多也只是借用机器超强的身体素质，而一旦涉及情感，人类就望而却步了。究其缘由，也许在于人类对情感与肉体的认知。说到“何而为人”这一问题，哲学家们大多认为灵魂构成人的本质，肉体只是人类暂用的躯壳，而对于人与机器的区别，人们则普遍认为情感是人类的特权，也是区分人与机器的标准。面对人工智能的迅猛发展，人类对自身情感的珍视本质上是一种自我保护，虽然目前难以判断人机的区分标准是否正确，但值得庆幸的是，人工智能对人类智能的挑战已经促使人类开始思考自身存在的本质。在人与自然的关系中，人类曾经自卑、自信和自负，理性与感性的天平随着物质世界的千变万化而屡次倾覆，当如今机器出现能与人类抗衡的苗头之时，人类再次开始认真思考自身在生物链中的角色。

的确，人类也向往甚至羡慕机器，它们无痛感，拥有钢腿铁臂，能够延伸人类那脆弱短小的四肢，但人类仍旧不愿变成机器，这不仅是因为它关系到“自我”，还在于人脑有以往无限的记忆，即使是无序、低效及痛苦的，但也正是这部分构成了独一无二的个体生命。如果机器真具备了意识，也许人类在他们眼中也只不过是愚笨迟钝的蜗牛和生命短暂的知了，正如人们对这些生命的评价那样，生命的意义由自己定义，也许这才是真正的自由。

四、兵书悦读

穷天人之际，通古今之变，成一家之言。

——司马迁

《五个人的战争：好莱坞与第二次世界大战》：好莱坞导演塑造的美国正义之战

在人类战争史上，第二次世界大战过去是，以后也必将是一场不断被反复提及的战争。这不仅仅是因为，它刷新了人类相互倾轧、疯狂杀戮的记录；也不仅仅是因为，它唤起了人类厌恶战争、向往文明的良知；更重要的在于，透过这场战争，我们可以清晰地洞察到人性，善的极端、恶的极端以及混沌的极端，勇敢的边界、懦弱的边界以及复杂的边界。

应该说，对于这场人类大浩劫，我们之前见多了从武器装备、杰出将领、战役战术及战略格局等角度的研究作品，鲜见通过一个小群体独特经历的视角，来讨论有关战争的严肃话题：战争的代价、宣传的价值、军人的伦理等，单凭这一点，马克·哈里斯所著的《五个人的战争：好莱坞与第二次世界大战》一书，就具备了一部引人入胜好作品之基本条件。事实上，现在我们看到，哈里斯在该书中不仅做到了这一点，而且做得超出预期。他给我们讲述了一部让人不忍释卷的第二次世界大战宣传电影史，同时也是一部电影文化精英与美国军事机器之间的恋爱史，尽管其间也有一些不和谐的乐章。

站在 21 世纪的坐标下，回望那别样的时代，美国政府能别出心裁地将战争的宣传外包给好莱坞，让导演在战场的穿梭中寻找报道灵感，最终和白宫及军方共同用影像塑造出了美国参与的正义之战，并将这种“意象”深深地培植成了美国公众的集体意识，在战争之后又将这种影响传播到全球。显然，这样的大手笔不仅仅需要不羁的想象力，更需要有一批甘愿冒险去尝试的不安分之人。

幸运的是，当时的美国、美军及好莱坞具备了这样一批奇人。

先说导演。哈里斯在书中提及的弗兰克·卡普兰、约翰·福特、约翰·休斯顿、乔治·史蒂文斯和威廉·惠勒五位好莱坞导演，“他们是才华横溢的男人，而且也有与能力相匹配的自负——他们就像是拥有二等兵的经验和将军般自信的军官。而除了那坦率地想做出贡献的欲望外，这些人都有自己的私人原因：他们把在军队的时间看作是翻开事业成功新篇章的良机——一个测试的机会，一个证明的机会。”可见，尽管加入战争的时机各异、动机有别，但他们却有高度的重合性，那就是战争激起的男性荷尔蒙，渴望风险与危机，向往航海与荣誉，倾心复仇与战斗，直面战火与鲜血……对此，我们也可以说是责任感驱使，如导演约翰·福特在参加战争之前，就已凭借《关山飞渡》《童年林肯》《愤怒的葡萄》等成为好莱坞赫赫有名的导演，当时刚刚拍摄完《青山翠谷》这部影片，就立刻被战争宣传吸引了过去，谈到理由，他淡淡地说：“我认为这是这个时间该做的事。”

再说军方。尽管当时美国军方对于电影界的人士走向战场与真正的士兵并肩作战颇感不适，甚至还担心这些毫无军事纪律的好莱坞电影人的加入会给军队带来“不值得的混乱”，但有些手握兵权的将军对战争宣传还是极其敏感的。在这一点上，哈里斯在书中谈到这样一个细节：1941 年夏天，《大西洋月刊》的专栏作家斯图尔特·艾尔索普为该杂志撰写了一篇题为《通缉：为之战斗的信念》稿子，其中写道：“为这场我们迟早要面对的战争而战，我们需要一种坚定不移的信念，那种在 1917 年激励过士兵们的信念，那种让他们启程去为世界的安全和民主而战的信念，我们此刻还不具备这种信念；那些需要去抗争的人们还不具备这种信念。”陆军部的乔治·马歇尔将军很快便注意到该文，在他看来，好莱坞的电影无疑有助于向公众和新兵灌输这种坚定不移的信念，于是，他便着手在好莱坞物色最适合、最出色的导演来执行这样的特殊任务。不难看出，在二战那样的时空里，指挥战争的将军就能意识到“战场飞的不仅是子弹”，这的确是不容忽视的洞见。后来的战果也证明，这些好莱坞导演的加入不仅没有给军方惹来麻烦，还在“人心之争”中助力不少。“1943 年年末，他们已经在超过 300 部电影中灌输了有利于精神培塑的相关信息，这些信息大多是他们从政府给出的建议中亲手筛选出并与剧本衔接的。”

最后说白宫。在美国介入二战之前，白宫与好莱坞之间的关系并不亲密，相反，更多的是双方相互的猜疑。白宫面对好莱坞在影响公众方面逐渐扩张的权力，充满了不适应、不理解和不信任，而好莱坞面对来自白宫方面的监管、审查和调查，也充满了不解、愤懑和厌恶。但这一切都被突如其来的战争改变了，战火一起，白宫与好莱坞开始尝试着走到一起，相互借力，共赴战事。白宫寄希望于好莱坞能利用自己的影响力为战争动员公众、赢得人心，而好莱坞则渴望在白宫的帮助下扩大自己的影视空间、远播声名。当然，在此之前，两者之间也有一点共识，毕竟在 20 世纪 30 年代，电影正在从默片时代向有声时代过渡，白宫也多多少少意识到了影像的传播动员力不容小觑，于是，双方的有限度合作也具备了一些底色。

作者哈里斯早年毕业于耶鲁大学，是记者，也是作家，还是《娱乐周刊》的执行编辑，曾为《纽约时报》《华盛顿邮报》《时代周刊》《纽约杂志》等撰写过关于流行文化及电影史的文章，曾著有《改革中的电影：五部电影和新好莱坞的诞生》。职业的原因，其出色的捕捉人物、驾驭人物及刻画人物能力，在该书中得到了充分展示。为撰写《五个人的战争：好莱坞与第二次世界大战》一书，哈里斯对相关历史档案文献进行了为期五年的钻研，最终呈现给我们一段有关历史的多彩而饱满的考证，从中我们看到了好莱坞与白宫及美国军方之间的复杂瓜葛，也看到了五位好莱坞知名导演介入战争的不为人知的精彩故事，他们个体的命运与战争的进程相互塑造、改变并影响。比如，哈里斯在书中提到，“在几个月之内，战争就会将好莱坞从头到尾彻底改变，正如它改变美国其他地方一样：电影公司里 1/3 的男性员工——超过 7000 人——都会通过自己应征或被招募而入伍”，“没有人会像这些导演一样，在渐入中年的时候，发现一个新的世界在等候他们去征服，一项新的任务等待他们去完成，这将测试他们赢取美国人民理智和情感的能力，他们将在可以想象的最艰难境况下，掷下可能是最大的赌注。”显然，《五个人的战争：好莱坞与第二次世界大战》一书的这种呈现是一种有价值、有灵气且有温度的视角，是一种观察与思考战争的社会文化史取向，有别样的启迪意义。

最后，值得一提的是，该书的译者黎绮妮也颇令人欣赏，从书中得知，译者毕业于中山大学经济学专业，后又在英国萨塞克斯大学取得媒体与文化研究专业硕士学位，也难怪能将如此大部头的作品翻译得如此专业，除了个人志趣使然，别的几乎找不到什么理由。毕竟，在当前的市场经济时代，翻译并不是一件“有利可图”的私事，而更浓的成分是一种为知识传播而“积功德”的公事。

真正的战争，是让所有的参与者不愿追忆，但又让所有的参与者永远追忆。

一切皆因为："只要他们活着，战争就在他们身体里。"

《五个人的战争：好莱坞与第二次世界大战》让我们近距离重新认识了这一点。

《机器崛起：遗失的控制论历史》：人机共生时代的战争变革

战争，是人类遭遇的最恐怖而又最无奈的恶魔。一方面，它荼毒生灵、毁灭文明；另一方面，它又涤荡社会、刺激科技。追溯人类战争与科技文明同行的漫长历程，不难发现，在世界观与战争观之间似乎有一个隐隐的链条："钟表"世界与机械论战争、蒸汽机与工业化战争、控制论与自动化战争，以及复杂性哲学与后人类战争。

长期以来，对于世界观与战争观之间这个隐匿的因果链，有一些环节是缺失的或模糊不清的，它妨碍了我们对人类文明演进与战争进化的整理与透视，正所谓"不见森林无以见树木"。如今，由英国伦敦国王学院军事研究系教授托马斯•瑞恩所著的《机器崛起：遗失的控制论历史》就补上了其中的一个关键环节。

瑞恩毕业于德国洪堡大学，研究领域包括：赛博安全与冲突、新技术与不规则冲突、战争与媒体等。《机器崛起：遗失的控制论历史》一书由国防科技大学王飞跃教授领衔团队翻译，厚实的研究功底使得这部作品的翻译精准，用美国中央情报局和美国国家安全局原负责人迈克尔•海登的话说，"托马斯•瑞恩的这本书巧妙融合了作家之艺术性、历史学家之严谨性以及哲学家之敏感性。"庆幸的是，专业的翻译没有削弱这种作品的"理性之美"。

一、"钟表"世界与机械论战争

作为一种自然观、世界观和宇宙观，机械论是人类发展进程中的一次认识论飞跃、突变及革命，其对科技发展、社会变迁及军事变革的意义都是根本性的、重构性的和颠覆性的。依照机械论的基本观点，整个世界就像一个机械系统，受到客观自然规律的绝对支配，处在不断运动之中，其核心理论根基是重量和质量概念、时间可逆性、牛顿运动定律及还原论等。

的确，牛顿是个伟大的科学家，曾深刻地改变了世界。他所建立的经典力学体系，既是机械论自然观影响之下的产物，也为机械论自然观的确立提供了决定性支持。体现这样一种世界观的最好隐喻就是钟表，换而言之，牛顿时代的思想者普遍认为自然和钟表之间存在某种同一性。（尽管牛顿本人从未用钟表打过比喻来解释物体运动，但他所提出的“行星都在同一重力系统中有规律运动”等观点，却助长了当时流行的观念——“世界就是一个大钟表”。）如在1665年，英国科学哲学家罗伯特·博伊尔就富有洞见地阐述了钟表与机械论之间的关联。他写道：“机械主义把整个宇宙（人的灵魂除外）设想为一个巨大的自动运转的机械系统，系统中的所有元件都是按照一定的大小、形状和结构处于运动或静止状态，宇宙如同一座大钟表，大自然的缔造者恰似机械师。不过，宇宙系统中的元件有些比钟表元件大很多，有些比钟表元件小很多。”发现行星运动三大定律的约翰尼斯·开普勒在谈到其科学研究的目的时也说：“证明宇宙这台大机器，不是神造的，也不是人造的，而是一个大钟表，几乎所有运动都是由万有引力引起的，好像钟表的所有运动都是由重力引起的一样。”

通俗而言，世界的缩影就是一架“时钟”，里面的因果关系非常清晰，按时摆动有秩序地运转。对此，在1863年，马克思在写给恩格斯的信中说道：“时钟是第一个用于实践的自动化机械装置。整个的有规则运动的生产理论就是通过时钟产生的。”大卫·兰德斯在《时间革命》中也说：“钟表不仅是记录时间的工具，而且是协同人们行动的工具。”在《技术与文明》一书中，刘易斯·芒福德同样指出：“钟表把时间和人类活动隔开，使人类相信存在一个能够用数学方法计量的独立世界：特殊的科学世界。”当然，时钟或钟表只是机械论自然观兴起时的一个物化的产品。奥托·迈尔在《前现代的自由与自动化机械装置》中就谈及：“在16至18世纪，‘自动装置’一词在词典中是一个更高级、更广泛的范畴。钟表只是一种特殊的自动装置。”可见，时钟或钟表从具体的产品发展到抽象的机器，用以说明事物运动或结构模型，对机械论自然观的诞生影响重大。

显然，这是一种在近代有高度影响力的自然观。世界都像一架“时钟”，军事系统就更像“时钟”了，简单直接，因果明了。对此，18世纪的英国军事历史学家和军事理论家亨利·劳埃德少将（1720—1783）曾一针见血地指出："军队是实施各种军事行动的工具：军队与所有机器一样，是由各种元件构成，军队的战斗力首先取决于各种元件，其次取决于这些元件的组装方式，各种元件构成的整体必须具有持久力、灵活机动性和普遍适应性，只有这样构造，整个机器才完美无缺。"

按照英国伦敦经济与政治科学院安托万·布斯凯在《科学作战方法》中的研究，受机械论自然观支配的机械化战争，也像青睐时钟装置一样，信奉秩序、规律及可预测性，强调作战单元要整体划一、步调协同、服从指令。情况正如阿萨尔·盖特在《军事思想史》中所言："启蒙时期的军事思想家，对牛顿的科学思想产生了极大兴趣，更加渴望用极为准确和确定的方法来研究和指导战争。"事实上，自伽利略发现惯性定律、自由落体定律等之后，弹道学、筑城术和军事战术都获得了极大发展。按照机械论思想训练的军队可追溯到17世纪初期莫里斯亲王统帅的荷兰军队，当然，腓特烈大帝统帅的普鲁士军队更是这种模式的典范。具体而言，在16世纪90年代，莫里斯把装弹和发射过程分解为若干步骤，让士兵反复操练，以提高其在同一号令下的协同作战能力。17世纪上半叶，瑞典的古斯塔夫斯·阿道弗斯借鉴并极大改进了荷兰的训练和作战方法。到腓特烈大帝时期，他把这种军事思想发挥到了极致。对此，以色列军事历史学家范·克里菲尔德在《战争指挥》一书中评论说："这位普鲁士国王是第一位现代指挥家，想时时刻刻都控制着军队，这种愿望只能通过把士兵变成没有头脑、没有生命的机器才能实现。"显然，腓特烈大帝这种军事思想就是将钟表等同于军队，正如钟表的每个齿轮都按照钟表匠预先设定的规则运转一样，军队也可通过反复操练锻造成一台"战争机器"，这显然是一台"精准、有序、规范、可预测"的机械化"战争机器"。军事学者哈拉尔德·克兰施米特对此评论说："普鲁士军队各级指挥官严格执行上级指令，普通士兵完美地结合在一起，如同一台精心设计的机器中的各种元件。这台人工制造的机器，整体结构合理，各个元件相互配合，遵循大自然设定的规律保持着有序运转。"

二、蒸汽机与工业化战争

18世纪60年代发端于英国，尔后波及整个世界的第一次技术革命，是围绕着蒸汽机的发明和应用展开的。蒸汽机的广泛应用，不仅使纺织部门实现了从手工工场向机器大生产的过渡，而且带动了冶金工业、煤炭工业、交通运输和机器制造业的飞速发展，使社会生产力得到空前提高。此外，蒸汽技术所引起的工业革命，促进了产业结构的变革，工场制度的确立，推动了工业生产体系的全面改革。正如马克思和恩格斯所说："资产阶级在它的不到一百年的阶级统治中所创造的生产力，比过去一切世代创造的全部生产力还要多，还要大。"

蒸汽技术本身的发展，还推动了热力学理论的进步。1824 年，热力学先驱萨迪·卡诺说："看起来发动机注定要给文明社会带来巨大的革命。"的确，在经典机械时代，表现自然界特征的典型代表是时钟；在工业化时代，则是确保人类生存与发展的能量。虽然像杠杆、钟表等机械装置能使物体产生稳定和高效的运动，但它们皆离不开外部的能量，如人力、重力、动物的生物力或自然界的风能、水能等能量。蒸汽机的发明，在科学技术史上是一次具有划时代意义的重大事件，它使人类第一次实现了把热能转换为机械能，成为人类征服和改造自然的强大物质力量。一旦工业时代的"技术之门"被打开，相关发明与革命就接踵而至：1765 至 1769 年，詹姆斯·瓦特完成了革新纽可门的单冲程蒸汽机。1769 至 1784 年，又完成了双冲程蒸汽机的发明。1788 年，蒸汽机首次用于航海。1821 年，在迈克尔·法拉第发明电磁现象之后，电动机宣告问世。1825 年，蒸汽机开始用于铁路。1859 年，简·约瑟夫制造了第一个用电火花点火和使用压缩空气和煤气作为能量来源的内燃机。此后，内燃机被应用于航海和陆路运输。

伴随着机器的不断发明革新，人类的世界观也在发生着嬗变。1824 年，萨迪·卡诺出版《关于火的动力和利用该动力机器的思考》，深入探讨利用机器将热能转化为机械能背后更具原理性的基础问题，创造性地用"理想实验"的思维方法，提出了最简单，但有重要理论意义的热机循环——卡诺循环。应该说，卡诺对蒸汽机背后的热力学原理的深入思考，将人类的世界观从机械论的"时钟"隐喻向前推进了一大步。按照传统的机械论世界观，正是由于在组成宇宙的各部分之间完美地传递运动，才形成一个简单而有序的世界。现在，受热力学理论启迪，德国人克劳修斯和英国人开尔文在热力学第一定律建立以后重新审视了"卡诺定理"，意识到"卡诺定理"必须依据一个新的定理，即"热力学第二定律"。他们分别于

1850 年和 1851 年提出了克劳修斯表述和开尔文表述，这两种表述在理念上是等价的，这就是卡诺在其著作中曾经暗示过，后来被广为熟知的“热力学第二定律”：不可能把热从低温物体传到高温物体而不产生其他影响，或不可能从单一热源取热使之完全转换为有用的功而不产生其他影响，或不可逆热力过程中熵的微增量总是大于零，又称“熵增定律”。

与经典力学所描述的物理定律不同，“热力学第二定律”说明，能量消耗是不可逆的，物理过程的实质是从有序到无序。这一观念对传统机械论者所认为的“宇宙是稳定的、可逆的、永恒运动的”世界观造成了致命打击。在机械论宇宙观时期，人们曾把钟表看成是稳定的、线性的和有规律的运动，但如今科学本身却从能够利用几何学进行精确表示和符合数学规律的世界，变成了依靠数学概率判断的随机世界和偶然世界，能量的消耗和熵的概念打击了 18 世纪关于无摩擦力和机械运动可逆等观点，以及由此衍生的对物体绝对控制和对事物发展可预测等思想。

与世界观的变迁相适应，应对工业化时代的战争也需要在思想观念深处来一场“头脑变革”。1754 至 1763 年（主要冲突集中于 1756 至 1763 年），欧洲爆发了“七年战争”。这场战争由欧洲列强之间的对抗所驱动，英国与法兰西和西班牙在贸易与殖民地上相互竞争。同时，普鲁士这个日益崛起的强国与奥地利正同时在神圣罗马帝国的体系内外争夺霸权。欧洲“七年战争”凸显了机械论战争思想的落后，部队作战指导理论的僵化、不灵活和固守成规，导致士兵虽身强体壮但战术素养极差。拿破仑军事才能的主要体现，就是对这种僵化落伍军事理论的突破与创新。拿破仑不像腓特烈大帝那样试图完全控制军队，恰恰相反，在作战方法方面，他以散兵、纵队战术代替了线式战术，赋予了各个军团部署的灵活性和自主性。他曾这样说：“战争全由偶然事件构成；主将虽应把握一般原则，但仍须密切注意以利用这些偶然事件；这正是天才的表征。”比拿破仑思考得更彻底的是克劳塞维茨，尽管其在《战争论》一书中继承沿用了许多机械论色彩的词汇，如重心、摩擦力等，但他完全颠覆了机械论战争的理论体系，反对机械论者钟表式的线性叠加和组合观点，明确主张战争是两股活力的对撞，是相互作用的行为，要从整体而不是从它的各个部分来认识，要给予战争中的不确定性（即战争迷雾）以足够的认识。

总而言之，从世界的“钟表”隐喻到“热力机”隐喻，从机械论战争到工业化战争，人类对战争的理解与认知，深受所处的时代局限和启迪，从强调战争的绝对秩序、绝对控制和绝对因果，到关注战争的不确定性、偶然性和随机性，人类的战争观发生了根本性、方向性和基础性变迁。当然，此时的战争还只是在陆地一维平面进行，其虽然表现出复杂性但仍极为有限。随着 20 世纪飞机、坦克、无线电、雷达、导弹等军事技术纷纷走进硝烟之中，人类战争也正式从一维平面演进到陆海空天电等多维疆域，战争的复杂性成几何量级增长，人类对战争的控制与对秩序的追求也必将达到新的层次与高度。

当然，支撑这一切的关键在于，“信息论”和“控制论”的诞生。

三、控制论与自动化战争

“信息就是信息，不是物质也不是能量，否认信息者在当今世界将无法生存。”这是创立控制论的诺伯特·维纳曾说过的一句名言。名言之所以是名言，就在于它非凡的前瞻性、敏锐性及洞见性。可以说，从人类认识世界的物质、能量跃迁到信息，这不是量的积累，而是质的飞跃。信息这个范畴预示着，人类在控制战争的方向上又迈开了革命性的一步。这种控制是一种对战场秩序的追求，也是一种对暴力破坏的规约，更是一种对杀伤极限的延展。也只有从这多重意义上，我们才能够认定维纳在科技史和战争史上的巨大价值和历史地位。

回顾人类科技史，我们发现，人们利用物体运动定律发明了钟表，利用热力学定律发明了发动机，利用电磁学理论开辟出通信和计算机领域。20 世纪 40 年代，维纳和申农通过“信息”这个概念把计算、通信和控制黏合在一起，将战争引向了新的空间。这背后都源于军事上的紧迫需求。先看计算机的问世。1942 年，美国宾夕法尼亚大学的莫尔学院同阿贝丁试炮场协作，为陆军计算编制火力表。这种表每张需要计算几百条弹道，而一个熟练的计算员用台式计算机每算一条弹道都要花 20 个小时，这同当时的战争需要极不适应，此一严峻的局面提出了对高速计算工具的紧迫需求。因而，在工程师莫希利和艾克特等人的努力下，于 1945 年底世界上第一台电子计算机——ENIAC（电子数值积分计算机）被研制出来。再看控制论的诞生。同样是在二战当中，随着轰炸机的飞行速度和高度的增加，地面防控火力使用目视瞄准射击的方法已经不太可能，传统的弹道问题解决方案需要一张长长的单子来详细列出所需的炮兵兵力、型号武器、炮弹和射程以及与某个确定目标的关系。如今，面对快速运动的目标，火力控制系统需要实时计算。维纳因此设计了依赖信息自动反馈的自动控制系统，从而解决了这一难题。

他进而阐述道："我们现在谈论的机器不是感觉论者想象中的，或者是未来才会出现的。它们已经作为恒温调节器、自动陀螺控制的轮船导航系统、自动推进的导弹等而存在，防控火力控制系统会自动寻的、石油蒸馏器会自动分离原料、运筹机器会持续高速运转等，在战争之前它们开始得到使用——事实上，老式的蒸汽机也属于它们这一类，但是第二次世界大战巨大的机械化过程使得它们的能量，甚至是最危险的原子的能量都得到了巨大的释放。...... 当今时代是真正的自动化时代，就像 19 世纪是蒸汽机时代，18 世纪是钟表时代一样。"

以往的钟表和机械，人与技术之间有着明晰的界限，但计算机的出现以及控制论的诞生，却提示人们，人与技术之间泾渭分明的红线开始变得模糊了。换而言之，人与机器之间的通道开启，人的智能开始赋予机器，人与机器之间的控制问题由此成为"真正的"问题。想必，这也是维纳将其《控制论》一书的副标题定为"关于在动物和机器之中的控制与通信的科学"的原因所在，它体现了远见与睿智。也正是在这个意义上，似乎由维纳的"cybernetics"（控制论）所衍生的"cyberwar"更应被译为"控制战"，而不是莫名其妙的"赛博战争"。

在维纳创立控制论之后，这一理论已经蔓延渗透到生物学、经济学、社会学、政治学、军事学及心理学等多个领域，人们纷纷讨论在这些领域"控制"的可能与"控制"的后果。显然，军事领域一直是对科技前沿感知最敏锐的领域，控制论及其相关的工具包自然被军方视为提升战斗力的法宝，进入了一些高级职业军官的视野。如在 1969 年，美军在越南战场的最高指挥官威廉·威斯特摩兰四星上将就乐观地展望了未来的自动化战争："在未来战场上，通过数据链、计算机以及辅助的情报评估和自动火力控制系统，几乎在瞬间，敌军将被定位、追踪和瞄准。第一轮攻击之后，杀伤概率将被确定，监视设备将持续跟踪敌人，不再需要大量的力量去追踪不太重要的目标。我们能在 24 小时内或者实时监视战场，战场上我们通过实时通信和近乎实时的高毁伤武器，能消灭任何定位目标。总之，我把军队看作是建立在综合区域控制系统之上的，它使用了高级通信、传感器、火力瞄准和自动数据处理等技术。在综合力量作用下，不超过10年，我们将看到自动化战场。”

显然，威廉·威斯特摩兰上将对自动化战争的远景过于乐观了。在越南战争中，面对灵活的游击战术、模糊不定的战场、此起彼伏的多频谱冲突，美军必须直面的并不是想当然的、可预测的和完全可控的“自动化战争”。事实上，从早期人类的自然中心战到后来的机器中心战，通过严格训练并减少士兵自主行为可以达到确保战场有序化之目的，但在工业化战争中，战场上不断增长的能量释放显然也增加了控制战争的难度，在自动化战争或信息化战争中，战场已从陆地拓展到陆海空天电等多维空间，寻求战场控制的秩序势必更加困难，依托信息技术能有效地驱散“战争迷雾”，但又带来了“信息冗余”的新问题，显然，指挥控制面临着科技馈赠的两难悖论。在未来，待人工智能正式走上战场后，人机一体化协同作战所引发的相关指挥与控制挑战，想必更是一个崭新的命题。

四、复杂性哲学与后人类战争

从未来学家的预言到人们日常生活的体验，信息时代自提出以来迅速席卷人类社会各个领域，然而，我们需要追问的是，信息时代之后是什么时代？对此，我们的判断是，人类社会正在进入一个互联互通的智能时代。具体而言，在人类社会进入区域帝国之前，人与物、人与人、物与物是分离或弱关联的。地理大发现以后，伴随着全球经贸的互通往来，互联互通开始加速。如今，互联网把世界连成一片，前沿生物科技把人与物紧密关联。在未来社会，随着人与人、物与物、人与物互联互通，人类社会必将进入一个复杂巨系统的智能时代。在这个时代，物联网、智联网、大数据、云计算等将大有可为，人类社会的开放性、生长性必将催生物质、能量及信息等多系统圈层充分耦合，最终带来前所未有的复杂性。

军事系统是社会系统的缩影，因此，军事系统也必将经历一个从“物质系统”“能量系统”“信息系统”向未来的“智能体”演进的过程。从旁观者的角度来看，未来的军事系统更像“智能体的链接”或“大意识主体”，而从内部角度来看，超越传统智能载体的“智能元”或浮动的智能，在系统中将占有压倒性甚至蔓延性地位。对于我们畅想的这个未来“智能体”，今天已经有些端倪了，比如，随着脑机接口技术的发展，自然人与外在技术的通道正在开启，人的武器化与武器的人化已是大势所趋。再比如，现有的网络信息作战体系，在新一代信息技术的激化下进一步朝着“智能化”“人机一体化”方向演进。总之，未来的军事系统作为“智能体”，必将更加智能，其自组织性、自我演化性及“人在回路”特性将进一步凸显。

在电影《极度恐慌》中，一种来自非洲的“莫他巴山姆病毒”被一个动物走私人员无意中带到美国，引起一片恐慌。甚至总统都下令将被封闭的疫区彻底摧毁防止病毒扩散，当然最后研制成功了新抗体，挽救了数千美国人的生命。影片描述的传统生物武器还在发展，而新生代生物化武器已悄然而至，特别是基因芯片、蛋白质芯片等技术日臻成熟，酶工程、细胞工程等生物工程层出不穷，生物技术和生物工程的有机“嫁接”，BCI 技术、人工智能技术、基因武器、仿生武器、无人武器等不断涌现，这些尖端科技必将孕育出一种全新的战争形态。对此，英国军事学者克里斯托弗·柯克称其为“后人类战争”，这是有远见的研判。

试想，未来的生物交叉技术必将把“自然战士”改造为“超级战士”，正如在科幻电影中，我们常见到各种“超级战士”的身影一样：《机械战警》中人类头脑和机械身体完美结合，身上配备各式武器，能应付各种暴力活动的机械警察；《再造战士》中通过基因设计工程制造出来的拥有超绝战斗技巧和力量的超级战士；《阿凡达》中用人类的基因与当地纳美人基因相结合，由人类的意识进驻其中以得在这个星球上自由活动的“化身”。

这些“超级战士”将突破人类生理极限，其依靠的就是代谢工程、外骨骼增强技术、脑机接口技术及人工智能等前沿科技的发展，这些科技能为其提供强大的身体素质和认知能力，使其既不受时间所限，也不被情感左右，极大地弥补生理缺陷，以应对复杂战场挑战。如美军在阿富汗战场上试验了一款“大狗”机器人，帮助作战人员实施伴随保障，其负重可达 200 公斤，奔跑时速每小时 12 公里。此外，这些“超级战士”在人工智能发展到一定阶段后，还能实现以色列历史学者尤瓦尔·赫拉利在《人类简史》一书中所言的真正的“人机融合”。到那时，我们看到的将不只是人类精神的延伸，还有精神与机器的统一：神经网和互联网这两个网络合二为一，形成“云大脑”。“云大脑”是所有智能终端包括人与人工智能体的“智能存储器”“信息库”“决策库”，智能终端可以将自己的“记忆”“感知”“经验”上传给“云大脑”，也可以从“云大脑”中下载他者的“智能”。

在未来军事系统完全进入“智能体”时代后，我们研究战争也需要新视野、新思维及新范式。要真正超越牛顿机械论及奠基其上的有机论，树立“智能体”时代的复杂系统思维，要注重运用整体观、联系观、演化观等来参悟未来“后人类战争”。具体而言，我们所看到的前人类战争和人类战争，包括机械论战争、工业化战争、自动化战争甚至信息化战争，其制胜机理相对而言都比较“简单”，可以用运筹学去模拟它。但是，对于描摹未来的“后人类战争”，我们却需要运用复杂系统思维，强调有机性、非加合性、系统效应、多元因果论、互动性、不确定性及涌现等，充分开掘复杂巨系统理论来研究未来战争。

人类战争的历史，就是人与武器不断内嵌融合的历史。从自然中心战、机械论战争、工业化战争到自动化战争，武器是人体器官的自然延伸，人与武器的界限尚比较清晰。随着聚合科技的发展与应用，特别是大数据、传感器、可穿戴设备、人体植入及基因编辑等人机结合技术不断突破，在未来的信息化战争与后人类战争中，人与技术之间的隔阂将进一步缩小，人与武器之间的传统界限也将趋于模糊。当人机充分实现融合的时候，人类将真正彻底告别作为战争终端的惨烈角色，而是作为“云大脑”的神经系统控制者，远离血雨腥风的战场，安身于后方的环境，用自己的智能与“云大脑”交互，遥控着前线无人机、无人装甲车、超级战士等战争主体展开生死搏杀。

这种“后人类战争”的图景，或许超出了我们今天的想象，但却正在向我们走来。人类是否有足够的智慧去控制这种未来？福山在《我们的后人类未来：生物技术革命的后果》一书中说：“有些新的技术让人不寒而栗，因而，从一开始就会让人迅速建立共识，需要采用政治手段控制它的发展和使用。”人类对相关前沿技术的发展，也能像对待核技术那样控制住吗？福山没有给出明确的回答，也许这个问题本身就没有简单的结论。美国军事学者乔纳森·莫雷诺在其著作《思想大战：脑科学与 21 世纪的军事》一书中，将封面的大脑图案设计成“手雷”，寓意想必十分明显——技术一旦释放，再去讨论危险无疑就显得多余了。

应对未来战争，必须把基点定准、把规律摸透、把趋势看清。今天的人类战争已然超越传统“体能较量”“技能较量”主导的大规模厮杀阶段，控制与反控制，正在成为对垒双方争夺的焦点。具体而言，在军事系统处在“物质系统”“能量系统”及“信息系统”阶段之时，我们常见的是大规模兵团入侵一个国家，占领其领土，摧毁其设施，破坏其信息系统等。这在人类战争史上曾是作战目标，但在未来要退出历史舞台了，或更准确地说，在未来军事系统进入“智能体”时代后，作战目标不是要去占领和摧毁，而是要控制和控局。

毕竟，战争就是做破坏功。消灭敌人，过去是通过消灭敌人的肉体，在未来敌对双方“智能体”的较量中，原本需要通过“破坏”来实现的目的，将通过“扰动”对手军事系统的秩序来实现，可谓“四两拨千斤”。比如，原来只有通过破坏对方的力量体系才能赢得战争，现在可以通过植入对方军事系统一个特定的“病毒”，诱发其军事系统紊乱、失序来达到我方目的，最终赢得战争。从美国国防部近期有关信息战构想的框架图中，我们也可以窥见这种演变的苗头。在五角大楼设想的未来信息战工具箱中，除了精确打击、网络作战、太空攻击等硬工具之外，还囊括心理作战、战略传播、公共外交等影响对手大脑的软工具。如果说2010年美国前国防部长罗伯特•盖茨将心理战改名为信息支援作战，透露出美军的一种前瞻眼光，如今其大力加强生物信息战相关研究，并与物理信息战、生理信息战进行整合，就更加折射出这支军队对遥远未来战争地平线的展望。

早在1996年，美军就在其海军陆战队指挥控制条令中写道：“复杂性和交互性这一战争的基本属性决定了战争的不确定性。这种不确定性不仅是存在的环境条件，它是战争本身的附属特性。”面对后人类战争这种更加混沌复杂的未来战争形态，我们需要什么样的新思想观念来应对，或许，无论是今天美军所推崇的网络中心战抑或混合战争，都不能完全适应这种新型战争形态。在人类科学发展的极大、极小和极复杂三个维度上，或许一切都有赖于脑科学、生命科学等领域的革命所撬动的极复杂科学领域的重大进展，从而为战争提供一种新思维。

瑞德在《机器崛起：遗失的控制论历史》一书最后“机器陨落”中写道：“控制论始于战争，也终将归于战争。它先是唤起了人们的希望，然后崛起，最后迎来了机器的陨落。”并进一步阐述说：“从‘人—机器’到‘机器—

人’再到‘机器—世界’的这个三重控制论进展确实充满了危险，但并不是以维纳和他的助手所预言的方式。机器不会接管人类，而神话会接管人类，就像帕尔米亚把争论转化为颤抖。在过去的几十年里，控制论神话的魅力没有减少，反而是在增加。”从某种意义上说，瑞恩的思考是开放性的，有关人与机器的进化之路，想必现在还不是终点，很难下断语。

总之，阅读托马斯·瑞德所著《机器崛起：遗失的控制论历史》一书，引发有关过去战争与未来战争的若干联想，权且作为交给原作者和译者的一份作业，以示对其精彩论述和出色翻译的反馈。在人类文明演进的阶梯上，所有的“智者”都值得尊敬，他们显然可以归结为这个群体。此外，中国科学院贺福初院士、中国工程院戴浩院士及中国指挥与控制学会秦继荣秘书长撰写的高水准序言，使得该书增加了“中国特色”，阅读起来更加有“标识”，不至于“迷路”。

一部好的作品，注定会引发“爱智者”的共鸣，找一段静谧的时光，翻开书本，打开心扉，共同开启一段心灵激荡之旅吧！

《欧洲历史上的战争》：铁砧上锤出来的欧洲

现代欧洲是如何形成的？多少年来，经济学家、社会学家及政治学家等都从各自的专业角度提出了精彩的论述。然而，从军事的视角、战争的视角、防务的视角进行剖析，一直缺少有分量的专门研究作品（在一些通史作品中不乏有一些讨论）。如今，再读英国战争史学者迈克尔·霍华德所著的这部《欧洲历史上的战争》，相关认识就变得更加清晰了。

该书聚焦的是“欧洲历史上的战争”而非“人类战争的历史”，定语的互换背后折射的是作者宏大的学术野心。该书作者迈克尔·霍华德显然撑得起这样的“学术野心”。作为英国杰出战争史学者，迈克尔·霍华德先后担任过伦敦国王学院战争史研究学会主席、牛津大学近代史学会主席、耶鲁大学军事和海军史学会主席，现任耶鲁大学历史学教授。有媒体称，迈克尔·霍华德与约翰·基根并称二战后英语世界头号军事权威。20 世纪著名历史学家 A.J.P. 泰勒对迈克尔·霍华德这部作品的评价是——“这是一本令人振奋的小册子。尽管迈克尔·霍华德写的是一部长达 1000 年的欧洲历史，但是他并没有局限于令人绝望的细节，而是为我们勾勒了一个宏大的轮廓。”

如果用战争解释历史，的确可以说，“欧洲的版图是在战争的铁砧上锤出来的”。在作者看来，战争不仅改写了欧洲的版图，也不断塑造着欧洲的社会形态。具体而言，在欧洲大陆这块土地上，长期以来纷争不断。作者开篇就指出，在从最初野蛮人入侵的 4 世纪到 10 世纪末将近六百年间，“在这块大陆上，罗马帝国统治下不牢靠的和平瓦解之后，入侵者的浪潮席卷各地：哥特人与汪达尔人从东来，穆斯林从南来，最后，最可怕的是维京人从北来。”进入中世纪以后，哈布斯堡王朝、法兰克王国与罗马教皇之间的宗教纷争开启了欧洲历史的新阶段。等到欧洲大陆一些地方自己强大起来以后，就开始了向外扩张的步伐，先是向东边（如诺曼底人在 11 世纪末借第一次十字军东征侵入亚洲），而后随着航海技术的发展，开始向南边和西边扩张。这种扩张自然导致了从11世纪到近代蔓延不断的战火。15世纪，随着地理大发现，欧洲从大陆转向海洋，西班牙、荷兰、英国和法国等为争夺海上霸权引发了波及面更大的战争，在历史惯性的轨道上滑行，最终将欧洲带入全球战争的深渊。

纵览全书，迈克尔·霍华德所著的这部《欧洲历史上的战争》有以下鲜明特点：

其一，视野开阔。该书没有停留于对战争进行技术的、预测的、说教的、程式的研究，而是将战争作为人类整体实践的有机部分，打破军事领域与民事领域的条条框框，深入挖掘战争的政治、经济、社会和文化背景，力图从整体上把战争研究透彻，正所谓“不见森林，无以见树木”。对此，作者早在1975年为该书出版所撰写的序言中就明确指出：“战争是人类整体经历的一部分，对每个‘部分’的研究只有同其他‘部分’联系起来才能研究透彻。不说明战争的背景，是无法充分地描画战争的。”在2008年作者为该书撰写的新版序言中也说明：“我写这本书的（也是出版社委托的）原初目标，是提供一份欧洲战争发展的概览。但让我惊讶的是，我很快发现自己渴望致力于完成的是一个更具雄心的任务——描绘作为一个整体的欧洲社会的发展。”或许正因如此，该书在时间和空间两个维度都跨度极大。在横断截面上，战争问题的讨论往往与社会的、经济的、政治的、文化的甚至环境的、心理的问题链接了起来，读者在阅读时自然不自然就被浑然一体的历史所“打动”。在历史纵深上，该书以战争的不断演进为主线，串联起1000年以来欧洲社会的深层变革，从骑士的战争、雇佣军的战争、商人的战争、职业军人的战争、革命战争，一直讲述到国家间的战争、技术专家的战争及欧洲时代的终结。从作品中，我们可以窥见隐藏在历史深处的一些故事，如士兵从骑士到雇佣军的身份转变，宗教战争背后的商业之争，“军事—金融”复合体崛起的财政困局，革命战争引发的全民冲突，国家间战争的暴力崇拜，第一次世界大战的技术色彩，以及现代战争的横空出世。

其二，内容精简。在信息网络时代，公众的阅读习惯在悄然发生着变化，其中之一就是喜欢阅读“精简”的作品，当然，此处的“精简”并非指“简单”，而是意指高度浓缩的知识。从这种意义上说，这部《欧洲历史上的战争》就符合这样的标准。该书篇幅虽然很短，但论述的内容却极为精炼。

比如，对于战争与金融的耦合问题，该书虽着墨不多，却直指要害。在第二章“雇佣军的战争”中，作者讲述了在16世纪的欧洲，经济力量与军事力量为何及怎样关联到了一起。然后在第三章“商人的战争”中，作者又用剪短的篇幅讨论了战争的筹款难题：在17世纪初，欧洲的诸侯们发现，筹款支付瑞士雇佣军或继承瑞士雇佣军传统的多国雇佣军，面临越来越多的困难。像福格尔家族、韦尔瑟家族和霍克斯泰特家族等曾热心支持查理五世与法兰西一世打仗的“金主”们，当时都被皇家欠债所逼，濒临破产。从而迫使当时的欧洲各国政府必须想方设法找到为战争“买单”的新方式，这种新方式就是我们后来在诸多金融类书籍中所见到的“军事—金融”复合体的崛起，可以说，这种复合体是欧洲自身化解战争财政危机的“法宝”，也是后来向外扩张所向披靡的“暗器”。

其三，**翻译精准**。近年来，伴随着全球化的不断推进，中西方之间知识传播与交流也迎来了一个新时代，相互之间的译介越发频繁，这自然是学界值得庆幸的事。然而，一些粗制滥造的翻译作品，也随之而来，这些作品在传播过程中或曲解、或阉割、或遗漏了原作品应有的内涵，从而使得到达读者头脑中的真知大打折扣。相比较而言，这部《欧洲历史上的战争》的译者褚律元先生非常资深，其早年就读于清华大学外文系，曾任中国社会科学院欧洲研究所副所长，离休后潜心翻译工作20余载，完成译著20余部，代表作有《渴望风流》《教子信札》《意识形态与美国外交政策》等。

该书为我们读懂欧洲历史大轮廓，提供了精简入门的途径。

《文明及其内涵》：一种激进的观点

在漫长的人类进化史上，文明是一个不容忽视的范畴。作为一把标尺，人们常常借助其来解释世界，按照线性演进的思维，将世界划分为“旧世界”与“新世界”、“野蛮的世界”与“现代的世界”、“上帝青睐的世界”与“同类厌恶的世界”。不同地域的种群或民族被置于不同的“文明阶梯”之上，如从农耕文明到海洋文明，就意味着一种达尔文式的跃迁进步，那些地理条件得天独厚的民族国家，转型之后也习惯性地给自己贴上“文明”的标签。

长期以来，我们早已习惯于文明的这种工具价值，自觉不自觉地视文明为一把标尺、一类进化、一种状态。然而，在布鲁斯•马兹利什所著的《文明及其内涵》一书中，我们却读出一种别样的韵味：文明其实是一种建构、一类霸权、一丝慰藉。

文明是一种意识形态的建构。马兹利什在书中指出，在 18 世纪米拉波起初对文明的界定中，艺术、文学、语言和宗教都是催生文明的根本要素。“用火和热来烧制器皿，制作手工艺品，铸造武器，发明耕犁和其他农业必需工具等，这些发展进程不容忽视。还有城市的建造，城墙的筑造，宫殿、神庙拔地而起，贸易蒸蒸日上，这些也都是文明的要素。”尽管如此，但并不是说，文明就仅仅是一种客观存在，它其实更是一种意识形态建构，是一个共同体为了区别于外在的野蛮人，而赋予自身的特征。

对此，马兹利什在书中提到的美国对“9•11”事件的反应，就折射了文明的这种建构性。当时，乔治•布什总统宣称这是一起对“文明”的袭击事件，是恐怖分子所代表的“邪恶的力量”对美国所代表的“文明的力量”的攻击，完全是亨廷顿“文明冲突论”的具象化。于是，他“呼吁发起一场‘十字军东征’，把对恐怖分子的斗争与中世纪基督教世界夺回伊斯兰教所占圣地的一系列重大军事远征联系起来”。尽管后来从国家大战略的角度，白宫又修正了一些说辞，极力避免将邪恶与伊斯兰教完全等同起来，从而规避将美国与整个伊斯兰世界彻底对立起来，但布什总统最初的反应却透露出，在其看来，美国作为北美大陆上的“山巅之城”，自然就是世界文明的中心。

当然，除了美国之外，作者还提到，世界政治舞台上的政治家们都愿意用“文明”和“文明化”来建构自己的国家形象。如俄罗斯总统普京屡次谈起“文明”，认为“在车臣，居民多为穆斯林，可以说，正是俄罗斯军队在车臣共和国筑起一道墙，保卫着所有文明免遭袭击”。又如塞尔维亚共和国总统斯洛博丹·米洛舍维奇在2001年竞选南联盟共和国总统时也说：“面对暴力和不公，我们以韧性化解，这是我国文明优越性的证明，邪恶不会战胜、不会征服我们的国家。”

文明是一类武力裁决的霸权。作为与野蛮对立的说辞，文明今天已成为西方国家指责他者的话语利器。的确，与人类文明史并行的也有一部人类野蛮史。对此，马兹利什在书中谈到，“另一个令人不安的事实是文明常常伴随着去文明化的进程。或许人们会想到西班牙的宗教法庭、美国的奴隶制、20世纪突如其来的纳粹集中营，这类充满暴力的失足和去文明化进程，必须与文明化进程本身一起加以考虑。”作为支撑案例，马兹利什提到了塔利班组织通过轰炸巴米扬大佛来攻击文明，以及苏联军队在20世纪60年代对加里宁格勒城（即原柯尼斯堡，原属德国，是康德的家乡）的破坏。当时的“城市中有一座13世纪的城堡，堡内有数百个洞，苏联军队疲于搜索，苏军工程师‘将炸药塞入其中，700多年的历史炸为灰烬’”。

事实上，文明起源于欧洲中心论的优越意识，且与野蛮的、恶意的殖民有深度关联。当然，西方社会自己只是试图用这个美丽的说辞来修饰自己的独特性，如不断增长的科学知识、遥遥领先的技术水平、优雅淡定的行为举止等，俨然忘记了曾经用暴力殖民他者的那种“恶”的历史，如书中提到的迈克尔·阿达斯就在其《作为人类衡量标准的机器》中认为，19世纪欧洲的优越感，一方面，虽然仍在强调欧洲在精神或宗教方面的优越性；但另一方面，越来越强调欧洲在科学技术方面的优势。

秉承文明的优越感走向扩张之路的欧洲，必然会以各种形式传播自己的价值，除循循善诱的劝人皈依、锲而不舍的感化教育，最直接的就是赤裸裸的武力征服。当用军事手段从物质上、肉体上把你摧毁的时候，被征服者在精神上、心理上就自然会有强烈的挫败感，就会转而怀疑自己的文化与文明的先进性，近代东方古老文明在遭受西方列强的欺凌后所泛起的文化与文明反思，至今都还留有“后遗症”，就是鲜明的体现。这种自我的文明怀疑有时都会从他者的视角得以呈现，对此，马兹利什在书中也提到，“过去的几百年里，泰国曾认为印度和中国是世界的中心，自己在这种秩序中只占有臣属地位。19 世纪中叶，印度、中国纷纷被欧洲人击败，泰国对世界的认知发生重构，无论在空间上还是在意识观念中，泰国需要重新认识这个世界。”当然，近代日本的反应比泰国更加激进。当佩里的黑船打开日本国门之后，日本开始急速、全面地向西方文明学习，如日本的福泽谕吉也大论文明，呼吁日本必须向西方文明学习，转向现代化。

不久就出现了表示文明的日语词汇“文明开化”。到中日甲午战争时期，日本凭借其武力的强大，把自己看成是和西方一样的“文明民族”，而嘲讽中国人依然是落后的“野蛮民族”，甚至在日俄战争之前，还将俄国也描绘成“仍然沉溺于野蛮的不文明国家”。

此外，马兹利什在书中还提到一个案例，在哥伦布与库克的时代之间，科技革命爆发了。1768 年，英国皇家海军协会资助了库克的第一次航海。1772 至 1775 年，库克又进行了第二次航海。“欧洲文明在技术和科学方面取得的成就使库克的数次航海成为可能。船只建造有了巨大的进步，虽然不一定表现在规模方面，但是船的龙骨变深。当然还有枪炮，坚船利炮使欧洲人对大批土著人的统治地位得以建立起来，当时后者仍然用着‘原始的’武器。”而库克本人又是如何以一种现代文明的姿态看待土著人呢？看看下面这段话，一切皆不言而喻，他说：“我仔细想了想他们对我们必然有的态度。他们不可能知道我们真正的意图；我们进入他们的港口，他们不敢反抗……因为我们的枪炮胜于他们的武器，在这种情况下，他们会怎样看待我们？”可见，枪炮先进与否裁决着文明的优劣与否，绝不是一句空话。

文明是一丝人类心灵的慰藉。马兹利什在书中谈到，文明就是人类现代反思心理的一部分，它是人类如何想象自身、如何处理自身与他者关系的思想结晶。的确可以说，从旧石器时代、新石器时代、青铜器时代到古希腊时代、古罗马文明、黑暗的中世纪，再一直延续到 18 世纪之前，无论是智人还是人类，都没有文明与文化的概念，两者都是 18 世纪的产物，用以描述以往数千年的历史进程。文明这个概念一旦产生，就自然而然地与现代性、世界主义、普适性等概念结缘，共同串联起人类演进的心灵史。

从某种意义上说，在茫茫宇宙中，人类一直有一种深深的孤寂感，尽管已经标示出人类的进程就是从兽性阶段进步到野蛮阶段并最终走向文明阶段，细化的描述则是从狩猎采集演变到游牧、农业、商业，然后再到文明社会。然而，到底自己的进化之路要通向何方？未来的世界尽头谁敢断言不是无底的“黑洞”？在今天科技文明主宰的时代，理性被推崇到了至高无上的地位，但这种理性精神所催生的文明演进是否一定是人类的未来？或许，这些困惑在可以预见的一段时期内，都无法给出清晰的答案。对此，马兹利什在《文明及其内涵》一书最后的“结语”部分，也隐隐约约感觉到了这一点，只是没有展开论述。

该书作者马兹利什是美国麻省理工学院历史学教授，曾在 1986 年获得“汤因比奖”，研究领域十分广泛，涵盖全球史、科学史、历史哲学，并致力于将心理学的理论运用到历史研究中，创立心理历史学研究流派。其代表作有《探寻尼克松：一项心理史的研究》《詹姆斯·穆勒和约翰·穆勒：19 世纪的一对父子》《不确定的科学》《第四种断裂：人类和机器同步进化》等。或许正是由于作者大切口的研究界面，在书写时强调娓娓道来而非刻板说教，不时有些论述读起来轻松而又睿智，如对于文明与文化的关系，作者写道：“文明与文化两个概念爱恨交织的关系由此开始，当然我们只有在回顾过去、反思历史时才能看到这一切。文化可以是口头的；文明却似乎需要书写。文化可以是民间的某一项成就；文明则与公民社会（与城市有关）和公民身份密切相连。文化倾向于特殊和地方因素；文明则青睐不断扩张的帝国，且有普世情怀。这两个概念设想了人类纽带的两种方式，其中一种可能试图以田园牧歌般的生活方式来修补游牧、农业和城市之间的缝隙。”

能读到这样文字，不是从每一个历史学家那里都能有的期待。当然，最打动人的，还是其对文明思想的探寻，言其是一种激进的思想，或许并不为过。

《拼实业：美国是怎样赢得二战的》：美国赢得二战的秘笈

有关美国或盟军何以赢得二战，流行的一种说法是——“盟军用雷达赢得了战争，用原子弹结束了战争”。此说法也常被用来论证科学与战争的联姻。的确，正是战争刺激了美国对科技的倚重，这一点在20世纪的两次世界大战上映照得特别充分。按照军事学者许嘉在《美国军事战略思维研究》中的介绍，一战之后，美国开始重视军事技术研究，陆军的步兵从欧洲归来，思考着机关枪和化学战对于军种的意义。骑兵转而开始注重发展装甲战术。海军则认识到，在导航、火炮的改进、新型战船设计、潜水艇、鱼雷以及无线电通信方面的进步，将直接决定其在未来的命运。空军在战争中更是直接感受到了飞机的威力与潜力，对空中作战的重视程度增加了分量。第二次世界大战开始后，诸如诺伯特·维纳、冯·诺依曼、万尼瓦尔·布什等著名科学家开始不断加入各自学科领域，开展军事技术研究和武器装备研发，取得了丰硕成果，为赢得反法西斯战争胜利提供了巨大的智力支持。

应该说，在一战与二战之间，美国科技介入战争的这段历史粗线条或大轮廓是没有问题的。但是，在二战之前美国军备状况到底如何？以及在战争期间美国是如何真正将科技力量通过兵工生产转化为战斗力的？这显然是一段有待考证的极有意思的故事。如今，美国历史作家阿瑟·赫尔曼所著的《拼实业：美国是怎样赢得二战的》，就为我们揭开了这段精彩的历史秘闻。该书围绕美国实业界威廉·克努森和亨利·凯泽两位非凡人物，讲述了美国政府在战时如何高效动员私营企业快速将美军装备成强大武装力量的幕后故事。正是这些被战争动员起来的民用工业以及在兵工生产中得到锻炼的美国普通工人，不仅支撑美国赢得了战争的胜利，而且助力美国在战后维持了长达30年的繁荣。

对于这段二战期间美国“民转军”的精彩篇章，赫尔曼在《拼实业：

美国是怎样赢得二战的》一书开篇的评论，我认为是中肯的，也是惊人的：

“这是一个有关第二次世界大战中那些被遗忘的美国英雄们的故事。在战争之初，这些英雄们并没有身穿军装。他们身上穿戴的是职业正装，是粗布工作服和法兰绒上衣，是眼镜和阔边高顶毡帽，是小礼帽和安全帽，是白大褂，是电焊皮手套，是带有图案的头巾。他们就是美国的工商界人士、工程师、生产经理和产业工人。就是这些平凡的男男女女装备了有史以来最令人敬畏的战争机器：这是民主的兵工厂，它武装了同盟国的军队，击败了轴心国的大军。就是这样一支产业联军，它生产了第二次世界大战中所有投入战争的同盟国军队装备的 2/3。包括 8.6 万辆坦克、250 万辆卡车和 50 万辆吉普车、28.6 万架军机、8.8 万艘海军舰艇、5600 条商船、43400 万吨钢、260 万挺机枪和 410 亿枚各式炮弹子弹；当然，其中还包括原子弹，以及最为壮观的超级轰炸机——B-29。”

众所周知，美国在二战初期是不愿介入战争的，背后的原因也很明显：1933 年开始执政的罗斯福面对的是其前任胡佛留下的经济烂摊子——失业率高达 25%，工业生产也下降了 1/3，财政亏空 25 亿美元。国内经济的困顿直接影响着防务军备的水平。在 1939 年，美国陆军航空队（空军的前身）仅拥有约 1700 架飞机，且都是战斗机和教练机，没有轰炸机，全部军官和士兵不足 2 万人。对比之下，当时德国空军拥有差不多 8500 架战斗机和轰炸机，是美国陆军航空队的 5 倍之多，而且大多数都是服役不足 3 年的先进机种。美国陆军的情况则更糟，当时陆军仅有 6 所制造武器的现役兵工厂，且在这些兵工厂中，85% 以上的机器都已使用 10 年以上，许多还是从 20 世纪初就投入使用的，甚至有些还可以追溯到葛底斯堡和安蒂特姆时代。兵工厂的窘境自然会映射在武器装备上，诸如坦克、装甲车、防空武器和运兵车等，当时的美军都十分落后。再比如，赫尔曼在书中提及这样一个案例：名将巴顿 1939 年夏季在佐治亚州本宁堡担任陆军第二装甲旅旅长，结果其一上任就得知，该旅只有可怜的 323 辆坦克，不仅与德军装甲旅的 2000 多辆坦克无法相提并论，甚至连把这些坦克装配起来的足够可靠的螺钉和螺母都找不到。

依托强大的军备，德军的攻势超出了许多人的预料，丘吉尔不断致电罗斯福寻求参战支援。1941 年 12 月 7 日清晨，日本海军的航空母舰舰载飞机和微型潜艇突然袭击美国海军太平洋舰队在夏威夷的基地珍珠港以及美国陆军和海军在瓦胡岛上的飞机场。太平洋战争由此爆发，这次袭击最终将美国卷入二战。对此，日本海军大将山本五十六曾说，他担心日本在珍珠港对美国太平洋舰队的偷袭会“唤醒一个沉睡的巨人”。山本五十六的担心成了现实，珍珠港事件后的那个星期二，罗斯福在白宫召见了克努森。此前，克努森给罗斯福提供了 1941 年美国军备生产的报告：19290 架飞机、50684 台飞机发动机、97000 挺机枪、9924 门 40 毫米博福斯式高射炮、3964 辆坦克以及其他装备。第二天，罗斯福在国情咨文中正式向美国公众宣告：美国能够在 1942 年制造 60000 架飞机，在 1943 年制造 125000 架飞机，同时还要在其他生产数字后面加上了两个零。

上面这些令人振奋的数字背后，是美国民用工业强大的战争动员力。事实上，甚至可以说，在 1940 年 4 月 28 日，从罗斯福拨通克努森电话的那一刻起，德国和日本失败的命运就已经注定了。比如，通用汽车公司在关闭了民用汽车生产线之后仅仅 29 天，就能够开始军需品生产。其军需产品销售额从 1941 年的 4.06 亿美元急剧增至 1943 年的 35 亿美元，而且将 41 个业务部门的几乎 90% 都转为了军需生产，它最终生产出美国战争期间所有军需品的 10%。再比如福特公司，1940 年 10 月，美军成立了伞兵部队。1942 年 3 月，美国陆军找到福特公司，商讨生产空降部队的滑翔机。当年，福特公司生产的 CG-4A 型滑翔机不足总数的 1%。而在 1943 年，这一百分比猛增至 36.6%。当美军于 1943 年 3 月在西西里岛和新几内亚的莫尔斯比港登陆，以及最后在诺曼底登陆的时候，美军便以如云般的滑翔机为先导，而且到处都有福特公司生产的滑翔机满载着美军士兵和他们的装备补给投入战斗。在战争期间，福特公司生产的军需品超过了墨索里尼的意大利整个经济生产总量。美国强大的“民转军”战争动员能力，由此可见一斑。

总之，按照赫尔曼在《拼实业：美国是怎样赢得二战的》一书中的考证，在整个战争期间，美国的汽车生产厂家一共生产了所有发动机的 50%、飞机螺旋桨的 30%、所有机枪的 47%、所有航空炸弹的 87%、坦克和坦克部件的 80%、舰船和潜艇以及其他船只用的柴油机的一半，更不用说美国陆军所有卡车、半履带车辆和其他车辆的 100% 了。此外，美国的汽车生产厂家还武装了盟国军队，“从提供给苏联红军的 20 万辆史蒂倍克卡车，到福特公司按照英国规格指标生产的运载布伦式轻机枪和机枪手的 13893

辆履带式小型装甲车，这些车辆漂洋过海，装备了每一个英联邦国家的军队。”以至于，当1943年斯大林、罗斯福和丘吉尔在德黑兰首次会面时，斯大林举起酒杯祝酒：“让我们为美国的生产干杯，没有美国生产的武器，我们将输掉这场战争。”尽管斯大林的说法有外交辞令的意味，但想必也是有感而发。

1940年12月29日，在一次炉边闲话中，罗斯福号召让美国成为“民主的兵工厂”，这个说法后来成为美国战时强大军备动员力的标签。之前的5月15日，面对纳粹德国的猛烈攻势，英国首相丘吉尔抛弃任何外交辞令，直截了当地呼吁美国进行援助：“我们急需的东西有以下这些：第一，购买40或50艘贵国款式陈旧一些的驱逐舰的贷款……第二，我们需要几百架最新式的飞机……第三，高射炮和弹药……第四，需要从美国购进钢铁，还有其他一些材料。支付美元的周期最好能尽量拉长一些，但是万一我们到了再也拿不出钱的时候，你们也要给我们一模一样的东西，到时候我应该感到这是理所当然的。”

美国很快动员起来自己的民用企业投入战争，经过战火的洗礼，经济得到极大刺激。1940年，美国国民生产总值是997亿美元，1945年达到了2119亿美元（即使考虑25%的通胀率，仍上涨了56.3%）。而且，战争还解决了失业的问题，20%的美国男性穿上军装走向战场，上百万工业岗位则被美国女性占据，即所谓的“女子铆钉工”。战争结束的时候，美国1/3的劳动力是女性。此外，战争还促使大量贫穷的黑人家庭从南方移居到了北方工业城市，这对美国经济的深远影响，在几十年后才逐渐显现出来。更重要的是，由于远离欧洲战场，美国辽阔的本土和工业设施没有受到战火的摧毁，而收获的战争红利，却让其在战后变得空前强大。对此，美国作家和著名经济史学者约翰·S. 戈登在《财富的帝国：一部记录美国经济发展的史诗》中写道：“美国军队拥有世界上最精良的装备，其规模仅次于苏联，它的海空实力比世界上其他国家的海空实力的总和还要强大。美国垄断着世界上其他国家眼中最骇人的武器——原子弹。有史以来，没有哪个国家能够拥有这样强大的军事、经济优势。”

赫尔曼在《拼实业：美国是怎样赢得二战的》一书中感慨，谈到美国何以赢得二战，绝大多数人关注的都是那几次关键性的重大战役：从中途岛到塔拉瓦之战，直到诺曼底登陆和硫磺岛战役，而事实上，在此之前，美国工商界已经打响并赢得了一次又一次战役，美国在此后一年才真正进入战争状态。或许，美国在二战期间这段“民转军”的历史，真真切切地让我们看到：

战争，拼战法，拼战将，但更拼实业。这一点，或许对未来的战争依然并不过时。

《“一带一路”：中国崛起的天下担当》：以“通天下”实现“平天下”

恩格斯在《自然辩证法》导言中谈到文艺复兴时期时曾有一段名言：“这是一次人类从来没有经历过的最伟大的、进步的变革，是一个需要巨人而且产生了巨人——在思维能力、热情和性格方面，在多才多艺和学识渊博方面的巨人的时代。”

拿到王义桅教授 2017 年出版的新作《“一带一路”：中国崛起的天下担当》，笔者脑海中首先想到的竟然是恩格斯的这句话。

从 2015 年出版《“一带一路”：机遇与挑战》与《天命：一个新领导型国家的诞生》，到 2016 年出版《世界是通的：“一带一路”的逻辑》，近两年，王义桅以敏锐、精深、独到的思想，不断刷新学术前沿。

这背后到底是一种怎样的精神力量？

他如是说：“灵感来自五千年文明，激情来自万里河山。”

法国前总理德维尔潘曾发表文章称，在当今世界上，唯一能够反映全球化新趋势并给国际社会提供发展新思路的，就是中国提出的“一带一路”倡议。这不仅是 21 世纪的“新丝绸之路”，而且也被认为是中国历史上第一个全球战略（王义桅在其作品中提出对内称“倡议”更好）。

2015 年出版的《“一带一路”：机遇与挑战》目前已被翻译成英文、德文、日文、韩文、波兰文、土耳其文、越南文、柬埔寨文、阿拉伯文和印地语等十几种语言在全世界出版发行，成为传播中国“一带一路”倡议最响亮之声。

在这部《“一带一路”：中国崛起的天下担当》中，作者并没有“炒旧饭”，而是更加系统、更加精炼、更加通俗地将“一带一路”的阐释推向了一个新高度、新水平、新境界。全书分“什么是‘一带一路’？”“为什么建设‘一带一路’？”“如何建设‘一带一路’？”三大部分展开论述，简约而不简单。

事实上，从《海殇：欧洲文明启示录》《“一带一路”：机遇与挑战》《天命：一个新领导型国家的诞生》到《世界是通的：“一带一路”的逻辑》《“一带一路”：中国崛起的天下担当》，作者的逻辑是一脉相承的。这种逻辑的核心就是，告别西方逻辑，超越西方中心论，迎接人类文明回归欧亚大陆，为中华文明全面复兴鼓与呼。

也许有人会质疑，会不会太乐观了？

在笔者看来，作者的洞见是经得起历史检验的。这种洞见不是泛泛之论，而是基于大尺度历史审视后的结论。诚如作者在书中所言，当今世界，正经历着内陆文明走向海洋文明、海洋商业文明走向海洋工业文明的大交替。大国的竞争，从根本上说，是文明的竞争。在漫长的农耕文明时期，古老的中国领世界之先。近代地理大发现之后，传统全球化由海而起，由海而生，沿海地区、海洋国家先发展起来，陆上国家、内地地区则较落后，陷入发展泥潭。于是，近代世界的景象呈现为：边缘型国家的崛起与文明中心地带的坍塌，从葡萄牙、西班牙、荷兰、英国到美国，大国因海洋而起，文明因大陆而衰。

伴随着海洋文明的兴起，西方形成了“军事—商业复合体”，它一经成型，就在市场与资本的驱动下，迅速渗透、野蛮扩张到世界的东方。“欲国家富强，不可置海洋于不顾。财富取之海洋，危险亦来自海上。”早在明代，伟大航海家郑和虽已参透了这一点，但此时的明朝却正在实行“海禁”，这种“闭关锁国”的思维，彻底扼杀了中华民族的命运。于是，当海洋文明到来的时候，东西方军事力量就彻底地逆转了。

对此，近代德国哲学家黑格尔曾批评说：“很早我们就已经看到中国发展到了今天的状态。因为缺少客观存在与主观运动的对立，所以排除了每一种变化的可能性。那种不断重复出现的，滞留的东西取代了我们称之为历史的东西。当各种因素互相结合的前提终于变成了活生生的进展的时候，中国和印度都还处在世界历史之外。”“中国没有分享海洋所赋予的文明。”

应该说，黑格尔的这一判断是精准的，其对中国的评价，虽然残酷，却颇得反思。在黑格尔看来，由于“中国转过身背对着海洋”，自己把自己封闭了起来，将未来让给了那些从海岸出发向外扩张的民族，因此，中国处在世界历史之外，缺乏大进步。

的确，历史充满了吊诡之处，在1450年前后，中国的远航却突然中止，而葡萄牙的远航恰好兴起，伊比利亚人探索新航路，向西发现了美洲，向东绕过好望角，最终酿成了西方全球化扩张的大潮。随着大航海时代的到来，加之意大利热那亚、威尼斯等城邦国家开启根植于和阿拉伯通商基础上的文艺复兴，西方开始了海上殖民的商业贸易资本主义，军事与商业、军事与金融开始深度耦合，海权竞逐进入新时代，资本在大炮的庇护下，开始走出西方世界的角落，彻底冲击东方世界的原有秩序。于是，工业革命后的西方文明同古老的中华农耕文明在19世纪中叶发生激烈碰撞，中国遭受到有史以来外部世界最严峻的挑战。

至此，从鸦片战争到甲午之战，中国成了列强肆意欺凌、宰割的对象，一系列丧权辱国的条约更是令步履蹒跚的东方古国雪上加霜，成为压垮其脊梁的最后一根稻草。从世界大历史的视野来看，公元15世纪是世界历史上东西消长、大国兴衰的关键世纪，是世界从农耕文明向海洋文明转折的重要关口。适者，国运兴，违者，国运衰！历史的发展也充分证明了这一点。然而，可悲的是，欧亚大陆两端，一方是内敛的大陆帝国，一方是扩张的新兴资本主义民族国家。郑和下西洋，不过20年，而明朝海禁却200年，正是在1450至1650这200年间，西方完成了地理大发现。从葡萄牙开始的西方海外扩张，一发不可收拾，先是葡萄牙、西班牙、荷兰，后是英、法、德，整个西方耀武扬威地从世界的一个冷落贫瘠的角落扩张到了全球。

了解人类文明竞逐的历史，我们才能廓清自身发展的方位。作者在《“一带一路”：中国崛起的天下担当》中也指出，“鸦片战争以来，中国人从睁眼看世界、融入主流世界、向世界开放，到今天世界向我们开放，中国正以全新的姿态走向世界。”尤其是经过30多年的改革开放，我国已经成为全球第二大经济体，在政治、军事、科技、文化等领域都拥有了一定的国际影响力。在此背景下，我们唱响了融通中国梦与世界梦的主旋律，开启了以公平和包容为核心的全球化新时代，再次迎来了五百年未有之变局，与上一次不同，这是一次攸关古老中华文明全面复兴的大变局。

然而，面对中国的快速崛起，西方表现出了严重的焦虑，开始对中国进行遏制围堵，无论是美国推行的亚太“再平衡”，精心策划的经济绞杀战，抑或美日韩联盟共同打造的对华包围圈，鼓噪的“中国威胁论”，等等。

在可以预见的一定时期内，正在崛起的中国仍将面临内外诸多挑战，仍需有明晰的发展方略与不移的战略定力，而要做到这一点，就特别需要我们对人类文明的发展进程了然于胸，正所谓“不谋万世不足谋一时，不谋全局不足谋一域”。

受中国近代落后于西方的影响，长期以来，我们已习惯于接纳西方学者的著作为经典，而有意无意地丧失了知识的原创力。福柯说，话语是一种权力。在中国崛起的大时代，我们迫切需要有一大批勇于批判、善于发现、敢于立异的文化先行者涌现，为这个民族眺望未来。

如果你还停留于仅仅知道《世界是平的》一书，那么不妨找一本《世界是通的》读读。我相信，你一定会顺藤摸瓜再找到这本《“一带一路”：中国崛起的天下担当》，从“部分全球化”到“包容性全球化”，“一带一路”正在改变中国，也必将重塑世界，影响你我。

《技术与国际体系变迁：铁路、原子弹与国际政治》：在国际关系与技术哲学研究之间架设桥梁

《技术与国际体系变迁：铁路、原子弹与国际政治》一书由助理教授杰弗里·赫雷拉（Geoffrey L. Herrera）所著，杰弗里·赫雷拉于 1988 年毕业于斯沃斯莫尔学院（Swarthmore College）政治学专业，获硕士学位；1995 年毕业于普林斯顿大学政治学专业，获博士学位；1995 至 1996 年在哈佛大学战略研究机构进行博士后研究，主要研究方向为国际关系、技术与国际体系变迁。本书于 2006 年由纽约州立大学出版发行，体现了鲜明的时代背景：一是基于二战后建立的雅尔塔体系正走向瓦解，新的体系将如何建立，体系发展的未来趋势如何等这些日趋受到关注的问题，该书探讨的主题——技术与国际体系变迁——反映了当前国际关系研究对国际体系变迁的关注；二是在以往国际关系学与经济学、历史等学科良好互动的背景下，该书体现了国际关系学与技术哲学及其他学科相交叉融合的发展趋势。

托马斯·米萨在 2008 年第 1 期《技术史的社会研究》上对该书发表了题为《变革国际体系》的书评。米萨认为，该书关于“技术—社会”系统的整体分析框架极具吸引力，“技术与国际体系变迁”作为一个跨学科的研究视角，在国际关系与技术史研究之间架起了对话的桥梁，此种探索进路值得褒扬。

全书内容共分五章展开：第一章题为有关技术与国际政治的思考；第二章题为国际体系理论、技术与变革；第三章题为早期的工业化及战争的工业化；第四章题为原子弹与科学状况；第五章为结论。

第一章题为有关技术与国际政治的思考。作者首先以 15 世纪后期法国国王招募瑞士雇佣兵以加强军队为例，论述了瑞士雇佣军何以成为国际体系变革的动力。作者介绍了瑞士雇佣兵相比于法国贵族骑兵的不同，指出长矛未必结束封建主义，但是，它的引入却是社会从前现代化向现代化

变迁的必由之路。换而言之，从社会与政治的角度而言，瑞士长矛兵在促使社会变迁方面发挥了积极作用。他们携带的知识和技能，几个世纪以来，在防御家乡方面有效地发挥了作用。而欧洲各国也参照瑞士实践组建了拥有矛和枪的现代军队。总之，瑞士雇佣军促使社会从封建社会体系转向国家和其他大规模的军政组织，在此过程中，骑士从封建社会体系中获得了其权力和职位。进而，作者概要性地介绍了本书各章的主题及行文的内在逻辑，特别强调翔实的案例研究支撑了本书最核心观点，即技术必须被看作是国际政治体系变革的一个重要元素。

第二章题为国际体系理论、技术与变革。作者首先围绕国际体系及其变革，介绍了三种国际关系理论：新现实主义、新自由主义及建构主义，并对三者进行了比较。作者特别指出，就新现实主义而言，因为有限的系统元素，从逻辑上说，国际体系变革的原因在于国际政治的外部环境，而不在国际体系本身。在现实主义者和新现实主义者的著作中，下面三个因素常作为变革的原因而著称：经济增长的不平衡、技术发展的不平衡与侵略者国家。接下来作者分析了有关技术与政治的两种理论观点，即技术决定论和技术的社会建构论，并指出了两者各自的局限性。进而，作者围绕“体系与时代”、“技术—社会”体系与国际关系、技术变革与国际体系、“技术—社会”体系的影响：互动力、技术发展与技术的体系维度等主题，系统阐述了其对国际体系及其变革的理论认识。最后，作者介绍了有关本书的案例选择与撰写计划。

第三章题为早期工业化及战争的工业化。作者以铁路这一复杂的“技术—社会”系统创造为例，介绍了英国早期的工业化，指出要理解铁路的出现，就必须理解英国的工业化。工业化不仅提供了发展更便宜且更强大的运输系统的动力，而且还提供了发展它们的雄厚资金和丰富经验。政治的和经济的冲突伴随着英国铁路网发展的每一步，国家的行动对英国铁路系统的形成是至关重要的。接着，作者从需求、资本、工程师及国家的角色等方面，详细阐述了铁路在英国的开发环境，进而介绍了铁路转移的接受者——德国——的情况，围绕德国早期工业化、地区性的需求、国家管理（组织）能力以及间谍活动等主题，剖析了铁路向德国扩散的原因、过程与引起的体系变革，特别是围绕铁路与欧洲体系，介绍了普奥战争、普法战争和第一次世界大战，进而探讨了铁路和外围地区的体系变革，主要包括印度、中国及非洲的情况。

第四章题为原子弹和科学状况。作者的案例分析框架与第三章相似，首先介绍了德国科学的卓越成就和研究计划的冒险，特别提到了德国早期有关国家与学术的关系，并围绕1870至1933年间德国科学中的制度变革进行了相关剖析，接着讲述了德国原子科学的情况、德国科学的衰落及德国原子弹工程的失败。接下来作者介绍了美国的相关情况，主要包括大学的创立、美国的理论物理及大学的量子物理发展、大学筹资的变革及国际交流等方面的情况。进而，又分析了美国有关技术管理的经验、原子科学研究从德国向美国的转移，德国的损失及美国的收益等。最后，作者围绕曼哈顿工程，阐述了"核技术—社会"体系的建立及其对国家体系的影响，国家与社会的关系等问题。

本书围绕"技术与国际体系变迁"的主题，以铁路、原子弹为剖析案例，提出的核心观点如下：

一、铁路是19世纪后期世界经济与政治体系中的核心变革要素

作者认为，作为一种战争和征服工具，铁路被引入及迅速扩散，并与国际体系的"互动力"变革一起，引发了国际体系的一系列深刻变革：时空关系的变化、速度的增加、破坏力的增加以及国际因素互动方式的根本性变革等。具体而言，作者指出铁路对国际体系有四层影响：首先，铁路提高并变革了国家能够动员的军事力量。铁路终止了在人口与军事能力之间的简单等同关系。铁路的速度和运载力缩减了空间以及与之相关的时间，并使军队规模及战斗力得以扩张。它们也使后勤变得复杂化并改变了战略计划和执行的本质。将铁路与军事有效融合的普鲁士人日后在两次世界大战中被证明拥有绝对的优势。其次，铁路使得欧洲内陆国的工业经济不断增长以至合并为一个民族国家，并从那些古老的、与大陆权力不相称的国家取得了政治霸权。再次，在欧洲之外，铁路促使那些先前在欧洲政治控制下的分散地区统一为了一个全球经济体系。最后，铁路深化了国家参与平时计划和工业活动。作者指出，由德国政府、军方及私营铁路线经营者共同建造与管理的铁路网，标志着为战争准备而进行的公私合作水平明显提高。显然，战争计划和准备的过程需要较先前更进一步地延伸到平时经济活动之中。

二、核武器使国际体系在20世纪中后期发生了深刻变革

作者认为，核武器是美国在20世纪中期获得超级权力地位的基础。传统的地理和安全概念由于核武器的射程和威力而废止。核武器的破坏力、射程及相关的效费比使美国得以将自己的经济实力和技术能力转化为巨大的安全罩，这一安全罩甚至都延伸到了美国在欧洲和亚洲的其他盟友。进而，作者指出核武器给任何有愿望且有资源的国家以发展核力量的动力，借此获得抵御美国核威慑的盾牌。这些国家以苏联著称——战后美国最终的竞争对手。但是，核武器也使大国军事对抗的费用提高到了难以接受的水平。逐步升级为核冲突的危险是如此之大以至于所有超级大国都拒绝直接的对峙，而代之出现的是在国际体系外围边缘系列冲突中的对抗。总之，作者认为，核武器使国际体系在20世纪中后期发生了深刻变化。

三、技术既是国际体系的产物，也是国际体系变革的重要内驱力

作者在研究技术与国际体系变迁的关系时，首先注意到了技术在最近几十年间发生的急速变革，认为探讨这一主题对国际政治的重要性是显而易见的。进而，作者认为，当前的国际关系理论将技术看作是一个事后考虑的或多余的无关紧要的变量，不从社会学的维度去看待技术，而是仅仅将技术看作是决定于、外生于政治的因素，这是错误的。为了追随另一种战略，作者依赖于复杂的“社会—技术”系统和技术的社会建构理论，路径依赖及过程跟踪方法，以及取自国际关系理论的“互动力”概念，在技术、技术管理机构和国际体系之间确立了一系列连接。通过这种连接可以很好地验证技术与国际体系之间的关系。最后，作者得出结论：技术并不是在国际政治体系中突然涌现的，而是在国际竞争、技术组织、技术变迁路径等多重作用下发展而成的。无论技术可能给国际政治体系带来什么影响，这些影响都是由一系列政治因素包括国际体系本身创造的，而这也意味着技术是政治的。换而言之，技术既是国际体系的产物，也是国际体系变革的内在构成，还是一种驱动力。亦正因此，技术必须被看作一种历史的、偶然的现象（一种政治和社会的现象），它就像有机体一样独立发展并不断发育成熟。

此外，作者还指出，如果不参考国际及国内政治因素对发展的影响，如果不考虑与每项技术相关的经济和技术因素，铁路网和原子弹作为国际政治因素的兴起将无法解释。倘若只是将焦点限定在技术对国际体系的影

响，那么技术与国际体系相互关系的分析就是不完全的。取而代之的是，国际体系本身即为新技术出现的一个因素。这种体系通过多种途径产生作用：通过洲际间竞争的传统机制；通过各种各样的跨国机制，包括知识社团和经济移民；通过历史运动以某种方式推动技术的发展。

概而言之，作者认为，技术变革可能导致国际体系的根本变迁和体系内权力的重新分配，但是体系水平和国家水平的因素也都影响技术变革。技术需要一种历史的考察，因为每一种技术及其影响都是特定的，在每一案例中，如果我们注重从国家、体系和技术三个维度进行考察，则不难发现创造“技术—社会”体系的过程也同时改变了国家和体系两者。

五、科苑随笔

我们所注意的那些经验以及我们推到不必注意的背后的那些观念支配着我们的希望、我们的恐惧、我们对行为的控制。只要我们思想，我们就活着。

——怀特海

经典的魅力、阅读与运用：朱亚宗教授访谈录

石：朱老师好，上学期间就一直想和您聊聊有关读书的事，最近听说您做了一个有关阅读经典的讲座，我们就从经典谈起吧。

朱：我认为，经典是人类著作海洋中经大浪淘沙后依然璀璨夺目的极品。经典不仅是历史文化的最高结晶和未来发展的主要路标，而且是人才成长及其成就大小的重要基石。经典著作征服人心的魅力源自真、善、美；经典著作的阅读，可从前辈大师的经验中获得宝贵的启示，而人文学者与自然科学学者的经典阅读风格各异其趣、各得其妙。经典著作的运用也有无数前辈大师的示范，成功的运用路径大致可归结为：移用成法范式、挖掘深层智慧与启迪创新思路。经典魅力的体认、经典文本的阅读和经典成果的运用，是人才问题永恒的基旨之一。

只有思维复杂、精神丰富的人类能够进行文化创造，而人类文化产品经过大浪淘沙后留存的文化瑰宝中，依然璀璨夺目的极品著作，即是经典。按《辞海》的注解，用学术的语言来说，所谓经典，是“一定的时代、一定的阶级认为最重要的、有指导作用的著作”。经典不仅是历史文化的最高结晶，而且是引领未来的主要路标。

超越生存技能的人才培养是人类的独特优势和可持续发展的重要条件。在以学习为主的人才培养阶段，教学层面的两大支柱，即是优秀教师与经典。即使到了以实践为主的人才发展高级阶段，经典的学习和运用仍是人才成就大小的决定性因素之一。因此，可以毫不夸张地说，经典魅力的体认，经典文本的阅读和经典成果的运用，是人才问题永恒的基旨之一。

石：经典的魅力主要体现在哪些方面呢？

朱：经典本是一种著作，但经典的魅力不仅源于著作本身，而且还源于创作经典的大师的品格与精神，同时也源于著作非凡的社会影响力。归根结底，经典著作征服人心、历久不衰的魅力源自真、善、美。

第一，经典具有真的魅力。

自然科学著作的真理性预言及其实验证实，为“真”的魅力提供了最简单、最直接、最无争议的案例。而自然科学经典真理性魅力的显示莫过于爱因斯坦的相对论。爱因斯坦的广义相对论否定了牛顿均匀、简单而不变的绝对空间概念，指出宇宙的物质分布决定空间的曲率，而宇宙中的光线沿曲率空间传播，因此当光线经过太阳附近时会发生弯曲现象，广义相对论预言这一弯曲引起的偏折数值是 1.7 弧秒。在 1919 年 5 月 29 日发生日全食时，太阳位于金牛座中心，从金牛座星星发出的光线经太阳射向地球观测站时，星光线路将发生偏折，将日全食时方能获得的金牛座星光照片与平时的金牛座星光照片做比较，即可得到光线在太阳影响下的偏折量。英国天文学家爱丁顿在非洲普林西比岛的测量，显示出 1.6 弧秒的偏折，与爱因斯坦广义相对论预言的 1.7 弧秒非常接近，而与牛顿引力理论预言的 0.85 弧秒有很大的差距。五个多月后的 1919 年 11 月 6 日，英国皇家学会举行日食观测报告发布会，与会的著名哲学家怀特海后来回忆，“会场上的气氛极为热烈，简直像是在上演希腊戏剧……我们是合唱队，评说着决定宇宙命运的天条律令……背景中牛顿的形象让我们想起，200 多年以后，这个最伟大的科学体系终于第一次得到了修正。”会议主席、1906 年诺贝尔物理学奖得主汤姆逊最后宣布：“这一结果是人类思想最伟大的成就之一。”第二天，英国《泰晤士报》赫然刊出三行大标题：“科学中的革命”，“新的宇宙理论”，“牛顿思想被推翻”。两天以后，美国《纽约时报》刊出爱丁顿的评论：爱因斯坦理论是“人类思想史上最伟大的成就之一”。一连数天，《纽约时报》对爱因斯坦的真理性伟大发现作了连篇累牍的报道，其中有篇“振奋人心的报道，其六排大标题在当时实属罕见”。相对论的旋风不仅征服了皇家学会这样高深的学术机构和《泰晤士报》《纽约时报》这样权威的新闻报纸，而且席卷了欧美的社会公众。据沃尔特·艾萨克森撰写的《爱因斯坦传》记述，“《纽约客》杂志，刊登了一幅瑞·欧文的漫画。画中有困惑的大楼管理员、身穿毛皮大衣的主妇、看门人、孩子以及在街上挠头的行人。说明文字是爱因斯坦的一句话：‘人们慢慢地习惯于这样一种观念：空间本身的物理状态是最终的物理实在’。正如爱因斯坦对格罗斯曼所说：‘现在每一个车夫和店员都在争论相对论是否正确。’每当举办相对论的讲座时，爱因斯坦的朋友们都很苦恼。后来与爱因斯坦共事的利奥波德·英菲尔德那时正在波兰的一个小城市当老师。‘当时，我做的事情与全世界上万人做的事情一样’，他回忆说，‘在寒冷的冬夜，我做了相对论的公开讲演，人们排了很长的队，甚至连城里最大的报告厅都容不下’……在日食观测后的六年间，关于相对论的书和文章多达600多种。”“他由此名声大振……他成为科学新星和人道主义的偶像，那张面孔成了地球上最著名的面孔之一。”

在人类科技发展史上，虽然有人造卫星发射、原子弹爆炸和人工智能突破等少数事件引起过社会的轰动，但这些事件主要靠物质性和技术性的影响力，唯有爱因斯坦的相对论旋风，靠的是纯粹科学的真理性魅力。在没有看得见的实际应用时，即能掀起如此精神性的巨浪，是人类精神进化的伟大奇迹，是人类渴望真理的深刻展示，是经典魅力的非凡表达，同时也是天才引领社会进步的有力证明。

第二，经典具有善的魅力。

相对于科学经典“真”的魅力，人文经典“善”的魅力更为古老而普及。科学的起源虽然与人文同样悠久，但是在近代牛顿力学体系创立以前，科学著作的影响力远非人文著作可比，科学是人类最晚近成熟的文化样式，而人文则是人类早熟的文化样式。人文与科学的另一不同，是科学擅长“求真”而拙于“论善”，科技伦理学至今仍处于快速发展的初级阶段，人文则擅长“论善”而拙于“求真”。以中国诗歌而言，千年以前散发出的“向善”的芳香，历久不衰，于今益醇。

唐代杜甫是历代儒家最推崇的中国“诗圣”，也曾被毛泽东主席称为“中国古代最伟大的人民诗人”。其对苍生疾苦的关切和对民众饥寒的身受，化为他舍小我为大我的伟大胸怀和诗句：“安得广厦千万间，大庇天下寒士俱欢颜，风雨不动安如山！呜呼！何时眼前突兀见此屋，吾庐独破受冻死亦足！”中国文化十分流行“达则兼济天下，穷则独善其身”的进退价值观，此外还有不少人纵然兴旺发达，也仍然信守“以个人为中心，以闲适为基调”的人生价值观。而杜甫则在“床头屋漏无干处”“长夜沾湿何由彻”的穷困潦倒的境况中，仍然不堕青云之志，胸怀天下寒士，其向善的精神境界和伟大诗篇使千年以来有良知的读者一再激情满怀并净化心灵。

中国诗歌对崇尚气节、忠贞不屈品格的歌颂，是彰显人文经典“善”的魅力的重要一环。《资治通鉴》的作者司马光不仅是大历史学家，也是非凡的诗人，他与王安石的不同政见构成中国传统政治与社会中相辅相成的张力两级，尽管历代对司马光的政见众说纷纭，但对司马光的品格、才学和诗文都有高度的评价。他留传的诗作不多，但表达了他对自己认准的真理忠贞不屈的信念和品格，他在《客中初夏》诗中写道："四月清和雨乍晴，南山当户转分明。更无柳絮因风起，唯有葵花向日倾。"司马光不做随风飞扬的柳絮，而如向日葵一样忠贞不渝地坚守自己认准的方向和真理。当时他自请离开京城到洛阳编撰《资治通鉴》，他在另一首诗中写道："安乐由来不外求"，"我以著书为职业"，司马光在寂寞中坚守十余年，终于完成与日月同辉的皇皇巨著《资治通鉴》。另一位以自己的实际行动与文艺创作，坚守高洁品格与人生选择而不为时风所动的坚贞之士是郑板桥，他有一首脍炙人口的经典诗歌《竹石》写道："咬定青山不放松，立根原在破岩中。千磨万击还坚劲，任尔东西南北风。"郑板桥生于封建末世衰朽的官场作风与社会风气之中，不仅不随波逐流，而且在书法、绘画及诗文创作上独树一帜，为当时文坛与社会注入一股难得的清流，为中国人文经典宝库增添了独特的瑰宝。这种凝结在经典中的节操与品格，在现代发扬光大，集大成于鲁迅先生，正如毛泽东所评价的，"鲁迅的骨头是最硬的，他没有丝毫的奴颜和媚骨，这是殖民地半殖民地人民最可宝贵的性格。鲁迅是在文化战线上，代表全民族的大多数，向着敌人冲锋陷阵的最正确、最勇敢、最坚决、最忠实、最热忱的空前的民族英雄。鲁迅的方向，就是中华民族新文化的方向。"

中国人文经典"善"的魅力，还表现为许多人所欠缺的爱憎分明的处世立场和态度。具体来说是对人民的热爱、对鬼蜮的憎恶，对新生的欢呼、对桎梏的芟除。杜甫诗云："新松恨不高千尺，恶竹应须斩万竿。"杜甫表面是写自己在成都草堂亲植的四株小松，因到处侵蔓的恶竹的影响而生长缓慢，实质是呼吁新生的济世之才快快茁壮成长。清末龚自珍则借祭祀的青词发挥说："九州生气恃风雷，万马齐喑究可哀。我劝天公重抖擞，不拘一格降人才。"龚自珍 1839 年抒发的冲破万马齐喑的诗情，一百年后得到了毛泽东的热烈响应。在今天已成为经典的 1945 年中共七大文献中，毛泽东引用并发挥了龚自珍的诗句，热切期望党内人才辈出，党员富于个性和活力："不能设想每个人不能发展，而社会有发展。同样不能设想，我们党有党性，而每个党员没有个性，都是木头，一百二十万党员就是一百二十万块木头。这里我记起了龚自珍写的两句诗：‘我劝天公重抖擞，不拘一格降人才’。在我们党内，我想这样讲：‘我劝马列重抖擞，不拘一格降人才’。不要使我们的党员成了纸糊泥塑的人，什么都是一样的，那就不好了”。

第三，经典具有美的魅力。

在求真、扬善的魅力之外，不少经典著作的审美魅力也在人类文化史上影响深远。具体表现为直觉形象美和逻辑理性美两种主要形式，二者双峰对峙，各美其美。一般说来，直觉形象美的魅力多来自文艺类经典著作，而逻辑理性美的魅力多出于精密自然科学经典著作。迄今为止，尚缺乏关于经典著作美学魅力的系统深入研究，经典著作的美学魅力还远未充分揭示，不少经典著作美的魅力也为真与善的魅力所淹没。中国唐诗的直觉形象美，无疑在世界文学经典著作领域里独树一帜。诗、画、书、乐俱佳的王维更以诗歌的形象美备受推崇。苏轼评论王维的诗、画说，“味摩诘（王维字摩诘——引者）之诗，诗中有画，观摩诘之画，画中有诗。”擅长绘画的王维写出的诗无论是山水诗，还是抒情诗，都能使读者在脑海中立即显现出生动形象的画卷：“大漠孤烟直，长河落日圆”——雄浑博大的大漠风光；“明月松间照，清泉石上流”——江南月夜闲适的山林美景；“草枯鹰眼疾，雪尽马蹄轻”——北国冬雪中英武军人的欢快狩猎；“渭城朝雨浥轻尘，客舍青青柳色新。劝君更尽一杯酒，西出阳关无故人”——长安附近一个杨柳青青的客栈里，一场依依惜别的饯行。王维之外，唐代诗中有画的佳作层出不穷：“孤帆远影碧空尽，唯见长江天际流”（李白）；“江碧鸟逾白，山青花欲燃”（杜甫）；“遥望洞庭山水色，白银盘里一青螺”（刘禹锡）；“西塞山前白鹭飞，桃花流水鳜鱼肥”（张志和）。唐代诗人在直觉形象方面登峰造极的成就，迫使宋代诗人另辟蹊径，“唐人以种种因缘，既在诗坛上留空前之伟绩，宋人欲求树立，不得不自出机杼，变唐人之所已能，而发唐人之所未尽”。于是宋人发展出以议论见长的诗风。这又从诗史发展的角度，说明唐诗以直觉形象叙事抒情的非凡魅力。虽然不少自然科学经典中不乏关于无穷宇宙与微观世界的丰富想象与模型创造，爱因斯坦的追光理想实验，其精微浪漫的想象力实不输于任何诗人，但深奥的学术性和专业性使其直觉形象美只能深锁于象牙之塔，而难以与大众化、普适性的诗性直觉形象美相媲美。

在经典著作的审美方面，有不少数理精英指出，存在一种与直觉形象美相互补的逻辑理性美。19 世纪末到 20 世纪初最有才华的纯粹数学家与物理学家之一的彭加勒对此有系统的思考："科学家研究自然，并非因为它有用处，是因为喜欢它，他之所以喜欢它，是因为它是美的……当然，我在这里所说的美，不是给我们感官以印象的美，也不是质地美和表观美。并非我小看上述那种美……我的意思是说那种比较深奥的美，这种美在于各部分的和谐秩序……正是这种美使物体，也可以说使结构具有让我们感官满意的彩虹般的外表……理性的美可以充分达到其自身，科学家之所以投身于长期而艰巨的劳动，也许为此缘故甚于为人类未来的福利。"

身兼哲学家与文学家的著名数学家罗素则将数学美与艺术美相提并论："数学，如果正确地看它，不但拥有真理，而且也具有至高的美，正像雕刻的美，是一种冷峻而严肃的美，这种美不是投合我们天性的微弱的方面，这种美没有绘画或音乐那些华丽的装饰，它可以纯净到崇高的地步，能够达到严格的只有伟大的艺术才能显示的那种完满的境地。"

另一位享誉世界的数学大师希尔伯特对康托尔创立的超穷数理论的数学美有强烈的共鸣，并赞美说它是"数学思想最惊人的产物，在纯理性的范畴中人类活动的最美的表现之一"。

关于数学美的具体内容，目前流行的看法是，数学美就是数学中存在的美，它的主要内容有"简单性、统一性、对称性、奇异性等"。而杨振宁先生基于狄拉克创立狄拉克方程时运用数学的神来之笔，提出"数学的最高境界是结构美，是简洁的逻辑美"。杨振宁不仅创造性地拓展了数学美的范畴，而且基于精湛的物理学研究技艺与物理学史的深切见解，创造性地提出了物理美的四个层次：直觉表层美、观察实验美、唯象理论美和深层理论美。并结合对虹霓这种天象的物理分析具体论述道："表面有表面的结构，有表面的美。例如虹和霓是极美的表面现象，人人都可以看到。实验工作者作了测量以后发现虹是 42° 的弧，红在外，紫在内；霓是 50º 的弧，红在内，紫在外。这种准确规律增加了实验工作者对自然现象的美的认识……进一步的唯象理论研究使物理学家了解到这 42° 与 50° 可以从阳光在水珠中的折射与反射推算出来，此种了解显示出了深一层的美。再进一步的研究更深入了解折射与反射现象本身可以从一个包容万象的麦克斯韦方程推算出来，这就显示出了极深层的理论架构的美。"在如此深入分析物理美的基础上，杨振宁又进一步将富于物理美的理论比作文字美中最有魅力的“诗”：“它们以极度浓缩的数学语言写出了物理世界的基本结构，可以说它们是造物者的诗篇。这些方程还有一方面与诗有共同点：它们的内涵往往随着物理学的发展而产生新的、当初所完全没有想到的意义……学物理的人了解了这些像诗一样的方程的意义以后，对它们的美的感受是既直接而又十分复杂的。”

精密自然科学中蕴藏着如此令数理科学家激动和迷恋的逻辑理性美，可惜非数理专业出身的人难以理解和欣赏这种深奥的美，即令是330多年以前牛顿《自然哲学的数学原理》简洁严谨的数理美境界，也是今日未受过现代数学、物理训练的人难以领略的。令人惊奇和欣慰的是，如此深奥而离群的纯粹科学的真和美，经过漫长的技术与工程环节，竟为普通大众的日常生活和工作带来巨大的便利。

石：我们该如何阅读经典，从而提取出其中的精华之处？

朱：经典的魅力既是历史长河中此起彼伏、永不停息的美丽浪花，也是现实社会中激动人心、无处不在的深层动力。但是任何个人若要体味和运用经典的魅力，最好先以广泛、深入而持久的经典阅读与训练作基础。正如鲁迅先生所指出的，“假如从广东乡下或找一个没有历练的人，叫他从上海到北京或者什么地方，然后问他观察所得，我恐怕是很有限的，因为他没有练习过观察力。所以要观察，还是先要经过思索和读书。”读书与实践之间有许多精细微妙的关系，鲁迅强调了读书的先导作用。而在鲁迅此文的前一年（1926年），爱因斯坦在与海森伯的谈话中强调说，“是理论决定我们能够观察到的东西”。这比哲学家波普尔“观察渗透理论”的风行哲学理论要早出近十年。东方最伟大的文学家和西方最杰出的科学家之所以在这一问题上先知先觉、异曲同工，实在是他们人生经验之谈。鲁迅大器晚成，到新文化运动出山时，已读遍并深悟中国古代、西方近现代与马克思主义的无数经典，所蓄积的历史文化知识与思想理论武器，绝非同僚与对手可比，作品的深刻性与影响力足当民族之魂。而爱因斯坦则在精通近现代物理学经典基础上，通过对西方哲学经典与深奥数学经典（非欧几何）的钻研和运用，出神入化地独创了现代物理的两大经典——狭义相对论与广义相对论，而且在研究人文经典的基础上，对人类文明的价值与走向有深邃独到的见解与强烈的责任感。

我们今天应该如何阅读经典？这确是见仁见智、法无定法的事情。但考之大师与前人的经验，也并非完全无章可循。

我认为，阅读是有境界之分的。

阅读的境界看似不易捉摸，但与人生的价值观及其决定的阅读动机密切相关，从长远来看，它必会对经典阅读的路径、方法与效果产生深刻的影响。马克思为寻求解放全人类的真理而在英国伦敦大英博物馆埋首阅览室几十年，读遍古典经济学、西方哲学与早期社会主义的主要经典，最终为人类文化宝库增添了经典。爱因斯坦渴望揭示简洁和谐优美的宇宙深层规律，在物理、数学、哲学的交叉领域，潜心钻研数十年，咀嚼前人的经典，同时又创造自己的经典。周恩来青少年时代即确立“为中华崛起而读书”的崇高志向，为后人树立了阅读经典与运用经典的榜样。

价值观和动机之外，阅读的状态也至关重要。同是读一种书，可以是兴致勃勃快乐主动地读，也可以是压力之下烦恼被动地读。鲁迅先生指出：“一是职业的读书，一是嗜好的读书。所谓职业的读书者，譬如学生因为升学，教员因为要讲功课……有的不喜欢算学，有的不喜欢博物，然而不得不学……我自己也这样，因为做教员，有时即非看不喜欢看的书不可……其实这样的读书，和木匠的磨斧头，裁缝的理针线并没有什么分别，并不见得高尚，有时还很苦痛，很可怜……嗜好的读书，那是出于自愿，全不勉强，离开了利害关系的……凡嗜好的读书，能够手不释卷……他在每一叶每一叶里，都得着深厚的趣味。”

在职业与嗜好尚未普遍合一的时代里，绝大多数人不得不兼有两种读书状态。但是也有不少人通过不断努力，进入到职业与嗜好合一的理想状态，使嗜好的读书成为基本的常态。这样的读书包括经典阅读，必然充满乐趣，也就能眼到、口到、手到、心到，自然有事半功倍之效。

石：的确，不同人的阅读选择迥异。您心中的经典包括哪些作品？

朱：古今中外的经典著作浩如烟海，经典的选择可能因人而异，因事而异，因时而异。但是历代大师的经验和见解，可以为后学者的正确选择指示门径。其中有的大师直接开出了具体书目，如张之洞、梁启超、胡适等。有的大师则指明了探索前进的路标。

朱熹集原始儒家与宋代理学开创者周敦颐、程颢、程颐等人思想之大成，不仅成为宋代理学集大成的思想家，而且成为中国千年儒家经典的选家。他所遴选出来的四部儒家经典：《大学》《中庸》《论语》《孟子》，不仅成为宋以后近千年中国主流思想文化的最高经典，而且成为中华民族传统文化的永恒经典。今天的后学者也正在从中汲取丰富的思想文化营养。

博览古今中外群书，又独具慧眼的鲁迅先生写过《读书杂谈》一文，所谈选书原则，虽指文艺作品，但其基本精神无疑适用于其他领域，可为初学者指示通向经典的门径："倘要看看文艺作品呢，则先看几种名家的选本，从中觉得谁的作品自己最爱看，然后再看这一个作家的专集，然后再从文学史上看看他在史上的位置；倘要知道得更详细，就看一两本这人的传记，那便可以大略了解了。"

对于训练有素的高水平读者，毛泽东选书的思路富有启发性。为深入研究某个问题，毛泽东总要求提供不同学派及观点的著作，"向北京图书馆、北大图书馆找一些美国历史给我……其中要有马克思主义者写的，也要有资产阶级学者写的"。据统计，"关于研究拿破仑的书，他同时找来苏联、法国和英国学者写的《拿破仑传》和有关著述，对照起来读。关于《楚辞》，1957年12月一次就要了五十余种古今对《楚辞》有价值的注释和研究书籍"。

石：我们如何才能高效阅读这些经典呢？

朱：在经典阅读中，有一个不可回避的矛盾，就是历史不断延伸，经典与日俱增，后学者将面临愈来愈重的经典阅读压力，犹如矿洞愈挖愈深，后来者挖矿愈来愈难。因此，如何用最小的精力掌握日益变大的经典宝库，就成为人类面临的永恒主题。科学技术为解决这一难题开辟了重要途径，先进的信息技术，使今天的年轻学子从原则上说比以往任何时代的同龄人更易于获得和掌握经典，而青年学者也比以往任何时代的同龄人更易拥有深广的学识和强大的创造力。以色列希伯来大学教授尤·赫拉利综合历史学、生态学、基因学、人类学、经济学、地理学、社会学、科学学等众多学科，于2012年出版了震惊世界史坛的《人类简史》，成为全球瞩目的新锐历史学家。他当时的年龄只有36岁，其综合学科门类之多，视野之广阔，在信息化时代以前的先辈历史学家是无法想象的。

与依靠科学技术进步并行不悖的是另一条非技术性的途径——哲学思维与管理途径。具体说来主要是提出并贯彻"少而精"的原则。这就要求抓住最精华、最简约的经典以代替繁复平铺的经典序列。爱因斯坦和海森伯都在年轻时独具慧眼地抓住最重要的经典，并在不了解许多流行经典知识的情况下，于二十多岁创立了相对论和量子力学。毛泽东对这类现象做出了哲学性概括："课程讲得太多，是烦琐哲学。烦琐哲学总是要灭亡的。如经学，搞那么多注释，现在没有用了。我看这种方法，无论中国的也好，其他国家的也好，都要走向自己的反面，都要灭亡的。书不一定要读得很多。马克思主义的书要读，读了要消化。读多了，又不能消化，也可能走向反面，成为书呆子。"毛泽东还结合自然科学与历史学的教学，对如何贯彻"少而精"原则做出了具体的指示："科学的发展，由低级到高级，由简单到复杂，但讲课不能都按照发展顺序来讲。学历史，主要学近代史。现在有文字记载的历史才三千多年，要是到一万年该怎么讲呢？讲原子物理，不必要从最早的那个学派的理论讲起。你们这样学，十年也毕不了业。你们学自然科学的，要学会用辩证法。"

经典也有显著的时空特性，经典阅读的最高境界是萃取少量关键性经典材料，再通过深度阅读和消化吸收而获得超常的真、善、美启迪。

石：除了阅读经典的基本路径外，阅读的方法也很重要。您能否详细谈谈阅读经典的方法？或者说，读者有可以借鉴和学习的范例吗？

朱：千百年来，通过经典阅读成长起来的大师分为两类，一类是阅读经典、创造经典而又对经典阅读方法有真切的见解，他们既是学问大家，又是教育大师。这样的导师寥若晨星，笔者印象深刻的几位是朱熹、鲁迅、毛泽东、华罗庚等，他们能够为后学者提供切实而明确的阅读方法。另一类大师也通过经典阅读成长为杰出人才，有的还是创造经典的大师，但是他们未必有兴趣或能力将阅读经典的方法总结出来并传授给后学者，教育工作者的一个责任是从这些大师卓有成效的经典阅读实践中挖掘出普适的经典阅读方法，以启迪后学者的潜能与慧心。

朱熹是向后学明示经典阅读方法的教育大师，他的方法平实而根本：先易后难，纲举目张。朱熹说："读书，且从易晓易解处去读。""《大学》一篇有等级次第，总作一处，易晓，宜先看。《论语》却实，但言论散见，初看亦难。《孟子》有感激兴发人心处。《中庸》亦难读，看三书后，方宜读之。""《大学》是为学纲目。立定纲领，其他经皆杂说在里许。通得《大学》了，去看他经，方见得此是格物、致知事；此是正心、诚意事；此是修身事；此是齐家、治国、平天下事。"

在对儒家原始经典深入阐发的基础上，不仅将跨度数百年的不同经典选为一组，并指出难易程度，设定阅读顺序，朱熹所以是理学集大成者而别人不是。

在阅读经典、创造经典而又能真切指导经典阅读的中国当代极少数大师中，毛泽东的读书生涯独具风采。毛泽东藏书达一万余种，近十万册，一生阅读的经典著作不计其数，对马克思主义经典、中国传统经典和西方经典均有学术深度的精深领悟与独到见解，而且能深入浅出地既给人以鱼，又授人以渔。毛泽东的读书方法不仅继承了中国历来读书人优秀的传统，而且有不少自出机杼的独到见解。1958 年 11 月，在与陶鲁笳等人谈话时，毛泽东提出要把“本本”读“活”，并把自己的“方法概括为两条，即读书的时候一当‘联系员’，二当‘评论员’”。毛泽东用两个形象的比喻，将饱学之士人人心中所有而笔下所无的读书方法表达出来。

毛泽东本人阅读经典的许多心得体会，就是当“联系员”与“评论员”的最好注释。毛泽东十分赞赏和钦佩鲁迅先生，一生保存有三种版本的《鲁迅全集》，所阅读过的各种鲁迅著作更不计其数，直到1976年9月逝世前夕，毛泽东的床上、床边桌子上及书架上，还摆放着新印线装本《鲁迅全集》。毛泽东说：“我就是爱读鲁迅的书，鲁迅的心和我们是息息相通的。我在延安，夜晚读鲁迅的书，常常忘记了睡觉。”毛泽东阅读鲁迅著作时当“联系员”联想到的竟是至圣先师孔子，毛泽东当“评论员”的见解也独树一帜：“鲁迅在中国的价值，据我看要算是中国的第一等圣人。孔夫子是封建社会的圣人，鲁迅则是现代中国的圣人。”若有人对鲁迅先生不敬，毛泽东也能当面批评。徐懋庸于 1938 年到延安鲁艺演讲后，毛泽东与他谈话时指出，“你们是有错误的，就是对鲁迅不尊重。鲁迅是中国无产阶级革命文艺运动的旗手，你们应该尊重他。但是你们不尊重他，你的那封信，写得很不好。”环视今日文坛和坊间，不尊重鲁迅的言辞时有所闻，不禁令人想起杜甫的诗句：“翻手为云覆手雨，纷纷轻薄何须数。”但以鲁迅的深刻与伟大，一时的“寂寞身后事”，也无碍“千秋万岁名”。

随着科学技术在人类文化领域中的地位日益显赫，以及对时代潮流的影响愈益深广，自然科学家独具特色的经典阅读方法也逐渐走出象牙之塔，成为人类经典阅读的共同财富。这些富有价值的阅读方法，有的由科学家总结而明示出来，有的隐含在科学共同体经典阅读的实践之中。

华罗庚不仅创造了数论与多复变函数的经典著作，而且贡献了独具特色的经典阅读方法，在世界自然科学界独领风骚。从 1956 年开始华罗庚长期组织和主持中学生数学竞赛，先后在《人民日报》《中国青年报》《北京日报》《羊城晚报》等报纸，《红旗》《瞭望》《中国青年》《中学生》等杂志发表大量关于读书、治学与创新的文章，在许多大中学校、工厂、机关的各类会议上做过关于读书学习的报告，收入《华罗庚文选》一书专论读书治学的文章即有十多篇。高深的学术造诣、出色的人才培养和用心的科普工作，加上中国传统文化的深厚功力，使这位自学成才的数学大师总结的读书方法富于哲理与诗性，在中国学术界独放异彩，影响深广。其中最有代表性的是 1962 年提出的“由薄到厚”和“由厚到薄”的读书方法：

“什么叫学深学透？这就是要经过‘由薄到厚’‘由厚到薄’的过程。首先是‘由薄到厚’。比如学一本书，每个生字都查过字典，每个不懂的句子都进行过分析，不懂的环节加上了注解，经过这一番功夫之后，觉得懂多了，同时觉得书已经变得更厚了。有人认为这样就算完全读懂了。其实不然，每一章每一节、每一字每一句都懂了，这还不是懂的最后形式。最后还有一个‘由厚到薄’的过程，必须把已经学过的东西咀嚼、消化，组织整理，反复推敲，融会贯通，提炼出关键性的问题来，看出了来龙去脉，抓住了要点，再和以往学过的比较，弄清楚究竟添了些什么新内容、新方法。这样以后，就会发现，书，似乎‘由厚变薄’了。经过这样消化后的东西，就容易记忆，就能够得心应手地运用。例如学数学，单靠记公式就不是办法，主要是经过消化，搞懂内容。‘三角学’的公式很多，但主要的并没几个，其他公式都是由这些推出来的。其中主要的一个 $\sin^2\theta+\cos^2\theta=1$，也不是新的，而是几何学上讲过的商高定理。”华罗庚总结的“由薄到厚”“由厚到薄”读书方法，犹如中国古代“人人心中所有，人人笔下所无”的一流诗词创作，慧心独悟，词简意深。

科学大师爱因斯坦与玻尔虽未系统深入地总结自己阅读经典的经验，却给后人留下了无比珍贵的深刻解读与提升经典的丰富矿藏，有待识者从中提炼出无穷的阅读智慧。

经典阅读者最怕遇到两类经典：一是风格晦涩，如康德的《纯粹理性批判》。二是大跨度创新的革命性经典，如精密自然科学领域里牛顿的《自然哲学的数学原理》，不仅当时极少有人理解，300 年后重读，即令有物理专业背景的人仍会疑问多多。再如革命性的量子力学理论，曾令爱因斯坦、薛定谔等物理学大师困惑难解。面对这样的经典，最有效的阅读方式，不是闭门读书与独立思考，而是集思广益的讨论方式。讨论方式在古希腊非常盛行，中国古代书院与文人学士社团也多有实行。中国现代起步较早、组织严密而卓有成效的讨论班当推陈建功与苏步青创立的浙江大学数学讨论班。亲历讨论班的著名数学家王元多年后回忆并评论道："浙江大学数学系四年级学生的数学讨论班是苏、陈两位先生倡导的独特课程，分为甲种与乙种讨论班。甲种讨论班由老师给学生各指定一篇论文，乙种讨论班由老师给学生各指定一本书，交给学生自己去阅读，然后由学生轮流上讲台做报告，老师听讲并提问。每个学生每学期要讲四五次。这样的学习比单纯听老师讲课，记笔记，再做习题，当然要高了一个层次，这是有指导的学习。在这个阶段中，学生的能力差距就拉开了。这实际上是学生由学习到独立从事研究工作的过渡阶段……这对于培养学生独立学习，提高研究能力，以及对于发现富有创造性才能的学生，都是一个很好的方法。有人说，这一段学习是浙江大学数学系的最精彩之笔，也是苏、陈两位培养人才的最大创举。"讨论班对于浙江大学数学系不仅是一种富于创新的学习方式和研究方式，而且是一种学业管理的创新设计："每位学生在四年级时，必须选一教授，教授给学生一本德文或法文书，及一篇最近发表之论文阅读。学生要轮流向全系教员做演讲报告……陈、苏两先生甚注意此两报告，特规定此两报告必须及格，否则不管该学生之其他成绩如何好，亦不能毕业。"可以说，MOOC 是普及的课程，而讨论班是提高的课程。从浙江大学到复旦大学，苏、陈引进发扬的讨论班方法，使数学学科人才辈出，迄今已造就四代中国科学院院士。

人类历史上以讨论方式深入学习、领悟并提升经典的最精彩案例，当属爱因斯坦与玻尔关于量子力学经典理论旷日持久的激烈论战。1925 年海森伯创立的量子力学，在实验现象与量子理论之间有高度的逻辑一致性，以玻尔为首的哥本哈根学派物理学家不仅全盘认同了量子力学的数理方程，而且逐渐接受了哲学层面的"正统诠释"，将几率性的统计因果性、测不准原理等视为物理实在的根本性质。但是以爱因斯坦为首的少数经典物理观念浓厚的物理学家，不相信在几率诠释后面不存在更深一层的基本规律。爱因斯坦在 1927 年的第五届索尔未会议和 1930 年的第六届索尔未会议上，提出两个理想实验，向玻尔为首的正统量子力学诠释派发起了理论挑战，其中对测不准原理的挑战，玻尔巧妙地运用爱因斯坦的广义相对论予以化解，而关于决定论、超距作用及量子力学完备性的深层理论分歧依然存在。1935年，爱因斯坦又联合波多尔斯基与罗森两位物理学家，合作发表了《能认为量子力学对物理实在的描述是完备的吗？》一文，这就是科学史上著名的EPR论文（以作者名字首字母命名）。爱因斯坦从物理实在性和定域性等物理哲学层次再次向哥本哈根学派发起挑战。玻尔经过六个星期的紧张思考写出了回应论文，虽然仍未能在物理深层与哲学层面说服爱因斯坦等人，但二人通过论战提出了一个至今流行的重要思想——"量子纠缠"思想。爱因斯坦为反驳量子力学理论而提出的这一思想，数十年来经许多理论家和实验家的研究和扬弃，今日不仅成为当代物理学前沿奇妙、神秘而深刻的重要思想，而且成为开发量子通信、量子计算等尖端技术的基础原理之一。可以毫不夸张地说，今日世界对量子力学经典所以有如此深刻的理解，爱因斯坦与玻尔持久、激烈与理性的论战功不可没。哥本哈根学派的妙语"科学扎根于讨论"洵非虚言，讨论不仅是科学创新之母，而且是经典深入理解之母。人类历史上最伟大的自然科学争论已经远去，彻底探索的精神和相互启迪的讨论将永不止息。

问：在阅读经典之后，如何将经典运用在实践中？

朱：经典的创造与经典的运用相辅相成，构成推动人类文明前进的双轮。二者此起彼伏、轮流突出的无限循环，则是人类文化发展永恒的壮丽景观。如果说经典的创造以复杂艰难著称，经典的运用则亦易亦难。所谓"易"，是指读懂经典的文字、公式等有章可循的形式及其包含的内容，这些为运用经典做准备的学习理解活动与创造经典的难度不可同日而语，正如马克思所指出的，"对脑力劳动的产物——科学——的估价，总是比它的价值低得多，同最初生产科学所需要的劳动时间是无法相比的，例如学生在一小时内就能学会二项式定理"。二项式定理是牛顿等不少杰出科学家经长期艰苦探索所得，一旦这项经典创新写入教材，普通的中学生在一小时内就能学会。但是经典用当其所的成功运用，却绝非易事，而是一项匠心独运的创造性转化工作，不仅需要科学的理性与艺术的悟性，而且需要实践的经验。观之马克思主义中国化的曲折反复与爱因斯坦移用黎曼几何的十年沉思，高水平成功运用经典的复杂性便可知晓大半。相应于经典阅读的普遍性，经典的运用也必定有广泛的群众性，但是鉴于资料的局限性，本文以下仅对杰出人才成功运用经典的若干基本类型略做论述。

我认为，经典的运用首先可以采用移用成法范式。

经典创造的新理论、新方法、新范式，常常有广泛的普适性，可以移用于许多相关的领域。高明的经典学习者不仅要有触类旁通、举一反三的丰富联想，而且应具备借鉴移用成法范式的转化功力。这样，既可以避免不同领域重复研究同类的问题和探索相似的方法，还可以在信息爆炸时代海量信息中抓住基旨与精华。情况正如控制论创始人维纳所指出的，对控制问题“人们从纯粹数学、统计学、电工学和神经生理学等不同方面来探索它；在这样的领域里，每一个简单的概念从各方面得到不同的名称；在这样的领域里，一些重要的工作被各方面重复地做了三四遍；可是却有另一些重要工作，它们在一个领域里由于得不到结果而拖延下来，但在邻近的领域里却早已成为古典的工作”。

爱因斯坦与海森伯都是长于哲学思维与物理思想的科学大师，他们在批判吸收前人成果的基础上，突破经典物理传统，开辟出相对论与量子力学的研究新方向。但是对于精密自然科学创新而言，这只是第一步，接下来必须深入到定量的形式数学层次，也就是要找到甚至创造恰当的数学方法来表达物理思想，这是阿基米德开创又经伽利略、开普勒发扬，而到牛顿臻于大成的精密自然科学创新传统。如果说爱因斯坦与海森伯可以在物理思想创新方面与牛顿并驾齐驱，那在形式数学驾驭与创新方面，爱因斯坦和海森伯都没有牛顿与维纳的本领。为解决万有引力问题，牛顿竟然发明微积分；面对全新的预测问题维纳虽不及牛顿，也能自己找到恰当的数学方法并加以改进。正如维纳在《我是一个数学家》中讲述：“我们就可以将预测问题作为一个极小化问题提出来……就可赋予其确定的数学形式……在许多情况里，它满足……某种微分方程，但是在有些情况里，它导致与此有关的一种方程，即所谓的积分方程。这是我的幸运，因为积分方程正投合我的兴趣；但是甚至更为幸运的是，这问题所导致的这种特定的积分方程只是略为扩展了埃伯哈德·霍普夫和我已经考虑过的那种方程。因此我不仅能列出预测问题的式子，而且还解决了它。”然而爱因斯坦和海森伯对于解决广义相对论与量子力学的数学方法茫然无知，后来爱因斯坦借助数学家格罗斯曼，海森伯依靠精通数学的物理学家玻恩和约尔旦，分别找到已是数学经典的黎曼几何与矩阵两种数学方法，最终完成广义相对论与量子力学的完美数学形式。科学史上，牛顿以一人之力完成了划时代的《自然哲学之数学原理》一书，独创了第一个严密的物理学理论体系，爱因斯坦也曾以一人之力独创狭义相对论与光量子论。但是，广义相对论最早的原始论文《广义相对论纲要和引力论》（1913 年）包含物理部分和数学部分，分别由爱因斯坦和格罗斯曼撰写。而量子力学的创始经典包括先后发表的三篇论文：一个人的论文（1925 年，海森伯）、两个人的论文（1925 年，玻恩、约尔旦）、三个人的论文（1926 年，玻恩、海森伯、约尔旦）。

另一位诺贝尔物理学奖得主狄拉克，对经典方法的运用，要比爱因斯坦与海森伯技高一筹。数学家兼物理学家的狄拉克有远超一般物理学家的数学修养，在收到海森伯于 1925 年寄来的量子力学第一篇论文后，稍加研究便意识到海森伯论文中所使用的稚嫩的乘积不可对易的数学方法，与一种经典数学方法——泊松括号相关。狄拉克后来回忆，“我忽然想道：变换因子 A 乘以 B 减去 B 乘以 A，相似于经典力学中用哈密尔顿算符写有关方程时所具的泊松括号……这些东西正是我以前在动力学方面的书中读到过的，由于实际上很少使用它们，读过之后也就忘记了……这时，查核泊松括号是否真正能符合交换因子变得十分需要……这天又是星期天，图书馆休息不开放。我巴巴地等待了一个通宵。第二天清晨，图书馆一开门我就奔了进去。查核了泊松括号的意义，发觉它正如我所想的那样。我们可以在泊松括号和交换因子之间建立起一种联系来，这在人们已经习惯了的经典力学与包含由海森伯引入了非交换量的新力学之间，提供了一种很密切的联系。”以后数年里狄拉克运用抽象的经典数学工具泊松括号，发明出狄拉克符号，并以普遍性的公理化理论包容海森伯的矩阵和薛定谔的算符，创立了富有数学之美的量子场论，为量子力学基础理论的发展划上完满的句号。在量子力学创新的科学大舞台上，哲思深邃的海森伯与数学精深的狄拉克各擅其长，合作共演了人类科学史上精彩的一幕。

石：移用成法的范式能够汲取经典的方法并在实践中充分发挥作用，而对于一些具有深刻内涵、深层意蕴的经典作品，是否适用另外的运用方法呢？

朱：的确。经典的运用还包括挖掘深层智慧。

鲁迅先生曾言，“从喷泉里出来的都是水，从血管里出来的都是血。”凡不逾越自己专长领域的经典作家及其作品，应作如是观。因此后学者与普通人要深入理解经典并非易事，许多经典措意深邃，千百年来无数人解读，依然新意迭出，个人即使终生阅读，仍会觉得常读常新，意犹未尽。常有一种误解，以为翻译比创作容易，若是经典的翻译，不管是从外文翻译还是从古文翻译，有时比创作更为艰难。情况正如钱锺书先生所说的那样，“我们研究一部文学作品，事实上往往不能够而且不需要一字一句都透彻了解的。对有些字、词、句以至无关重要的章节，我们都可以‘不求甚解’，一样写出头头是道的论文……翻译可就不同，只仿佛教基本课老师的讲书，而不像大教授们的讲学。原作里没有一个字可以滑过溜过，没有一处困难可以支吾扯淡。”可以说，经典的许多精辟见解和深层思想，深藏于其看似平常的语句之后，深入挖掘其深层智慧是运用经典进行创新的重要前提，也是人类文化传承和创新永恒的主题。

著名美学家朱光潜晚年的“凤凰涅槃”，是成功挖掘经典深层智慧的精彩案例。朱光潜早年在香港与欧洲求学十三年获法国博士学位，受到西方美学与哲学的深刻洗礼，信奉唯心论的美学观。1956 年，中国学术界展开了一场美学大争论，朱光潜“美在形象直觉”的唯心论美学观成为主要批判对象，但是批判者的批判并不能使朱光潜完全信服。在巨大压力之下，朱光潜学习了马克思《1844 年经济学哲学手稿》《关于费尔巴哈的提纲》等经典著作，并反复揣摩马克思的一句话：“只有音乐才激起人的音乐感；对于没有音乐感的耳朵来说，最美的音乐也毫无意义，不是对象。”就是从这句看似平淡无奇的语言中，朱光潜看出了其深藏的美学与哲学意蕴：美感并不是自己以前所认为的源于主观，也不是有的批判者所说的源于客观，美感既是客观的，也是主观的。于是朱光潜在 1957 年第 4 期《哲学研究》发表长文《论美是主观与客观的统一》，纠正了自己的唯心美学观：“我接受了存在决定意识这个唯物主义的基本原则，这就从根本上推翻了我过去的直觉创造形象的主观唯心主义。”一旦挖掘出潜藏于马克思经典美学论述中的深层智慧，朱光潜如有神助，不仅自己华丽蝶化，而且发起了对批判者的批判，据王攸欣在《朱光潜传》中的研究，“朱光潜进一步批评对于马克思主义的几个普遍误解，不加分析地套用列宁的反映论而误解马克思的社会意识形态论，忽略了文艺也是一种创造性的生产劳动，曲解了马克思关于主观、客观的辩证关系，而对主观怀有极大的疑惧。”1960 年，朱光潜进一步发现了既不脱离客观世界又不抹杀主观能动性的实践观念，是揭示美的本质的最好思想武器，并于当年的《新建设》发表了《生产劳动与人对世界的艺术掌握——马克思主义美学的实践观点》，宣告了中国马克思主义实践论美学的诞生。

由于将经典深层智慧运用于美学的创见，朱光潜犹如老蚌生珠，不仅为自己挽回了学术声誉，在1957年补选为中国科学院学部委员，而且为中国美学学术水平提到前所未有的高度做出了彪炳史册的贡献。

挖掘经典的深层智慧，并不限于对经典章句言词的深入解读，有时经典的智慧需要结合经典形成的背景条件与方式才能揭示，有时则需在经典之间或经典与非经典的比较中才能发现。在日新月异的科技领域，科技经典的价值与智慧，更易湮没在浩瀚的信息海洋之中，更需要慧心独具的挖掘与运用。正如敏锐的爱因斯坦在百年以前就指出的，“我们的科学进步得如此之快，以致大多数原始的论文很快失去了它的现实意义而显得过时了。但是，另一方面，根据原始论文来追踪理论的形成过程却始终具有一种特殊的魅力；而且这样一种研究，比起通过许多同时代人的工作对已完成的题目做出一种流畅的系统的叙述来，往往对于实质提供一种更深刻的理解。”

数十年后，中国出现了爱因斯坦的知音。1980年，笔者在复旦大学聆听了著名理论物理学家郝柏林学部委员的一场报告，郝柏林反复强调了一个观点：学相对论要读爱因斯坦的原始论文才有味道。比起重新加工过的流行教材，爱因斯坦数千字的原始论文更有魅力，也有更大的启发性。

爱因斯坦相对论经典已创立一百多年，其科学内容对理工科师生已耳熟能详。但是流行的大学教材及教师讲授却大多未能充分挖掘爱因斯坦相对论科学内容背后的思维特性及当代意义。爱因斯坦当年所在伯尔尼专利局，远离学术中心又无名师指导，他靠什么取胜？爱因斯坦的学术信息很不灵通：对最新的迈克尔逊—莫雷实验只是听说而不知详情，未读过洛伦兹、彭加勒于1904年发表的接近相对论的最新论文。但是爱因斯坦知道1851年的斐索实验以及更老的天文光行差现象，也知道麦克斯韦电磁理论中光速的不变性，并看出了光速不变与牛顿力学中伽利略变换的内在矛盾。发人深省的是，爱因斯坦依靠过时的陈旧信息击败了学术中心掌握最新信息的名师大家。问题在于，仅就信息而言，信息的多少与新旧并不能直接决定科技竞争的最终结果，从某种意义上说，信息的选择和内涵的挖掘更有决定性的意义。就创立相对论的案例而言，在爱因斯坦精当的信息选择背后有自觉而深刻的指导原则：基本性、普遍性和简单性。这些原则固然与他的物理思想与研究经验有关，但更重要的是哲学思维的恩赐。如果没有对经典物理理论内在问题的深刻哲学思考和真切物理见解，那从最新的精密复杂的莫雷实验中所汲取的知识与智慧，就未必比古老斐索实验中所获更多。在当今人工智能时代也是一样，若无对人工智能深入的科学与哲学思考，那从“阿尔法狗”战胜世界围棋冠军案例中的所获，也未必比从“深蓝”击败国际象棋冠军案例中所得更多。大数据信息的获取固然重要，但大数据信息的深度挖掘更为重要，并需要更高的智慧和能力。

爱因斯坦相对论经典的深层智慧，不仅是信息的选择和挖掘需要立足于深刻的科学与哲学思考，而且还有科学突破路径的多元化思维。就基础科学而言，创新的突破口可以是卢瑟福式的实验，从散射实验与汤姆逊模型不符而提出行星原子模型；也可以是普朗克式的数学，因推导黑体辐射公式的数学处理而不得不做出量子假设；也可以是爱因斯坦式的哲学思维，从16岁的追光形象思维及光速不变与伽利略变换相冲突的逻辑思维出发，独辟蹊径创立相对论。但现在流行的相对论教材及讲解，都会在科学背景部分详细介绍迈克耳逊—莫雷实验及其对经典物理的冲击，然后再论述爱因斯坦的处理方式，这样的表述背后，有一种实验路径至上的理论预设，这样的教材和教学有可能束缚学生的思维，使他们对爱因斯坦何以能一举独创相对论缺乏真切的感受，也即对以哲学思维开路的突破方式的普遍意义缺乏深刻的认识，对科学突破路径的多元化和科学探索的自由性缺乏完整的见解。若从培养学生的创新思维着眼，相对论教材及其讲解，可以略去迈克尔逊—莫雷实验而直接进入相对论，让学生研读爱因斯坦创立相对论的原始论文《论动体的电动力学》，同时辅以深度的解读，并介绍科学突破路径多元化的哲理。若能如此挖掘经典的深层智慧，后学者必将受益无穷。

石：经典真是人类的宝藏。当今时代，科学技术迅猛发展，创新已经成为时代的关键词。您认为经典还可以用于创新吗？

朱：是的。经典运用的第三个方面就在于启迪创新思路。

如果说依据经典移用成法范式，相对而言还有章可循，那么通过经典启迪创新思路，就有很大的不确定性和主观性，需要创新者独具慧心的妙悟。新的有价值的探索方向常常被既熟悉专业经典又熟悉哲学经典的探索者敏锐地把握住。但是哲学认识论对专业创新是否有帮助，世界顶尖的科学家却有不同的看法。爱因斯坦是坚持认识论重要作用并加以深刻阐述的杰出科学家兼哲学家。爱因斯坦明确指出，“哲学……是全部科学研究之母。”“认识论同科学的相互关系是值得注意的。它们互为依存。认识论要是不同科学接触，就会变成一个空架子。科学要是没有认识论——只要这真是可以设想的——就是原始的混乱的东西。”在这些基本观念的基础上，爱因斯坦进一步指出了认识论“考查”对于确定未来探索“方向”的重要性：“也许，这些考查都像是不必要的学究气的吹毛求疵，它同物理学本身毫无关系。可是，认为人们应当在什么方向上去寻求未来物理学的概念基础，这种信念却正有赖于这样的考查。”

在爱因斯坦发表上述见解近 40 年后，中国杰出的物理学家杨振宁发表了不同的观点。杨振宁认为，哲学“有两种截然不同的含义。一种是哲学家的哲学，还有一种是对物理问题长、中距离（甚至短距离）的看法……例如坂田所说的，是真正的哲学即第一种哲学……第二种哲学无非表示你的看法怎样，你注意什么问题。它对物理学有关键性长期性影响……它和一个人的风格、喜好有极为密切的关系……每个人根据他过去的经验都会形成他自己的哲学（第二种）……至于第一种哲学，我认它和物理学的关系是单向的。物理学影响哲学，但哲学从来没有影响过物理学”。当有人向杨振宁提问说：“爱因斯坦认为他自己受休谟和马赫哲学的影响很深”。杨振宁明确回答道：“我不同意他的说法。我认为他之所以成功，不是这个原因，而是由于他的第二种哲学。”杨振宁没有认识到在自己思想深层不知不觉地积淀了前辈哲学家的许多智慧，如果抛弃了这些哲学智慧就不可能成一个物理学家。正如爱因斯坦所言：“相信世界在本质上是有秩序的和可认识的这一信念，是一切科学工作的基础。”杨振宁受惠于人类正确认识论的恩赐，却没有自觉意识到自己思想中的这一隐藏的预设。此外，科学史也记录或揭示了许多杰出科学家自觉以哲学认识论引领探索方向与路径的案例。中国并不乏以哲学认识论引领科学探索的大师，但以科学创新影响人类哲学思维的大师，仍然阙如。面对爱因斯坦与杨振宁的哲学性分歧，笔者的感受是：第一，爱因斯坦所以是哲学家，而杨振宁不是；第二，中国顶尖科学大师虽然在学科专业的技术层面已可与世界顶尖科学大师并驾齐驱，但在深层哲学思维方面仍有很大的差距，产生像爱因斯坦、玻尔这样能使科学创新深刻影响人类哲学思维的科学家兼哲学家，是提升中国科学原创力与文化影响力不可或缺的重要一环。

通过专业经典与哲学经典的结合而发现科学探索新方向，在人类文化史上屡见不鲜，而近现代科学史的案例尤为精彩。并非天文学家的哲学家康德，竟成为“两个天才假说的创造者”（恩格斯语），独自开辟了近代天文学两个重要方向：一是星云假说开辟了太阳系演化的研究方向；二是地球潮汐的研究方向。直至今天，仍是充满活力的科学方向。中国科学家李四光、袁隆平等，则在专业经典与哲学经典的结合中分别开辟了石油地质与水稻杂交的研究新方向。

最深刻而广泛影响当代社会面貌的科学创新当数量子力学，其主要创立者海森伯对这一探索方向的神奇开启，是人类科学史和文化史上最启人心智的事件之一。杨振宁十分赞赏费米从直觉敏感性引向重大科学发现的能力，并指出这种能力的“必要基础是要有广泛的经验。这种经验可能是理论的经验，对数字结构的经验，也可能是实验的经验”。海森伯创立量子力学理论时，年仅 24 岁，进入大学之门只有五年，按杨振宁所列的三种经验来衡量，缺乏实践经验，也少有数学经验，理论的经验也不多。海森伯是如何在短短五年时间里，从一个科学的门外青年一跃而为人类的科学巨星呢？

首先，青年海森伯有敏锐的历史意识，在深入比较自己感兴趣的音乐与科学两个领域后，立志投身于方兴未艾的现代物理学领域：“我坚定地相信，在原子物理学方面，我们正在追寻比音乐更为重要的联系、更为重要的结构。但是我直率地承认，一百五十年之前，这种情况正好相反。”其次，海森伯在进入大学之前，至少已经阅读了两种现代物理经典著作：爱因斯坦的相对论与外尔的《时间、空间与物质》，“当然，我还不能完全理解它，但我发现，它极其吸引人……相对论的艰难的数学论据和抽象的思想既使我激动，也使我困扰。”进入慕尼黑大学理论物理系后，又在物理学大师索末菲的直接指导下学习，索末菲的原子理论即是改进玻尔原子理论的物理学前沿理论。而索末菲一位即将毕业的博士生，比海森伯年长一岁的学长，泡利是训练有素、才华横溢的天才，海森伯向泡利学习了很多东西，两人成为终生的科学朋友，后来先后荣获诺贝尔物理学奖。海森伯在数学经验与才能方面虽不逮导师索末菲，但在科学风格上有导师不及之处。索末菲过分强调事情的“细节”，告诫海森伯“从精心地、有意识地完成那些细小的任务中，从那些按我们希望来说取得了还算不错的成果中获得乐趣”。“即使你研究理论，你还是要特别注重可能出现的细节，甚至那些论证比较重大的具有深远哲学意义问题——例如爱因斯坦的相对论或者普朗克的量子论的人，也都必须解决大量细节的问题；而只有解决了这些问题，他们才有希望在已经开辟的新领域获得完美的图景。”对于导师的告诫，海森伯害羞地说出了自己的兴趣：“即使这样，我对哲学基本概念的兴趣比起其他方面来说还是多得多。”从原则上说，细节与宏观相辅相成，一样也不能少，但是每个人的精力有限，兴趣与敏感性也因人而异。海森伯有清醒而真切的见解，坚持走自己的路，认准现代物理学最根本、最基础的大问题，同时不得不放弃对细节完美性的追求。多年以后，杨振宁在评论海森伯划时代的论文时说道：“那篇划时代的文章，我想是二十世纪最重要的几篇文章之一。可是文章写得并不清楚……他的最可贵之处是他知道问题在什么地方，而且对这些问题有他的直觉的见解，但是他的这种直觉的认识不是用最清晰的数学和物理的方法表示出来的。他的文章甚至是前后矛盾的。不过，在他的文章里确实含有一针见血的东西。”

海森伯所以能在实践经验、数学能力与物理知识等方面均不占优势的情况下，以 24 岁的青葱后辈独辟蹊径，开拓出量子力学的新方向，正确哲学思维的引领功不可没。海森伯自传记述了自己青年时代丰富多彩的科学、交友、音乐、旅游等活动，也回忆了创立量子力学理论前后的哲学思考与讨论。令人惊赞的是海森伯自传浓重的哲学风味远超寻常的科学传记，全书 20 章就有 7 章的标题中直接使用哲学名词，如“实用主义”“康德哲学”“实证主义”“形而上学”“柏拉图哲学”“科学和宗教”等，其哲学的偏好溢于言表。自传表明，海森伯是天生的早熟哲学家，早在中学时代，哲学的兴趣就与科学的兴趣并行不悖，就已阅读柏拉图抽象的哲学著作《蒂迈欧篇》，其中讨论原子的文字“紧紧地扣住我的心弦”。进入大学以后，海森伯更与泡利等朋友深入探讨经院哲学、康德、马赫、经验主义及其与科学的关系等哲学问题。而在创立量子力学的关键时期（1925—1926 年），海森伯与爱因斯坦有一次深入的长谈，自传详细地记录了谈话过程，而主要内容是哲学认识论。其时，人到中年的爱因斯坦已从早年创立狭义相对论时的朴素唯物论转向唯理论的唯物论，更加强调主观能动性和数理形式对科学认识的重要作用。而年轻的海森伯也与年轻时代的爱因斯坦一样，信奉朴素的唯物论，凡对实验与理论关系有正确认识的物理学家在哲学思想起步阶段大抵如此。从思想源头上分析，青年海森伯一方面受了马赫经验论的影响，但更深刻的影响源自对爱因斯坦创立狭义相对论深层哲学思想的分析和接纳：

爱因斯坦："难道您认真相信，除了可观测量，没有一个能进物理理论吗？"

海森伯："您在相对论中不正是这样做的吗？""您毕竟强调过，不允许说绝对时间，仅仅因为绝对时间不可能被观测到；而只有在运动参考系或静止的系统中存在的时钟读数才与时间的确定有关。"

"可观测性"不能绝对化，中年爱因斯坦的哲学思想更接近于辩证唯物论，比青年海森伯更为深刻。对于推翻旧量子论的创新而言，海森伯的朴素唯物论已经足够，恰与爱因斯坦创立狭义相对论时相似。海森伯敏锐地看出了旧量子论中有与绝对时间相类似的不可观测量——轨道，虽然轨道的概念在导师索末菲的原子理论中是一个基本的概念，但它难以在实验中观测和证实。于是海森伯对爱因斯坦说："我无法观察电子在原子内部的轨道。但是，一个原子在释放电子（放电）时所发出的辐射，可以使我们推断出电子的频率和相应的振幅……既然一个完善的理论必须以直接可观测量作依据，我认为，使我自己局限于这些量，把他们当作电子轨道的代表来处理，似乎是比较合适的。"在原子研究中以可直接测量的辐射的频率和振幅取代不可直接测量的电子轨道，这是一个在朴素唯物论哲学思想引导下的崭新微观物理思想，是开辟量子力学新方向的先导性观念，由此出发海森伯在人类科学史上树起了可与牛顿力学与相对论等量齐观的伟大丰碑。在哲学观念与物理思想突破以后，海森伯进一步将量子观念从特设转变为基本假设，以量子化的傅立叶振幅与频率取代经典的傅立叶振幅与频率，得出了不可对易的量子理论，"得到的结果与先前从某些分子光谱和复杂的原子光谱导出的强度规则一致"，也即在某些情形下理论能很好地符合实验观测。这样，数学能力与物理经验均不突出，但以哲学敏感性和物理新思想取胜的海森伯，于 1925 年 7 月发表了稚嫩而崭新的划时代论文，宣告量子力学横空出世。

马克思主义哲学站在人类哲学的高峰，引领探索新方向的案例不胜枚举，而科学研究领域精彩切实的案例之一源自中国数学家杨乐与张广厚。二人合作研究函数论的岁月正值中国大力提倡学哲学用哲学的时代，他们常常白天学习哲学经典，晚上进行数学研究。当时西方函数论研究有两个重要概念：亏值与奇异方向，分别有不少成果问世。张广厚一次在学习《矛盾论》关于普遍联系的思想时突发灵感：函数论中分别研究的亏值与奇异方向之间是否也会有某种内在联系呢？正是沿着由经典哲学思想引发的探索新方向，杨乐与张广厚揭示了亏值与奇异方向之间的内在约束关系，成为 20 世纪 70 年代国际函数论研究的一大进展。

石：感谢朱老师关于经典的讲述，听后受益颇丰。最后，请您对经典以及经典的阅读与运用做一个总结。

朱：人类文化的经典，无论是人文经典，还是科技经典，都是历代创造者思想成果的最高结晶。他们不是薄板钻孔的轻浅作品，也不是巧妙裁改的二手文章，而是亿万呕心沥血之作经大浪淘沙留存的精华，是认知“已然”、理解“所以然”、判断“当然”的根本依据和法则，是全面而自由发展的人无可替代的主要精神营养。后学者唯有自觉地阅读与运用经典，才能真切地了解过去，把握现在和开创未来。

珠海航展：公众理解国防的窗口

第十二届中国国际航空航天博览会将于 2018 年 11 月 6 日至 11 日在珠海国际航展中心举行。据主办方介绍，本届珠海航展将共有来自 43 个国家和地区的 770 家厂商参展，来自 50 多个国家的 200 个军政贸易代表团将来参观。长久以来，在以官方为主的宣传下，大众头脑中的军队形象难免刻板，“高大上”的航空航天事业也似乎与日常无关。但当两者相结合，变成人们面前可以看到、听到、摸到的实物时，这些概念符号就立刻变成了丰满的现实，开始变得有趣而生动起来——参观珠海航展就是这样的一种体验。经过二十余年的发展，如今的珠海航展已经成为集军事交流、军贸洽谈、国防科普等功能于一身的综合性博览会，是公众理解国防的一个不可或缺的窗口。

一、走向自信开放的大国航展

相较往届航展，今年珠海航展的展示规模创历史新高，室内展览面积超过 10 万平方米，比上届的 8.2 万平方米增长 22%，国内十大军工企业大规模参展。回眸岁月峥嵘，珠海航展走过的是一条愈来愈宽阔的自信开放之路，也见证了中国航空航天从弱小到自强的艰辛探索。

对比如今的盛况，1996 年举行的第一届珠海航展略显“寒酸”。早期的珠海航展由于模型多、实物少，被军迷戏称为“模型展”。据空军装备研究院高级工程师张文昌回忆，首届航展中国空军主力参展机型是歼-8 Ⅱ M，装备歼-7 的“八一”飞行表演队也没有出现在珠海，我们确实“拿不出更多东西来”，还“怕别人知道我们有什么”。到了第二届航展，珠海的天空几乎被俄制战机垄断，我军能拿出的新机型只有自主研制的歼轰-7“飞豹”。由于当时新式武器的研制都是秘而不宣，这个展示顿时引起了巨大轰动，足见大众对于国防事业的关注与热爱。在历届航展中，参展飞机最少的是2002年，仅有24架飞机参展，还不到今年参展飞机数量的1/5。进入千禧年后，珠海航展逐渐随着中国航空工业的腾飞而增强了自信。从第四届开始，珠海航展展览程序开始与国际惯例接轨。第六届之后，珠海航展正式进入国际著名航展之列。到了第十届，VT4坦克开启了一个新的转变——珠海航展开始由纯粹的航空航天展会向全面的中国军工主导的国际防务展会转变，这标志着珠海航展正在超越它本身的字面意义，成为中国军工以积极创新、开放合作的心态向世界展示其整体水平的窗口。

时光荏苒，珠海航展已走过了二十余年。随着我国国防力量的进步和民用航空事业的飞速发展，珠海正在以愈加自信、开放、包容的姿态面向大众，迎接八方宾客。与往届相比，本届珠海航展主要呈现出以下特点：第一，新型武器装备彰显军事技术硬实力，包括CM-401型舰载反舰弹道导弹、LKF601E有源相控阵雷达、歼10B矢量验证机、“彩虹7”无人机等国产利器悉数登场，充分展现了我国近年来国防领域的最新进展。第二，军民融合引领人才培养大格局。在珠海航展现场，参展民企比例提升，与军企平分秋色，无人机、公务机等民用产品更加丰富，东风、北汽等“民参军”企业与兵器集团的装备共同进行项目表演。第三，开放航展体现国防教育新观念。本届航展仍旧延续向公众开放的传统，吸引了近15万专业观众与约30万普通观众参与。

如果说高精尖的武器装备为国防建设提供了坚实的物质基础，那么航展则为公众的国防教育提供了开放的交流平台。特别是在信息时代，战争已经不再是军方的自留地，没有硝烟的战争每天都在发生，军民之间的鸿沟正在被填平。因此，在遵守必要的保密原则下，通过航展这一平台，让公众更多地走近国防，是构筑新时代国家安全屏障的必要，也是彰显新时期大国防务自信的必然。

二、“军方—展商—媒体”携手共赢

从历史最悠久的巴黎航展到各个新兴航展，军方、展商和媒体永远是航展的三大主角。出于国家战略的考量，军方希望展示出本国武器装备的强大之处，以彰显强大的国家实力；利益导向的参展商则视航展为综合性的订单洽谈会；而媒体则尽可能地寻找航展亮点，以获得更多关注。每一届航展的成功往往都是三方共同努力的结果，缺一不可。

空天大国“肌肉”秀。由于涉及尖端军事技术的最新成果，国际性的航展无一例外都会成为航空航天大国角逐的舞台，同时也是国际关系的一个缩影。1983年，世界正处于美苏争霸的冷战时期，在第35届巴黎航展上，美国为了配合里根总统的“星球大战计划”骗局，展示其在航天领域的高超水平，派出一架航天飞机参展。由于航天飞机自主起飞程序复杂、成本过高，艺高胆大的美国人剑走偏锋，用一架波音747“驮着”航天飞机进场，完全不顾任何适航指令、安全条例，一举震惊世人。人们不禁问美国人：“有人会买你们的航天飞机吗？”美国人回答：“应该没人会买，而且我们也不卖，就是拉出来遛遛。”看到战略对手出尽了风头，苏联人如法炮制。六年后同样在巴黎，苏联用安-225巨型运输机“驮着”“暴雪号”航天飞机进场，其战略对抗的意味不言自明。由此可见，秀“肌肉”是各方参加航展的首要目标，也正因如此，航展才具备了极高的观赏性和风向标价值。

集体谈“钱”好说话。无论是国家还是企业代表团，参加航展都有一个重要目的：钱。航展为各方提供了一个展出的平台，将平日需要跨国才能完成的交易洽谈集中起来，极大提高了选择和成交的效率。与此同时，针对航展主办国的“精准供货”，也能为参展方带来大量订单。这方面最典型的就要数印度的班加罗尔航展。由于印度特殊的战略定位，各国对印军售都没有严格的限制。印度既可以买俄罗斯的苏-30、米格-35，也可以买美国的F-16、F-18，或者法国的阵风、幻影。因此，班加罗尔航展就成了印度主导的买方市场，各国都使出浑身解数抢夺其订单，印度则可以从容地货比三家，以最优惠的价格获得最先进的装备。对于企业和个人来说，航展吸引了很多社会名流和大财团的注意。航展不仅为仍旧弱小的飞机制造商募集了研发资金，也打开了飞机的销路，富人、冒险家、政府、军方都开始采购飞机，可谓一箭双雕。

媒体“狂欢”博眼球。古往今来，“飞翔”一直是人们热衷的话题，军事更是与人生死攸关的领域。因此，当航展让“飞翔”遇上军事，靠关注度生存的媒体自然不会放过这一“必火”的热点。航展不仅展品多、参展和观众人数多、涉及的信息面广，而且持续时间长达几天，从而为媒体的报道工作提供了绝佳的素材。纵观历届航展，手持“长枪短炮”并“上天入地”的记者本身就已是一道亮丽的风景线。在第十届珠海航展中，有

330家中外媒体的2800名记者对航展进行了全方位、多角度的报道。其中来自国外的就有64家媒体，囊括了美联社、路透社、法新社、CNN、BBC、《金融时报》和《纽约时报》等各大媒体；而《简氏防务周刊》等专业杂志，更是将珠海航展当作饕餮盛宴。每次航展期间，国内主要媒体也都在显著位置刊发报道。媒体在帮助航展扩大影响的同时，也实现了传播自己的目的，同时为民众提供了信息支持，这种三方受益的良性循环正是航展与媒体结下不解之缘的奥秘所在。

三、筑起人民“心”长城

在中华民族抵御日寇侵略时，毛泽东曾指出：“战争的伟力之最深厚的根源存在于民众之中”；在解放战争决胜阶段，淮海战役60万正规军背后至少有120万民工的后勤保障，此役被陈毅元帅誉为“手推车推出来的胜利”。历史与现实都足以证明，消灭敌人靠的是武装力量，而武装力量的建设和运用则离不开人民群众的理解和支持。珠海航展不仅是我国航空航天事业的展示平台，也是对公众进行国防科普教育的绝佳窗口，其重要性在当今新媒体时代尤为凸显。

接地气的大国防务。为了加强普通公众对于国防和航空航天事业的理解和支持，近几届珠海航展在提升观展质量上下足了功夫，可谓越来越接地气，主要体现在以下方面：首先，航展对门禁查验及办证中心、停车场，会议室等设施及其环境都进行了优化升级，进一步提高票务、门禁的出票、查验效率，努力实现航展的精细化管理；其次，航展实施“票务引导、公交观展、分级管控”的交通管制措施，引导观众集约式赴展，提高民众出行效率；最后，引入多家餐饮服务商，提升信息化服务水平，充分践行“以人为本、服务至上”的原则。

新媒介孕育新机遇。在航展开始之前，各大媒体就已开始紧锣密鼓地前期造势。中航工业还特别制作了精彩宣传片，为即将开幕的航展吹响了前奏。航展期间，央视将向上亿观众进行全方位报道，包括场外的飞行表演一直到场内的高端装备展出，向世界充分展示珠海航展的独特魅力。在各种新媒介蓬勃发展的今天，航展信息传播的交互性、便捷性和时效性都得到了极大增强，适应了公众对航展信息的不同需求。例如，在传统的报刊、电视、官方网站宣传的基础上，主办方不仅开拓了珠海航展官方微博、微信公众号，而且还在门户网站推送了视频，吸引了大量关注。对新媒介的及时运用体现了主办方对于传播时机的良好把控，必将有力地塑造航空航天在大众心中的形象。

和平理念在发展中播撒。当国家没有强大的力量支持时，和平仅仅是屈辱的妥协和封闭的自保。曾几何时，面对域外国家对我国领土的觊觎甚至进犯，和平的代价只能是英雄壮烈的以身殉国和人们心中压抑的怒火。如今，伴随着我国综合国力的提升，特别是当具有战略意义的航空航天事业实现大发展时，作为维护和平的力量，国人的“心”长城也从模糊的概念逐渐变成了实实在在的钢铁长城。从维护南海和平稳定的努力，到构建中美新型大国关系；从连续多年的索马里海域护航，到G20展示大国风范，通过点点滴滴的努力，我国不断向世界传递出和平发展的大国情怀，倡导并践行着“构建人类命运共同体”的新价值观。

总之，珠海航展，让我们在观摩中收获了见识，在交流中收获了友谊，在开放中收获了自信。有充分的理由相信，不断奋进的中华儿女迈开的是走向世界舞台中心的坚实步伐，宣示的是走和平发展道路的坚定信念。

从“天河”与“三海一核”中国芯看 哈军工学术精神与传统

当我们总结国防科技大学和哈尔滨工程大学这两所学校自主创新成功的经验时，我们会发现：这一切与其良好的学术精神和深厚的学术传统是分不开的，而这种宝贵的文化财富是两校共同的前身——哈军工以来就逐步沉淀和积累起来的。“天河二号”超级计算机与“三海一核”中国芯彰显出的不仅是两校的自主创新实力，更折射出自哈军工以来就形成的优良传统。

一、强军兴国的科技价值观

美国物理学家费曼曾指出：科学不只是大量知识的聚集，也不只是一种累积知识、验证知识的方法，它是融入了人类价值观的社会活动。国防科技同样不仅仅是一种纯粹的科研活动，它是融入了科技工作者自身价值观的活动。科技价值观是支撑科技工作者从事科学研究的精神动力，只有崇尚科学、追求真理并具有献身科学精神的人，才会有强大而持久的科研动力。对于国防科技工作者来说，崇尚科学、强军兴国的科技价值观为其从事国防科研活动提供正确的方向指引与不竭的精神动力。

以哈军工老科学家代表、银河巨型机之父慈云桂先生为例，他和他所率领的团队从国家和军队的需求出发，胸怀报效祖国、强军兴国的科研目标，不计个人名利得失，努力奋斗，为我国计算机事业奉献了一生。1961年9月，慈云桂随中国计算机代表团赴英国考察时，敏锐地意识到国际计算机的发展趋势将很快走向晶体管化，而国内的现状是由他主持的电子管计算机还处于研制阶段，而且已经签订了生产和销售协议。这时的慈云桂感到自己是如芒刺背、进退两难，经过几番思索他最终抉择：中国的计算机事业要迅速发展，就不能忽略国际计算机发展的整体趋势，于是决定要停止自己正在主持的电子管计算机，开始晶体管计算机的研制。在英国考察期间，他白天参观访问，晚上加班加点进行晶体管计算机的设计。当他回到哈军工宣布要停止已经签订了协议的电子管计算机研制时，所有人都感到震惊，大家议论纷纷。慈云桂自己不是不知道：这一选择意味着自己否定了自己的前期研究成果，而且还必须中止已经签订好了的协议。慈云桂的这一选择对个人和他的科研团队来说可谓是代价太大，但在慈云桂的心中：作为一名科学家，他的科研活动不是为了自己的名与利，而是要为国家为军队服务的。从国家和军队的大局出发，必须选择晶体管计算机作为新的研制目标。慈云桂率领他的团队冒着巨大的风险，克服重重困难，积极创新，于 1964 年末成功研制出我国第一台晶体管通用电子计算机，到 1965 年 2 月该机通过国家鉴定，连续运行 268 小时无故障，其稳定性达到当时国际先进水平，为后来的巨型机研制奠定了学术理论与人才培养基础，也为我国计算机居于国际领先行列打下了扎实的根基。

曾任国防科技大学校长的杨学军院士指出：“创新事业中，忠诚与能力同样重要。为国担当的责任与使命，是自主创新最好的‘加速剂’。”自哈军工以来就形成的以强军兴国为己任，胸怀祖国、志在高峰、奋勇拼搏的科技价值观和使命意识已经深深沉淀为如今国防科技大学和哈尔滨工程大学这两所学校学术底蕴的内核，成为推动两校自主创新的不竭源泉与精神动力。

二、广积博学的科技文化观

人类知识宝库的日益丰富促成了知识横向交流的无限可能性，由此导致文理兼修、博学多识的跨学科交叉创新在创新方式中占据日益重要的位置。据统计，诺贝尔自然科学奖授予跨学科交叉创新的比例，20 世纪初仅占 1/3，20 世纪末已升至 2/3。自 20 世纪以来最伟大的几项自然科学基础创新，无一不是跨学科的交叉创新：爱因斯坦的相对论是物理学与哲学交叉之臻品；海森伯的量子力学是物理学与矩阵数学交叉之瑰宝；DNA 双螺旋结构是生物学与物理学交叉之杰作；维纳的控制论则是数学、神经生理学、机械学与哲学交叉之硕果。多科兼修、广积博学是科技工作者从事自主创新活动的智力基础。

多学科兼修与跨学科交叉的传统自哈军工以来就开始逐步沉淀。慈云桂先生本科时在湖南大学首先读的是机械系，后来转到电机系，在清华大学工作时从事的是雷达技术研究，后来由于国家和军队计算机研究的任务需要转入计算机领域，成为银河亿次巨型计算机的主持人。慈云桂先生早期最优秀的学生之一，也是该团队成员中的中坚力量周兴铭教授最早是指挥仪专业的学生，后来为了某任务的需要转到计算机领域，该任务最初的研制团队成员几乎都是由各个不同专业的人组成的，有学机械结构、无线电、鱼雷和火炮的等。今天的国防科技大学自主创新团队成员也是大多具有精湛的业务技能和复合的知识结构：从事环形激光器研究的高伯龙院士在清华大学本科学习的是理论物理，如今是激光技术领域的专家；快速响应空间系统与技术创新团队的于起峰院士拥有实验力学、光学和测量学等多学科专业背景。同样，哈尔滨工程大学的杨士莪院士本科时就读清华大学物理系，50年代在哈军工海军工程系担任天文测量的教学工作，后来由于国家需要赴苏联科学院改行学习水声专业，如今是我国水声工程领域的权威专家。可见，广积博学的科技文化观为两校自主创新提供了强大的智力支持。今天国防科技大学和哈尔滨工程大学正是沿袭了哈军工的这种学术传统，组建跨学科研究中心，促进学科专业的交叉融合，取得了多项高水平自主创新成果。

三、尊师重道、团结协作的科研传统

现代科学技术的发展在高度专业化的同时呈现出高度综合化趋势，许多重大的科研问题需要来自不同学科和不同领域的专家学者共同参加，21世纪以来的科研工作更加趋于团队化和组织化，需要科研人员团结协作、合力攻关。高校科技创新主体往往是既从事教学又从事科研的教师群体，尊师重道、团结协作是高校自主创新的必要前提。

尊师重道、团结协作的科研传统自哈军工以来就开始养成。哈军工在创办初期面临高素质人才队伍极其缺乏的困境，陈赓院长以其独特的人格魅力和海纳百川的胸怀，将各个领域的高素质人才聚集起来。建院初期陈赓创造性地提出了依靠老干部和老教师“两老办院”的思想，并且在全院开展“尊师重道”的教育。这些高素质人才来到哈军工几乎都有过放弃优厚待遇的经历，他们牺牲自我跟随陈赓将军融入哈军工这个大家庭，团结奋进，创造了一个又一个奇迹。这样的事例不胜枚举。

今天的国防科技大学继承和发扬着这种尊师重道、团结协作的深厚传统：从“天河一号”开始，为了尽快完成这一巨型工程，计算机学院整合优势科研资源，由高性能计算等四个创新团队组成“联合舰队”合力攻关、协同创新。校长杨学军对此曾经深有体会：“最重要的是团结协作”。“胸怀祖国、团结协作、志在高峰、奋勇拼搏”的“银河精神”是这一团队的精神内核，是自慈云桂率领的团队以来就开始逐步形成和沉淀的哈军工科研传统的真实写照。

（杨爱华　石海明）

那一刻的相遇是美丽的：追忆刘戟锋恩师二三往事

刘老师，12 月 13 号，我在北京给您发信息汇报工作，您回复“好”，谁知竟成为最后永别的文字。

当我沉痛地将您离开的消息告诉上海交通大学江晓原老师时，江老师说，“每遇熟人去世，常兴人生如朝霞之叹 .... 你为他写点什么吧！”迟迟没有动笔，只是不想去相信，您真的已永远地离开了我们。

最近，从来没有失眠过的自己，竟然两次在漆黑的夜晚惊醒，夜深人不静的时候，敲下这些断断续续的文字。我想，2003 年，和您相遇的那一刻是美丽的，结下了生命的缘分。

一、“温暖”的往事

刘老师，那天在殡仪馆送走您，我给一个朋友说，“在这个世界上，人心，是最难琢磨的，同时又是最易琢磨的。”

您是一个给世界带来温暖的人。2003 年那个寒冷的冬天，是学生人生的一个转折点。一个偶然的机会，当我决定要从计算机专业跨到军事技术哲学专业攻读硕士学位时，开始旁听您及其他老师的课。那年圣诞节第一次到您家中拜访，记忆中在东门带了一点苹果，离开时您说，“你复习考研要补充营养，需要吃苹果，我们不需要吃苹果。”那是第一次见您，甚是紧张，见您这样说，懵懂之中就提着苹果出来了。走到跨线桥，才缓过神来觉得不妥，又返回去敲门说，“刘老师，这个苹果，好像不能拿走啊？……”您和杨百放师母开门见状，看着这个略有点傻乎乎的学生就笑了，“好了好了，这个石海明……”十多年前那一刻您的笑容，温暖了学生的整个冬天。

过年考完试后，我忐忑不安，给金丽阳师姐打电话，她告诉我说：“海明，一点都不用担心，刘主任给我们做假前讲话时说了，‘石海明一定能考到国防科大来，一定能在学校做出成绩，一定能为军队做出贡献。’对你期望很高哦，安心过年！”听师姐这样讲，心里吃了个定心丸，那个春节，过了个温暖的假期。后来成绩出来，由于种种原因不能参军就读，您专门找我谈话，说：“石海明，你听我的，不管是公费还是自费，你都要来读，经费的问题，我来解决。”当时，我也刚收到湖南省湘仪集团人力资源部的录用通知，面临着到底是去工作还是接着读研究生的困惑，在这个人生的岔路口，是您坚定的鼓励与支持，让我选择了靠近这份绿色的事业。

2009 年 5 月 16 日，我萌生出用对话的形式整理出您的思想，当时拟定的题目是《科技强军的逻辑——师生谈话录》，当天晚上我就加班拟定出了对话提纲，第二天给您汇报，一拍即合，于是就有了后来那本《虎狼之翼：关于科学技术与军事变革的对话》。说是对话，其实基本都是您的思想，我更多扮演的是一个提问者的角色。但您却不这样看，每次跟您一起出差到外地，您总是在各种场合把学生推到前台，说这就是《虎狼之翼》的另一位作者，等等。这让学生感到一种责任的同时，也有一份流动的温暖。

最近几年，我开始胖乎乎起来，您不止一次提醒我，说要注意这个问题，还说要我向陈小前院长学习，加强锻炼身体。每次，我总说没事，还振振有词地拿江晓原老师的“静养”理论和您论辩，主张以静养生。每当这时，您都笑呵呵地说，“这个要相信科学”。后来您还说，在所有的信仰中，相信科学是成本最高的，需要不断学习。为此，有一段时间，您给我说到一本书——《这书能让你戒烟》，我也专门买了送给清华大学的刘兵导师。只不过后来我发现，这样的科学著作也没能让您成功戒烟。但这段有关健康、科学的往事，如今回忆起来，心中涌动着一种无言的温暖。

二、“信仰”的往事

有一次，我穿着军装到您办公室去，忽然被您发现我手上带了一串佛珠，那是我在峨眉山脚下花 200 元买的，当时却被您发火训斥一顿，记忆中，这是您对我最严肃的一次批评。“一个军人，身上戴什么佛珠，像什么样？……”当时，我还在心里觉得您有点“小题大做”，不就是一串佛珠吗？又不是什么大不了的事，至于这么大动肝火？直到后来有一次和您一起到扬州出差，印象中，会议间隙大家相约在扬州走走，来到一个古寺庙，而您那时却坚决不进去，我来门口小声给您说：“刘老师，我们又没穿军装，也不是单位活动，这有什么不能进去的？”而您却说：“我这辈子不信宗教迷信，就绝不会进这些场所。”当时，我就沉默无语了。

后来，在创作《虎狼之翼》一书时，您又系统地阐述过这个理念并举了一个例子，说有一次您在北京开会，身边坐着另外一位高校教授，也是领导，在全国还小有名气。无意中，您发现他手上也戴着一串佛珠。会下您跟他开玩笑，信佛吗？他竟然一脸得意地告诉您，这串佛珠还是某某高僧开过光的呢。您说，“他竟然会想到戴佛珠，竟然还得意于僧人的开光。这不是典型的两面人是什么？这样的人你能指望他成为坚定的马克思主义者吗，这样的人你能指望他培养坚定的马克思主义者吗？”再后来，有一次在您办公室，我看到您把一张黑白照片装裱起来放在那，尽管我知道您特别喜欢那张照片拍摄出的感觉与气质。但我还是弱弱地表达了一个意思——“刘老师，这个照片放办公室，是不是不太吉利啊？”谁知您听出我意思后，哈哈大笑，说：“马克思主义者，是无神论者”“不能表面信马列，暗中信鬼神”，等等。从那时我就发现，您对信仰是认真的，不是说说而已。

三、“宽容”的往事

记得《虎狼之翼》出版时，我知道您喜欢那张黑白照片酷酷的感觉，在烈士公园散步时恰遇一个画素面的人，后来就拿那张照片让其画了两张，回来拿给您看时，我才觉得画得不够逼真，没有把您那种独特的气质画出来，我就说：“要不再去找他画？”其实，我心里知道，再画也就那个水平，这已经是在那重画过了。而您听后却笑呵呵地给我说：“给人家那么一点钱，就算了，就这样吧！”我想，这就是您常说的“做人，要‘严于律己，宽以待人’吧”。

还有一次，一天傍晚从黄土岭四号院回来，您自己开车，我搭您便车，来到一号院本部东门三岔路口时，突遇纠察战士查证，那天“小兵”说话也有点不客气，“靠边靠边靠边……你证件呢？……”我当时坐在边上很“恼火”，只见您从容不迫地听从指挥将车靠边，然后平心静气地解释说：“我证件放办公室桌子上忘带了……”说实话，这是我第一次看到一个“温和”

的将军心平气和地和一个“牛气”的士兵沟通。后来，我就想，换成是我自己或别人，会不会都这样心平气和呢？毕竟那天您也没有违规违章开车。

《从物理战到心理战》出版后，我们去参评全军政治理论研究优秀成果奖，当时，我们报的是二等奖。结果，在学校初评会议上，匡兴华教授对作品提出了激烈的批评，从二等奖一下变成了三等奖。后来，我去给您汇报这事，当时我记得印象很深刻，您听我“气愤”地叙述完后，默默无语，之后您慢吞吞地说：“人家批评，肯定有批评的道理……你随后去给匡教授再送一本书。”后来，我去给匡教授送书，他当时也不知道我就是作者之一，还对我们的作品又批评质疑了一番。再后来，您调到军事高科技培训学院当院长，成了匡教授的直接上级领导，但我和匡教授后来也成了切磋请教学问的良师益友，经常向其请教讨论问题，发现匡教授也是对事不对人，对学问有自己的看法，大家相处得也很融洽，没有因此而结下怨恨。

最近的一次谈话，您提到这样一段往事，说您小学时的一位老师由于受当时的时代局限，错误地把您正在阅读的一本很正常的书，在班上当众撕毁并嘲讽您思想不纯正，竟然看如此有毒害的作品，还通知了您的家长。您说，这个事给您幼小的心灵造成了无法弥合的创伤，作为一个老师来说，这个老师其实是不称职的。但是，后来当这位老师因为晚辈亲属的上学问题找到您寻求帮助时，在力所能及的范围内，您不计前嫌还是爽快地给予了帮助，您反复说，那是颠倒黑白的时代的局限。或许，在您心中，老师，这个称谓的含义，有您自己的标准。

四、“学问”的往事

在十年前的时候，我曾在笔记本上写过，“您丰富的学识、敏锐的思想、流畅的文笔、敢于怀疑的精神，无论是课内还是课外都给学生留下了深刻的印象。”的确，在思考的方法上，您经常让学生注意三点：怀疑思维的经常练习；演绎思维的正反运用；类比思维的推陈出新。

最近几年，随着自己阅历的丰富，越来越发现，其实，有关学问，您教给学生的不仅仅是方法，是理念，更是情怀。记得在2007年9月6日，您在给新生入学讲话中，提到“新入伍的还要有下部队当排长，打仗牺牲的准备”。这让我当时心里一颤，第一次觉得在军校读书，学问不仅仅连着书本，怎么还连着这么严肃的问题，是不是说得严重了啊。今天看来，您的教学育人理念从来就不是空洞的、漂浮的、抽象的。

您喜欢用直白的、“下里巴人语言”讲解“阳春白雪理论”，深入浅出。“我们搞学术，不要像某些领导一样‘拍脑袋’讲话，也不要用‘报纸语言’写论文，要力争锻炼用自己的语言讲话、写论文，使别人一看你写的东西就知道是谁写的。”“喜不喜欢买书许多时候能反映出一个人对待学问的态度”，“要学会下断语，在有根据的情况下做些判断，这也是反映你领导能力或学术水平的一个标志”。类似这样的一些思维火花，我在自己的电脑里记录了很多，每次阅读，都有新的体会。

后来，我和您聊，觉得做学问，学术野心一定要大，心中要有个宏大的学术抱负，有了这个，犹如茫茫大海上的巨轮就有了航行的归宿，才能克服旅途中的艰难险阻。没有这个是做不成大事业的，只能发表点小文章，永远做不了真正的大学问。对此，您表示同意，但主张小切口进入。我和您争辩说，文科的研究一定要有包容性，大切口进去也行。您在最近几年，慢慢地开始更加平等地和学生探讨问题，而不是居高临下地指导，这让学生进步很快。

刘老师，之前还和您讨论有关再创作一部对话录，围绕科学技术与军事战略的对话，如今，却成了永远的遗憾。

2018 年 1 月 6 日上午，《科技日报》军事部主任张强说要组织一个悼念稿件。在发给张强的稿件中，我们这样写道：“刘老师有多重身份，作为哲人，他把智慧传递给学生；作为将军，他把担当传递给学生；作为军队理论工作者，他把坚定的信仰传递给学生。我们每个人看似与世界的接触面很大，其实很小。作为老师，他最大的影响不是知识、方法及学问，而是让学生们从他身上看到了如何做人，做一个真正的人、坦荡的人、通达的人、坚定的人。我想，随着时间的流逝，他这种教育理念对学生的深远影响，将越发显现出来。我们学生也深切地怀念这样的老师，敬重这样的老师，也愿意将这份爱出传递下去。我想这也是老师的心愿。”

在本书的姊妹篇《战争树》前言中，我也提到了。的确，感情就是泥和土，很多时候是说不清的，是混沌的。如果非要用语言来表达感情，学生们只想说，刘老师，我们想您！

让哲学为军事变革导航：访著名军事技术哲学专家刘戟锋少将

多年前，一位记者在采访他后，曾这样感慨湖湘文化的魅力——“唯楚有才，于斯为盛”，虽然只是流传不到二百年的对联，却极为自信地写出了湖湘文化的繁盛。而湖南邵阳，自西周召伯甘棠布政、春秋白善垒土为城，绵延至今，已有2500余年的历史，邵阳北障雪峰之险，南屏五岭之秀，资水横贯，邵水交汇，河山毓秀，人杰地灵。我国开眼看世界的第一人魏源、北伐名将谭人凤、威震四方的蔡锷将军及创作了《马路天使》《游击队歌》等著名作品的贺绿汀等人都来自这个湘西一隅。

我们要采访的刘戟锋，也是邵阳人。他 1957 年出生在邵东县，也拥有这方水土之上萦绕盘亘的赤子之情。他高中毕业后当过一年半的农民，一年零三个月的民办教师，一年零五个月的工人；1978 年春天考入国防科技大学政治师资班，作为优秀本科生毕业后留任政治教研室教员；1987 年秋考入北京大学科学与社会研究中心攻读硕士学位；1990 年 9 月考入中国人民大学哲学系攻读博士学位；1993 年获博士学位后回国防科技大学任教。已过天命之年的他，现为国防科技大学军事高科技培训学院院长、中国自然辩证法研究会理事、国家“四个一批”优秀理论工作者、国家马克思主义理论研究与建设工程首席专家、教育部高等院校哲学类教学指导委员会委员、湖南省优秀社会科学专家、享受国务院特殊津贴、国内著名科技哲学专家和军事技术哲学研究领域的重要开拓者。2013 年，他入选国家“万人计划”哲学社会科学领军人才。

30多年来，在携笔从戎、强军兴国的追梦路上，他先后在《人民日报》《光明日报》《解放军报》《自然辩证通讯》等重要报刊发表学术论文 200 多篇，出版《世纪工程》《军事技术论》《武器与战争》《哲人与将军》《从物理战到心理战》《虎狼之翼》等学术专著 10 部，主编《科学与和平》《新格局、新思考》等著作 16 部，出版《不幸的观念》《科研与革命》

等译著 8 部。主持完成全国、全军重大课题研究 42 项，科研成果在全国、全军评比中 26 此获重大奖项。

这些累累科研硕果，凝聚着他对哲学、对技术、对军事的睿智思考，更凝聚着他对民族、对国家、对军队未来发展的使命担当。

一、军队战斗力的基本构成

问：战斗力是检验军队一切工作的标尺，您对此有何思考？

答：的确，你讲得很好！军队的一切工作都是围绕打赢下一场战争而展开的，而战斗力是指军队完成作战和其他军事任务的能力。因此，战斗力理所应当地成为检验军队一切工作的标尺。在历史上，许多军事分析家都对这一标尺进行过定量研究和考察，如著名的兰彻斯特方程、杜普伊建立的战斗力定量化模型等。需要指出的是，目前关于军队战斗力的基本构成仍然存在许多争议，围绕战斗力构成要素的讨论一直在持续。

问：你是何时介入这一讨论的？

答：在中国人民大学攻读博士学位时，我的学位论文选题就是恩格斯军事技术思想研究。根据我对《马克思恩格斯军事文集》所做的统计，恩格斯使用战斗力的概念达 30 次之多。按照恩格斯的观点，影响军队战斗力的主要有下列三组因素：一是军队的编成、训练与作战方式；二是军人的素质，特别是科学文化知识；三是科学技术发明与创造。根据恩格斯的论述，可以做一个基本的推论，即军队的战斗力是由人、武器以及两者的有机结合这三个要素构成。

问：在恩格斯的这种认识之上，您还有进一步的思考吗？

答：说到战斗力的构成要素，人们难免要比照生产力的构成要素，为什么在生产力的构成要素中没有作战对象一项？为什么要将人与武器的有机结合看作一个独立的要素？

对于前者，我认为，劳动对象的不同反映了人类生产力水平的不断高涨，而作战对象的不同却反映军队战斗力的进步方向，所以它不能作为军队战斗力的构成要素之一。

对于后者，在我看来，人与武器的有机结合之所以被看作一个独立因素，这是因为军队的科学编成、军人的高度组织性、纪律性的正规训练，以及根据武器发展而采取灵活机动的作战方式，乃是增强军队战斗力的有效手段。所以将其看作战斗力的一个要素，这不但符合战争史的客观情况，而且也符合恩格斯的思想。

问：能否具体谈谈科学技术与战斗力之间的关系？

答：首先，在军队战斗力的构成中，人当然是头等重要的因素。但这里所说的人，已不是纯自然状态的人，而是处在生死搏斗的现实社会关系中的人，即军人。按照恩格斯的观点，他不但熟悉武器装备的原理，而且要懂得一定的战略战术思想，这就是说，主要属于自然科学领域的武器愿意与主要属于社会科学领域的军事知识都是军人必备的素质。

武器是军队战斗力的重要保证，它本身就属于科学技术领域（当然是属于自然科学技术领域），正是科学技术的发展，推动了武器装备从材料对抗到信息对抗的发展演进。在 19 世纪之前，主要是武器技术发展的需要向自然科学提出理论课题；到 20 世纪，自然科学的超前进步则直接规定着武器技术突破的速度与方向。

与武器装备不同，军队的编成、训练和作战方式则受社会科学（主要是军事科学）的影响。不难设想，原子弹固然是自然科学发展的产物，但如何使用原子弹？制定什么样的核战略？这些则有赖于对战争、对现代国际关系等一系列社会现象的考察与探索。

二、武器进化的阶段划分

问：关于您刚才讲到的武器装备从材料对抗到信息对抗的发展演进，听起来颇有新意，您是怎样认识到这一点的？

答：关于武器进化的阶段划分，我曾经有过专门的研究。早在 1981 年暑假，我在国防科技大学面临本科毕业，利用暑假时间准备了一篇毕业论文，题目是《论宋代早期哲学对科学发展的影响》。文章送交教研室刘建统教授审阅后，他基本满意，只是感到联系现代科技太少。按照刘教授的意见，我另写了一篇毕业论文，题目是《对称与非对称：辩证的自然观》。刘教授对这篇文章也很满意。但是，临近毕业两个月时，刘教授从北京参加一个会议回来，专门把我叫到他家，以商量的口吻向我提出，能否联系军事撰写毕业论文。我犹豫了一会，鉴于当时国防科大已转隶军队，感到刘教授的意见是对的，于是答应了下来。当时我和刘教授共同敲定了一个题目，叫作《论科技进步与军事革命》，但如何写好这篇论文，我还真是心中没底。思考了一段时间后，我感到要写好这篇论文，一是必须从历史分析入手，二是要抓住兵器的进化这条主线。

问：应该说也是抓住了关键。

答：当时学术界关于兵器进化的历史，有一种比较普遍的说法，就是分为古代冷兵器、近代火器和现代核武器。我对此无从质疑，只是感到，这种分法必须要有一定的依据。依据是什么呢？经过一段时间的思考，我发现，凡是作战，都要着眼杀伤，而杀伤人体都要应用能量。从古至今的兵器发明，尽管五花八门，都是能量的传递和转换装置，划分不同时期兵器的标准则是能量利用的不同方式。这样一来，兵器的发展就能划分为三个阶段：

（1）机械能→古代冷兵器→机械能；

（2）化学能→近代火器→机械能、热能；

（3）核能→现代核武器→热能、光能、机械能等。

这个图示后来被引用很广，根本原因还在于它使兵器发展的三阶段说有了立论的科学依据。这个图示后来先是出现在全军第一部自然辩证法教材中，后来也出现在我的《军事技术论》和《武器与战争》两部专著中。当时很为自己的一点创意而沾沾自喜。没想到就在这两部著做出版前后，1991 年 1 月，海湾战争爆发了，一种新的作战形态引起了世人的普遍关注。我在本科毕业时提出的这种分法能大体描绘从远古人类到现时代的战争，却并不包括信息战，而信息战恰恰是我们面临的最现实的战争。

问：面对这种新形势，您又进行了怎样的反思呢？

答：钱学森在 1995 年国防科工委首届科学技术学术交流大会的书面发言中提出："从人类历史的进展看，最初出现的战争是徒手战争；然后有了冶炼技术，才出现了冷兵器战争。继之，是由于火药的发明，才出现热兵器战争。科学技术的进一步发展，又导致内燃机的制造和其他机械兵器的制造，于是战争又进而演化为机械化战争。到了 20 世纪 50 年代，更因核技术和火箭技术的发展，出现了远程核武器。远程核武器的巨大破坏力，再加上现在高度发展的信息技术和电子计算机技术，便形成现阶段和即将到来的 21 世纪的战争形式：核威慑下的信息化战争。"

钱老的分法虽然概括了信息战，给人以启发，但徒手战纯属偶然，因为你无法想象，作战双方会事先约定，战争中既不用石块，也不用树枝，至少弱者不会赤手空拳地就范，而机械化战争与热兵器战争、信息化战争又难免出现交叉重叠。为了更准确地概括物理战的进化历程，有必要对科学技术用于战争的历史进行重新定位和思考。所以，从 1996 年以来，我们根据技术的基本组成要素是物质（材料）、能源（能量）和信息，提出了武器演变的新的历史划分。这就是从材料对抗，历经能量对抗，直到信息对抗。

三、信息战的逻辑维度

问：谈到信息对抗，记得您曾提到，近年来隐隐感到，虽然现代战争是信息战，但只有物理信息战士远远不够的，何出此言？

答：沉湎于对上次战争的特点、模式、经验的反思，是人类军事史上屡见不鲜的痼疾与通病。尽管军队的指挥官们深知，没有哪场战争是上次战争的重演，但刚刚谢幕的战争毕竟太富有吸引力了，它给人们带来了切肤之感或者切肤之痛，谈感论受自然大行其道，面向未来探索的微弱声音结果被淹没在大谈昨日经验乃至围绕昨日战争之冠名权争吵的强大吼声之中。以信息战为例，从其概念提出，到今天变得甚嚣尘上，至少也有近二十年的历史了。20 年来，人们围绕信息战的特点、规律、战法展开了广泛的探讨和研究，却忽视了一个问题：那就是随着现代科学技术的发展，所谓的信息战，是否就是今天人们所津津乐道的这般模样？对于信息战的理解，是否应该有更宽广的视野？

从海湾战争以来，信息的概念从来没有像今天这样引起人们的广泛关注与思考，也从来没有像今天这样容易被偏狭地理解为单纯的物理信息。物理战发展至今，人们还在一味地追求光电对抗、自动跟踪、精确制导、定点打击、红外遥感、纳米技术、外空作战，难道除了毫无节制地如此这般滥用物理学的成果，就没有必要跳出物理战的现有模式，对战争与科学的关系做一点应有的反省吗？

问：您从战争与科学的演进史中窥见了什么呢？

答：我们应该看到，从 20 世纪下半叶以来，现代科学技术的发展就已呈现出多方称雄的局面。物理学也早已不是一枝独秀。在自然科学领域，天文学、地理学、生物学和医学狂飙突进，在社会科学领域，经济学、管理学、心理学和法学如日中天，在交叉学科领域，系统学、信息学、协同学和突变论异军突起。特别是现代生物科学及其技术的发展，已将认知的矛头直指人类进化黑箱，引起世界社会的广泛关注；现代心理科学及其技术的进步，更将探索的触角伸向人的意识、大脑和心灵，使人类的认识进入到一个广袤的精神天地。现代科学技术的兴盛和繁荣，必然引起科学与战争关系的改弦更张，依旧豪情独钟于物理学的做法，不过是屈从于思维的习惯和定势，已成了自牛顿以来机械论在军事领域的翻版。

为了把握信息战的未来发展，我们有必要重温信息论。众所周知，作为现代信息论的奠基人，1948 年申农关于信息的定义及计量方法一经提出，不少人就已注意到，信息的广泛用途，将涉及计算机、生物技术和社会认知。遗憾的是，我们后来的人们却忽视了（或者说有意回避了）关于信息在计算机、生物技术和社会认知三个领域的基本含义。以至在很多人眼中，信息仅仅成了基于麦克斯韦方程的光、电、磁，仿佛它与 DNA 无关，与人的心理、精神无涉。只有掌握物理学知识的人，或者说，只有懂麦克斯韦方程的人，才可以谈论信息，把玩信息，决不允许别学科的专家插足。其结果是什么呢？这就是我们所看到的，所谓的城市信息化，仅仅满足于通信网络等硬件设施建设，而军队信息化，也只是为计算机的大量购置敞开了大门。

问：您的意思是，按申农对信息的研究，信息战应该不仅仅局限物理信息战？

答：是的。其实从产生机制来看，信息可以分成两大类：物质信息与精神信息。物质信息包括物理信息与生物信息，其中物理信息是目前信息战中占主导地位的信息样式，涉及通常所讲的声光电等信息对抗模式和信息作战方式，生物信息则涉及生物基因等遗传信息，与生物武器和基因武器密切相关。精神信息是人类社会实践的产物，其产生和发展是人类精神活动的成果。物质信息并不依赖于人的存在，但精神信息必须以人的思维为前提。精神信息主要包括事实信息、理念信息和情感信息三类，它们是人类精神活动的概念基础和思维基础。这就意味着，从信息论出发，所谓的信息战，其实存在三种样式，即物理信息战、生物信息战和精神信息战。

早在2500多年前，中国伟大的军事思想家孙子就指出，不战而屈人之兵，上之上者也。由此看来，物理信息战只是初步的、基础的，当然也是必要的信息战。就物理信息战与精神信息战的关系来说，前者是基础，是前提，但正如军事必须服从政治一样，物理信息战必须服从和服务于精神信息战。从物理信息战拓展为生物信息战，最后达致精神信息战——那才是人类战争的最高境界。

四、制胜未来的机理破解

问：您对现代战争的制胜机理有何见解？

答：我认为，现代战争的制胜机理在于可控。两次世界大战后，之所以再没有发生第三次世界大战，正说明在人类理性的努力下，战争已受到控制。因为到高技术时代，战争一旦完全失控，对于人类将是毁灭性的巨大灾难，特别是核大战将使全球所有国家无一幸免。因此，出于人类利益，我们应追求战争的可控，出于国家利益，我们又不能放弃战争，在战争与和平之间保持必要的张力，就是战争可控。实现战争可控，既是对人类利益负责，也是对国家利益负责。战争难以避免，才能树立备战思想，备战方能止战。战争能够控制，控战方能胜战。

问：战争的可控性主要体现在哪些方面？

答：所谓战争的可控，从作战的主动方来说，具有四个方面的含义：

其一，时间可控，避免马拉松，力求速战速决；

其二，规模可控，按照战前的筹划，限定作战空间；

其三，目标可控，选择性杀伤有限目标，不伤及平民；

其四，结局可控，不节外生枝，确保作战达成预期目标。

问：为什么古代战争不能实现可控？

答：实现战争可控，一直是人类在战争中所追求的目标。传统的做法，往往靠运用条约、协议等手段，力图实现可控。战国时期，秦国为对付其他国家而采取连横的办法，远交近攻；20世纪30年代，德国与苏联、苏联与日本先后签订互不侵犯条约，在一定意义上都是为了实现战争可控。

然而，军事家们尽管为实现战争的可控做了种种努力，理想的结果却少之又少，倒是相反的案例比比皆是：曹操80万军队下江南，当然是指望胜利而去的，不期却落得个大败而归；德国攻打苏联，宣称三个月拿下莫斯科，结果打了近 4 年，最后惨败投降；即使到 20 世纪中叶后，美国这个超级大国自恃武备先进，轻率地出兵朝鲜、越南，也都落得个失败的下场。事实证明，在信息化时代到来之前，传统的局部有限战争并非一定是可控性战争，人类若想控制战争，往往只是一厢情愿。

问：人类战争从不可控向可控的转变发生在何时？

答：从 20 世纪上半叶开始，现代战争的制胜机理正在发生新的变化。一方面，战争作为政治的继续，这一原理不但没有过时，反而表现得更加直接、更加鲜明。人类国际关系在历经地缘政治关系、跨国经济关系之后，已进入全球技术关系时代。开放社会的特点是，我中有你，你中有我，战略层面上的相关性和整体性日益增强，经济、政治因素对战争的影响和制约愈发突出，这使得实现战争的可控成为必然要求。

另一方面，人类在科学技术上的进步，已经为战争可控提供了可能。在传统的“三论”中，如果说系统论是方法，信息论是手段，那么控制论则是结果。伴随着全球范围内的信息化浪潮，精确制导武器、电子战武器、模拟仿真手段及 C4ISR 接连涌现，客观上为可控性战争提供了物质技术条件。核生化武器使用的全球灾难性后果，已成为控制现代战争的现实背景；而高技术战争的高投入、高消耗，也使得实现高技术战争的可控成为必然要求。

有一个时期，人们将世纪之交以来和未来的战争称之为信息化战争。信息化战争中的平台作战、体系支撑、战略保障等特点，集中指向了一个目标，便是“可控”。战争可控，既隐含了现代科学技术特别是信息技术的作用，也体现了人的主动精神。不难看出，自海湾战争以来的 20 多年军事实践中，美军之所以再没有遭遇此前朝鲜战争、越南战争那样的尴尬结局，一个重要原因是美军事先都进行了周密的作战模拟推演，依据现代战争制胜机理，进行战争设计和战争实验，使得战争控制正在从理想变为现实。总之，只有技术上可控与否，才是现代战争与以往战争的根本区别。可控，既隐含了信息技术的作用，也体现了人的意志和愿望，更预示着战争能胜、必胜。

问：如何打赢可控性战争？

答：在强权政治依旧通行的国际政治格局中，战争作为政治手段，难以避免，但是实现战争可控，却成为一些国家关于战争的基本指导思想。可控战争有三个前提条件：一是战略谋划，把握先机；二是明晰态势，知己知彼；三是作战推演，预判结局。从作战的机理来说，实现了战争可控，才可能真正实现未战先胜、决战决胜。

打赢可控战争需要发展高技术手段。一是高技术战略筹划，找准战略制高点，下好先手棋，敢为天下先；二是高技术装备创新，努力发展杀手锏、非对称武器装备，以创新引领需求；三是高技术人才培养，大力造就高素质智能型军事人才，为打赢可控性战争提供有力的人才支撑；四是高技术武器运用，在可控性战争中检验战斗力，试验新装备；五是高技术体系作战，坚持以作战任务为牵引，以一体化指挥平台为依托，把各类指挥要素、各种作战力量和保障单元纳入联训范畴，提高基于网络信息体系的联合作战能力；六是高技术后勤保障，按照现代后勤要求，加大信息技术含量，提高精准保障能力；七是高技术基础建设，深入贯彻军民融合思想，加速建设国家创新体系，为高技术武器装备创新提供持续活力；八是高技术道义争夺，拓展信息技术运用领域，打好舆论战、心理战、法律战，抢占道义制高点，达成制胜战争的最高境界——不战而屈人之兵。

总之，现代战争既是局部战争，也是有限战争，同时还可能是可控战争。局部、有限、可控的三维叠加，构成为现代战争的基本态势。牢固树立备战思想，备战方能止战；认清战争制胜机理，控战方能胜战。通过局部有限的可控战争显示军事存在，维护国家利益，展示威慑能力，应当成为智者的选择。

五、面向明天的军事训练

问：面对战斗力生成模式的转变，军事训练何去何从？

答：军事训练是人类军事活动发展到一定阶段，即常备军出现后的产物，是和平时期军队建设最经常、最主要的工作。军队开展军事训练活动，与军队担负保家卫国的职责密切相关。实战化军事训练是未来战争的预演。因此，必须在思想上更新观念，勇敢面对明天，而不能满足于昨天，欣赏、沉浸于历史。

问：面向明天的军事训练何以可能呢？

答：技术，自诞生之日起，就注定会被用于军事、用于战争，推动、牵引着军事变革的节奏与步伐。今日军事训练与以往军事训练有何不同，关键取决于技术在军事领域有何新的突破、新的进展、新的应用。的确，曾经受技术的制约，面向明天的军事训练无法实现。恩格斯曾经指出："在长久的和平时期，兵器由于工业的发展改进了多少，作战方法就落后了多少。"一个重要的原因是，当时人们尚缺少能够正确描述、预测未来战争是何模样的技术，因而只能采取从战争中学习战争的办法。和平时期由于不具备学习未来战争的技术条件，作战方法也就必然落后于武器的发展。恩格斯的话也是19世纪以及19世纪以前人类军事训练状况的真实写照。

军事训练摸着石头过河的历史终于在20世纪下半叶被改写。20世纪人类在科学技术上所取得的最伟大的成就，是确立了信息科学及其技术的龙头地位，从而掀起了全球性的信息化浪潮，改变了材料或者能源主导社会的历史。这一成就对军事领域的影响，就是引发了战斗力生成模式的改弦更张，使面向明天的军事训练成为可能。

问：如此看来，今天的军事训练之所以能面向明天，关键在于借助信息技术？

答：是的，人类的模拟仿真手段有了突飞猛进的发展。随着军事仿真技术的发展，推动模拟训练从静态模拟向动态模拟、从技术模拟向战术模拟转变，促进了实装训练与模拟训练的紧密结合。特别是基于作战实验室的战争预实践，大大降低了军事训练和理论创新的成本，已经成为研究信息化战争和进行军事训练的重要手段，也使得军队面向未来进行训练具备了可靠的技术前提。自海湾战争以来20多年的军事实践表明，美军之所以再没有遭遇此前朝鲜战争、越南战争那样的尴尬，一个重要原因是美军事先进行了周密的作战模拟推演。如为了准备伊拉克战争，早在2002年美军就利用计算机技术打了一场"模拟战"，即"千年挑战2002"演习。所以国外军事评论家说，今天美军的战争都是首先从实验室打响的。

问：能否详细地阐述一下面向明天的军事训练何以展开？

答：就是在装备训练中，要进一步扩大模拟的范围；在人员训练中，要进一步提高智能的地位；在作战训练中，要进一步发挥实验的作用。具体而言，信息化武器装备的发展趋势要求我们必须发展以训练基地和院校作战实验室为依托，以训练模拟系统为主体，以军事训练信息网和信息资源为支撑的信息化训练条件，不断增大军事训练的科技含量，努力提高军事训练的质量和效益。而人是武器装备创新的主体，同时也是操作和使用的主体。在信息化条件下，武器作为控制能量的装置，对军人更增加了智能的要求。人与装备的有机结合体现在作战体系、作战方式中，贯穿作战体系各要素的灵魂则是信息。着眼提高基于网络信息体系的体系作战能力，就要坚持以作战任务为牵引，以一体化指挥平台为依托，以复杂电磁环境为背景，以战略战役训练为主体，以指挥员训练为重点，充分发挥作战实验室的功能和作用，把各类指挥要素、各种作战力量和保障单元纳入联训范畴，锻炼提高信息化条件下组织指挥和部队行动能力。

人作为武器装备创新的主体，同时也是操作和使用的主体。在不同时代，武器装备发展对军人的素质要求是不同的。在冷兵器条件下，武器作为能量传递的装置，对军人的要求主要是体能；在热兵器和机械化条件下，武器作为能量转换的装置，对军人增加了技能方面的要求；而在信息化条件下，武器作为控制能量的装置，对军人更增加了智能的要求。

2500 年前，孙子就已提出“上智为间”，说明中国古代兵圣已发现信息与人的智能之间的内在联系。随着武器装备的日益高技术化，军队的技术构成越来越复杂，专业化程度越来越高，从而对包括体能、技能、智能在内的人的综合素质提出了越来越高的要求。今天军事人才要培养智能型军人，所要面对的已不光是演习场上的摸爬滚打训练，或者是射击场上的百步穿杨训练，还将是思维方式方法、刚毅果敢性格、临机处置能力的训练。

人与装备的有机结合体现在作战体系、作战方式中，贯穿作战体系各要素的灵魂则是信息。古代作战体系的基础是号角、锣鼓、令旗、狼烟等，依靠感官系统，信息仅仅限于单向传递，作用距离极其有限，且内涵简单；近现代作战体系的基础是电讯系统，信息内涵虽然丰富，也仅仅限于三维空间的双向线性传递；只有建立在信息系统基础之上的当代作战体系，才实现了信息在人与武器之间的无缝链接，实现了作战体系的网状化、全维化，实现了不同作战单元之间的互联互通互操作。着眼提高基于网络信息系统的体系作战能力，就要坚持以作战任务为牵引，以一体化指挥平台为依托，以复杂电磁环境为背景，以战略战役训练为主体，以指挥员训练为重点，充分发挥作战实验室的功能和作用，把各类指挥要素、各种作战力量和保障单元纳入联训范畴，锻炼提高信息化条件下组织指挥和部队行动能力。

总之，人类军事斗争史反复告诉我们，科学技术成果应用到哪里，国家利益必然拓展到哪里，军队使命终将延伸到哪里，军事行动务必影响到哪里。我们只有始终坚持以推动国防和军队建设科学发展为主题，以加快转变战斗力生成模式为主线，以提高基于信息系统的体系作战能力为出发点和落脚点，才能在信息化大潮中抓住机遇，实现军事训练的转型和发展。

六、军事人才的知识结构

问：据我所知，您多年来一直对高素质新型军事人才的培养情有独钟，有何认识？

答：在院校工作嘛，自然就会对人才培养和有较多的关注，这是职业所染，也是使命所在。早在2000年，我就在《高等教育研究学报》上发表了《建设数字化大学的初步构想》。两年后，我又在《科学技术与辩证法》上发表了《知识传授已不是高等教育课堂教学的主要任务》。近年，我又在《中国社会科学报》上发表了《MOOC：传统型大学面临的新挑战》。这几篇文章大致记录了我对人才培养与教育工作的思考。至于军事人才的培养，我曾专门写过一文《军人的梦想》，来谈这个问题。

问：大凡军人，都难免会有一个将来成为军事家的梦想。但是，只有极少数人最终能够如愿以偿。您认为，美梦成真的奥秘何在？

答：应该说，军事家的成才之路，并没有固定、通用的模式。拿破仑一生征战，固然是世界公认的军事家；恩格斯只在炮兵部队有过短暂的服役经历，也被马克思尊称为“将军”；赵括饱读兵书，却成为天下军人的笑柄；诸葛亮一生并没有打过几场胜仗，其优秀军事家的形象却永恒矗立。回顾历代军事家的成长道路，着眼未来军事斗争准备需求，不难看到，在决定梦成梦灭的诸多因素中，军人个人素质是一个基本的条件。而在当代，以下三类素质尤其不可或缺：科技素质——感知未来战争神经的触角；军事素质——把握未来战争走势的轮舵；人文素质——确保未来战争全胜的法宝。

问：先谈科技素质，如何？

答：战争总是与科技密切相关。但是在人类社会的早期，由于科学技术发展缓慢，作为科学技术产物的兵器，进步也相当迟缓。如中国古代的兵家圣典《孙子兵法》明确将道、天、地、将、法列为战争五事，却并不言器，绝非偶然，它也从一个方面说明，在当时的战争实践中，兵器的发展对战争胜负几无影响。因此，古代人类在军事战略上尽管有一些天才的猜测、论断和遐想，但这些军事思想由于缺乏技术的支撑，过于超前兵器的发展，也就只能停留在宏论阶段而已。近代与古代不同，特别是哥白尼革命以来，一大批科学泰斗如日中天，数学、天文学、物理学、化学、地质学、生物学、病理学各个领域捷报频传，科学技术进入了狂飙突进的时代。正是这些科学技术的发展，为武器装备变革提供了强劲的动力。到19世纪30年代，克劳塞维茨在推出他的近代战争圣经中，虽然也大谈影响战争胜利的五大要素，却与孙子的战争五事相去甚远，“数学、统计”等科学因素受到明显强调。此后，从海权理论、大炮巨舰主义、机械化战争理论、制空权理论、核战争理论到高边疆理论、信息作战理论，兵器发展高歌猛进，左右着现代战争的每一根神经。

在今天这个科学技术已成为重要战斗力的时代，学科技、懂科技已变得尤为重要。因为军队的一切建设都离不开人，所谓科技强军，也要依靠人对科学技术成果的获取、理解、把握和应用，因此，落实科技强军战略，就必须重视军人科技素质的培养。军队的一切军事训练计划，包括理论创新、内容创新、方法手段创新、制度创新，都必须围绕有利于提高人的科技素质来进行；军队院校的一切人才培养大纲，包括院校设置、专业设置、课程设置、教学环节设置，都必须把有利于提高人的科技素质作为首选目标。不论培养哪种任职需要的现代军人，都必须毫不含糊地具备坚实的科学技术基础。联合作战指挥人才的培养不是很受重视吗？但我们必须看到，联合作战的前提就是科学技术的广泛军事应用，其实质乃是科学技术的体系对抗。今天的军队指挥与以往不可同日而语，不但要指挥人，更重要的是指挥装备，指挥科技，所以必须懂科学、懂技术，否则就是现代版的“纸上谈兵”。

问：如何理解军事素质是把握未来战争走势的轮舵？

答：科技素质是基础，但军人仅有科技素质是不够的。人类战争实践既需要科学技术，也需要军事理论。在军队建设中，科学技术是手段，军事理论是指南，缺乏军事理论指导的科学技术发展只能是无的放矢，缺乏科学技术支撑的军事理论研究只能是无源之水，无本之木。如何依据科技进步创新战法，有赖于人的军事素质。科学技术的作用表现在，通过影响军队战斗力生成，进而影响到军事理论的创新发展，但军事理论并不完全是被动的。如果说在技术决定论的背景下，马汉的海权理论只是对几个世纪以来前人的海战实践做了一点总结，那么 20 世纪富勒的机械化战争论、杜黑的空权理论就大不一样了。因为富勒、杜黑的理论不但基于科学技术的先期发明，更促进了后来装甲技术、航空技术的进步。也就从这时起，科学技术的战斗力倍增作用空前强化，而军事理论对科学技术的导向作用、牵引作用也逐步彰显。

特别是进入 20 世纪以来，基于同等技术水平而依靠作战方式取胜的案例屡见不鲜。如在第一次世界大战中，德国的坦克并未给人留下什么印象，但到下一场世界大战中，当德国法西斯在无限制的扩张目的同现实能力不相适应时，接受了最初从英国诞生的机械化战争理论，并刷新成“闪击战”的作战原则。它要求先于敌军迅速集中和展开作战队形，保障战略的突然性，实施最强有力的首次突击，以便在交战初期即取得影响战争结局的决定性胜利。而实施这一作战原则的物质基础则是别国同样具有的坦克、机械化兵团和航空兵。由于“闪击战”的实施，使德国将坦克集中使用，能够充分发挥其强大的突击力，在一些主要攻击方向上形成装甲优势，弥补了德国装甲力量在数量和质量上的不足，取得了对一系列国家速战速决的胜利。德国的“闪击战”又一次印证了“先敌制胜”“在战争中迟缓就等于死亡”这些古训的现实意义，同时也给世界各国上了一堂重要的军事思想课：军事斗争中注意提高武器的技术性能固然重要，但不失时机地采用新的作战方法也具有同等重要的意义。将军的伟大与天才之处就在于根据军事技术的新进展及时变革旧的作战方式。正如恩格斯所说：“每个在战史上因采用新的办法而创造了新纪元的伟大的将领，不是新的物质手段的发明者，便是以正确的方法运用他以前所发明的新手段的第一人。”

问：有了科技素质、军事素质还不够，您认为，还需要有过硬的人文素质？

答：战争既是科学，也是艺术，是科学与艺术的有机结合。军事实践的高度组织性、激烈对抗性和残酷破坏性，要求以科学技术为手段，达成社会目的。而社会目的有经济的、文化的、宗教的，也有政治的。所谓战争是政治的继续，就是讲的不能仅从军事角度思考战争问题。军人必须懂科技、懂军事，也要懂政治、懂经济、懂文化。电视连续剧《我的兄弟叫顺溜》中有一个情节，讲的是在日本已经宣布投降的情况下，陈二雷还要追杀鬼子，迫使陈大雷下令如不能有效制止陈二雷，即行击毙。类似的还有第二次世界大战中美国著名将领巴顿最后的命运，它们都说明仅仅具有良好的军事素质是不够的。《孙子兵法》将道摆在首位，反映的是一种政治觉悟；刘邦围困项羽时的四面楚歌，采用的是一种心理攻势；郑成功收复台湾，展示的是一种民族大义；诸葛亮七擒孟获，体现的是一种人文气度。

事实上，《孙子兵法》得以流传千古而不朽，一个重要原因就是孙武并不单就军事言军事，而是将军事问题置于社会政治、经济、文化的宏观流变中来考察，他信奉的是“全胜”的思想，是“不战而屈人之兵”的境界。2000 年后，恩格斯之所以成为“将军”，也不仅因为恩格斯熟知人类军事史，而且善于从经济上、政治上看待、分析战争问题，他在《反杜林论》中对暴力问题的政治经济分析，至今对我们研究战争问题仍具有普遍的指导意义。他在远离第一次世界大战发生的 27 年前，即做出了关于有可能爆发世界大战，以及对这场大战可能的范围和后果的著名预言，更受到后辈马克思主义者的推崇，被列宁称作是天才的预言。在中国革命战争年代，毛泽东的《论持久战》脍炙人口，他关于抗日战争必定是持久战的四个因素分析，人们至今耳熟能详。毛泽东之所以成为中国历史和世界历史上一位伟大的军事家，如果没有深厚的人文底蕴，是不可想象的。

总之，中国知识分子素有修身齐家治国平天下的优良传统和抱负，而《周礼》早就有言：“观乎人文以化成天下。”作为新一代军校大学生，其人文眼光、人文素质、人文情怀具有怎样的地位和作用，应该是不言自明的了。

七、战争艺术的历史拓展

问：今天，人类战争形态已进入信息化、智能化时代。信息作为一种力量运用于现代战争，一方面在努力降低战争的不确定性，另一方面又在极大地增加战争的复杂性。战争指导艺术的未来空间在哪里，它会变得更广阔还是更狭窄？

答：战争指导既是科学，又是艺术。战争之所以是科学，是因为战争具有确定性，科学是对确定性的近似性描述；战争之所以是艺术，是因为战争又具有不确定性，艺术是对不确定性的创造性反映。战争的不确定性一方面源自作战双方力量的复杂变化，另一方面产生于军事指挥员对形成、提升和运用战争力量的主观创造，而这种主观创造见之于军事实践，便是战争艺术。物质决定意识，战争力量的物质基础在本质上决定了战争艺术的创造空间。今天，人类战争形态已进入信息化时代。信息作为一种新的力量运用于现代战争，一方面在努力降低战争的不确定性，另一方面又在极大增加战争的复杂性。战争艺术的未来空间在哪里，是会变得更为广阔，还是变得更为狭窄？要回答这个问题，需要从军队战斗力的三个基本要素，即人、武器、人和武器的结合方式三个维度，对战争艺术空间进行历史考察，从而发现规律，指引未来。

问：先谈古代战争指导艺术？

答：对。战法变换：古代战争艺术创造的单一维度，这是我的一个认识。历史上军事变革的勃兴，往往首先发轫于技术和装备。人类古代战争处于冷兵器时代，武器之间的对抗本质上是武器材料的比拼。青铜兵器取代石制兵器，精钢兵器取代铁制兵器，在新旧武器打斗的短暂时间里，材质的差异无疑是影响战争力量对比的重要因素。然而，古代科学技术发展的相对迟缓，使得新武器材料的发明和应用周期漫长，往往在长达数百年、甚至上千年的时间（如从青铜兵器的出现到铁制兵器的产生用了1300多年）里，古代战争仍处于同质武器的对抗时代。因此，《孙子兵法》大谈战争五事，却并不言器，正说明在武器方面，古代军事指挥员很难寻觅创造战争艺术的空间。

材料主导式武器的对抗效能依赖于军人体能的发挥。虽然古代战争对人的体能的要求很高，但体能毕竟是有限度的。为了提高人的体能，除了平时的严格训练和战时的情绪激发，亦无他法，因为人终究不能突破其自身的生理极限。回顾历史，古代人类战争在很长一段时间处在“全民皆兵”时代，即平时为民、战时为兵，个人的体能差异可以被忽略不计。这就意味着，在冷兵器条件下，人的体能差异也不足以为军事指挥员提供战争艺术创造的空间。

由于人的体能具有确定的限度，武器装备则几乎停滞不前，当然军事家创造艺术的空间就十分有限了。但战争毕竟是两股甚至多股活力之间的冲撞，活力从何而来？只能在人与武器的结合方式上动脑筋、想办法，也就是在战法上不断推陈出新。战法即作战方式，解决的是对作战力量如何运用的问题。战场环境复杂多样、敌我态势瞬息万变、作战条件千差万别，迫使军事指挥员必须根据战争的实际，因时、因地、因势，创造性地运用各种作战力量，以达到预期作战目标。故曰：“形兵之极、至于无形，兵无常势、水无常形，法无定法、无法而法、乃为至法。”战法本身包含的这种创造性、不确定性和不可复制性，体现了战争艺术的基本内涵。

回顾中外古代战争，其艺术性的完美展现，无不是在战法的创造和运用中实现的。在中国，从战国时期的“长平之战”到三国时期的“火烧连营”，从宋元时期的“铁蹄西征”到明清时期“东海抗倭”，迂回战、伏击战、长距离远程奔袭战、大规模分割围歼战等大量战术战法在一次次战争实践中被创造、被运用，形成了《孙子兵法》《黄石公三略》《便宜十六策》《百战奇法》等一大批兵学战法理论。在西方，从古希腊亚历山大的“波斯战役”到古罗马恺撒大帝的“伊莱尔达战役”，从中世纪的“十字军东征”到16世纪的“法兰西内战”，运用于其中的阵地战、袭击战、工事防御战、多兵种合同战等多种战法样式至今仍在世界战争艺术史殿堂中闪烁光芒。可以说，战法创新也是人类战争由古代延伸到未来的永恒艺术主题。

古代战争艺术只能通过人与武器的不同组合的变换这单一维度来展现，是因为受到军人体能和武器发展的双重局限。而一旦人的潜能发挥和武器装备的发明创造进入不确定性时代，其变幻莫测的艺术空间无疑将急剧扩张。

问：那近代战争指导艺术呢？

答：装备革命：近代战争艺术创造的大幅拓展。这是我的第二个认识。近代科学技术的发展以及由此触发的工业革命，促使近代战争的艺术空间被飞速拓展到武器装备领域。14至17世纪初的欧洲文艺复兴在给人类以思想上的解放的同时，也为世界科学技术发展带来了曙光。其后，物理学、化学以及工程机械学等科学技术的发展及其在军事上的应用，彻底改变了武器装备的传统对抗模式——由材料对抗转向为能量对抗。热兵器时代的武器是通过化学能或核能转化为动能实现杀伤作用的，而在这一转化过程中，可以创造出各种不同量级、不同样式、不同规模的武器装备，这就为战争艺术的发挥打开了无极之门。同时，欧洲工业革命的全面爆发，为武器装备的大规模生产提供了重要物质基础，极大地缩短了武器装备从研制到列装所需的时间，使军事指挥员不再被动地受装备条件的制约，而是可以主动创造符合作战构想的新式武器，战争艺术也就从传统的战法领域拓展到了装备领域。

第一次世界大战是以新式武器为核心的战争艺术的首次全面展示。机枪、火炮、坦克、飞机、潜艇等一系列新式武器在第一次世界大战中集体亮相，作为战争艺术的创作成果，在战场上尽显芳姿。第二次世界大战是热兵器时代战争艺术发展的巅峰，除了对一战时期的武器装备进行了全面改良以外，还出现了火箭、弹道导弹、新式坦克、战斗机、轰炸机、雷达、航空母舰、原子弹等武器装备。新式武器层出不穷，让人目不暇接，成为近代战争艺术创造的又一源泉，战争艺术在武器装备领域得到尽情发挥。

与此同时，武器装备发展与作战样式创新的有机结合，也成为近代战争艺术的重要表现。新的武器装备需要有与之相适应的作战样式，才能最大限度地发挥其作战效能；而新的作战理念和样式需要有相应的武器装备予以力量支撑，才能在实际战争中得以实现。第二次世界大战中新式坦克的出现，成就了德国闪击战的辉煌；远程轰炸机的应用，产生出战略轰炸的新概念；航空母舰的大规模运用，实现了海空协同的作战构想，并造就了日本偷袭珍珠港的战争传奇；广岛、长崎两颗原子弹的爆炸，正式开启了战略核威慑的新时代。这些武器装备的发展及其作战样式的创新，无疑是对战争艺术空间的极大拓展。

热兵器能够实现人类军事斗争追求能量释放最大化的梦想，它对军人的素质要求，则是技能的地位空前上升。因为不管武器装备如何精良，杀伤力如何有效，它也必须依靠人的熟练操作。但是，虽然人的技能差异比体能差异要大，不过从古往今来各种竞技活动来看，人的技能的提高同样是极其有限的。在实际作战过程中，任何试图利用技能差异而创造战争奇迹的想法都是难以实现的。因此，战争艺术在这方面依然很难得到发挥。

问：最后，您如何解读现代战争指导艺术？

答：智能较量：现代战争艺术创造的广袤空间，这是我的第三个认识。第二次世界大战后，人类在科学技术上所取得的最伟大的成就，是确立了信息科学及其技术以龙头地位，从而掀起了全球性的信息化浪潮，改变了材料或者能源主导社会的历史。这一事件对军事领域的影响，就是引发了战斗力生成模式的改弦更张，使军人的智能一跃而上升到首要地位。

信息化战争中的军人形象，已不再是手持大刀长矛的武林高手，也不再是百发百中的孤胆英雄，而是手握键盘鼠标的智能战士。举凡无人装备的发展、网络空间的对抗、太空力量的部署，它们所需要的都是科技素质好、反应速度快、创造能力强的智能型军人。同时，超越物理战的认知阈作战，以非接触式作战形态走进现代战场，更要求充分发挥人的主观性、能动性、创造性。武器装备的自动化、信息化和智能化，使决策指挥向作战主体转移，未来的作战行动，更大程度上将取决于作战主体对战场态势的感知、理解和反映，取决于各作战主体间适应战场态势动态变化的自主协同，而这就要求作战主体既要当好作战员，又要做好指挥员，既要有熟练操作装备的技能，又要有把握战场全局的智能。所以，现代战争中人与人之间的对抗实质是智能的较量，而人的智能，较之体能和技能，其开发潜力是巨大的，原则上也是无限的。在现代战争中，培养、挖掘和充分发挥人的智能，将为战争艺术提供新的创造空间。

信息化技术和手段作用于战争，使其确定性不断增加的同时，其不确定性也在随之增加。历史上的战争从来没有像今天这样透明过，高性能雷达、高分辨率侦察卫星将敌我态势显示得一清二楚；同样，历史上的战争从来没有像今天这样复杂过，围绕争夺制信息权的网络电磁空间的对抗，使战争环境变得异常复杂，战争的进程已不再是用兰切斯特方程就可以描述的线性过程，而是充满大量不确定性的非线性过程。本质上讲，现代战争的不确定性源自信息的不充分，而现代战争的复杂性则源自信息的不对称。为此，研制和运用高技术信息化装备，全力获取对方信息，尽力保护己方信息，最大限度地制造信息的不对称、利用信息的不对称，必将是战争艺术在武器装备领域的重要舞台。

而且要看到，科技进步更迅猛，智能开发无极限，战法创新空间也更广袤。现代战争敌我之间的对抗实质是体系作战能力的对抗，而体系之间的对抗，既要求全方位的实力较量，也要求全方位的艺术较量。战争形态的变化，必然要求作战理念、作战样式和作战手段随之发展改变甚至变革。从 20 世纪末至 21 世纪初相继发生的海湾战争、科索沃战争、阿富汗战争、伊拉克战争和利比亚战争等几场现代战争来看，其形态和样式较以往已经发生了根本性的变化，多军兵种联合的一体化作战、陆海空天电的全维作战、精确定点杀伤的震慑作战、远程制导武器的全纵深作战以及网电一体的信息战、战略心理战等多种新的作战样式登上战争舞台，战法创新速度之快、程度之高，让人目不暇接。武器装备在发展、军人素质在提高，未来信息化战争的理念、样式和手段也不断更新进步。上一场战争的经验并不适应于下一场战争。信息化战争在为军事指挥员们提供更为先进、更为有强大的作战力量的同时，也在促使军事家们不断推进战法创新，不断创造新的作战样式，推动战争艺术向更高层次、更宽领域全面进军。

总之，军事革命源于科学技术的发展，但战争艺术并未止于科技的创新。科学之剑在斩弃战争艺术原有历史空间的同时，也在为其开辟新的发展空间。

（石海明　张煌）

后　记

本书中的文章乃我们近年来在导师曾华锋教授（国防科技大学文理学院院长）及王湘穗教授（北京航空航天大学战略问题研究中心主任）指导下持续研究的结晶。期间，团队成员刘一鸣、李婷婷、贾珍珍及黄嘉博士等，慷慨贡献了各自的智慧与汗水，在书中已标明。此外，诸多领导、恩师、同学及朋友给予了大力帮助，家人的理解与支持给我们撑起了安心求学问道的宁静天空，在此一并表达深深的谢意！

此外，为保持全书内容的统一风格，文中注释没有保留，若读者需要可查阅发表时的相关文章，做了详细注释。

最后，特别需要指出的是，就在本书创作收尾之际，我们偶然接触到陈国强将军力推的“红蓝融合”，其敢想敢做的担当、锐意创新的精神及无比睿智的头脑，给我们深深的触动，也启发我们设计了该书“红蓝融合”的封面图案及“战略脑”这个新颖的标题。见贤思齐，我们在路上。

石海明　金　宁

2018 年 5 月

参考书目

［法］霍尔巴赫：《自然的体系》（上册），管士滨译，北京：商务印书馆，1964 年

［德］恩格斯：《自然辩证法》，中共中央马克思恩格斯列宁斯大林著作编译局译，北京：人民出版社，1971 年

［德］马克思、恩格斯：《马克思恩格斯选集》（第三卷），中共中央马克思恩格斯列宁斯大林著作编译局译，北京：人民出版社，1972 年

［美］朱克曼：《科学界的精英：美国的诺贝尔奖金获得者》，周叶谦、冯世则译，北京：商务印书馆，1979 年

［美］D·普赖斯：《小科学，大科学》，宋剑耕、戴振飞译，上海：世界科学社，1982 年

［美］T. N. 杜普伊：《武器与战争的演变》，严瑞池等译，北京：军事科学出版社，1985 年

［英］卡尔·波普尔：《猜测与反驳：科学知识的增长》，傅季重等译，上海译文出版社，1986 年

［美］米切尔：《空中国防论》，李纯等译，北京：解放军出版社，1989 年

［美］理查德·尼克松：《1999：不战而胜》，王观声等译，北京：世界知识出版社，1997 年

［美］D. E. 司托克斯：《基础科学与技术创新：巴斯德象限》，周春彦等译，北京：科学出版社，1999 年

［美］罗伯特·金·默顿：《十七世纪英格兰的科学、技术与社会》，范岱年等译，北京：商务印书馆，2000 年

［英］约翰·克卢特：《彩图科幻百科》，陈德民等译，上海科技教育出版社，2003 年

［美］R. K. 默顿：《科学社会学：理论与经验研究》，鲁旭东等译，

北京：商务印书馆，2003 年

[美] V. 布什：《科学：没有止境的前沿》，范岱年等译，北京：商务印书馆，2004 年

[美] 保罗·肯尼迪：《大国的兴衰》，陈景彪等译，北京：国际文化出版公司，2006 年

[美] 史蒂文·卢克斯：《权力：一种激进的观点》，彭斌译，南京：江苏人民出版社，2008 年

[美] 迈克尔·怀特：《战争的果实：军事冲突如何加速科技创新》，卢欣渝译，北京：三联书店，2009 年

[美] 塞缪尔·亨廷顿：《文明的冲突与世界秩序的重建》，周琪等译，北京：新华出版社，2010 年

[美] 克莱顿·克里斯坦森：《创新者的窘境》，胡建桥译，北京：中信出版社，2010 年

[英] 亚当·罗伯茨：《科幻小说史》，马小悟译，北京大学出版社，2010 年

江晓原：《江晓原科幻电影指南》，上海交通大学出版社，2015 年

[英] 尼尔·弗格森：《世界战争与西方的衰落》，喻春兰译，广州：广东人民出版社，2015 年

[美] 弗朗西斯·福山：《政治秩序与政治衰败：从工业革命到民主全球化》，毛俊杰译，桂林：广西师范大学出版社，2015 年

[英] 凯斯·M. 约翰斯顿：《科幻电影导论》，夏彤译，北京：世界图书出版公司，2016 年

[美] P. W. 辛格：《机器人战争：21 世纪机器人技术革命与反思》，逯璐等译，武汉：华中科技大学出版社，2016 年

[美] 安妮·雅各布森：《五角大楼之脑：美国国防部高级研究计划局不为人知的历史》，李文婕等译，北京：中信出版社，2017 年

[英] 戴维·锡德：《科幻作品》，邵志军译，南京：译林出版社，2017 年

[美] 欧阳泰：《从丹药到枪炮：世界史上的中国军事格局》，张孝铎译，北京：中信出版社，2018 年

[美] 戴维·罗布：《好莱坞行动：美国国防部如何审查电影》，林涵、

王宏伟译，北京：金城出版社，2018 年

Harvey C. Lehman. *Age and Achievement*. New Jersey: Princeton University Press, 1953

Frank M. Andrews. *Scientific Productivity: The Effectiveness of Research Groups in Six Countries*. Cambridge: Cambridge University Press, 1979

Darko Suvin. *Positions and Suppositions in Science Fiction*. Kent: Kent State University Press, 1992

David Seed. *A Companion to Science Fiction*. Oxford: Blackwell Publishing Ltd., 2005

Toby Walsh. *Machines That Think: The Future of Artificial Intelligence*. New York: Prometheus Books, 2018